桃太郎の誕生

柳田国男

角川文庫
18121

目次

瓜子織姫

絵姿女房

米倉法師

自序

今からちょうど十年前の、春のある日の明るい午前に、私はフィレンツェの画廊を行きめぐって、あの有名なボティチェリの、海の姫神の絵の前に立っていた。そうしていずれの時かわが日の本の故国においても、「桃太郎の誕生」が新たなる一つの問題として回顧せられるであろうことを考えてひとりこころよい真昼の夢を見たのであった。

それがわずかに十年の後に、かような形をもって世に現れようなどということは、私にも実に意外であったが、これには予期しえなかった二つの理由がある。その一つは、各地の忠実なる採集者によって、急に多くの珍しい昔話が、全国のすみずみから報告せられてきたことである。前駆者たる佐々木喜善《きぜん》君、その他二、三の同志の功績は、永く記念せらるべきものであった。第二には、この興味多き比較研究の事業が、爾来《じらい》何人にも試みられんとする様子がなく、再びせっかくの資料を埋没に付すべき懸念《けねん》のあったことである。たいていの説話集は、それほどにも流布の限られたものであった。特にこの方面に向かっての注意を喚起する者がないと、久しからずしていわゆる珍書道楽の手に鎖蔵せられてしまうかもしれなかったのである。私は境涯も年齢も、ともにこの仕事に任ずるに適してはいないが、ただ学問の未来のために、坐視していることができなかっただけである。

もしも幸いにして別にその人があったならば、民間説話の二千年間の成長変化を考察すると同時に、時の文化学者の受け売り的態度を批判するような、そんな性急な一石二鳥は企てなかったろう。この二つはともに現代の忘れられたる問題に相異ないが、それをあわせて論じなければならぬ必要は少しもない。むしろ順序を追うて二度にしたほうが、感じははるかによかったのである。しかし私にはこの次の仕事が待ちかねている。これより以上の時と力とを、昔話のためにさくことのできぬのを遺憾とするばかりである。

いま一つ不本意なことは、本篇各章の発表が時を隔てているために、そのうちに若干の変説改論があって、完全にこれを現在の意見に統一しえなかった点である。たとえば木を献じて水の神を喜ばしめた理由を、はじめに偶然であろうといい、後には深い意味があるらしく考え、また山路《きんろ》の物語の永く伝わった原因を、前には舞の手のおもしろさであろうといい、次には笛の曲の力に帰している。もちろん今信じているのは新しいほうであるが、前者もまた一説として存するまではよかろう。私は最初より人を誤りにみちびくような断定はしていない。またこればかりの研究によって、ただちに軽信するような読者も少ないことと思う。将来際限もなく成長していかねばならぬ学問である。この小さな一冊子の全然無用となるような時代が、かりに到達するとしてもそれもまた私には喜ばしい。

大海に流れ入る日をほと遠み山下清水いは走るらん

昭和七年十一月

改版に際して

『桃太郎の誕生』が世に出てから、ちょうどまた一昔、多くの宝の島は引き寄せられ、学問の地平線ははればれと遠くひろがってきた。人をいちだんと高い岡の頂上にみちびいて、静かに四方を望ましめることができたならば、どれほどか喜ばしくまた楽しかろうと、私なども考えてはいる。ただいかにせん、われわれの昔話研究は、今も依然としてふもとの野を耕すのみで、たまさかに腰を伸ばし手の土を払い、かの大空の白い雲を、指ざすほどの余裕さえもたずにいる。そうして一方には昔話の背後に、何か埋もれたる深いものがあるように感ずる者は、もういちじるしく多くなっているのである。

偶然なるしあわせかもしれぬが、この十年の間に昔話の採集は進んだ。これまで一顧もせられなかった地方の隅々から、千年を持ち伝えた家々の語りごとが発見せられ、はじめて記録の形になって公けの利用に供せられている。これが消えていくものの全部または大部分を、取りとめたことになるとも思われぬが、とにかくこれから後は、さらに大きな速力をもって忘れられてしまうところであった。それを一国文運《いっこくぶんうん》の輝かしい転回期において、かろうじて保存することができたのはありがたいことだと思っている。十年前にも私が言ったように、『桃太郎の誕生』は少し出方が早かったのである。これがその後の新資料によって、どの程度まで確認せられ、または反証をあげてしりぞけられるか。実ははなはだあぶないものであった。しかしこの学問の将来の展開のためには、私の失敗のごときは小さな犠牲である。それが恐ろしいようでは、とてもこの未知世界へははいっていけない。だから今私たちは、できるだけこの新たなる採集を促進し、またこれを整理し公開して、むしろ自分の前説の誤りが、すみやかに露顕せんことを期しているのである。些々たる訂正や追加をもって、弁護と妥協との余地をつくるには、私の仮定意見はあまりにも大胆なものであった。ちょうど今後の研究者たちのために、手ごろの稽古台を供する意味において、今しばらくもとの形のままで残しておいてみるのがよいと思う。

珊瑚海を取り巻く大小の島々には、文化のさまざまの階段に属する土民が住み、そのある者は今も鬼が島である。しかもかれらの中にすらも、やはり昔話はあるのである。それとわれわれの珠玉のごとく、守りかかえていた昔話との間に、はたして悠久の昔から、なんらの相交渉するものがなかったといえるかどうか。これは世界の謎であり、しかもわれわれ日本人ならば、いつかは解きうべき謎でもある。私は幸いにしてこの島々の新たなる資料が、ほぼ公共の財産となる日を迎えうるならば、もう一度この旧著を読みかえして、改めてこれが保存に値するか否かを決したいと思っている。人が家々の祖神の神話として、たしかに信じていた時代がかつてはあったという点ならば、むしろ未開の民の間にその跡を見つけやすいであろう。それに争うべからざる両者の類似がもしありとすれば、記録こそは少しもないけれども、一度はともに住んで教え合ったことがあるか、そうでなければ、人間の自然の性として、いつかは同じような空想に遊ぶ段階を経、しかもその思い出を永く失わないという癖を共通にしているのである。あまり多くの参考書は見ていないが、この書に説くがごとき昔話の起原論、これと中間の成長発達とを、二つに引き離してみようとする方法論は、まだ諸外国の通説とはなっていないようである。そうしてやや大ざっぱな私の検討では、まだ明白にこれらの仮定をくつがえすような資料は発見せられていない。ことによるとこの予想はあたっているのかもしれない。そういう楽観も少しは手伝って、この一つの旧作に対する著者の愛着は深いのである。

昭和十七年六月

柳田国男

桃太郎の誕生

一　知られざる日本

これは最初はただ自分ひとりの楽しみのために、手をつけてみた研究であるけれども、今に及んでは誰か聞いて下さる方を捜してあるく必要を感ずる。桃太郎の鬼が島征伐などという昔話は、すでにお互いの家の子供すらも、その管理を辞退するほどのたわいもないものではあるが、なおそれがひとり日本現代の一つの問題であるのみでなく、実際はやはりまた世界開闢《かいびゃく》以来の忘るべからざる事件として、考察せらるべきものであった。しかも壮年の学者が全力をこれに傾けてさえも、なお五年や十年では整理しきれぬほどの材料が、われわれの国には保存せられていた。それがこのごろになってようやく明らかになってきたのである。この研究の後半分だけは、ぜひとも志を同じゅうする何人かに引きついでおく必要がある。私がしいてこの不完全なる研究を発表するのも、本願はこれよりほかにはない。

われわれの昔話の中でも、特に外国におけるこの道の学者を感動せしむべきものは、英国でいう「シンドレラ」、グリム童話の「灰かつぎ姫」、日本で「糠福米福《ぬかぶくこめぶく》」などと呼んでいる物語であった。これがわが国にはいってきてから、いかに短くても千年は越えているだろうと思うが、話はその間にまことにわずかばかりしか変化を受けていない。蜜柑の皮を遠くから妹に投げつけたというような、些細な点までがなお残っている。そうして北は青森県のさびしい村から、南は壱岐《いき》島の海端にまで、数多く分布し、かつ今も生きている。英国の「シンドレラ」研究者ミス・コックスが、もしこの事実を知っていたならば、彼女の記念碑的名著も必ず若干はその体裁を改めていたことと思われる。故厨川白村《くりやがわはくそん》君などは、日本に彼女の目の届かぬ一隅《いちぐう》があることに心づいて、柳田のごときはなぜ早くこれを説こうとせぬかということを、かつて「大阪朝日」紙上で注意せられたこともあったが、実はそのころまではまだ私なども、そう大きな問題とも思っていなかったのである。それに国内の蒐集《しゅうしゅう》が、いっこうに進んではいなかった。今とても決して豊富とはいわれぬが、とにかくに新たな材料によって、その後明らかになってきたことがいくつかある。文学すなわち記録文芸の上では、この話は普通に「紅皿欠皿《べにざらかけざら》」の名をもって知られている。馬琴《ばきん》の『皿皿郷談《べいべいきょうだん》』などはまったくこれによったもので、話を美作《みまさか》の久米《くめ》の皿山《さらやま》の歌に結びつけたのも、かれが独創に出でたる趣向ではなかった。今ある『住吉』『落窪《おちくぼ》』の物語をはじめとして、日本に最も数の多い継母話のもとの種も、おそらくはこれと無関係に生まれでたものではなかった。ドイツのグリム研究者たちが、日本の類話として採録しているのは、御伽草子《おとぎぞうし》の「鉢かつぎ姫」ただ一つであるが、これも姥皮《うばかわ》とか蟇《がま》の皮とかの形になって、広く民間に行なわれている。ドイツではこれをアルレライラウフ（千枚皮）、フランスではポーダァヌ（驢馬《ろば》の皮）、英国ではまたキャッツスキン（猫の皮）などと称えて、ともに灰かつぎ姫譚から派生した一傍系であることは、コックスもすでにこれを述べている。ただかれらはわれわれの草子以外の文芸を知るべきをもたなかっただけである。

日本民間の口承文芸においては、シンドレラは奥州南部の「糠子米子《ぬがこ　こめこ》」、または津軽の「粟袋《あわぶくろ》 米袋《こめぶくろ》」等の名をもって伝わっている。これと並び行なわれている多くの継子いじめの話で、姉妹の名前がお銀小銀、またはお月お星だの葦子萱子《あしこ　かやこ》だのと、二つ相対するものの名になっているも、すべて「紅皿欠皿」の系統をつとうて、やや目先をかえようとしたものらしい。しかもその継子のシンドレラが台所へ追い下され、始終火たき番をして灰まみれのきたない衣を着ていたという点は、まだこの温暖の国に来ても、脱ぎ捨ててはいないのであった。今までこの説話の研究者たちが、たいせつな分類の標準にしていた一つの点は、幸運な心がけのよい美しい継娘を保護する者が、ある一つの動物であったか、なくなった実母の霊であったか、はたまた当人の守り神であったかで、この特徴の異同によって、個々の民族の伝承する説話の親疎《しんそ》、伝播の経路を尋ねることができるように考えられていた。ところがその方法のすこぶる心もとなくなってきたわけは、日本にはまさしく右三つの型がともに現存するからであった。前の目安を信頼するとしたら、この国へは三口別々の隣国から、前後して持ってきたという結論になるので、そんなことは容易に信じがたい。だから尊敬する外国の篤学者でも、おりおりは誤ったことをいうものと承知しなければならぬ。それというのが渉猟は広くても、一つの国民からそういくつもの資料は得られず、得られたものだけによって一応は意見を述べようとするからで、したがって誤謬《ごびゅう》ははじめから新資料の発見によって、訂正せられるようにできているのである。それを受け売りするほど愚劣なことはない。これからもどんな変わった標本が出てこぬとは限らぬが、とにかくに日本での採集によって知れてきたことは、この世界的に著名なる一つの昔話が、わが国においてもまだ比較的まとまった形で保存せられていたことと、それが継母話のやや残虐にすぎたる一種を発生せしめた以外には、特に他の多くの説話の上に、これという影響感化を与えてはいなかったらしいということとである。

二　民譚二種

それからいま一つ、ヨーロッパではかなりもてはやされている昔話に、古風なる死人感謝譚《ルモールルコンネッサン》というのがある。あるいはまた「歌うたう骸骨」ともいって、その死人が髑髏《どくろ》になって歌ったり過去を語ったりしたという話が多い。これなども『日本霊異記《にほんりょういき》』の昔から、よくまとまった形で久しい間、広くわれわれの中には伝承せられていた。私はこの事実を解して、この種の説話がはやく神話信仰の時代を去り、一個言語の芸術となってしまってから後に、この日本民族の間に運びこまれたことを、意味するものであろうかと思っている。もちろんそれを断定するためには、まだまだ数多くの類例を集積してみなければ安全でないが、少なくとも今日お互いが一括して昔話、もしくは民間説話と名づけているものの中に、こういう国際的類似のいちじるしい若干がある以外、これと対立して国内かぎりで、思い切って変化をしているものがあることは事実である。これは一般の芸術発生の法則とも関連しているものであろうが、説話にはとにかくその成熟期とも名づくべきものがあって、個々の風土環境と社会生活の段階により、ないしは説話そのものの各自性質から、国ごとに違った年齢をもち、違った経歴を持ちしたがってその伝播の様式にも、幾通りかの差異がありえたのである。大体にこれを輸入の時代の前後といってしまえばわかりはよいだろうが、中にはおそく持ってきても、なお芸術となりきっていない方面から来たものもあろうし、他の一方には早くはいったものにもすでにこの成熟期を過ぎて、熟した果実として受用せられたものもありうるのである。われわれの灰娘や歌うたう骸骨《がいこつ》などは、ちょうどこの第二の場合に属していたゆえに、その渡来後の変化が案外に少なかったのではないかと思う。

これとは反対に、西洋でも数多く知られている異類求婚譚《ラベルエラベット》すなわち人間の美女または美男と、鳥獣草木《ちょうじゅうそうもく》などの人でないものとが縁を結んだという昔話などは、日本一国の内においても非常な変化発達をとげ、しかもその経路が今もなお大よそは跡づけえられる。たとえば幼少な者が笑いそぞろいて聞く「猿聟入《さるむこいり》」のおどけた話から、遠くは三輪山箸墓《みわやまはしばか》の伝説と、筋の続きを認められる敬虔《けいけん》なある旧家の昔語りまで、現にその進化の中間の十数段階が、地を接して同時に併存しているのである。神話に関する学問は、将来この採集が進み、比較が容易になり、同時にどれが古く、どれが新しくその次に変わったのかをはかるための、一定の尺度が備わるに至って、おもむろに改造せらるることと私などは信じている。今日のいわゆる神話学は、いわば今集まってきた民間説話の中に、交じって伝わっている神話的分子を取り扱っているので、必ずしも神話でもない昔話を研究の対象として、これが神話であると強弁しようというのではないが、たまたま二者の分堺を明らかにすることを怠った結果、なんだか異様なる言葉の用い方、たとえば国の歴史を神話といってみたり、そうかと思うと「桃太郎」や「かちかち山」の類までを、神話の大系にさし加えたりする者を生じたのである。語原からいっても、神話《ミート》は本来神聖なものであった。定まった日時に、定まった人が定まった方式をもってこれを語り、聞く者がことごとくこれを信じ、もしくは信ぜざる者の聞くことを許されぬ古風の説話であった。それとこの退屈な時に、または人が耳を楽しましめたい時に、随意に所望しえた話の芸術と、二者が類を同じくせざることは誰にでもわかりきっている。ただヤソ教国の人々だけは、従来文化は平押しに、新しいものが進み古いものが退いたと解していたゆえに、説話時代の神話を認めることができず、ましてや神話時代にもすでにあった民間説話などは、これを想像してみることもできなかった。そうして昔話が神話の孫子であることをのみ、ただひたむきに信じたがったのであるが、かりに孫子であったとしても、同人でない以上は違った閲歴を持っているはずである。だからこれを混同してよろしいなどとは一人だって言ってはいない。他に方法がないならこれによって、かれを尋ねようとしていただけである。

ところがわれわれの生まれた国においては、今でもまだこの二つのものが、それと因縁の深い「伝説」と三つどもえになって交錯している。もちろんその三つの中でも、神話だけは、数も少なく出現の機会もまれであり、また非常に荒れすさみ、かつ不純になってはいるが、とにかくにこれから伝説と民間説話へ、移り動いていった足どりだけは見られる。それにはこの異類求婚譚、その中でもことに蛇の聟入りの話などが、かなり豊富に手ごろの材料を供するかと思う。私はこの説話を整理するために、婚姻慣習という一つのものさしをあててみようとしているが、同時にまたその多くの類型の比較は、われわれの婚姻制の変遷を解説せんとする者に、いくつかの暗示を投げてくれるようである。

三　童話の起こり

「桃太郎」の昔話なども、日本に根を生じてからよほど年久しいと見えて、その樹は何代となく生い代わって、もうもとの株は枯れている。したごうて神話時代の桃太郎原型は、蛇聟入譚のごとくにはわれわれの目に触れるところに残っていない。その代わりにはまた一方の「糠福米福《ぬかぶくこめぶく》」などとも違って、近世に入ってからの変化が最もいちじるしく、そのいろいろの形が隣を接して併存するがために、これにもとづいてこの口碑の永年にわたった経過を、大体は推測することを許されているのである。私などの見たところでは、この昔話成長の三つの変化、すなわち、

一、説話が上代においてはやく芸術化し、そのやや成熟した形において広く流伝していたもの、たとえば死人感謝譚や紅皿欠皿《べにざらかけざら》話

二、説話の信仰上の基礎がまったく崩壊せず、したがってこれを支持した伝説はもとより、その正式の語りごとがなおかすかながら残っていたもの、たとえば「蛇聟入」のごとき一部の異類求婚譚

三、最後の説話が近世に入って急に成熟し、もとの樹の所在は不明になったが、まだその果実の新鮮味を失わぬもの、たとえば桃太郎・瓜子姫説話の類

こういう二種類、三様式の説話が、入りまじってともに行なわれているということは、比較研究者にとってこの上もなく便利なことである。グリムも伝説の若干は集めているが、それはもう痕跡であり、またかの家庭童話とは関係のないものであった。説話が近いころまで信じられていた島々はあるが、それも白人が近よってきたころから、一時にことごと

く娯楽用のものになろうとしている。こんないろいろの標本のそろっていた国は、日本以外に決してそう多くはないということは、やがて世人が心づく時がくるであろう。

日本ははたしてそういう国であった。ことに近世の二百年ばかりの文明が、そういう状態を作り上げるのに適していた。江戸期から明治の中ごろまでにかけて、都市の生活だけがひとり大いに進んだのみならず、またその中でも一部の者と、村に住するごくごくの少数だけが文字を知っていた。読書階級はほとんど別種族の観があり、新たなる普通教育は単にその生活を、なるべく多数の者に模倣せしめようとしたにすぎなかった。事実、大部分の俗衆は残されたる者として生活していた。文芸に対する態度も明らかに二様あった。たとえ演劇の歴史として今伝わっているものは、わずかばかりのいわゆる見巧者《みごうしゃ》の記録であって、この以外に別に舞台におどり上って、赤面の役者を斬ろうとした田舎武士の逸話さえもあった。町にもまた最初から泣くつもりで、鼻紙を多量に用意していく芝居見物人がいた。伊沢蟠竜軒《いざわばんりゅうけん》の『広益俗説弁《こうえきぞくせつべん》』などは、中古以来の語り物や説話を多く掲げて、ことごとくこれ小説なり信ずべからずと弁じている。すなわちそう訓戒しないと信ずる人が多かったのである。あるいはこれが足利《あしかが》時代からの、諸道の職人と百姓との分かれ目であったのかもしれぬが、とにかくわれわれの一つ前までの社会には、なんでも茶にしたり趣味にしたがる人々と、ただきまじめにしか物の見えぬ人々とが、相対立して生を営んでいたので、今日はただその一方からの観察だけが、文献として伝わっているので、農民芸術はまったく別の足取りをもって進んでいた。この二種のものの融合が、珍しい世相の混乱を生じたことは、ちょうど冷温二つの潮流の行き逢う海に、ガスが立つのも同じわけであった。

その中でもただ名前ばかりでは見当のつかぬものに、このごろよく使用せられている「童話」という語がある。日本では口承文芸の童話化ということは、どう考えてみても古いことではない。少なくとも子供のための話、または子供に向く文芸、そんなものはもとは村にはなかったと思う。子供の遊びは本来が自治であった。かれら自身の能力にかなう発明と保存、それよりも盛んであったのは模倣である。前代の大衆教育は一般に、ちょうど今日とは正反対の傍観傍聴主義であった。成人の言うことの中から、各自の年齢に応じて学び得るものだけを汲《く》んでいた。だからまた今よりも早く一人前になりえたのである。しかしいくら昔だっても子供は話をせがんだであろう。だだをこねれば爺婆《じじばば》はすかそうとしたであろう。かれらばかりとの会話は平易であったろうという人があると思うが、それはそのとおりとしたところで、そのために話は作ることができない。なんとなれば、話は話す人の持っているものだけ、かつて自分も聞いたことのあるものよりほかには、話すことができないのが普通人の技能であったからである。童話の根原は、要するに選択より以上の何物でもなかった。たくさんある昔話の中から、比較的子供に似合わしいものをまず話すというのがせいぜいで、それも効果の利不利よりは、むしろ理解の容易なものをとろうとした。これが今日の童話というものの起こりといって、たぶん誤りはないと私は考えている。

ただしこの選択者の心理の上に働いた外部の事情が、さらに三つほどはかぞえられる。その一つは話術の進歩をうながした力の変化、すなわち子供だけが聴衆だと考える時に、用語を解しやすくするはもとより、さらにまた叙述の省略と敷衍《ふえん》とが行なわれたことである。しかしこれは子供に対してだけでなく、話術は元来がそういうふうに、いつも聴衆の顔色によって影響を受けるものであった。たとえば色町の話はなまめかしく、軍談はそうぞうしいものとなったのも、聞く人柄が知らず知らずのうちに、話す人の上に働きかけていたのである。第二には話者に今日の作家のような特別の準備がなくて、常に自然の印象と記憶力とによって動かされていたことである。家庭の昔話の管理者は、通例は女性であった。母ならば二十何年前に、婆ならば五十年ばかりも前に、かつて自分のおもしろくうれしかった記憶が、子供の智恵つくを見て復活する。ただそれだけが御伽《おとぎ》の資料であった。したごうて話者聴者の世代を重ねるほどずつ、興味はおいおいに大人のものから、子供のそれに移っていくので、いつの間にか話の要点がかわり、たとえば「桃太郎」でいうならば、割れて赤ん坊が飛びだしたところ、またはどんぶりこんぶりと桃の実が流れてきた個条などが、中心かと思われるようになるのである。すなわち大人や青年が、そんなものはつまらぬと思う時代がくると、別に童話にしようという気がなくとも、昔話はしだいに子供らしくならざるをえない。これがまた案外に古風な説話の、小児の間ばかりに保存せられていた理由である。

四　童話とその記録

そういう中でもまだ大人たちの間に、若干の昔話交換が行なわれているかぎりは、児童はまたそれをも傍聴して、始終二通りの種類を知って覚えていたのである。ところがさらに第三の事情として、夜話《よばなし》の衰微ということが重要であった。以前古い話を聞く機会であった庚申《こうしん》や日待《ひまち》の晩に、人がもう徹夜をする元気も余裕もなくなると、かえって昼日中そちこちに立ちよどんで雑談にふける風は多くなったが、これにはもう昔話のような長いものは出てこなかった。それから一方にはすこし押し売りのきらいもあったが、年長者が自分の知っていることだけは、ぜひとも語り残してゆきたいという気持ち、これが書籍の増加と反比例に、おいおいと遠慮深くなってきている。以前はこの念慮は一般に今よりもずっと強かった。だから聞いてくれる人があれば、それをなつかしがり愛したのである。そういう篤志者が一人去り、二人立ちのいて、しまいに残されたのが子供だけ、それも熱心にもっともっとと注文するのは、概して小さい者ばかりになってしまった。われわれの昔話は急激に童話化せざるをえなかった次第である。これを要するにこれら外部の事情変化がもしなかったら、われわれの民間説話は決してこのごろのような形にはならなかった。昔もかりに童話協会の会員という類の人が参与していたならば、無意味なたわいのないお話が、もう少し数多く出ていたはずであるが、事実はまさにその反対であった。同じ話をそうたびたびは聞きたがらぬ児、話をむさぼる子がすこしせがむと、その次に出てくるのはたいていは「ためによくない話」であるのみならず、子供専用のごとく心得られている「かちかち山」でも、または「瓜子姫」でも、その内容はすでにはなはだ殺風景なものであった。これを小児のために最初から、支度《したく》せられたと見ることは不可能である。しかも現代の作家たちはそれをそうかと思っているゆえに、自分らのすることのほうがたしかに改良進歩だという誤ったる自信を得るのである。二つのものはまったく別のものだ。これを童話という一個の名詞で包括していたのがそもそもまちがっている。

私はこの近世の経験に徴《しる》して、さらにまた神話が後々の昔話となる際にも、やはりおよそはこれと似た外部事情の感化を受けて、一種の選択が行なわれたものかと想像する。それだから固有信仰のまだ生きて働いていた時代のなごりが、そのわずかに残された破片の中からも、見いだされるのではないかと考えている。この想像が誤っていなかったら、ここにもまた一つの芸術と宗教との交渉点が、将来の考察者のために保存せられていたわけである。われわれの固有信仰が、儒・仏その他の外来思想の影響を受けて、少しずつ移り動いていた間に、なにかまだ明らかになっておらぬ動機によって、古い言い伝えのあるものは形を損じつつも永く残り、他のあるものはつとに文芸化して、興味をもって常民の間にもてはやされ、それが後さらに都市の風雅階級に入りこんで、また別様の取り扱いを受けるに至ったことは、そう大きなめんどうなしに誰にでも認めえられる。ただ不思議といってもよい一つの事実は、多くの文人たちがいつも伝統の拘束を受けて、いまだかつて文学をもって、無より有を生ずるの術とは考えていなかったことである。かれらの想像力には目に見えぬ綜緒《へお》が付いていた。そうして自由奔放にそう遠くの空を飛びかけることができなかった。鶯《うぐいす》が春に鳴き、鶏が天明を期して高く唱うたように、詩歌物語にもそれが出現すべき場合は予定せられていたのみか、さらにその言葉のもつ意味以上に、別に隠れたる連想のこころよい興奮の原因となるものがあって、それがまたいたって素朴なる前代の生活に筋を引いていたのである。芸術を天才の独創と解し、ないしは各期の社会生活がこれを生むと説く者には、これはたしかにやっかいなる不思議だ。これをなんでもない当然の出来事だと心づくためには、やはりわれわれの子供らしい桃太郎を、頼んでこなければならなかったのである。

今日のいわゆる五大御伽噺《おとぎばなし》＊が、書冊の力をもってほぼ現在の形に結集せられたのは、江戸期も半ば過ぎにできた、『雛乃宇計木《ひなのうけぎ》』ということになっているが、あのころはシナの小説類まで翻案せられていた時代で、何を書いてもよく、またなんと改造しても自由であったろうに、実際は新聞の雑報などと同じ程度に、おおよそあのころにおける都市の昔話の退歩した状態を、ありのままに映写している。しかもそれが今日の標準型として、さもさも大昔からこの形をもって伝わっていたかのごとく、多くの人をして信ぜしめたのは、まったく文字の魅力とも名づくべきものであった。記録はただ単に筆者のいた時とところとに、そういう話し方もあったということを知らしめるのみで、二つある場合に古い記録の話のほうが古いとも言いきれないことは、『宇治拾遺物語』と『醒睡笑《せいすいしょう》』*と、二つの瘤《こぶ》取り話をくらべてみただけでもわかる。この両度の採集の中間には四百年ばかりの時がはさまっている。同じ一つの昔話は、一方に誰かの手によって文字になっていることも知らずに、なおこのような久しい歳月をどこかに前の形をもって保存せられていた場合もあったのである。五大御伽の名称は、明白に誤っていた。これただ数多い昔話の一つの、偶然に筆とる者の耳にとまった、小さな変化の一例というにすぎなかったのである。この中でも「花咲爺」などは、比較的その沿革がよくわかっている。これは昔話の最もありふれた形で、われわれのかりに隣の爺型と名づけている種類に属することは、前にいう「瘤取り」なども同じである。いくら一生懸命にまねてみようとしても、生まれつき備わった福分をもつ者、または心がけがよくて神に愛せられている者にはかなわないということを、裏表二つの極端を並べ説いて、効果をあげようとした話であるが、これにまたいろいろの小別があって、犬をたいせつに飼い育てて莫大の財宝を得たというものにも、「黄金小犬」のごとく、ただ金の粒をひり出したというのと、まねする唱えごとのいくつかある複雑なものとがあり、いずれもみなその小犬の出現と成長とに、もとは奇瑞の中心をおいていたことは「桃太郎」と似ている。ところが「花咲爺」にはその点がもうはぶかれていて、しかも枯木に花を咲かすという だけは違っているが、灰をまくというところまでは越中《えっちゅう》の「灰蒔爺《はいまきじい》」、奥州《おうしゅう》の「雁取爺《がんとりじい》」と同じだからその前後のととのうている後の二者よりは新しいことがわかる。それから終わりの殿様に尻を斬られたという部分は、いま一つの隣の爺型の屁《へ》ひり爺と共通であるが、これも屁ひりのほうには土地によって古い形があり、もとは山の神との交渉を語っていた話であった。それを忘れてしまった「花咲爺」は、これらの爺話の片はしを切ってつないで、後に結構したものと断定して、たいていはまちがいがないのである。

五　赤本の災厄

それからまた「かちかち山」、これは三種の昔話の継ぎ合わせということがほぼ証明しえられる。その中でも智謀《ちぼう》に富む兎《うさぎ》が愚直なる狸《たぬき》をあざむき苦しめるという一条は、世界共通の動物説話の、ことによく知られている部分で、ここではただ狸がそのようにまでひどい目に会わされる理由を、爺の名代《みょうだい》の仇討とした点が違っているのである。最初その狸が爺に捕えられた事情なども、近ごろはしごく手短かに述べることになっているが、以前はこれがまたまとまった一つのお話であって、要点は石の上に餅をぬっておくのを知らず、いつものごとくその石の上に登って、爺婆を悪口しようとして失敗したことになっていた。そういう愚かな狸が中途において婆をあざむき殺し、その婆に化けて爺の帰りを待ち受けていたなどということは、少し考えてみれば不調和は争えないが、この部分がまた北欧の赤頭巾物語と対照すべき、われわれの瓜子姫譚の骨子であった。ただかれには「糠屋《ぬかや》の隅を見よ」ということを、家の鶏が鳴いて教えたに反して、これでは狸がみずからそういって逃げ去ったという点を異にするのみである。この三通りの昔話は、今でも独立して方々の田舎には行なわれている。「かちかち山」は単にこれを省略し、かつ綴り合わせたという以上に、これという変化は加えていないのである。

次に「舌切雀《したきりすずめ》」と「猿蟹合戦《さるかにがっせん》」とであるが、この二つだけはあるいは古くから、こういうまとまった形で伝わっていたのかと思っていると、それがやはり少しずつ怪しくなってきたのである。雀報恩譚は朝鮮にもあるという瓢《ひさご》の米、柿の種のほうは猿蟇との餅争いなどから筋を引いていることは明らかであるにしても、ただそれのみでは話がこのように展開するわけはなかった。それには他にいま一つの系統のこれに参加した昔話があったことは、しいてものものしい弁証推理をやとわずとも、ただおいおいの採集資料のみによって、自然に判明しようとしているのである。今日はまだ何びとも心づいていないようだが、雀と蟹との二つの御伽噺は、相互にも関係をもち、また「桃太郎」の話とも似通うた点が若干ある。少なくとも「桃太郎」一つの成長過程をつまびらかにすることによって、他の二つのものが今の形に変化してきた理由も説明しえられるように私だけは信じている。それでいずれの側面から考えていっても、結局は同じところに落ち付くのかは知らぬが、同じことならば、目今《もっこん》比較の材料がやや豊富で、手をむなしゅうして今後の報告を待っていなくとも、ある程度までの仮定が立てられる部分から少しずつこの問題に近づいてみようとしているので、私の目的は広く民間説話の世に伝わり、また案外に改作増補を受けずして、今まで保存せられていた事情を知るのを第一段とするのである。

今ある桃太郎童話の言い伝えの中で、どの点とどの点とが特に昔から重きをおかれていたかということは、もちろん人によって見方も違うであろうが、少なくともその個々の要素には、類例の多いものとまれなるものと、国の内外を通じて分布の広いものとそうでないものと、非常な差等のあることだけは認められる。たとえば桃の実が割れて、中から子が生まれたということは、日本の桃太郎以外にはないらしいに反して、犬やその他の動物に助けられて、大きな仕事をした話は他国にも多い。犬が猫をおどし、猫がまた鼠《ねずみ》を駆使して、紛失した宝物を見つけさせたという話はわが国にもあり、『西遊記』の三蔵《さんぞう》法師までが、犬・猿・猪のなかば人間の形をしたのを供につれて遠征し、道々いろいろなしくじりや仲間喧嘩のあったことを笑話の種にしている。遠い諸民族の間にもこの点は相似たるものが多いが、その中でもローマの博物館などにいくつも陳列せられているミトラ神の石像などは、猛牛を退治しているのは桃太郎同様の少年であり、これを助けているのは犬と蝎《さそり》とであって、何びとが見てもこれを動物忠誠譚の古くから世界的であった証跡と感ぜずにはおられぬのである。説話の英雄が隠れたる約束により、もしくは恩義に報いんとする動物の助勢を受けて、非常な難事業に成功したということは、とにかくに日本ばかりの伝承ではなかったのである。

日本の特徴というのはただその英雄の名前であり、またその出現の様式であった。桃が川上から流れてきてその中に赤児があり、それで桃太郎と名を付けたという点ばかりは、隣近民族にもその類似のものを発見せられていないから、たぶんはわが国において新たに出現したものであり、したごうて同胞国民の間に、その原因を探り求むべきものであったろう。見のがすことのできない一つの事実は、この点がかねてわれわれの固有信仰の、かなりたいせつなる一つの信条であったことである。『玄同放言』などには和漢の多くの書を引いて、桃の中から桃太郎の生まれる原理のようなものを説明せんとし、それに推服した人もおりおりあったようだが、かりにそんな想像が正しかったとしても、実際は大したことでなかった。不思議な赤ん坊は必ずしも常に、桃の中からばかり飛び出していたのではないからである。「瓜子姫」の昔話は少なくとも「桃太郎」と同時に並び行なわれ、九州・中国にもまれに伝わり、東日本はほとんど至るところに保存せられていた。ただそれが文筆の士に採録せられなかったゆえに、人が久しくこれに心づかなかっただけで、その代わりにはまたいわゆる五大御伽噺に見るような、新奇なる潤色を受けずにすんだのである。

六　桃と瓜

奥州に行なわれる瓜子姫などは、その発端がよほど『竹取』のかぐや姫と近くなっていて、末はいま一つのかなり重要なる説話につながっている。紫波《しわ》郡の例を見ると、爺と婆が嫁入支度をととのえに町へ行った留守に、瓜子姫は一人でよい音を立てて機《はた》を織っている。そこへ山姥《やまんば》がやってきて作り声をして、指のはいるだけでよいから戸を開けろという点は、グリムの「狼と小羊」やペロールの「赤頭巾」*などともよく似ている。この山姥は、他所ではアマノジャクともなっているが、それが姫を殺して小豆餅《あずきもち》をこしらえ、自分は姫に化けて、その餅を帰ってきた爺と婆とに食わせ、悪口を言って逃げていくところはすなわち「かちかち山」であって、別の多くの例においては、雀・鴉《からす》または鶏が鳴いて事実を親たちに教え、即座にアマノジャクは復讐せられたことになっている。姫はそれと同時にたぶん復活するというのがもとの話し方であったろう。今でも木のこずえに縛られていたのを、助けおろされたというふうに話す例も少なくはない。

さてこの大きな瓜と大きな桃、それが水上《みなかみ》から浮いて流れてきたということは、小児にはもとより感じのよい言葉には相違ないが、要点はむしろ「大きな」ということではなかったようである。もとはおそらくは桃の中から、または瓜の中から出るほどの小さな姫、もしくは男の子、すなわち人間の腹からは生まれなかったということと、それが急速に成長して人になったということ、私たちの名づけて「小さ子」物語といおうとするものが、この昔話の骨子であったかと思う。後世のいわゆる一寸法師、古くは竹取の翁の伝えにもそれはすでに見えているのみならず、『諸社根元記《しょしゃこんげんき》』の載録する倭姫《やまとひめ》古伝の破片にも、姫が玉虫の形をして、筥《はこ》の中に姿を現じたまうということがあるのである。それからいま一つは水上に浮かんできて、岸に臨む老女の手に達したということ、これがまたたいせつなる点ではなかったかと思う。海からしだいに遠ざかって、山々の間に入って住んだ日本人は、天から直接に高い嶺の上へ、それからさらにふもとにおりたまう神々を迎え祀る習わしになっていた。だからまた谷水の流れに沿うて、人界に近よろうとする精霊を信じたのであった。賀茂《かも》の瀬見小河《せみのおがわ》の丹塗《にぬ》りの矢、出雲の加賀窟《かがのいわや》の黄金の箭《や*》もともにそれであって、その結果は戸の隙間からさし入った日光の金線が、人間の少女の身を射た場合と同じかったのである。「桃太郎」の桃が「瓜子姫」の瓜よりも後のものであったことは、そう多くの臆測を借らずとも容易にこれを認めることができる。瓜類が中うつろにして自然に水の上を浮きただよう事実は、非常にわれわれをしてその内にあるものをゆかしがらせていたのであった。後世のうつぼ舟説話を成長せしめたもとの起こりには、新羅《しらぎ》の朴《ぼく》氏の始祖が瓠《ひさご》に乗って、日本から渡ってきたというような例もある。これと白蘞《かがみ》の皮で作った舟に乗り、鷦鷯《ささき》の羽衣を着て、潮のまにまに流れ寄ったというわれわれの小男神《おぐな》の物語とを比べ合わせてみると、最初異常に小さかったということが、その神を尊く、また霊ありとした理由であったことは察しえられる。

これが桃太郎の鬼が島征服の話と複合するにいたった主要な点のように私は思う。ドイツの人たちは、人文神などという語を設けているようだが、われわれの説話の上代の英雄にも、かれと共通した運命の前定があった。常人すらなおとうてい企てがたしとする難事業を、はじめは普通以下のごとく見えた者が、なんの苦もなくやすやすとなしとげた。これ奇瑞であり、これ天意でなくして何であろう。すなわち一種族の幸福を指導するの力があったのも偶然でない。ゆえに伝うるに足る。また伝えざるべからずという考え方を、昔の人たちはしていたらしいのである。だからアジアでもヨーロッパでも、現在知られている英雄の成功譚には、単に小さくて弱々しい者であったという以上に、非常な貧乏人であり、極度のなまけ者であり、または少なくとも外見には法外なおろか者でもあった。この四つの条件の二または三を兼備して人からかえりみられなかった者が後にえらいことをしている。これをただ桃や瓜の中から飛び出したというだけにしたのは、われわれのほうの単純化であったかもしれない。とにかくに国内に瓜や鶯の卵や竹の中から出た例もあることを知らずに、むやみに子供のように桃というただ一つの特徴をとらえて、桃の話ばかりを捜してみようとしたのが、『玄同放言』とその随喜者《ずいきしゃ》たちであった。そんな比較などはしてもらわぬほうがよっぽどよかった。

七　妻もとめ

比較をするくらいならば、異なっている点も考えてみなければならぬ。たとえば遠征の目的のごときも、日本の昔話のほうはやはり単純化している。西洋の「桃太郎」たちの大旅行は、必ずしも財宝を持って帰るというためばかりでなかった。むしろそれを手段として、よき配偶者とよき家を得、さらによき子をもうけて末永く栄えんとしているのである。われわれの側でも瓜子姫だけは、この幸福なる婚姻をもって結末としているものがあるが、あちらでは男性の冒険者も、同じくその珍しい宝物を持ってきて、ついに王様の聟《むこ》となった話が多いのである。察するに近代の「桃太郎」は子供を主人公にしたというよりも、むしろ子供にのみ聞かせる話であったために、計画をもってこの重要なる妻覓《ま》ぎの一条をはぶいたのであった。奥州民間の「桃の子太郎」というものには、地獄から手紙を持って鳥がきたので、この遠征を思い立ったというのがある。そうして黍団子《きびだんご》を携えていって地獄の門番の鬼を懐柔し、地獄のお姫様を連れて逃げてくる。それを大鬼が火の車で追うてくるというなどは、すこぶるまた御伽の「御曹司《おんぞうし》島渡り」とも似ている。「桃の子太郎」の桃は夫婦の者が花見に行っていたおりに女房の腰のあたりにころがってきたことになっているが、それと近い昔話には「スネコタンパコ」というのもあった。すなわち子を祈る女房の臑《すね》から生まれたという親指の頭ほどな小さ子であって、これも長者の娘を嫁にもらいにいったということが、かの「一寸法師」の草子と共通の話し方をそなえている。信州木曾の小さ子塚の伝説というものは、すでに破片となってもとの姿をきわめがたいが、あまり小さいので臼に入れて育てたといい、あるいは笠のかげにおおわれて見えなかったということだけは残っている。ところがこれがわが国の神子譚の至って古い形であったと見えて、九州にもまた東北のそちこちにも、神に祈って授けられた申し子が、笠の中にわだかまった小さな小さな小蛇であった昔話が伝わっている。これも大きくなって妻求めをして長者の家を訪問することは、他の多くの蛇聟入話と同じきものがあり、終わりに花嫁の力によって壮麗なる人間の若者の姿に復したといっている。書伝はこれを逸してすでに年久しいけれども、われわれの祖先の間にはこの説話はかつて広く流布していたらしいのである。大和の三諸岳《みもろだけ》の霊神との因縁を語り伝えていた小子部連《ちいさこべのむらじ》氏は、その家名の由来として別の説を録進しているが『日本霊異記』の最初の数条を読んでみると、同じ語部《かたりべ》はまた頭に蛇をまとわせた霊童の誕生をも説いていて、上代の小さ子譚を管理した者は、この家もまたその一つであったことが察せられる。私はかつてこの問題を細叙して、古伝も時あって信ずべからざる場合があるという説を立てた（参照『民族』二巻四号。若宮部と雷神）。

それはまだ十分なる論拠とはいわれぬか知らぬが、少なくとも小さ子出現の昔話は古かったのである。

それからなお一方のなまけ者と貧乏人とが、美しい上臈《じょうろう》を妻に得た話、これも同じく太郎という名をもって日本に行なわれている。古い記録では「物草太郎」の草子、枕もとの団子も拾って食おうとせぬくらいズクなしであったが、後によき妻を得、かつ立身してさらに神となった。隣の寝太郎を聟にとれという話などは、私たちも小さい時から聞いているが、周防《すおう》ではそれが寝太郎荒神《ねたろうこうじん》の縁起と化して土着している。沖縄ではこれとよく似た話が『遺老説伝』に出ており、さらにさかのぼって『宇治拾遺』の「あめが下のみめよし」などは、二目と見られぬ面をしたならず者であった。これがいずれもみなやすやすと長者の聟になる話であって、いわば身に負わぬ大望と、その案外な成就とが、よほどはやくから説話興味の中心をなしていたのである。このほうの類例ならば、外国にもいくつかを見つけえられる。もちろん笑話となってからはこれをもてはやした動機も変わったろうが、なんにもせよ、これだけの結構をあえてしえざる人々が、すでに話の趣意を忘れてしまっても、なお久しくこれを語り伝えていたのだから、その一つ以前の起こりというものがなくてはならぬのである。西洋の学者たちには、非常な労苦をもってこの根源を突きとめ、かつこれを証明しようとしている人も多いようだが、気の毒ながら、あちらにはもうその資料が乏しくなっている。これに反してわれわれのほうでは、まだ幸いに同じ母語の昔話というものの一つの特徴は、一つの圏内に、いろいろの比較に供すべき生きた昔話をもっている。生きたということは、昔話には似つかわしくないが、とにかく純乎《じゅんこ》たる文芸の目途から、これを改作しようとした者のなかった話し方が、今なお凡人大衆の間には伝わっているのである。橋はもうなくとも飛び石だけはある。われわれはそれを踏んで神話の彼岸まで渡っていけるのである。最も簡単な一語で結論を下すならば、こういう昔話の起こりは古かった。すなわちある最高の意思、もしくは計画のもとには、貧しい大工の女房の腹からでも、イエス・キリストは生まれえたと同様に、いたっていやしい爺と婆との拾い上げた瓜や桃の実の中からでも、鬼を退治するようなすぐれた現人神《あらひとがみ》は出現しうるものと信ずる人ばかりの住んでいた世界において、この桃太郎の昔話も誕生したのであった。それから以後のいろいろの変化は、単なる成長であり、ないしは老衰であって、われわれはこの一つの生きてゆくものに、新たな生命を賦与する力はもたなかったのである。

八　昔話のもとの姿

この推定は今はまだ大胆と評せられるかもしらぬが、これを側面から証明しうる資料に、前にも一言しておいた蛇聟入譚、すなわち説話流伝の第二の様式によって、固有信仰の推移のいくつかの階段にある口碑と並び行なわれて、今もその間にこまかな比較を許される説話がある。われわれの「桃太郎」は幸いなことに、これとも若干の連絡をもっていた。神が小蛇の形になって、人間の美女に求婚したという話は、上代の百襲《ももそ》止々《とど》媛《ひめ》の記録にも残っている。すなわち錦の文ある小さな蛇が女のたっての望みにまかせて、櫛笥《くしげ》の中にその姿を現じたというので、その神がやはり小子部連《ちいさこべのむらじ》の祖が迎え申したと称する三輪山の後の高山、三《み》諸岳《もろだけ》の大神たる大物主《おおものぬし》であった。これなどは明白に神が小蛇の姿になって現れたので、蛇が神として拝まれていたのではなかった。単に人間の娘には蛇としか見えなかったというだけである。しかるにそれをただ霊ある蛇体が、人の美しい少女を恋い慕うものと解するようになって、しだいにわれわれの忌みは恐れとなり、これを災難のごとく厭《いと》い避けて、ついには祈禱や武勇の力をもって、撃退しまたは報復したという伝説を生じ、さらに一方には臼を負うて水に堕ち沈み、あわれな辞世の歌を詠んで流れたという、猿聟入の童話をさえ生ずるにいたった。これ疑いもなくこの国人の信仰の変化のあとであった。

この美しい錦の小蛇という想像の起こりも、私たちにはほぼわかっている。これは今でも稲妻の名をもって呼ばれる電光の形から、これを太陽がこの世に通おうとする姿と考えるにいたったので、あるいは黄金の箭《や》とか丹塗《にぬ》りの矢によそえたこともあったが、実際に天から人界にくだってくる火の線は、蛇のようにうねり、また走っていたのである。次にはその光の蛇が妻を覓《もと》めんとした目的も、日本でならばまだ跡づけえられる。すなわち人界に一人のすぐれたる子をもうけんがため、天の大神を父とし、人間の最も清き女性を母とした一個の神子を、この世にとどめようがためであったらしいのである。蛇聟入説話の一要素、一方これがまた伝説の中心として、意外に年久しく信ぜられていた一点は、当の本人の妊《はら》める少女、もしくはその血族や従者が立ち聞きをしたことであった。竜蛇は鉄針の毒に苦しみもだえつつも、もはや人間に胤《たね》を残したから、死んでも恨みはないなどとうめいていたというのは、痛ましい古信仰の衰頽《すいたい》の影であったが、しかも伝説の場合においては、これを保管する者は必ずその美女の出た家、すなわち水の神に奉仕した神職の家であった。かれらの何びとかが立ち聞きをしたといわなかったならば、いわゆる蛇聟入の神秘なる理由は、人間社会に知られかつ伝わらないはずであった。今日の伝説は、通例外部の噂《うわさ》として流布しているのであるが、私どもの経験では、その家でも多くはこれを否認せず、また必ずしも恥じたり、迷惑に思ったりしてはいないようである。今ならばとうていありえないそういう不思議な話が付きまとうているのも、つまりは家が古く、かつ土地との関係が深いからだと、人も解しわが家でもそう見ている。また一朝一夕にはこれをないものにしてしまうことができぬくらいに、根強くかつ一般的なる信仰でもあったらしいのである。

日本の小さ子説話が、最初小さな動物の形をもって出現した英雄を説き、または奇怪なる妻問いの成功を中心に展開しているということは、それが右申す神人通婚の言い伝えのまだ固く信じられていた時代にはじまっている証拠として、われわれにとってはかなりたいせつな要点であった。しかるにその点をいわゆる標準御伽の「桃太郎」のみが、なんの考えもなく取り除いてしまっていたのである。それと同様に「一寸法師」でも「物草太郎」でも、日本でならばそれが最後に神と現れて、永くまつられたというわけもわかるのであるが、外国の民間説話はこれを単なる凡人界の出来事とし、ただ一個極度の幸運児の立身出世をもって、話の結末を付けることになっているために、もうその起源をきわめることがだいぶん困難なように見受けられる。つまりはとくの昔に神話から分離してしまって、他にはその連絡を暗示するだけの、なんらの口碑も保存せられておらぬゆえに、かりに見当はついても安全にこれを論証する途がないのである。この意味からいって、われわれはまだたのもしい国に生まれ合わせたと言いうる。むやみに洋人の通った跡ばかり踏んでいこうとさえしなければ、これほど変化しきった「桃太郎」の中からでも、なおこれを語りはじめた人たちの心持ちを探ってみることができる。神から送られたわれわれの救い主は、いつまでも変装していて最初はあなどられ、後には必ず奇蹟によって発覚するものと信じられていたらしいのである。日本でのいま一つの例としては、「山路《さんろ》の牛飼《うしかい》」と称する古い歌物語があって、舞の本の*「烏帽子折《えぼしおり》」にも記録せられている。これは舞の手ぶりが非常におもしろかったと見えて、幾度か後世の浄瑠璃の題材ともなっているが、要点は古今おおよそ同じであった。牛に乗って笛を吹く草苅《か》り童は実は天子で、長者の娘を恋い慕うて、身を下賤にやつしてはるばると都よりお下りなされた。八幡の祭の日の流鏑馬《やぶさめ》に、何びとも知らなかった射術の神秘をお示しなされたら、社殿もこれがために動揺し、すなわち神よりも尊いお方なることが現れたと語っている。それを『用明天皇職人鑑《かがみ》』などと題したのは、姫を娶《めと》ってその間に生まれたもう太子を、日本の太子の中の最も賢明霊異なる聖徳太子の御事だと推定した結果であったが、それは歴史とは合わぬことであるがゆえに、歴史の学問が少しでも進むと、これを改訂してできるだけ信じやすくした。だから奥州の苅田宮《かりたのみや》には日本武尊《やまとたけるのみこと》、越前・羽後《うご》では継体《けいたい》天皇、薩摩や土佐では天智《てんじ》天皇の御逸話と解して、しかも伝説として今もなおこれを信じたがっている。神が形を錦の小蛇と現じたまいしか否かによって、末々の口碑はこれだけの大きな差異を生じたが、説話の蛇聟入も伝説の用明天皇も、神が思いがけぬ姿をもって人間に降臨なされたというもとの意は一つであった。もちろんこれはすべて最初は非常に崇厳なる神秘であって、凡人の決して常の日に口にすべからざる教訓であったろうが、歌と舞姿とによって年に一度、その記憶をよび返す日のおもしろさに引かれて、後に信仰がゆるめば人はこれを娯楽の用に供した。これが芸術の分立して、独自の発達をとげた因縁であったろうと私は信じている。酒や美女の紅粉が常の日のわざとなったごとく、祭の日の語りごとはわれわれ遊宴の興を助け、舞は演劇となり、説話は童子の夜眠る前の慰みとまで零落し、かつ変化しおわったのである。あるいは零落というのはあまりに尚古《しょうこ》趣味にとらわれているのかもしれぬが、少なくとも今はこの程度にまで利用の途がかわり、また異なる人々の怡悦《いえつ》の具となったので、ちょうど太古の偉大なる杉菜・つくしんぼうが、今日の石炭になったのとことがよく似ている。これは石炭の物理を研究する人には、あるいはなんでもない事実なのかもしれぬ。しかし私のように杉菜の植物学、もしくはつくしんぼうの自然史を知ろうという者にとっては、微々たる一片の桃太郎昔話も、なお万斛《ばんこく》の感慨を催さざるをえぬのである。

（昭和五年一月、桃太郎の話をきく会講演）

犬子噺

全国の「灰まき爺」が童話化したのは、もうよほど久しい前からのように思われるが、それでも多くの新採集を比べてみるうちには、だんだんと古い形が現れてくる見込みがある。現在知られている七、八つの例の中からでも、古い新しいは他日の論として、とにかくにこれと「桃太郎」との連絡だけは見つけ出すことができる。たとえばよい爺の飼っていた小犬は、松村武雄《まつむらたけお》氏の著とある『日本童話集』には、

子供が一人もありませんので、白い犬を一匹飼って、それを子供のようにかあいがっていました。

というのみであり、他の普通の「花咲爺」にはそれを白犬とすらいわぬものも多いが、爺が金持ちになった奇瑞の根本には、実際はそのかしこい小犬の不思議なる出現ということがあったらしいのである。森口多里《もりぐちたり》氏の集められた胆沢《いさわ》郡の昔話『黄金の馬』では、上の爺と下の爺とが川に魚簗《やな》をかける。上の爺の簗に小犬が一匹引っかかったのを、怒って流れに投げ込むと、それがまた流れて下の爺の簗にかかる。下の爺はそれを拾い上げて、太郎と名づけてかわいがって育てる。皿で飯を食わせると皿ほど大きくなり、椀で食わせるとまた椀ほど大きくなるので、その次には臼で食わせた。そうしてたちまち大きくなって

爺様を背に載せて、山へ出かけて数多くの鹿を捕らせたということになっている。石井研《いしいけん》堂《どう》氏の『国民童話』に採録せられたのは、青森県上北《かみきた》郡浦野舘《うらのだて》の「灰まき爺」であるが、これも心のよい下の爺が掛けておいた筌《どう》に白い小犬が流れてきてはいっていた。それを白《しろ》妙《たえ》と名づけてかわいがって育てたといっている。岩手県江刺《えさし》郡の昔話においても、

二人は一しょに川に筌をかけた。ところが上の爺の筌には小犬が入り、下の爺のには多くの魚がはいっていたので、さきに揚げにいった上の爺は腹を立て、下の爺の筌の中へその小犬を投げ込み、自分は下の筌の魚をば皆取って、知らぬ顔をして帰ってきた。

といっている。同じ県の『紫波郡昔話』の中にあるものも、順序はあらかたこれと同じだが、いま少し様式が「桃太郎」に近い。それでその第一節だけを原文のままで載せると、

上の爺と下の爺と二人で川に簗をかけた。上の爺はまだ夜も明けぬうちに往つて見ると、自分の簗には大きな木の根株《ねっこ》が入つてをり、下の爺のには雑魚が沢山入つて居た。そこで自分の簗の根っこぶしをば、下の爺の簗に投入れ、下の爺の簗の雑魚をば、自分の籠《はたご》に入れて持つて来た。夜が明けてから下の爺は往つて見ると、自分の簗に大きな根株が入つてあつたから、持つて来て日向に干して置いた。いい加減に乾いたから斧で其根株を割りかけると、中から「爺、静かに割れ」といふ。それで静かに割ると一疋の狗児《いぬこ》が出て来た。それを大切に養ひ育てたところが、椀で食はせると椀の大きさだけ、鉢で食はせると鉢の大きさだけ、臼で食はせると臼だけ大きく育《おが》つた。

これと同様の発端は『旅と伝説』*の昔話号（二七頁）に、岩手郡雫石《しずくいし》村の例が一つある。『老媼夜譚《ろうおうやたん》』（一三〇頁）に採集せられた上閉伊《かみへい》郡の「雁取爺」も、なかば笑い話に化していてなおこの型を保留している。小犬が木の根株の中にいて、「文福茶釜」の狸のように、「爺様そっと割れ、そっと割れ」といったなどというのは、思い切って奇抜な空想のようであるが、これも佐々木喜善君*の『聴耳草紙』（二〇五頁）に、同じ例がなお一つある。必ずしもある土地かぎりの新しい付け加えではなかったのである。しかもこの霊妙なる白い犬が殺されてその跡から木が生えるということは、九州以南の「黄金小犬」ともよく似ており、それが臼にきられ、最後には灰になってまで、常にもとの飼主のよい爺にのみ幸いした点は、すべて現在の「花咲爺」と同じいのだから、後者が考えなしにある一つの重要な箇条を脱落していたことは想像してよかろう。すなわち以前はこの小犬もまた桃の中の桃太郎のように、遠く不可測の川上から、縁ある者のほうへ流れ近づいてきたと説いていたらしいのである。それがただ単なる偶然の一致であったか、ただしはまた底につながっている縁の糸があったかは、私には必ずしも決しがたい問題とは思えない。今までに集まっている諸国の資料だけでも、ある程度までは両者の連絡を証することができるようであるが、それはまず各人の判断次第として、ここにはただわれわれの注意すべき事実を注意するだけにとどめておこう。大田栄太郎君が『国語教育』の昭和五年一月号に報告した、越中上新川《かみにいかわ》郡の「灰蒔爺」では、爺が山へ柴刈りに行った留守に、婆は川へ出て洗濯をしていると、水上から大きな桃が流れてくる。それを拾ってきて爺に食わせようと思って、家の庭の搗臼《つきうす》の中に入れておいたところが、爺が帰って蓋《ふた》をのけてみると、桃ではなくて一匹の犬ころが入っていた。大事に育てているとだんだんに大きくなり、それから以下は奥州の「灰まき爺」とほぼ同様に展開している。

それとはちょうど逆に、東北地方の「桃太郎」には、桃でないものが流れてきたという話がある。たとえば出羽の荘内の「桃太郎」は、堀維孝《ほりいこう》氏の記憶によると、婆が洗濯しているところへ箱が二つ流れてくる。

かーらだこん箱あっちゃえけ
みーだこん箱こっちゃこえ

と唱えて、寄ってきた箱を取り上げてみると、その中には桃が一つはいっている。家に持って帰って爺様と二人で食べようと思って、しばらく神棚に上げておいた。晩に柴刈りにいった爺がもどってきて、その話をするのを忘れているうちに、不意に神棚から赤子の泣く声が聞こえる。不思議に思って上を見ると、その桃が二つに割れて、中から男の子が生まれておったといったそうである。「みーだこん箱」は中に実のある香箱《こうばこ》ということで、香箱は多くの子守唄にもあるごとく、以前の小児のほしがる玩具であった。すなわちこの話はすでに童話化していて、なおこういう形にも話されていたのである。内田邦彦氏の『津軽口碑集』には、これと関係の深い話が二つ出ている。その一つはこれも婆様が川に出て、川上からきれいな筥《はこ》が流れてきたのを拾い上げると、中には桃の実が一つはいっている。爺様に見せようと思って簞笥《たんす》の中に取っておいた。その夜山から爺様が帰ってきて、夜中に簞笥の中で幼児《おぼこ》の泣く声がする。桃から生まれたんで桃太郎と名をつける。それがだんだんに大きくなって黍団子《きびだんご》を持って鬼征伐に行く話である。いま一つは桃太郎でなく尾羽《おっぱ》剪雀《きりすずめ》の話であるが、これまた婆が洗濯に行くと、川上から鳥籠が流れてきた。きたない籠はあちへ行け、きれいな籠はこちへこいというとそのとおりになった。婆様は大喜びで鳥籠を家に持って帰り、「爺むし爺むし、きれいな娘こ一人拾ってきた」、「ああそうか、娘ならこの糊《のり》をすらせろ」といったとあって、籠には何が入っていたのかはっきりせぬが、糊をすりながらちゅんと鳴いては糊を食い、またちゅんと鳴いては糊を食って、とうとうみな食ってしまったので、爺が怒って尾を切って追い出したとあるのは雀である。それから後はただ爺婆がさかさになっているだけで、他は普通の「舌切雀」と異なるところがないのだが、これも考えてみると、どうしてそのような非凡な雀が老夫婦の家に来たかは、いわゆる標準御伽のほうでは言い落としているらしいのである。喜田貞吉《きたさだきち》氏の話によれば、阿波《あわ》でも「桃太郎」の桃が流れてくる代わりに、瓜が流れてきて、その中から出た雀が、舌切雀になるというこみいった筋もあるという（『郷土研究』一巻二七六頁）。これがこみいったもののように考えられたのは、むしろ今日の五大噺なるものが公認せられた結果ではないかと私は思っている。阿波には通例の桃太郎はもとはなくて、黍団子を半分やって栗・鋏《はさみ》・臼などを家来とし、猿が島を征伐にいったのは蟹《かに》の子であった。能登《のと》でも島渡りの童話はやはり「猿が島の敵討」であって、桃太郎は単に川上からいくつもの桃が流れてきて、その一つの中から桃太郎が生まれたというところをもって終わり、その後の立志談はなかったと、尾佐竹猛《おさたけたけき》君などはいっておられる（同上五〇四頁）。狸のかちかち山の中段が「瓜子姫」であったと同じく、「花咲爺」の犬子噺が桃の実と結びつくことになったのも、その川上を求むれば必ずしも偶然であったとはいえないごとく、雀も猿蟹も実はある一つの肝要なる昔話の、流れて推移した種々の形相であった。しいてこの五つを対立せしめようとした歴代の碩学たちは、実はこの問題を難解に持っていった功労しかなかったのである。

あくと太郎

「猿蟹合戦」では、今ある親の讐《かたき》を討ったという話よりも、猿にいじめられた弱い蟹が、多くの友の援助を受けて、相手を撃退したというほうが古くはないかと思う。二つの動物が田を作り餅をつき、または人の家から餅臼を取ってきて、分けて食おうという段になって争いをする。無理を言ったほうが結局は負けるという話は、猿と蟇蛙《がま》について最も多く語られているが、その蟇蛙が蟹になり、餅が握り飯から柿の種と変わってゆくのは順序が自然であって、このほうにはまた猿が腹を立てて蟹をおどし、蟹が困って泣いていると、臼や牛糞などが寄ってきて力を付けるという、後日譚も続きやすいのであった。昔話の争闘は、できるだけ善悪勝敗のけじめをはっきりとさせてある。強くして暴虐なる者が眼前に攻め滅ぼされるという箇条は、聞き手が子供でなくとも最も愉快なる大団円であったに相違ない。それを親が殺されて敵が勝ち、子供が大きくなってから仇をかえすということにしても、なお辛抱して人が聞いているようになったのは、話術の進歩でもあれば経験の増加でもあった。あるいは曾我《そが》兄弟の物語などが、こういう長たらしい復仇《ふっきゅう》計画の期間を、普通のことのように考えさせることになったのかもしれぬ。一つのよい例は全国のどこにもある「山姥と牛方」の昔話であった。山の峠で非常に苦しめられた牛方が、里に逃げ下って山姥の家に忍び込み、その晩にすぐにだました相手を退治してしまうということは考えてみるとできそうにもない話であるが、そういう話し方は一般に久しく行なわれていた。ところがこれもまたいつの間にか、小さな孤児が後日に敵を討つといって、復仇はようやく二代がかりになろうとしていたのである。

これには別にしかるべき理由のあることで、もしこの変遷をも考えずにしいて国際の比較を試みようとすれば、おかしな結論におちいるべきことは「桃太郎」の桃も同じであったろう。だから標準御伽の現在ある形をもって、古来ただ一つの正しいものと見ることはやめなければならぬ。

その前にいま少しく各府県の異なる形の、いかにして発生したかを考えてみる必要があるようである。近ごろになってまるで無視せられてしまったのは、昔話の英雄の異常なる出現、すなわちただの女の腹からは生まれなかったことと、同時にその普通でない成長のしかたであるが、人が昔話は作りごと、どうせありもせぬことをいうのだと思うようになって、かえってこの要件には重きをおかぬ結果を見た。しかも前代の常識においては、これほど人を感動させることはなかったので、ある一人の童子が誰にも予期しえぬような難事業に成功したとすれば、それは必ず生まれから違っていたろうと思い、もしくはそれと反対に、不思議の誕生をするくらいな人間だから、鬼が島の宝でも取ってこられたのだと解する風が、われわれの祖先には行きわたっていた。したごうて蟹や雀の大勝利という話が、かつては発端において桃太郎とよく似ていたとしても、必ずしも奇怪でなくまた混乱でもなかったと思う。その上に人が時あって異類に転身し、もしくは鳥獣草木の姿をそなえつつも、人と同じく思惟《しい》し詠歎《えいたん》しえたということも、きわめてありふれたる上代人の考え方であった。桃や瓜の中からでさえ生まれると認められた者が、しばらくは小蛇・小犬の形をもってわれわれの間にいたとしても、それだけが特に不可思議というほどでもなかったのである。だからこのいわゆる五大噺の相互の類似なども、ことによると、それがある一つの根幹から、わかれて変化していった経路を暗示する、偶然の痕跡であるかもしれぬと私などは思っている。

ただしそれを言いきるためには、もっと多くの材料の集まってくる時を待たなければならぬのだが、ある程度の仮定は今だって成り立たぬことはない。たとえば『老媼夜譚』（一一三頁）に採録している雀の仇討ちなどは、実はわれわれの「猿蟹合戦」と比べて、どちらが転用だということが容易にいえないほどに、自然なる話の運び方を示している。昔一羽の雀が竹藪に巣をかけ、卵を温めていた。そこへ奥山の山母《やまはは》が来て、雀々、その卵を一つくれという。雀は恐ろしいので一つやると、また一つ、また一つと卵をねだって、最後にはその親雀まで引き裂いて食ってしまった。その時たった一つの卵が巣からころげ落ちて、藪の中で孵《かえ》って大きくなった。それがなんとかして親の讐《あだ》を取ろうと思って、あっちの稲架《いなはぜ》から一穂、こっちの稲架から一穂の稲を集めてきて、それで団子をこしらえて背に負うて、「米の団子の本団子」とふれてあるく。そこへ向こうの方から栃の実がころがってくる。それからまた針と蟹と牛の糞と臼とが順々にやってきて、いずれも問答をして、雀の企てを聞き、団子をもらって味方になる。そうして山母の屋形に忍び入って、敵を打つ手続きは蟹の昔話とまったく同じである。

この話に対するわれわれの興味は、第一に、蟹が討入りの連中に加わっていることである。普通の「猿蟹合戦」では、蟹は一役を分担しているだけであるが、ここの雀はかえって戦闘員を統括しているのである。第二には、たった一つの卵の中から生まれたという点が、古くある竹取翁の一異伝とは似通っていることである。雀ではないけれども、卵から英雄が生まれたという言い伝えはなお他にもある。第三には、山母の無法なる誅求《ちゆうきゆう》と残虐とが、いわゆる「牛方山姥」などと一致した話の型であって、しかもその山母は留守のうちに敵の忍び込んでいるのも知らず、ここでも寒い寒いといって囲炉裏《いろり》に踏みまたがってあたっていた。これがまた普通の「牛方山姥」と「猿蟹合戦」との共通した点でもあった。牛を食った山姥の退治譚は、前にもいうとおり親の讐ではなく、その日のうちに被害者の牛方が報復することになっているのだが、奥州の三戸《さんのへ》郡には、また次のような一例もあった。八戸《はちのへ》市の「奥南新報」の昭和七年新年号に、小笠原梅軒氏の踵太郎《あくとたろう》の童話というのが出ている。少し文飾が過ぎているが、要点だけを抄すると、

身持ちの女房が一人で留守をしているところへ、山姥がやってきて、酒を出せ肴を出せといい、いろいろ乱暴したあげくに、その女を頭から食ってしまって帰っていく。その跡へ夫が戻ってきてみると、炉のわきに山姥の食いあました女房の踵《あくと》が落ちている。それをたいせつに紙の袋に入れて引っ掛けておくと、ある日その袋がかさこそと動くので、怪しんでおろしてみたら、踵が二つに割れて、中から男の子が生まれていた。それをあくと太郎と名づけて大事に育てると、一杯食わせると一杯だけ、二杯食わせると二杯だけ大きくなって、後にたくましい男になった。母が山姥に食われた話を聞いて口惜しく思い、寒い冬の日に山姥の小屋を尋ねていき、だましてその悪婆を殺してしまう点は、大体に他の地方の「牛方山姥」の話に似ている。

この話の中でも珍しく思われる点は、石を炉の火で焼いて、餅だといって山姥に食わせること、これは多くの山村の山人《やまびと》口碑に、最も多く伝わっている人間の計略であった。それがこの話の中にも挿話風に利用せられているのは、これに無名の作者があった証拠である。第二には女房の踵だけが、しなくて食われないので食い残されていたということ、ずいぶん殺風景な滑稽ではあるが、これもしばしば灰まきの雁取爺などに用いられている。隣の慾深《よくふか》爺が灰をまくと、雁の目には入らずに自分の目に入って、雪隠《せっちん》の屋根からころがり落ちる。それを雁かと思って婆様が棒で打ち殺して、雁汁をこしらえて食ってしまう。その中にしなくてしなくて嚙みきれないものがあるから、なんだと思うと爺様の耳であった。またはいま一つのものであったともいう。これも座頭《ざとう》の坊などの悪い趣味かと思うが、ただその中から強い赤子が生まれたというだけは、他にはまだ聞いたことがないのである。

故高木敏雄君*はその「桃太郎新論」において、今から二十年も前にすでにモモ太郎のもとは、人間の股《もも》ではなかったかと説いている（『日本神話伝説の研究』五五五頁）。しかしあの時分は、まだそれを裏書するだけのごく確かな資料というものはなかったのであるが、それから十幾年を過ぎて『紫波《しわ》郡昔話』が公けにせられ、その中には花見をしている女房の腰のもとに、桃の実が一つころがってきて、それを持ち帰って綿にくるんで寝室におくと、桃が二つに割れて、その中から生まれたという桃の子太郎の話がある。それから子を祈る女房の臑《すね》に孕まれ、生まれた時には小指ほどの大きさであったという「スネコタンパコ」の話もあって、両者はともに不可能に近い妻問いをして成功している。桃が単なる言葉の誤解であったという証拠にはまだ不十分であるが、少なくとも神童が尋常を超越した状況の下に、この世に現れ出たという語りごとの一つに、股《もも》から生まれた股《もも》太郎もあったというだけは認めえられる。また以前、吉田巌《よしだいわお》氏が報告した十勝アイヌの昔話に、オムタロ・シタロなどというはまさしくこれであった（『郷土研究』一巻七号）。オムは蝦夷《えぞ》の語で股を意味し、爺婆のオムから生まれたゆえにオムタロと名づけられた。成長の後、舟をこしらえてもらって海に出で、鬼が島に渡って博奕《ばくち》をする鬼を追い、あまたの財宝を得て帰ったことは、桃太郎よりもむしろわれわれの「団子浄土」の話と一致している。それを隣の少年がうらやんでまねをして、失敗して満船の糞を持ってくる。シタロのシは、アイヌ語の糞であった。この話はアイヌが近接する日本人から学んだろうという想像は、太郎という童児の名一つからでも成り立つかと思う。でも金田一氏*の集めた『アイヌ昔話集』を見ると、かれらの中にも鍋《なべ》に入れられて川上の大きな里から、流されてきたなどという童児の話もあって（『日本童話集』下巻）、その展開の形はかなりわれわれのほうにあるものと違っている。だからこの話のごときもとはあちらにあり、あるいは双方に独立して生まれたということもいえるかもしれぬが、かりにそうであってもわれわれの昔話に、臑から生まれ、または踵から生まれた偉人もあったという事実だけは争えない。少なくとも桃を主眼とした「桃太郎」研究が、詮なき辛労であったことはもう明らかになっているのである。

海神少童

一　はなたれ小僧様

最初に私は五つの著名なる今日の御伽噺《おとぎばなし》が、どうやら互いに関係のあるもので、五つ別別に成育してきたのではないらしいということを述べてみた。この次にはずっとかけ離れた各府県の昔話の中に、これと縁があってしかも忘れられていたものが、いくつかあるということを説くのが順序である。昔話は伝説と違って、記憶する者が自身これを信ぜず、したがって人をして信ぜしむる必要がなく、その記憶はまた多く子供の時のものであったゆえに、きまじめにこれをわれわれに向かって語る人がまれであって、今までその採集はいっこうに進んでいなかったが、その代わりにはへたな研究者によっていじくりまわされておらず、一つ見つかると一つだけの新しい暗示が得られる。問題はそれがあまりにひどくこわれてしまわぬうちに、どうすれば精確にできるだけ多くを記録しておかれるかであるが、しあわせなことにはこの十数年以来、思いがけぬ地方から幾人かのすぐれた伝承者が現れて、熱心なる採集家と遭遇したものもあれば、あるいは自身直接にその記憶を筆にしようとした者もあった。初期の若干の記録の互いに相知らず、なんらの予測なくして偶然に一致しているものは、特に将来の研究のために貴重なる資料であるが、その中でも国の南北の両端において、古来一度も比較を試みられたことのなかったものが、はじめてこの採集によって顕著なる類似を認められ、もしくは意味ありげな部分的の相異を注意せられるにいたったのは、まことにわれわれにとっては逸すべからざる機会というべきである。いたずらに採集の完備を期して、再び書冊の不当なる統一のために、いわゆる五大噺のごとき混乱を招かぬようにしなければならぬと思う。

そこでまず最も意外なる九州の一つの例を援用して、桃太郎説話の古い姿を尋ねていく栞《しおり》にしてみたいのである。これは熊本県でも北の境、玉名《たまな》郡の真弓という山中の小部落に、長く伝えられている昔話であって、その話の中に出てくる南関《なんかん》の町に生まれた、多田隈正巳君の報告するところであった（『旅と伝説』二巻七号）。主人公はハナタレ小僧様などというおかしな名をもって呼ばれ、話の運びにも童話らしい点はいたって少ないが、神童出現の奇瑞と、よい爺が富貴になったという点では、すでに他の多くの申し子説話と一致しているのみならず、その前後の細々とした筋においても、必ずしも話者の予想したごとく孤立のものではなかったのである。できるだけ手短かに大要を抄すると、

昔この里に一人の老翁があって、毎日山に行って枯枝を拾い集め、それを関の町へ持ち出して売るのを渡世にしていた。

ある日その薪が売れないので、町の中を流れる川の橋の上に休んでいたが、なんと思ったか背の薪を取りおろして、竜神を念じつつそれを橋の下の淵に沈める。そうするとなんともいえないよい心持になった。その時に水の中から、美しい上﨟《じょうろう》が小さい、ほんとうに小さい一人の子を抱いて現われてきた。

「爺よ、お前が正直で毎日よく働くのを、竜神はたいへんに喜んでおられ、その褒美にこの子供をお預けなされる。この方の名はハナタレ小僧様といい、お前の願いごとはなんでもかなえて下さるが、ただ毎日三度ずつ必ずエビナマスを供えることを忘れぬように」といって、美女は淵の底へ帰っていった。

爺は大喜びでそのハナタレ小僧様を抱いて帰り、それを神棚の側に坐らせて、毎日海老《えび》の膾《なます》を上げることを忘れなかった。

それからというものは米でも金でも、どうかお授け下さいというたびに、ハナタレ小僧様がフンと鼻をかむ音をさせると、ほしいと思うだけ爺の前に現われた。もう山へ行くに及ばぬことになった。家も大きなきれいなのを出して下さいというと、たちまちフーンと音させて、驚くほどりっぱな家ができた。倉がいくつも建って米や宝で一ぱいになり、わずかな間に爺は長者になった。

爺の仕事は毎日町へ下りていって、膾にする海老を買うことだけであったが、それがしまいにはめんどうになってきて、ある日ハナタレ小僧様を神棚の側から下して、「もうあなたにはなにもお願いすることがありませんから、どうか竜宮へお帰り下さい。そうして竜神様へよろしくお伝え下さい」といった。そうすると小僧様は黙って家の外へ出ていった。しばらくして家の前でスーと鼻を吸う声が聞えたかと思うと、たちまちりっぱな家も倉もなくなって、以前のとおりあばら屋だけが跡に残った。爺はびっくりして飛び出して見たが、もうどこにもハナタレ小僧様の姿は見えなかった。

二　薪を採る翁

さてこれからがいよいよ各箇条の比較になるのであるが、昔話の重点は普通まん中と末の方とにあるごとく見られているけれども、かえって順序を追うて始めから述べてゆくほうがわかりやすいかと思う。第一段には話の主人公の、山に行って薪《まき》を採ってくる爺であったこと、これは現在の童話では、ほとんどどうでもよいことのように考えられているが、かつては必ずこういわぬと昔話ではないような、何か特別の約束ともいうべきものがあったのではなかったろうか。それがまず問題になってくるのである。ただし今日の実際においては、「桃太郎」以下のいわゆる五大御伽を始めとし、多数の昔話はことごとく山に行く爺の経験談の形になっているので、この点の一致だけでは説話の異同を説くことができない。

たとえば三人の娘を持っていて、そのうちの一人を嫁にくれようと、蛇に約束したという親爺、もしくは小鳥が腹の中にはいってから、尻で珍しい「ぴぴんぴよ鳥」などという文句を、唱えるようになったという屁《へ》こき爺なども、たいていは昔「かちかち山」の老人と同じに、山の畠に出て働いていたらとか、山にはいって竹を伐っているということになっているのである。あるいは「舌切雀」のごとく、その爺に対立して慾深婆が登場し、もしくは「鼠の浄土」や「灰まき爺」のごとく、隣家にいま一人の意地悪爺があり、それがまた双方各一組の老夫婦ともなっているのは、もとは単純に主役のよい性質を反映せしむる方法として、または一つの教訓を裏表両面から、念入りに説き明かす手段として、どこの民族でも採用した話術の改良であったろうが、後にはそうこなければ昔話ではないようになり、またその対照をおもしろおかしくするために、これを敷衍《ふえん》したいろいろの滑稽が付け添えられるようになった。しかしそうまで言わずとも一人の爺の心がけが変わって、せっかくの福分を取り逃がす結果になったことは、まだ他にも話し方はあったはずである。日本でも取れども尽きぬ米俵の尻をたたいたら、白い小蛇が飛び出してそれからはもう米が出なくなったといい、桝《ます》を洗うと貧乏になるという戒めを知りながら、富貴に退屈して桝を洗ったという長者の話なども、伊予《いよ》の桝洗い池の伝説となって残っている。たった一つの条件を守らなかったために、不幸におちいったという話も方々の国に流布している。

この点にかけてはハナタレ小僧様の説話は、私たちのいう隣の爺型よりは一つ古いかと思われる。

この一人の柴刈り爺を中心とする話し方は、西洋の説話研究者が輪廓もしくは額ぶち(Cadres)といっているものの一つであった。その中でもこれなどはおそらく非常に古くからの様式であって、つまり昔話の第一次の話し手がいつも老翁であり、また一人称をもって自分自身の経歴のように話をする習いであった痕跡かと思う。記録の残っている中古以前の昔話で、類例を求めるならば竹取の翁、またはこれから分かれて出たらしい箕作《みづく》りの翁であって、これらは前半分がもっと「桃太郎」や「瓜子姫」に近く、後段は今ある「蛇聟入《むこいり》」とも似通うている。「桃太郎」の桃を拾い上げるためには、爺が柴刈りに行くことは少しでも関係がない。それにもかかわらず「爺は山へ柴刈りに」と語ることになっていたのは、偶然ながらも以前あったものの保存であって、新しい付け加えでなかったことが知れるのである。ただしその薪と水の神様との関係は、話の自然の推移ともいうべきもので、必ずしも薪ではなくとも、何か自分に大切な物を惜しげもなく差し上げたというだけでよかったことは、比較をしていくうちにおいおいわかってくるのである。

三　貧者の奉仕

薪を竜宮に献上したという話は、山に柴刈る老翁として、そう説くのが自然であったというにすぎぬと思うが、それでも起こりは古かったと見えて、南北にその例が数多く分布している。九州でいま一つをあげるならば、肥《ひ》前《ぜん》の島原《しまばら》半島には次のような昔話があって、報告者もその変化の奇抜なるに驚いている（『旅と伝説』二巻一〇号、山本靖民君）。

昔々姉と妹との二人があって、姉は金持の家に嫁入りし、妹は山番の妻になった。妹は毎日山から薪を負うて町へ売りに出たが、ある日どうかして薪が売れぬので、姉の家へやるのもいやだと思って、その薪を海に投げ込んで帰ってきた。

そういうことが何度か続いたところ、ある日いつものように薪を海に投げて帰ろうとすると、海の中から女が出てきて、竜宮へ来てくれといって案内した。その途で「帰りに何か土産を下さるといわれたら、黒猫を所望するがよい」と教えてくれた。何日か竜宮に逗留して後、いざ帰ろうとする時に、土産をやろうといわれたので、かねて教えられたとおりに黒猫をというと、これには毎日小豆を五合ずつ食わせなくてはならぬといって、その黒猫を下された。家につれてきて五合の小豆を与えると毎日五合ずつ黄金を糞するゆえに、たちまちにして大金持になってしまった。日ごろ音信もせぬ姉はこのことを聞いて、その黒猫を借りにきた。いやともいえぬから貸してやると、元来欲の深い姉は大喜びで、小豆を一升ずつ食わせてみたが、一升の黄金は糞せずに死んでしまった。

妹はかわいそうに思って猫の死骸をもらってきて、自分の屋敷にていねいに埋めてやると、後にその土から橙《だいだい》の木がはえてきた。黄金を生んだ猫の死骸から成長した橙の木だから、めでたい物としてそれ以来、正月にはその実を飾るようになったという。

この例においては爺はすでに退いて、貧しい妹と富みたる姉と、二人の同胞に分身しているが、町に売りに出て売れなかった薪を、水底に向かって投げ込んだ点のみは一つである。そうしてまた売れ残りだから投げ込んだということは、はやすでに一つの変化であったらしいのである。遠く日本の他の端に行ってみると、岩手県江刺《えさし》郡の一つの昔話などは、この点はまったく違っていて、結果はかえって肥後玉名《ひごたまな》のものに近かったのである。

昔爺が山に行って柴を刈っていると、その下の淵の水がくるくるとおもしろく渦《うず》を巻いている。それをおもしろいと思って、刈っていた柴を一束投げ込むと、みごとにくるくるとまわって水の底に沈む。これはおもしろいとまた一束、また一束と投げているうちに、とうとう三月の間刈りためていた柴を、残らずこの渦巻の中へ沈めてしまった。ところがその淵の中から美しい女が出てきて柴の礼をいい、ぜひわたしの家へ遊びにきてくれという。そこで目をつぶって女に負われて、淵の底に入っていくと、まことにりっぱな構えの屋形があって、爺が投げ込んだ柴はその脇にちゃんと積み重ねてあった云々（『江刺郡昔話』二三頁）。

これとよく似た話は、同じ県の紫波《しわ》郡にもあるが、このほうは時を歳の暮れといい、爺が淵の渦巻の中へ投げ入れたのは、正月の用意に迎えに行った門松の木であったと伝えている（『紫波郡昔話』一頁）。緑の松の枝を谷川の淵に投じたのは、絵様としても美しいというだけでなく、他の多くの昔話、たとえば「笠地蔵」や「大歳《おおとし》の火の由来」においても、無邪気な老爺がよいことをして福徳を授かったのは、たいていはまた除夜の出来事となっている。すなわちこの日は最も奇瑞の起こりやすい時刻でもあったのである。

次に江刺郡の方にはいま一つ、これと半分以上同じ話があった。これは自分の旧著『雪国の春』*にも掲げておいたから知っている人もあろうが、舞台は右の二つのごとく渦まく谷川の淵ではなかった。

昔爺は山へ柴刈りに行って、谷に大きな洞穴を一つ見つけた。こういう穴にはえて悪い物が住むものだ。ふさいでおいたほうがよいと思って、一束の柴を押し込むと、柴は穴の栓《せん》にはならずに、ずるずると穴の中へはいっていった。また一束押し込んでみたがそれもその通りで、それからもう一束と思ううちに、三月の間刈りためてあった柴を、ことごとくその穴の中へ入れてしまった。その時に穴の中から、美しい女が出てきて、たくさん柴をもらった礼を言い、一度穴の中へ来てくれという。あまり勧められるので爺はついはいってみる気になってついてゆくと、中には目のさめるようなりっぱな家があり、その家の側には爺が三月もかかって刈った柴の束が、ちゃんと積み重ねてあった云々（『江刺郡昔話』一三頁）。

こういうふうに、柴刈る翁が柴を投げ込んだことは同じでも、それを投げ込む気になった理由は、一つの郡においてすらもうまちまちになっている。そうしてどの話もみなもっともらしくないのは、さらにいま一つ以前の別な語り伝えがあって、しかもその動機がもはや通用しがたくなっていたことを想像せしめるのである。

四　竜宮の女性

柴を水底に送り届けた動機は、今はこのとおりいろいろに話されている。しかし本来はそれがなぐさみでもなく、また不用になったからでもなく、実は貧しい老爺の好意に出《い》でたらしいことは、若い上臈《じょうろう》が水の中から出てきて、礼を述べたというのからも察せられる。あるいは当人にはそれだけの考えもなくてしたことが、偶然に水の神の悦びたまう贈与となったというふうに、はやくから語ろうとしていたものかもしれない。とにかくにそれは非常な善事であったことだけは疑いがないのだが、肥後のハナタレ小僧様の話などでは、もうその点が不明になってしまって、爺が平生よく働くから、竜神が感心しておいでるなどといっていたのである。

しかも女性が現れて水の都の居住者の満足を語ったという点のみは、上に列挙した南北五つの昔話に共通であった。単にそればかりでなく他のいろいろの民間説話、たとえば何心なく斧《おの》を淵に取り落としたところが、それは水の神のこの上もなく感謝することであり、日ごろ水底にあって暴威をふるう大蟹《がに》の足を斫《き》り、退治してくれたのはまことにありがたいと、出てきて礼を言ったという話などでも、その主は若い女性であった。浦島子の旧伝はこちらから遊びにいったことになっているが、今ある竜宮女房の昔話においては、美しい少女が訪ねてきて、妻となり子をもうけて後に帰り去ったというのがいたって多い。その子はいずれも人間の世にとどまって、後に父の家を富貴にしているのである。それからまた非常に多い水の神の文使いの話、某の橋の袂《たもと》に立つ女のもとへ、もしくは某沼の底に住む姉神へ、どうかこの手紙を届けてくれと頼まれるのも若い女性からであった。これには無邪気にその任務を果たして、尊い宝物をもらったという話、それを裏切ったがために害にあおうとした話、人が警戒したので災を転じて福となしたという話、その他幾通りかの変化があって、尋ねてみるならばその成長してきた過程がわかり、決して最初からこれだけまちまち、話されていたものではないことが知れるように思われる。諸国の伝説に今も残っている機織《はたおり》池・機織淵、大歳の夜の真夜中にまたは静かなる雨の日に、筬《おさ》の音、梭《ひ》の音が水の底から聞こえることがあるといい、あるいはその音をきき得た者は幸運であると称し、もしくは某家の美しい一人娘が行方知れずになったのが、後に水底に入って機を織っているところを見てきた者があり、また堅く口留めせられたなどというのも、その根本には何か一つの古い信仰があって、それがどこかの点で右にいう昔話と、縁の糸を引いているように思う。とにかくにわれわれは今なお竜宮といえば乙姫様を思い起こす習わしをもっている。これなどもよその国にも例のあることだといって、しいて一部の似寄りを引っぱってくる人はあろうが、程度も様式もともにわれわれのは特殊である。絵をかく人たちの作りごと以外に、日本の竜宮はまたいずれの国とも別なものであった。ひとり神秘なる蒼海《そうかい》の消息を伝えた者が、ほとんど常に若い女性であったというにとどまらず、さらにまた不思議の少童を手に抱いて、きたって人の世の縁を結ぼうとしたのもかれらであった。海はこの国民のためには永遠に妣《はは》の国であったということがいえるのである。

五　海の神の贈りもの

小さな童児とはまことに珍しいおみやげであったが、これも前に列記した五つの例の、四つまでに共通する点である。何か今日の知識ではまだ解しえない関係が、海と少童との間にはあったものと想像して、この点を私などは最も重要なる一つに数えているのである。ただしどういうふうにしてもらってきたかの手続きにおいては、この玉名郡のハナタレ小僧様だけが、かなりいちじるしく他の四つと異なっている。岩手県のほうの昔話では、いずれもその礼を述べた美女に案内せられて、水の底または穴の中へお客にいくことになっており、その中でも江刺《えさし》郡の二つはともに帰りしなに、みにくい小児を無理やりに連れていけといって、押し付けられたのでもらってきたことになっている。紫波《しわ》郡のほうは前もってその同行の女性が、何かみやげものをやろうといわれたら、必ず子供を下さいと答えよと教えてくれたことになっている。山本氏採集の肥前島原半島の話などは、この最後のものとことに近くして、しかもその変化はさらに一段と奇抜であった。すなわち小さな子を所望する代わりに、黒猫を下さいといってもらってくるのであるが、これも後になって利用の条件にそむいた者が、失敗をしたというだけはほぼ同じである。

とにかく五つある話の四つまでが、こちらから竜宮または地下の国へ出かけて、もらってきたことになっているに反して、ハナタレ小僧様だけは女が子を抱いてきて手渡しする。そうしてこれとよく似た昔話は、別に産女《うぶめ》の話として広く行なわれているのである。産女の話は以前も少しく説いてみたことがあるが、大体に早くから二通りにわかれていたようである。すなわちその一つは通行人に向かって、この子を抱いてくれというから抱いてやると、後に木の葉に変じ、または石地蔵になった。たぶん悪い狐などの所為であったろうという、結末のあまりおもしろくない例で、それも『今昔物語』にすでに出ているのだから、決して新しい変化ではないのである。しかし第二のものはもう一段と古い形で、普通の人ならばとても我慢ができないほどに、抱き取った赤子の重くなるのを、頼まれた者が正直者であり信心者であり、または勇士・名僧などであったために、じっと辛抱して女の帰ってくるまで抱いて待っていると、非常に喜んで厚く礼を述べ、かつ報酬をくれる。

その報酬は取れども尽きぬ金財布《かねざいふ》などであった場合と、その家に遺伝する大力の筋であった場合と、また二つにわかれているのである。この産女が現れたという場所も、往々にして淵の上や池の堤、または橋の袂などといって、どうやら水の神と縁があったらしいのであるが、これまでの人たちはその一致には心づかなかった。ところがこういうハナタレ小僧以下の例が出てきたおかげに、その赤子の双方同じものであったことが少しばかりわかりかけてきた。これだから昔話の採集は、今後もなお大いに努めなければならないのである。

それからこのついでにいま一つ言っておきたいことは、私が最初に聞いたほうの江刺郡の昔話で、柴を投げ込んだのは淵の渦巻でなく、山中の穴ということになっているので、なんだか水の神との縁は乏しいようにも見えるが、これも決して別口ではなかったということである。人のよくいう椀貸し伝説を始めとし、岩屋に水の神の信仰の移っている例は他にもある。谷の奥などの岩穴にも水の流れ出すものがあれば、人はその底が竜宮に通うと言い伝えていることがあった。そうして土地の表に現れた流れよりも、かえってかくのごとき地下泉の露頭を神秘なもののように想像し、これを水の神の神座とつながるかのごとく考える傾向があったらしいのである。この点は淵の渦巻のよく物を吸い込むところから、これを水底にはいっていく門口のごとく見なしたのと、あるいは根元において一つであったろうと思うのである。

六　しこ名と醜い容

次には自ら出てきた少童の、普通でない名をもって呼ばれていたこと、この点も水の神の昔話の特に大切な部分であったように思うが、これがまた互いによく似通うているのである。肥後のハナタレ小僧様などは、単に「小さなまことに小さな子供」であったというが、それにしてもその名前が非常に粗末であった。『紫波郡昔話』では、柴刈りの爺が水中の屋形へ遊びにいってもらってきたのは、一人のみにくいカブキレワラシ、すなわちおかっぱの男の子であった。爺は案内の美女に路で教えてもらって、なんだか知らずにヨケナイというものを下さいというと、そのヨケナイがこの子供のことであった。迷惑には思ったが今さらいたし方がないので、連れて戻ってきてかわいがっていたという。江刺郡の第一話においては、爺がほしいとも何ともいわぬのに、一人の醜い小児をくれるくれるといって、無理に押し付けた。それを連れて帰ってくると、爺よ、おれはウントクという者だとその小児がみずから名乗った。第二の話でもしいて与えたという点は同じで、ただ子供の名前はヒョウトクといったそうだと、話者が話の終わりに付け加えている。ヨケナイとウントクとはその意味不明であるが、いずれそう結構な名でないことは察しがつく。ヒョウトクのほうは、終わりにその童児が死んで後に夢の告げがあって、その醜い顔に似た面《めん》を竈《かまど》の前の柱に掛けておくと家が繁昌すると教えたといい、現に今日でも岩手県下の農村では、鬼のような木の面や版画を、竈の神として掛けておく風があるのだから、つまりこの風習の起こりを説明したものであった。それでこの昔話の採集者や友人たちは、ヒョウトクはすなわち火男《ひおとこ》であって、今日のいわゆるヒョットコの面、口をとがらし火を吹いているものと、根本は同じ名であったろうと解しているのである。

なんにしても水の神から贈られたという童子は、非常に汚くて見たところ少しもありがたそうでなかった。ただ心の素直にして神霊の指揮に従順であった親爺のみが、大切にこれを養い立ててその福分にあやかったのである。肥前島原でいう黒猫なども、その形はあまりにも変わっているが、話の趣意においては同一であったことが、その結果からしてうかがい知られるのである。ハナタレ小僧様の非常に形が小さくて、家の神棚の脇にすえておくらいであったというなども、ヨケナイ・ウントクが醜い顔をしていたのと同じく、やはり最初は人は見かけによらぬということを説明するほうが主ではなかったろうか。この想像の一つのよりどころは、例の「一寸法師」の昔話である。一寸法師のもとの名は「小さ子」であって、これもまた一つの嘲弄の異名であった。何かの機会においてその「小さ子」が俄然として成長し、普通の人間にはできないような難事業を完成し、彼をたいせつに育てていた爺と婆とを幸福にする。そうしてその子は御伽草子の「一寸法師」においても、また奥州のスネコタンパコの昔話においても、ともに信心祈願によって授けられた子ということになっているのである。今ではこの点を深く注意する人もないようだが、桃太郎は桃の中から、瓜子姫は瓜の中から、『竹取物語』の赫奕姫《かくや》は竹の節の間から生まれ出たというのは、いずれも最初ははなはだしく小さかったことを意味していたのである。この以外にもなお一つ、同じ系統の珍しい例として、申し子が小さな蛇の形をもって生まれ出たという昔話があるが、これなどは蛇であるだけに人間よりもさらに成長が目ざましかった。鉢に入れておくと鉢に一ぱいになり、盥《たらい》に入れておくと盥に一ぱいになり、次には馬槽《うまぶね》に入れて育てたという話もある。奈良の朝廷の代にできた『常陸風土記《ひたちふどき》』にも努賀《ぬか》毗咩《ひめ》という婦人が神の児を生んで、それが小蛇の姿であったことを次のように記している。

すなはち浄杯に盛りて壇を設けて安置す。一夜の間にすでに杯中に満てり。さらに瓫《みか》を易《か》へて置けばまた瓫の内に満つ。かくのごときこと三たび四たび云々。

これもおそらくはあの時代の、信じられたる昔話の一つであったろう。

肥後のハナタレ小僧様は、成長したということはないが、前には抱かれて来たり後には歩して去った。そうしてまた神棚の側に安置してあったということは、右に引く常陸の旧話とも同じである。この点があるいは今幽かになった神話期の要件でなかったかと思う。白人諸国の間においても、または他の異民族の説話でも、非凡の英雄の最初の出現は多くはこれであった。あるいは小動物の形を借り、あるいは人であっても非常におろかでありなまけ者であり、あるいは貧しくかつ醜い姿をしていて、親と神霊とを除くのほかは、誰あってこれをかえりみる者もなかったというのが普通である。ただその形が極度に小さかったという点のみは、ヨーロッパにも指太郎などの話はないでもないが、特にわが国のようには古くから発達していなかったに反して、日本では現に少名御神《すくなみかみ》の神代から、こういう説話が流伝し、また記録せられていた。ただそれが神話の側から見て、あさましいばかりに零落していただけである。岩手の昔話のヨケナイやウントクなども、もとは何かもう少し意味のある名前であったのが、後々話し手の空想によって、いつとなく取り替えられたものかと思われる。とにかくに話としては、ただ悪いつまらぬ名でさえあればよかったのである。名前や外形ばかりでは、人の本当の力を推量することができぬという趣意を寓しておりさえすれば十分であったのである。ハナタレ小僧に様の字を付けて呼ぶなども、よく考えてみると、凡人にはむつかしい修行であった。それをなんとも思わぬほどに敬虔《けいけん》な老爺のみが、特殊の恩恵を受けえたのは理由がある。これもおそらくは隠れたる神の試みの一つで、最初は江刺郡のヒョウトク童子が、臍《へそ》ばかりいじくっている見たくないワラシであったというと同様に、海の少童がお姿の小さかっただけでなく、いつも鼻汁を垂らしたはなはだきたならしい小僧であったゆえに、侮蔑せられていたように語り伝えられてあった痕跡かと思われる。したごうて小僧が鼻息をもって財宝を出し入れしたということは、同じ鼻でもこの呼び名とはまるで関係がないか、もしくはこれにもとづいて後に言いはじめたかの、二つに一つであろうと私は考えている。

七　説話の成長素

神話が経典でなかった最も重要なる相異は、実際はこの方面において求め出すべきものではなかったろうか。当初われわれが信じ伝えていた上代の事蹟が、一句一字の末まで守るべく改むべからざるものであったならば、その大部分は現在に到達する以前に、倦《う》まれ軽んぜられてつとに消えていたかもしれなかった。それがなお若干の古意を包容して、とにかくに今日まで保存してこられたのは、むしろその内容の片端に、自由に世とともに推移することを許された区域があったからで、いわゆる説話文芸のいかにして起こったかを問おうとする者は、ぜひとも前もってこの土地ごとに変化するものを調べておく必要があったのである。もちろんこの区域は時代により、または社会の事情によって一定せず、かつては大切であった不変分子が、しだいに改まってゆく力に巻き込まれた場合もあったろうが、大体に変えてよろしいと認められたものが古くからもあった。そうして小さなところではウントク・ヨケナイなどの童児の名前、大きな点では爺がその神童のおかげをもって、富貴を得たという手続きまたは方法などが、これに属していたことは比較によって明らかになるのである。ハナタレ小僧様が鼻ひ・鼻吸いをもって、金銀・米倉を出したり、なくしたりした例は、肥後より他には聞いたことはないが、他国のこれに該当する部分もまた思い思いに変わっている。たとえば『紫波郡昔話』ではヨケナイは爺に向かって、おれをどこか人の目につかぬところに置けというので、家の一番奥のデコに入れて隠しておいたとある。デコは正しく書けば出居子であって、出居というのは接客室のことである。現在でも奥州各地の多くの旧家において、座敷ワラシという童形の守り神がいると伝えられるが、それが多くはまたこの座敷にいるのである。すなわち珍客同様の待遇を受けつつ、このヨケナイ童子は非常によく働いてくれて、たちまちに柴刈り爺の家では財布に銭がじゃぐめき、また米があふれて飯米櫃《けしねびつ》の蓋《ふた》が合わなくなったほどに富んできたとある。江刺郡の第一話でも話は大よそ同様で、やはり奥座敷に隠しておくと、朝晩よく働いてまたたくうちに家を富貴にしてくれたというのみで、それがいかなる働きであったかまでは説いていない。ところが同じ郡でも、いま一つのほうの話では、もう少し要領よく筋が運ばれていて、地の底から連れてきた見ぐるしい子供は、いつも臍《へそ》ばかりいじくっているので、爺もあきれてしまって、ある日試みに火箸でちょいとその臍を突いてみると、そこからぷつりと金の小粒が飛び出した。それから後は一日に三度ずつ、火箸で臍を突きつつ長者になってしまった。それを欲張りの婆が一度に多くの黄金を出させようとして、ぐんと火箸で突いたためにヒョウトクは死んだとある。これと同断の話は前にも引いた肥前島原の黒猫で、こちらは毎日五合ずつの黄金をひり出したというが、たいへんな糞もあったものだ。

要するにこれはこれ富貴自在の法、なんでも手軽にまた奇抜に、爺を大金持にしさえすればよかったので、必ずしも鼻息の吐入によらねばならぬ理由はなく、この点後代の説話伝承者、ことにその運送と分配とを職務とする者どもの、次々に知能弁舌をふるうべき余地の存するところであった。それゆえにこそ地方ごとにその叙述の様式を異にし、したごうて聞く者の興味をこれに集注させて、おいおいとわれわれの昔話を愉快きわまるものにしたのであった。一例をいうとある動物が金を糞する話、これなどはすでに寛永年間の『醒睡笑《せいすいしょう》』において、猾智《かっち》ある弟の田九郎《でんくろう》が、鈍にして家富みたる兄の旦九郎《だんくろう》を欺く手段として用いられており、ここではすでに金ひり馬の話に化しているのである。尾崎紅葉《おざきこうよう》のいわゆる「二《に》人椋助《にんむくすけ》」は、外国でもすでに人望多き笑話になっていて、その中にも黄金の卵を生むという鵞鳥《がちょう》の話はある。だからまた彼を知りこれを知らざる人々には、たちまちにして文化拝借の一例証を供するかもしらぬが、兄弟の境遇気質の違いから、貧しくて正しい者が後に幸福を得たというまじめな話ならばかえって日本に多く、それが変化していっておどけ話になった順序は、むしろこちらにおいてこそ精密に跡づけられるので、しかも一方が他を学んだということも、実はまたすこしでも明らかではないのである。ただ今われわれがほぼ安心して言えることは、血を分けた兄弟、縁あって連れ添う爺と婆、もしくは軒を並べて住む二組の老夫婦の間に、これほどまで裏表のはっきりした心がけの善し悪しと、それにともなう運不運とがあったというのは、なんぼ素朴な昔の人たちにも、高笑いせずには聞かれない誇張であって、したがって後来話者の空想のおもおくままに、しだいに笑話化していくべき傾向を、特にこの部分がはやくからそなえていたということである。笑話は近代にはいってはその数が非常に多く、中には実際の経験から生まれたものもあるように考えられているが、よく見るとたいていは古い根株の存するものばかりで、その役者の数もわずかであり、変化はただすぐれたる者の成功と、劣れる者の失敗とをいくらでも耳新しく、話しかえてきたというにすぎなかったようである。しかもその新趣向とても、必ずしも毎回の創意になるものとは限らず、中には今まであるものを転用しもしくは継ぎ合わせた場合もあったことは、黄金を糞する黒猫の話などがこれを推測せしめる。いわゆる金卵伝説はすでにわが国には痕跡を留めないが、それと独立してはこの空想はおそらくは生まれなかった。だから今日はもとのきまじめな形がかりになくなっておろうとも、またまれには外国にも同じ型が伝わっておろうとも、なお笑話が最初から笑話として、この世に現れたと見ることのできないのは、童話の場合もまったく同じことである。つまり説話というものは成長したのである。成長したればこそ、いつまでもおもしろかったというよりも、後ほどおもしろくなってきたのである。

八　興味と教訓

しからば説話の不変部分として、いかなる個条が永く保存せられていたか。たとえば一方の土地できたないおかしな名前の子供であったものが、他では黒猫であり、または白犬でもあったらしいのは、これもまた私のいう成長素に属するものかどうか。こういうことが次には問題になってくる。その答えは歴史が長いために、そう簡単にはしかりとも否ともいわれないが、大体に二つの条件を付して、自分はこれをある時代の不変分子の後に崩壊して、他の成長する細胞に巻きこまれてしまったものと解しているのである。二つの条件というのは、その一つは前にいう転用と複合、すなわち個々の記憶ばかりがかすかに残っていて、いつまでももとの話の周囲に纏綿《てんめん》してはいるが、筋の続きはすでに変わってしまった場合の多いことである。これあるがためにもはや昔の形でない昔話が、手つかずに伝わっているような感じを人に与えることは、ぜひともあらかじめ警戒してかからねばならぬ。いま一つの条件は説話を支持していた者の思想なり社会観なりが、刻々に移動して常に大いなる外部の影響を及ぼしていたことである。これを認めないかぎりは、かつてあれほど重きをおかれていた民間説話の骨子が、一朝にして変化してやまざる部分に遷《うつ》っていった理由を、把握することは望みがたい。神が現実に童児を人に贈り、しかもその童児が時あって小さな動物、または桃や鶯の卵の形をもって出現したなどということも、ずっと大昔には人がこぞってこれを信じていたはもちろん、信じてこれを伝うがゆえに次の者も疑う能わず、もしくは昔の神代ならば、そういう出来事もなかったとはいわれぬと思う者まで、かなり久しい間この点には手をつけることができなかったのである。ところが知能が進み推理の力がたくましくなって、底の信仰がまずゆらぎついにはこれを聞こうとする者の要求が改まってきた。話術の自由なる区域は徐々として拡張し、前には昔話の要素であったものも、興味の少ないものは片隅に押しやられ、一方におもしろくてたまらぬものは、おもしろいがために保存せられてはいたけれども、それもまたやがては少しずし作り換えられて、話はいつとなく大話《おおばなし》になってしまったのである。これに数千年にわたった遅速がなく、また土地によって配合の異同がなかったならば、比較研究もあるいは徒労であったかもしれぬのだが、幸いにしてこの変化には順序があり、個々の民族には、またそれぞれの状況の差があった。そうして日本という島帝国は、無意識ながらもその最も安全なる実験場の一つであったのである。

鳥が黄金の卵を生んだという話なども、かつては信じ伝えた時代がわが国にもあったと見えて、手毬歌《てまりうた》の章句には今も残っているが、説話の領分からはつとに消え去って、その代わりかとおぼしきものが行なわれている。これに反して、われわれの「小さ子」は、つい近いころまでなお一部の信仰であった。それが忽然と成長して、人間の最も偉大なる者となったということも、不思議ではあるが、笑うべきことではなかったのである。しかるに御伽の「一寸法師」が世に行なわれたころから、他の多くの霊童譚にはもうこれを説かなくなり、少なくとも京都の文雅の及ぶ範囲においては、これを新たなる一つの境目として、皿で食わせば皿の大さだけ、鉢で食わせば鉢の大さだけ、毎日々々大きくなっていった。

などという話し方は、古くさいものになってしまったように思われる。そうなってくると、ただの女の腹から生まれる以外に、この種の英雄の出現を想像することは容易でない。したごうて申し子生まれ替わりの口碑のみはますます多く、「桃太郎」はすなわち童話化せざるをえなかったのである。これが説話の最初からの形でなかったのはもちろん、その変化のはじまったのも、さまで古いことでなかったことは、地方に保存せられていたいろいろの類例以外に、別に文書の側からもこれをうかがうことができる。中世の冊子《そうし》類ではこの小さ子のことを、心得童子《こころえどうじ》とも如意童子《にょいどうじ》ともいっている。仏者のほうではこれを護法《ごほう》・天童などといったらしいが、名義は異なっていても、その言い伝えは互いによく似ていた。つまりは神霊に恵まれる人のところへ派遣せられてきた小さな神使《しんし》であった。北アジア各地のシャマンたちは、今でもまだ自分の親しくしている天上の神から、一人以上の侍僮を乞い受けて、それを人間と神との間の走り使いにしているということで、この信仰は決してわれわれの昔ばかりに限られたものではなかった。心得童子のことは、以前『神を助けた話』*という小著の中にも、ややくわしくこれを説いてみたことがあるが、日本の昔話においては、北方巫覡《ふげき》の使役している者以上に、なんでもかでも主人の意を体して、いまだ命を下さざるに先だって、いちはやくその希望をみたしたとさえいわれている。人を富貴にする手段のごときも、一通りや二通りでなかったのは当然のことである。昔話はそれを実例によって説こうとしたがゆえに、興味ある話術の変化は、最初まずこの部分において試みられ、後はおいおいに当の本人の身の上にまで延長していったのである。俵藤太《たわらとうた》が竜宮に行って、もらってきたという二人の心得童子のごときも、とどまって秀郷《ひでさと》の後裔たる野州《やしゅう》の佐野氏に仕え、竜二・竜三郎と称したという話がある。その子孫だという者が永く佐野の町に住し、家伝のひび薬を売り、また紙漉《かみすき》を業としておった。先祖が竜宮の子供だから水を冷たがらず、寒中手足を水に浸して紙を漉《す》いても平気であったというわけである。これなどはむろん新しい敷衍《ふえん》であり、また昔話の二度目の土着であったが、とにかくわが国古来の神子譚が、単に一身の栄達を説くにとどまらず、いつもある家の歴史と結び付けて語り伝えることを特徴としなかったならば、こうした空想も突如としては生まれなかったろう。すなわち変化はすでにはじまっているにしても、まだこの部分においては若干の昔の姿をとどめているのである。

それからなお一つ、これも消えなんとしてわずかに残っているものは、神に愛せられる者の約束とも名づくべき点であった。何ゆえにある家ある一人の単純な親爺だけが、異常なる童児または稀有《けう》の珍宝を得て、たちまち長者となることができ、他の者はすべて失敗してしまったか。もとはこの部分が説話の特にたいせつなる骨子、すなわち最もかたく記憶して自分も実行しなければならぬ教訓であったろうと思うが、今日はもうそれがいかにも合点のゆかぬ話になっている。「桃太郎」その他の著名な童話には、すでにその点を脱落したものもある。われわれ研究者にとっては、実にあぶない瀬戸際であった。これを忘れてしまっていたならば、今よりももっと勝手放題な解釈が成り立ち、また盲従せられていたかもしれぬのだが、このかろうじて残り伝わっていた要点が、一見不可解に見えるということも、むしろ疑惑を刺戟するたよりとなっている。前に列記した五つの昔話にも見えるごとく、かつては普通の人ならば格別重きをおかぬこと、どうだってもよかりそうに思われることを、ほとんど馬鹿正直に守っていた老翁だけが恵まれ、それに銘々の私心をさしはさんだ者はみな疎外せられたことになっていた。しかも世の中が進むというのは、そういう人間の智慮分別が働くことであったゆえに、年を経るままにいよいよ昔話は解しがたい教訓となり、末にはただ滑稽なる意外とさえなって、略してしまわなければこれをおもしろく改めようとしたのである。ハナタレ小僧様の例でいうならば、爺は毎日毎日海《え》老《び》の膾《なます》を買い求めて、上げていればよかったのであり、黒猫の話でいうと小豆《あずき》の分量は五合よりも多からず、また少なからずであればそれでよかったのであるが、神の指図《さしず》に素直でない者に、なぜそうしなければならぬのか疑われてきたのは、是非もない社会のなりゆきであった。開けて見るなという玉手箱を開けて見ただけで、浦島太郎は白髪になってしまう。のぞいてはならぬ産屋《うぶや》の戸をのぞいて、海の姫神は還っていかれる。初期の人類は他のいずれの民族でも、常に人生の不如意の原因を、ある一つの隠れたる法則を守りえなかった罰のごとく解して、改めて神に向かってその法則のどんなものであったかを問おうとしていたのである。その答えがかの失楽園の物語でもあれば、またこの海老膾《えびなます》の一挿話でもあった。説話は決してただわれわれの笑いを催すがために、最初から存在したものではなかったのである。

九　善玉悪玉

右の問題は、さらに進んで柴刈りの翁の失脚談を、他の諸国の例と比べてみるとよくわかる。熊本県の話は同じ一人の老爺の心変わり、すなわち後に海老の膾を求めにいくのがめんどうになって、海の少童神を追い出したことになっている。丹波《たんば》の比治山《ひじやま》の天真名井《あめまない》の少女の話*もこれと同じであったが、説話の単純さを保つため、または原因と結果とを力づよくつないでみせるためには、そのよい行ないと悪い行ないを、それぞれ別の人に分担させたほうが都合がよかった。それゆえに「舌切雀」においては爺と婆、「花咲爺」ではもう一人、同じ年輩の隣の爺をつれてきて、甲には甲の賞、乙には乙の罰があったように話すのが、相応に古くからの説話法であったらしい。奥州紫波郡のヨケナイ話は、この点では最もハナタレ小僧と近い。爺は正直者の条件どおり、毎日一度ずつ奥座敷にはいって、そのみにくい童子の無事な顔をながめ、頭をなでてやってにかっと笑って出てくる。それを老婆が不審に思うて、留守中にはいってみるとおかしな子供がいる。箒《ほうき》でうんとたたいて追い出すと、ヨケナイは泣きながら山の方へ行ってしまう。それからたちまち米櫃《こめびつ》の米はへりはじめ、財布の銭もなくなってきたので、はじめてこの童子の福の神であったことに気がつくのである。

次には江刺郡のウントクの話でも、これと同様に婆が変に気をまわして、そっと奥の間を見ると、なんともかともいえないような子供が、物陰からちょこちょこと出てきた。一目見るといやでいやでたまらぬので、箒《ほうき》でひっぱたいて泣かせ泣かせ追い出してしまって、その日からまた貧乏になったといっている。第三のヒョウトクの話だけは、これとは少しばかり事情が違って、婆が欲が深く、一日にたった三度しか金粒の出ないのをもどかしがり、これも爺の不在中に童子をつれてきて、火箸でやたらにその臍《へそ》を突いたので死んでしまったというのは、よほどまた肥前の黒猫のほうに近くなっている。ただし後者においては、心得ちがいをしたのは婆にあらず、平生貧しい妹に親切でなかった富める姉であった。これも「花咲爺」のごとくしいてその猫を貸せというから貸してやると、一度に多くの黄金をひり出させようとして、小豆《あずき》を一升も食わせたら猫は死んでしまったそれを本主の妹が悲しがって、死骸をもらってきて、屋敷内に埋めてやったところが、その土から橙《だいだい》の木がはえて美しい実がなった。これが正月にこの果実を飾り物にする由来だという点は、やはりまた白犬を埋めたところからコメの木がはえて大木となり、それを臼にくぼめて物をつくと、金銀がわき出したという「花咲爺」の昔話と、まったく連絡のない言い伝えでもなかったのである。

「花咲爺」ではその宝の臼もまた隣の爺に借りられ、金を出さないので割られて竈《かまど》の下でたいてしまわれる。そうするとその灰がさらによい爺様に利用せられて、またしても大きな幸運をもたらしたのである。これは興に乗じてやや奔放にすぎたる改造であったかもしれぬが、なおその中間に、死んで竈の神に祀られたという火男童子の話を置いて考えると、双方の起こりのいたって近いものであったことはわかるのである。ただし私たちの研究方法においては、しいてそのようなところに力こぶを入れる必要はない。それよりも他にいま一つ、「これまで世人の心づかずにいた類似が、遠く南方海上の島々にもあったということに注意しておくほうが大事である。故佐喜真《さきま》興英《こうえい》君が採集しておいてくれた『南島説話』の中に、次のような一話がある。

昔沖縄の島に二人の兄弟があった。兄は不孝者で親の祭を粗末にし、弟は孝行者でいつも墓に参って、ねんごろなる供養《くよう》をした。ある日も常のごとく酒と香《こう》とを供えて親の祭をしていると、不意に墓の中から一匹の犬が飛び出した。それを家に連れてきて、一合の飯を食わせると、その犬は黄金の糞《くそ》をする。それが毎日つづいたので、弟は金持になった。兄はこれをうらやんで犬を借りてゆき、決して一合より多く食わせてはいけないと、弟がかたく戒めておいたにもかかわらず、一度にたくさんの金を得ようという欲心から、一升の飯をたいて無理に食わせると、犬は食い過ぎて死んでしまった。これを悲しんで、犬の骸を引き取って庭に埋めたところ、一本の木がそこから成長して、黄金の実を結んだ。これが今でもクガニー（こがね）の名をもって呼ばるる一種の橙《だいだい》であって、沖縄の島ではこの因縁にもとづいて、正月七日祖先の祭には、必ずこの果実を供える慣習になっている（第五十二章）。

この昔話は、薪を水の神に贈るという一節を除くのほかは、大様は肥前の黒猫について話されているものと一つであった。こがねの実の由来は同じ書物の中に、さらにもう一つの話を記録しているが、両者の異なっている点もまた一つの心づよい参考であった。昔ある貧しい百姓の子が、大晦日《おおみそか》に父の家へ帰ってくる路で、女が路傍に子を抱いて立っているのに出会う。今この子が死んで埋めるのに困っている。鍬《くわ》を借りてくる間しばらく抱いていてくれぬかという。明日は元日というのに穢れをもいとわず、こころよく抱き取って待っているが、いつまでも女は戻ってこない。仕方がないので家に来て戸口にその子を置き、父の承諾を受けて後に、外に出て抱いてこようとすると、非常に重くなっていてどうしても持ちあがらぬ。それを不思議に思って父とともにその包みを解いてみると、子供の屍《しかばね》ではなくして、黄金の大きな一塊であった。それゆえに今でも元日には、クガニーの実をもって祖神を祀るのだといっている。この「それ故に」は少しばかり説明の欠けたところがある。あるいはこの百姓の息子が孝行であり、またはその場処から橙の木が生えたなどということが落ちたかと思う。年越しの夜中に死骸を托されるというのは迷惑のいたりだが、その穢れをもかえりみずに親切に人を助けると、たちまち報いがあって、骸《むくろ》と見えたのは実は黄金であったという話は、内地でも大歳《おおとし》の焚火《たきび》の由来、もしくは夜が火を消したという話などになって、なお各地に保存せられている。大晦日は前にヨケナイの話について述べたごとく、福分ある者の必ず神の恵みを受ける日、すなわち霊界の勘定日とも名づくべき日であった。そうして女性が子を抱いてきて人の心を試みるということも、われわれの昔話のきわめて普通な型であった。それが肥後の北境においては、竜宮から送られたるハナタレ小僧様であったのである。

以前はこれらの説話は、それぞれに別の起源をもつものと考えられていたが、よく見るとこのとおり下に通うている心持ちがあった。ことごとく一つのものから変化したとまでは言いきれないが、少なくとも一方の話をする者が他の一方の話も知っており、いわば共同の井戸からくみ上げたいろいろの器の水であった。この後類例の数が増加して、全国に二十も三十もの昔話が拾われるようになったら、もっと安全に甲から乙へ移ってきた飛石の一列を指示しうるかもしれぬ。兄弟がなき親の墓に参るのに、その情に厚薄があったという話ならば、『今昔物語』にある「萱草《わすれぐさ》と紫苑《しおん》」などがすでに有名である。兄はわすれ草を植えて早く悲しみを忘れんとし、弟は紫苑を栽《う》えて永く愁えの色を咲き匂わしめんとした。そうすると土の下に声あって、われは汝の親の骸を守る鬼なり。汝の孝心にめでて、日の内にあるべき事を夢に見せんといったとある。墓の中から呼ぶ者ならば祖霊であってしかるべきであるに、それが別の鬼であったというのには何かまだ探るべき意味があることと思う。私はこれがあるいは前代日本人の埋葬式、その他の死に関する教法が、本来は水の神の信仰と交渉をもっていたことを暗示するものではないかと考えている。もっと具体的にいえば、岩穴に遺骸を収蔵する慣習は、その最も奥の奥に住んでいる神とその眷属《けんぞく》にこれを委託するのだという信仰があったために、新たに人の世に送り寄せられる偉大な霊魂も、やはり水の底からと想像するようになったのではなかったか。海を母の国といった古い言い伝えは、私の知っているかぎりでは、まだ理由をきわめられていない。この大きな宗教史上の問題を解くためにも、説話の研究は断じて今日のごとき翻訳状態に放置することはできなかったのである。

一〇　将来の神話学

望みは大きかれ。しかしまず事実を精確にしなければならぬ。現在われわれのもっている材料だけでは、とうてい多くの断定を下しえないのはあたりまえで、諸君が安心して信じ、また人に説きうることが、今はまだわずかであるのはいたし方がない。それでも遠からず共同の注意によって、ずっと前の方へ進んでいくことができるという、希望のみは明朗になった。満足は決してできないが張り合いのある学問だとまではいえる。

今度私たちのはじめて知ったことは、第一に、昔話の個々の変化によって、中世民間の文芸生活の非常に活潑であり、貴紳文芸の擬古をもっぱらとするものの比ではなかったことが、鮮明に証拠だてられる点である。たとえばいわゆる五大御伽噺が、「話の種」は一つで、部分はそれぞれに別のもののごとく異なっているということは、四つは少なくとも後代にこう話しかえられたことを意味する。いたずらに昔話の昔という字にほだされて、これを上代の遺《のこ》んの形と見るなどは、いささかも理由のない推断であった。第二には、説話は聞く人の要求に動かされて、時代ごとにその興味の中心を移さんとし、したがって以前の話の種は、必ずしももとどおりの待遇を受けていないが、そのために古くあったものがことごとく埋もれ、または代わられているとはきめられぬということである。近世は笑話と退治譚とがことに数多く分化した時代であり、また若干の輸入説話のもてはやされた時代でもあったが、前者は主として固有の「話の種」によって展開し、後者もまた今まで伝わっていたものと結合調和して、実はおいおいに今日の基礎を作ったのであった。だからそういう新たに付加したことのわかるものを取り除いていけば、跡には自然にわれわれの祖先の聞いていた話の種の、濃厚に交っているものが残るはずである。しかるに日本で説話を研究しているという者は、多くは外国の学者の言うことに感心して、考えても見ずに昔話の国際的一致を信ぜんとし、中には自分のわずか知った例だけによって、たちまちそこの国から教えてでももらったようなことをいう者がある。これはその他のまだ調べてない諸民族が、全部日本と違った説話しか持たぬときまっても、なお容易に推断のできぬことであるのに、実際は盲蛇にそんなことをいっているのである。国々の昔話に意外な広い一致のあることくらいは、学者などを頼まずとも書物はいくらも来ており、索引もついている。読めば誰にでもすぐわかる。それよりも必要なのは、もっと有効にそれらの索引類を利用して、明瞭なる共通分子を片脇に整理し、さて残りの日本国内の生成発達の跡を見ることである。なんらの改良も時代適応も考えずに、借りたら後生大事にいつまでもそっとかかえていること、あたかも当世の輸入学者のごときなまけ者は、われわれの先祖の中には幸いにしていなかった。すなわち日本の昔話は、何千年かの昔から引きつづいて成長していたのである。

われわれの昔話に対する深い興味は、主としてその分布が何を語るかを知ろうとするにある。したがって経典から訳され、説教聖《せつきようひじり》に学ばれて、シナ・天竺《てんじく》から来たというだけならば、特にこと新しく立証してもらわずともよいのである。むしろなんでもかでも輸入だ舶来だと、概括せられることを警戒するほうが必要であった。水の神の信仰を暗示するかと思う説話は、他の多くの国にもあるけれども、日本に伝わったものだけは、いちじるしく型が違っている。少なくともある特殊の部分が異常に行き進んでいる。たとえば小児の誕生を水の神の霊威に托するというだけの信仰ならば、偶合であれ、また伝播であれ、異なる多くの民族にも共通であったろう。ただ日本は海の国、そうしてまた山川のたぎち流るる国であったがゆえに、海には「うつぼ舟」の漂着した話、川には「瓜子姫」「桃太郎」の話などが、他には類のない発達をしたのである。それからその小児が大きくなって、いかなる影響をあるすぐれて古い家に及ぼしたかという点も、またこの一章においてわれわれが発見したように、かなりいちじるしい国民的特徴を示しているのである。こういういくつかの実例を記述することによって、当然に今日の神話に関する学説は改まらねばならぬ。すなわち民間説話の信仰的背景には、往々にして各民族ごとに独立したものがあったこと、それが外部からの刺衝の少なかった日本の田舎などでは、存外に近いころまでその痕跡を保存していたということは、外国にはまだ知らぬ人も多いのである。場処や時刻や話し手の条件を完備せぬゆえに、これを純然たる神話とは区別せねばなるまいが、少なくとも説話が一種の宗教力をもって、支持し伝承せられていた時代は新しかった。伝説と説話との分界がわが国ではやや明瞭を欠くのも、私にはこれが原因であったように思われる。

これを他の一面からいうと、昔話の宗教史史料としての価値は、日本においては他の国よりも高いということにもなる。実例でいうならば、何ゆえに竜王竜神が、今でもこのように尊信せられているかという疑問には、仏者・漢学者の答えうる以上に、「ハナタレ小僧様」が一段と明確に説明してくれるかもしれぬ。水の中からいたって小さな童児が送られて、まのあたり人類を富貴安楽にしたという昔話が、このとおり広くまた久しく伝わっているからである。ひるがえって他の一方には、神代の正史というものに、二代までも引きつづいて海の神と御縁組なされたといい、さらに宇佐八幡《うさはちまん》の別伝には竜女をお妃となされたと記しているのも、あるいはまた中国の広い山地にわたって、田の神が日天と竜女との結婚によって、毎年誕生して嶺よりくだりたまうという田植唄が行なわれているのも、ともにこういうただ一種の昔話をとおして、それぞれの時代の感覚をうかがい知ることができるのである。少なくとも今日の雨を乞い堤の守護を期待する信仰以上に、はるかに広汎の交渉ある水神様を、以前の日本人は渇仰していたのであった。それは島国の水田を耕す人民として、もとより当然のことというべきであるが、多くの昔話のごとく具体的に、その事実を理解させる材料は、他にはちょっと見つけることができなかった。ゆえに私たちは大人になってから、もう一度お伽話を考えてみるのである。

（昭和五年四月、『旅と伝説』）

延命小槌

水の神に木を奉る功徳は、かつてこの上もなく重大なものと、考えていた時代があったようである。今日は単に一つの説明せられざる様式と化して、それを守らぬと何やら気になるというにとどまるほどのものでも、なおその古い信仰の痕跡と認められる例が、数えてみるといくつもあるのである。たとえば田植の代搔《しろか》きの日、苗代《なわしろ》の種下しの際、または正月十一日の田祭の日などに、水口《みなくち》に三本の栗の小枝を挿すなどはその一つである。楊《やなぎ》は時々は折口から根をさすことがあった。これがこの木をめでたいものにした理由かとも思われる。稲妻という歌言葉も以前は現実の信仰であった。それで青田の雷に見舞われた箇所に、青竹を立てて日水二神の婚姻を記念する風習も起こったらしいのである。泉の神をオスズサマという地方は広く、その祭は多くは夏の盛りに営まれ、これにも木の串《くし》を水のほとりに立てるのを通例としていた。その串のシデに白い紙を切って付けるのが目に立つようになってから、行事の中心はわずかばかり移ったかと思うが、百姓が白紙を用いえなかった時代は、ずいぶん久しく続いていたのである。清水のわく土地には必ず一本の神木があった。それが自然に生い茂ったものである場合にも、特にそのうちのある木を保存して、神の憑《よ》りたまうものとして崇敬していた。井のかたわらに植える木は今でもほぼ定まっているが、これもおそらくは風景の宗教的起原とも名づくべきものであろう。あるいはそれらの木の美しく栄えている場所に、しばしば清き泉を見つけたという経験が最初であったかもしれぬ。とにかくに水の神は木を愛したまうという信仰が底になかったならば、柴刈り爺の所行があれほどまでに、神の御気にかのうたという昔話は起こらなかったはずである。そのいたってたいせつな理由が、世とともにようやくおぼろになってきて、各地の霊童譚は童話らしく、軽くその発端を取り扱うようになった。同じ熊本県でも南の八代郡《やつしろ》に残っていた一例などは、この点に関しては幾分か北のハナタレ小僧様が補充している。浜田隆一《はまだりゅういち》君の採録によれば（昔話号七七頁）、あの地方の昔話には次のごとき形ではじまっているものがある。

むかしある処に一人の爺さんがあった。ある年の暮に門松を売りに町へ出たが、どうしたことか一本も売れぬので、そのままかついで家に帰ってくる途で、ふと思いついてこれは川の神様に上げたほうがよいと、途中の橋の上から其松を水へ投げ入れた。しばらくするとその川の中から、竜宮の御使が現われて、迎えに来たからいっしょに竜宮へ行こうといって爺は竜宮へ連れていかれ、たいへんな御馳走になった。そうしてその帰りに、小さな打出の小槌というものをもらってきた。……

これから後は「米倉と小盲」の話になっていくので、そのことはもう一度説くつもりだからここでは略しておく。爺がほしいという物は何でも出してくれたというまでは、小槌も小僧もまったく同じであった。『甲斐《かい》昔話集』ではこの槌が延命《えんめい》小槌、奥州三戸《さんのへ》郡ではエメ小袋とエメ小槌と、二つの宝物にしているのである。『豊前《ぶぜん》民話集』はある貧乏な男が、子供の殺そうとする亀を助け、後にその亀が美女に化けて、小槌を携えてきてくれたことになっており、今ある「浦島太郎」の話や『今昔物語』にある小蛇救助の話とも近いが、壱岐《いき》の島では次の節にて説くごとく、小さい亀が直接に小僧の代わりをしているのであった。小僧と黒猫と宝物の打出小槌とでは、あんまり話が変化しているように見えるが、どういうわけかは知らず、筋だけはいずれも共通している。

嘉手志川

壱岐の昔話には、水の神に木を献じたという点はまったく落ちていて、その代わりによほど「花咲爺」のほうへ近くなっているものがある。山口麻太郎《やまぐちあさたろう》君の昔話集中、この島田川村の例として記載したものは、

昔ある処に貧乏な爺と婆があり、またその隣に金持の爺と婆とが住んでいた。正月が近くなって、隣の金持の家では餅をついている。こちらは貧乏で餅もつかれぬので、

隣の餅つき音高い。音は高うとも口にゃはいらん

といって、二人で正月の飾り柴を売りに町へ出た。売ってしまってから海辺の岩の上

に腰かけて煙草《たばこ》を吸うていると、海の中から乙姫様が現われて、竜宮へ連れていくからこいといわれる。二人は喜んで連れられていくと、目もまぶしいほどのりっぱな御殿で、何日も御馳走になった。帰る時に乙姫様が土産に一匹の亀を下さる。それをもらってきて教えられたとおりに、小豆を五合ずつ食べさせて戸棚の中に入れておくと、毎晩ちりんちりんとお金をいくらでもひる。それを隣の爺婆は聞き知って、無理に借りていって小豆を一升食わせ、戸棚に入れておいて翌朝あけてみると、金は少しもひらずに、そこら中糞だらけにしていた。二人は大いに怒ってその亀を殺してしまう。貧乏な爺婆はたいへんにそれを悲しんで、亀の子を持って帰って庭さきに埋めたところが、そこに一本の蜜柑の木がはえてたくさんの実がなり、それをむいてみると、中にはお金が一ぱいつまっている。喜んでその蜜柑の実をみなむいて、とうとうえらい大金持になった（昔話号八二頁）。

この話は壱岐全島に知られているらしく、村によってはや少しずつの変化がある。たとえば渡良《わたら》では婆様と息子があって、その息子はたいへんなまけ者であったといい、立石《たていし》村ではこれを貧しい兄と富める弟の話とし、年の暮れに兄が金を借りにいったのに、弟がおしんで貸さなかったという点は、遠くは新羅《しらぎ》の旁㐌の話、または奥州に数多い「黄金小臼」の話と一つである。それから年木《としぎ》のほうもこの二村では、売りに出たが売れなかったことになっており、海に捨てたところが、それがちょうど、竜宮で入用な品であったゆえに、恩賞があったようにも話されている。立石のほうでは金をひったのは亀でなく、この点も肥前の島原と同様に猫であった。乙姫の使いが途々二人の者に教えるには、竜宮ではなんでも望みの物を土産にやろうと仰せあるから、その時は「みかんこうの猫」がほしいと言えとあった。その猫が小豆飯《あずきめし》を食って金をひり、それを弟に借りられて殺されて、埋めると蜜柑の木がはえ、その根もとからまた黄金が掘り出されたことになっているということである。

おかしいことには兄が貧乏の正直、弟が欲深だったという点のみが、肥前とは逆になっている。沖縄のクガニーの実の由来などは、伊波氏の昔話集や牛島氏の採録（『民俗学』二巻二号）にも見えているが、ともに親孝行で小犬を授かったのは弟のほうであり、相異はただ前者には粟飯《あわめし》一合とあるのを、後者で犬の墓に一本の木を植え、それが橙《だいだい》でなく蜜柑であったという個条だけである。犬が墓場の奥から、または片脇から飛び出したということは、この全国的な説話の最も目に立つ変化ではあるが、これもはじめからこの形であったとは見えない。岩崎卓爾《いわさきたくじ》翁の採集せられた石垣島の昔話などは（『旅と伝説』四巻二号）、かえって本島を飛び越して九州以北のものと近く、またある程度までは他の簡略なる「乙姫様」を補充している。これもかいつまんで話の筋だけを転載すると、

むかし一人の貧しい男が、磯に出て美しい小魚を釣り、家に持ち帰って甕《かめ》に入れて飼うていた。それから以後毎日外から帰ってみると、家の内がよく清められ、新しいア

ザネの蓆《むしろ》などを敷いて、酒と肴とがちゃんと用意してある。あまり不思議に思ってある日ひそかにのぞいて見ると、わが家の内に美しい娘が立ち働いている。近よってわけを尋ねたら、それは小魚になって来た竜宮のお姫様であった。毎日この男が釣をして父の韮《にら》畠を荒らして困るので、嫁になりに竜宮から来たという。それで二人で竜宮へ聟入りをする時に、途中女に教えられて、何か引出物をといったら、ヒンジャ（山羊）を下さいと所望することにする。それをもらって帰ってから、たちまちにして長者となった（というのみで、黄金の糞をすることはないが）、後にその女房と喧嘩をしたところ、女は怒って火の神の灰を、ことごとく風呂敷に包んで持って帰り、それから再びもとの貧乏になった。

この後に付いている一節は、夫が帰り去った妻を慕うて、海に迷い出てコイナーという鳥に助けられる。それゆえに今でもこの鳥の渡ってくる季節になると、夜は家々に火をたいて陸地の方角をコイナーに知らしめるというので、この点は中古のいわゆる本地物《ほんじもの》が、一見関係の乏しい神々の由緒を付け添え、または蛇の聟入りの昔話等において、たちまち五節供の桃・菖蒲・菊の酒などの起こりを語るのとよく似ていて、私たちには非常に意味の深いことと思われるのであるが、今はただその問題を掲げておくにとどめて、もう少し当面の因縁だけを考えてゆこう。水の神の贈物がある土地では童子、他では黒猫であるのは驚くにたえたる変化ながら、それが亀ともなり、また山羊とさえなっているのを見ると、異常なる霊魂の自在にその形体を取り替えることは、前代の日本人には容易に承認しえられる事実であったのである。これを信太《しのだ》の森の葛《くず》の葉のごとく、狐が化けてきてというようになったのは、むしろ近世の信仰の変化であった。そのために今やかれらのほうが、人間よりもえらいという推論におちいろうとしているが、それは決して尋常の狐ではなく、人狐いずれの形をでも採用しうる霊魂にすぎなかったようである。魚が人間の嫁になりにきたという話も、内地ではしばしばある家の祖先譚として、今なおなかば信ぜられている例が多い。いわゆる「鶴女房」や「鸛鳥《こうのとり》女房」の話なども、それが文芸化した「羽衣」の伝説よりは、実は一段と自然に聞きなされていたのであった。古い記録の蛇の聟も蛇女房も、この意味においてこそ信ずることができたのであった。ところが、いつのころからともなく、信じられなくともよいから珍しいことが聞きたいという人が多くなって、話はこの幹から際限もなく枝葉を茂らせた。よき妻、めでたい婚姻ということをおもしろく語ろうとすると、ついには身の毛をむしって美しい錦を織ったという裸鶴《はだかづる》の話や、鍋の中に尻を洗ってうまい汁を調理したという、「蛤《はまぐり》女房」のような殺風景な話さえ現れることになったのである。

他の一方では、人間よりも賢かったという白い小犬なども、やはり「灰まき」「雁とり」「花咲かせ爺」の程度にとどまっていることはできなかった。今でも下がかったきたない話がはじまると、人はよくこれを話のおしまいだというが、実際そこまでは展開していくのが普通であったらしい。ただ私たちの注意せずにいられぬのは、その変遷の最後の形と思われるものが、犬に関するかぎりは非常に広く、日本全国に行きわたっていることである。今日沖縄に伝わるような整うた昔話ではないが、かつて同種のものがあったという痕跡だけならば、内地にもなお方々に発見せられる。たとえば備前犬島《びぜんいぬじま》の犬石の由来として、付近の住民に知られている話などもその一つである。犬が菅原天神《すがわらてんじん》の飼い犬であって、船の導きをしたとか、跡を慕うてほえたとかいうまでは、島にその御社もあるのだから不思議でもないが、ここではその以外に熊野《くまの》の路で路銀がなくなって、渡し銭の代わりにその小犬を、渡し守に与えられたなどといっている。一椀の砂を食わせると一両の金をひり、二椀の砂をやるとその犬が死んでしまった。それを海に流したらこの島へ漂着して、犬石様になったなどというのである。あるいはその旅人は菅公《かんこう》ではなく、ただの一人の浪人であった。紀州日高《きしゆうひだか》川の渡し場で、爺と九歳になる孫の竹市とが、その小犬を浪人からもらった。頸輪《くびわ》には一日に砂一合、小判二枚を生むと書いてあった。それをどうしたわけであったろうか、子供とともに一つの樽《たる》の中に入れておいたのが、海にただようてこの犬島に流れてきたという口碑もあるとのことで、こちらはよほどまた「桃太郎」や奥州の「灰まき爺」の話と近いのである。三州宝飯《さんしゆうほい》郡八幡《やわた》村の千両《ちぎり》大明神は、またの名を犬頭宮とも称えて、昔ある正直なる女のために、鼻から多くの絹糸を出したという霊犬の故跡と認められていたが、今から百年ほど前にある学者がその地を訪い、故老について尋ねてみたところが、いわゆる犬頭蚕の由来は痕形もなくて、ただ昔浪人がこの里を開いた時に、その飼い犬に金を糞するものがあって、毎年得るところの黄金が千両あった。ゆえにまた千両《ちぎり》という村の名ができたと語っていたそうである（『神祇全書』巻四）。信州でも上高井《かみたかい》郡の伝説に、また一つの「黄金小犬」の破片があった。昔八幡長者の家の犬が、毎日一升ずつの小判を糞にした。それを女房の山伏御前が強欲で、しいてその小判を三升にしようと思って、一日に三升の米を食わせた。それでも小判を出さぬので、怒って犬を打つと、犬は走って池に飛び込んで死んだ。その池のあとというのが、今は塩川の流れの中ほどにあると伝えている（『上高井郡誌』）。

私が今知っている例はこれだけだが、気を付けていたらまだいくらも見つかるであろうし、見つかれば必ずそれだけは連絡が明らかになるだろうと思う。しかしこの三つの資料からでも、若干の仮定は下されぬことはない。八幡長者とその妻の山吹は、古い語り物のごくありふれた人の名であった。今でも子供の手毬唄などには、おりおりはその名が用いられている。備前犬島でいう熊野《くまの》街道の渡し守なども、たぶんはまたそういう章句の中で、まず人の耳に熟した情景であったろう。それと結び付いて記憶せられていた犬の話ならば、まずは中世以後の作りごとであったと想像しておいてさしつかえがないようである。ところが一方にその事実を信じて、ここがその遺蹟だという伝説ができているとすると、それははたしてどういうことを意味するであろうか。思うに昔話は一所不住に流伝するものであったけれども、やはりなんらかの因縁ある土地だけには、引っかかって残る傾向を持っていた。これが三河《みかわ》の犬頭の宮などに、第二の犬の伝説が入れ替わっていた理由であるらしい。すなわち住民はかつて霊ある犬の説話を聞き知って、それをやや忘れかけていたところであるがために、比較的多くの注意を、次に来るものに払ったとも考えられるのである。その以前のものがこれとどれだけまで似通うていたかは、もとよりわずかな類例によって決することもできぬが、少なくとも今ある府県の昔話、その中でも新しい文化の中心から、比較的遠ざかっている伝承の間に、いくらかは消え残ったものがまだあって、それが一つの手がかりを供するであろうという望みはある。たとえば沖縄の「黄金小犬」が、善悪二人の兄弟の親の墓から、飛び出してきて孝行な弟に幸いしたというなども、後に付け添えられた空想のようには思えない。この島の墓所は今日の漆喰《しっくい》造《づく》りになる以前、もっぱら天然の岩窟の中に設けられていた。その旧習は現にある一部に痕跡を留めているのみならず、本州においてもまれにはその実例が残り伝わっている（『人類学雑誌』第五百号拙文参照）。家々の祖霊の帰り休らうところから、再び若々しいすぐれた生命が、子孫のこれを愛慕する者に供給せられるがごとく、信じかつ話していた時代があって、それがこの方面にばかり、たまさかに保存せられていたのかもしれぬのである。

犬が岩穴の奥から出てきたという口碑は、数多く諸国に分布している。その中でもこれまで最も発生の理由を知るに苦しんだのは、犬に教えられて清き泉を発見したという話の、そちこちに伝わっていることであった。沖縄では南山王国の城山の北麓に、嘉手志川《かてしがわ》という有名な大清水がある。昔この土地の人々が飲料の得がたきによって、いずれへか退転しようと決意していた時に、岡の茂みの奥からぬれて一匹の犬が飛び出したので、そこに泉のあることをはじめて知り、永く安住の計を立つるをえたと称して、今も井の上にある一つの石を、その犬の霊の宿りとして拝している。嘉手志川はすなわち語り井の意であると解説したものが古い記録にもある。「黄金小犬」が金を糞するようになる以前から、もしくは「桃太郎」の桃、「瓜子姫」の瓜がただようてくるよりもずっと以前から、すでに語り井の清水はわいて流れていた。現世のわれわれはただこの一筋の流れをさかのぼって、遠く人世の水上《みなかみ》に尋ね入ろうとしていたのである。それが末濁って徒渉の人ばかり多くなったことも、またこの学問の実状とよく似ている。

竜宮小僧

諸国の谷川の地名に小僧淵というのがいくらもあって、中には川童という妖怪が現れ、人を捕ったという類の口碑を伝えているのもあるが、その多くはもう由来不明になっている。私はわざとこの書に説くところを隠しておいて、もう一度親しくその土地の故老から、かすかに残っている断片を聞き出したいものだと思っている。近年刊行せられた『引佐《いなさ》郡誌』によると、この郡鎮玉《しずたま》村には久留女木《くるめき》の大淵という淵があって、昔竜宮から小僧が出てきたという話が残っているそうである。この小僧は村の家々をめぐって、農事の忙しいころには田植えなどの手伝いをして助け、夏のころにわか雨の降るころには、すぐに出てきて干し物を片づけてくれる。土地の者の大しあわせであったので、行く先々でも喜んで御馳走をした。ただ蓼汁《たでじる》だけは決して食わせてくれるなと、常々かたく頼んでいたにもかかわらず、ある日ある家でつい忘れてそれを出したために、竜宮小僧はその蓼汁を食べて死んでしまった。村の中シゲという字《あざ》の奥に、大きな榎木《えのき》があってそこにこの小僧を埋めたと言い伝えている。榎の近くからは清水がわいて、今なお中シゲ全体の田を灌漑しているということである。この点はヒョウトクが死んで竈《かまど》の神になったという昔話と、比較をしてみなければならぬ一つの要件であると思う。

蓼汁の奇抜なる特徴にもまた類似があった。ここから山嶺を隔てて、さまで遠くない天竜川の右岸、三州市原の田原家では、屋敷のすぐ下が青淵になっていて、いつも川童が出てきて農作の手伝いをしたり、客来の折には必ず鯇魚《あめのうお》を二尾ずつ、川から捕ってきて台所口に置いてくれたりした。この川童は平日は同家の竈の上に住まっていたといい、または釜の蓋の上であったともいうが、とにかく姿は人間のとおりで、円座にすわって御器《ごき》で御飯を食ったそうで、その御器は欠けてはいるが今も伝わり、円座も三十年前までは大事に保存してあった。いつのころのことかこの家の召使が、誤って川童に蓼汁を食わせたところが、非常に苦しがって天竜川にころがり落ちて、そのまま帰ってこなかった。その時に屋敷つづきの広々とした前畠を、薙《な》ぎを起こして突きくずしていき、それ以来家運もおいおい衰えたといっている。同じ北設楽《きたしだら》郡の振草《ふりくさ》村小林にも大谷地《おおやち》という旧家があって、屋敷の下を流れる振草川にスミドン淵という淵があったが、この淵のカワランベ（川童）も毎年田植えの手伝いにきたり、また膳椀を貸してくれたりした。この辺でゴンゲノボウと称する田植え祝いの日には、姿こそは見えなかったが、昔から上座へ一人前の膳をすえる例になっていた。後にこの家の者がそれをわずらわしく思うようになって、ある年のゴンゲノボウに馳走の中へ蓼をまぜておいた。川童はそれを食って、おお辛《から》おお辛と叫びながら、谷をころがって振草川に落ちていったが、それ以来淵は浅くなり、その旧家も何かにつけて不仕合わせが続いて、衰微してしまったと伝えている。それからまた天竜川の上流、信州下伊那《しもいな》郡の大下条《おおしもじょう》村にも似た話があった。この村字川田の大家《おおえ》という家の後に、一坪ほどの井戸のような池があり、昔はこの池に手紙を書いて浮かべておくと、膳椀を貸してくれた。またその池からカワランベが、田植えに手伝いに来たり、鋤鍬《すきくわ》の類も貸してくれた。田植えの忙しい際には竈の火もたいてくれた。それがある時この家の主人が、田植え振る舞いのオセチの中へ蓼をまぜて食わせてからは、手伝いにもこなくなり、また膳椀も貸してくれなかったという。遠州の側でも同じ川の対岸、奥山の草木という部落に、オトボウ淵という淵があって、その伝説がこれとよく似ていた。昔この近くに大きな物持ちがあって、淵の主と懇親を結び、これは膳椀を借りるのではなくて、金銭の融通を受けていたそうである。それで家へはたびたび淵の主からの使者がやってきたが、そのたびに蓼汁だけはきらいだとくり返していたのに、ある時家の者がそのことを忘れて、振る舞いの膳に蓼を付けて出したところ、一口食ってこれはしまったと叫び、そのまま淵に向かってころがり落ちていった。そうして落ち込んだ姿を見ると、今までは人間のとおりであったのが、赤い腹をした大きな魚になっていた。それがだんだんに水の中を流れながら、しきりにオトボウやオトボウやと連呼したゆえに、以来この淵の名もオトボウ淵というようになった。このことあってより淵の主との縁は切れ、さしもの物持ちもたちまち家運が傾いてしまった。土地の人の説ではオトボウはこの辺では父ということである。あるいは死にがけに父の名を呼んだのではなかろうかといっている（以上四件、早川孝太郎君採録、『民族』二巻五号および三巻五号）。

竜宮小僧が田植えに手伝いをしてくれたということは、農民でない者にはあまりに軽少な恩沢のように感じられるだろうが、この際の手不足は村の最も大きな悩みであったというにとどまらず、ここで仕事にはかがいくということは、事実また蓄積の主要なる力でもあったので、百姓の身上ではむしろ金銀・珊瑚・綾錦などこそ、物遠い空想にすぎなかったのである。奥州の昔話のヨケナイやウントクが、ただ何くれとよく働いてくれて、家を富貴にしたというほうが、自然でもあれば具体的でもあった。夏の日の驟雨《しゅうう》に干し物を取り込んでくれたというなども、外庭にあるだけの莚《むしろ》をしきつめて、穀類や何かをひろげておいたままで、家中野に出て働いているような土地でないと、そのありがたみはよくわからない。奥州の座敷童子《ざしきわらし》、またはオクナイサマという類の家の神は、こうして家の幸福を守ると信ぜられ、また鼻取地蔵だの田植仁王《におう》だのといって、日ごろ信心する尊像が、足を泥にして農事を助けた話は、全国にわたってその例最もおびただしいのである。引佐《いなさ》郡の久留女木《くるめき》に関しては、寛政元年（一七八九）の自序をもつ内山氏の『遠江国《とおとうみのくに》風土記伝』にも、別に一つの口碑を採集している。

古老曰く、昔行基菩薩、諸国を行化して古郷に帰る。老婆に問うて曰ふ。汝応《まさ》に衣を洗ふべきや。答へて曰ふ、今まさに田の苗を殖ゑんとす、故に衣（を洗ふ）の暇無しと。菩薩いへらく、我将《まさ》に汝に代りて田の苗を殖ゑんと、藁の偶人を造つて田毎に之を置く。偶人忽ちに田を殖ゑ去つて水口より川に流れ、反転して此処に止まる。故に久留女木と謂ふなりと。

この話も土地の人は知らなかったが、やはり川の童と関係があるのであった。『北肥戦志』の載するところによれば、

橘諸兄《たちばなのもろえ》の孫兵部大輔島田丸、春日神宮造営の命を拝した時、内匠頭某という者、九十九の人形を作り、匠道の秘密をもって加持するに、たちまちかの人形に、火たより風寄りて童の形に化し、ある時は水底に入りある時は山上に到り、神力をほどこし精

力を励まし召し仕われける間、思いのほか大営の功早く成就す。よってかの人形を川中に捨てけるに、動くことなお前のごとく、人馬家畜を侵してはなはだ世の禍となる。この事はるかに叡聞あって、その時の奉行人なれば、兵部大輔島田丸、急ぎかの化人の禍をしずめ申すべしと詔を下さるる。すなわちその趣を河中水辺に触れまわりしかば、その後は河伯の禍なかりけりとある。これよりしてかの河伯を兵主部《ひょうすべ》と名づく。主は兵部という心なるべし。それより兵主部を橘氏の眷属とは申すなりともいっている。これはまことにとりとめもない空想のようであるが、同じ由来談はミヅチの古名とともに、すでに年久しくアイヌの間にも知られており、内地のほうでも河太郎はもとは人形であったゆえに、左右の腕が一本の棒のように抜け通っているのだという ところは少なくない。だから『北肥戦志』が肥前潮見の城主渋江家の歴史として、こういう俗説を述べたのも作りごとではなくて、少なくともこの書編修の当時の、肥前の渋江一族にはもうこの伝説が付いていたのである。渋江という苗字《みょうじ》は肥後にも筑後にもあるが、この家と川童との関係は深いものであった。近世九州の各地で水難よけの護符を出し、もしくは川童の祟《たた》りを攘《はら》う祈禱をしたという家は、尋ねてみると多くは渋江氏であった。前に掲げた橘島田丸の河伯統御なども、その一つの説明であったかと思われる。肥前の潮見《しおみ》では、今でも川童は大工の弟子だといい、土地の風習として水難をよけるために、大工の墨打ちをする器の糸をもらい受けて、小児の足にまといつけることがあるという（『郷土研究』*二巻七号）。川童が水の神信仰の零落の姿であるらしいことは、ずっと以前に私も『山島民譚集』においてこれを説いたことがあり、その後さらに精細に論究してみようとした人もある。遠州湖北の行基菩薩伝説が、われわれに暗示する一つの点は、新宗教の干与がいつの場合にも、在来の信仰をできるだけちっぽけな、かつ低級なるものに解釈せんとしつつも、なお全然これを承認せずにはいられなかったということである。日本に妖怪変化の種類が多く、概してその根原の推測しがたいものばかりであったのは、一言でいうならば、国教紛乱の永い歴史を反映するものにほかならぬのであった。

終わりになお一つ心づいたことをいうと、久留女木《くるめき》という村の名は、行基の人形が反転して流れたから起こったというのはこじつけだとしても、とにかくにもとは大淵の名であったものが、転じて民居の称呼となったことは疑われぬ。今でも格別珍しい地名でないから、実地にあたった人は多いことと思うが、私の知るかぎりでは、クルメキは必ず水辺の字名で、水のくるくるとまわる特徴によって生じたことは、他の百女木《どうめき》・沢目木《さわめき》・柄目木《がらめき》なども同じであった。そのクルメキの名ある淵から、竜宮小僧が出てきたということは、すなわち紫波・江刺の二郡昔話に、ある谷川の渦を巻く淵より、水界に往来してみにくい童子をもらってきたとあるのと、同日の談でなければならぬのである。ただし地形は変わりやすく水の姿は常住でないから、渦は巻かなくなって地名のみが、伝わっている場合もありうるのである。諸国に数多く分布する和泉式部の誕生地の中で、おそらく北の端かと思うのは陸中和賀《わが》郡の横川目《よこかわめ》村であるが、ここでもその地名をグルメキといい、しかも故跡の名木笠松は汽車の窓からも見えながら、もうそのあたりには渦巻く淵はなく、したごうて別の伝説が地名を説明するようになっている。『和賀稗貫郡村誌』に、この笠松の下に一つの古碑があって、それが太陽に向かって回転したゆえにグルメキといったとある。そんな向日葵《ひまわり》のような石塔というものが、ありうるか否かは問題でない。それよりも考えてみたいのは、この全国に数箇所の誕生地をもっている伝説の和泉式部が、あるいはまた一個の竜宮小僧、もしくはこれと対立すべき水の少女ではなかったかということである。

決断はもとより容易でない。しかしそれに進んでいく飛び石だけは散らばっている。竜神の黒猫や木の根株から出た白犬を見たわれわれは、さらに中間の異なる例を比較した上で、もう一度肥前福泉寺の鹿の娘のことを考えてみなければならぬのである。

瓜子織姫

一　昔話の分布

「桃太郎」の昔話は、その記録に固定したのが早かったためか、あるいはまたその成立が新しかったためか、今までは少なくともその変わった型の分布が、意外にわずかしか発見せられていない。だからこの一つの民譚の歴史を考えてみようとするには、どうしてもその周囲のこれと関係あるらしきものから、比較の試みをはじめていかなければならぬ。そういう中でも、「瓜子姫」の昔話は、他のいずれのものよりも「桃太郎」に近く、また幸いにして諸国の類例が、いくらかずつ互いに異なっているので、将来あるいはもう少し精確な起原説を、提出しうる見込みもあるのである。ただし現在の採集は、まだ日本の一部だけにしか及んでおらぬゆえ、今後出てくるものの変化如何によって、私の意見はなお大いに改訂せられるかもしれない。それゆえにまず問題の興味を掲げて、地方の採集家の活動をうながす必要もあるわけである。

まだ私の見落としはあることと思うが、今わかっている瓜子姫説話は左のとおりで、数は十一だがその七つまでは岩手県のものである。この以外に信州松本《まつもと》付近に一つ、阿波《あわ》にも瓜の流れてきた童話があったというが、内容が知られていないからこの中には数えなかった。

一　陸中和賀《わが》郡。
二　同国某地。
三　同国某地。
四　同　上閉伊《かみへい》郡遠野《とおの》郷（以上四、『郷土研究』四巻一号、佐々木喜善《きぜん》君）。
五　同　胆沢《いさわ》郡（森口氏「黄金の馬」）。
六　同　郡（『胆沢郡昔話集』）。
七　同　紫波《しわ》郡（『紫波郡昔話』）。
八　信濃下水内《しもみのち》郡（『下水内郡誌』）。
九　日向某地（『国民童話』）。
一〇　出雲松江市（高木氏『日本伝説集』）。
一一　石見邑智《いわみおおち》郡井原村（『旅と伝説』一巻十二号、久長興仁君）。

この中で最後の石見の例が、新しい採集であるのみか、形もほぼ整うているように思われるから、ここにはこれを標準にとって、他の話との異同を比べてみようと思う。

二　瓜の中からお姫様

それで最初にまず石見の話の大要を列記してみると、
昔々、爺と婆とがあった。爺は山へ木を樵《こ》りに、婆は川へ洗濯に行った。川上から瓜がコンブリコンブリと流れてきた。それを拾うて食べてみると、あまりにおいしいので、「もう一つ流れてこい、爺さんにやるから」というと、はたしてまた一つ流れてきた。

その瓜を拾い上げて、持って帰って櫃《ひつ》の中へ入れておいた。

爺が帰ってきたから出して庖丁で切ろうとすると、瓜はひとりでに二つに割れて、中からかわいいお姫様が出てきた。

爺と婆とは大喜びであった。

そのお姫様が毎日機《はた》を織る。「爺さんサイがない、婆さん管がない、キーリバッタン、スットントン」と機を織った。

ある日二人の留守の日にアマンジャクがやってきて、トントンと戸をたたく。「手のはいるほどでよいから開けてくれ」。「しかられるからいやだ」といったが、しいて開けさせる。

今度は「頭のはいるだけ」といい、今度は「体のはいるだけ」といって、とうとう家の中にはいってきてしまった。

アマンジャクは姫を誘うて柿の木谷へ柿を取りにいく。そうして最初には木の上から渋い柿を取って投げ付け、次には姫にきたない自分の衣物を着せて、柿の木に登らせて高い枝に縛りつけた。そうしてアマンジャクは姫に化けて、家に来て機を織っていた。

爺と婆とは帰って来て、それを知らずに姫を嫁にやるといって駕籠《かご》に乗せる。「柿の木谷を通ろうか、梨の木谷を通ろうか」。アマンジャクの姫は梨の木谷のほうをという。いやいや柿の木谷のほうがよいといって、そちらを通っていった。

柿の木谷の高い柿の木の上で、本当の姫がこれを見て泣いた。「わが乗りていくのに、アマンジャクこそ乗りていくかや、ピーロロロロ」と泣いた。

それではおのれはアマンジャクであったかと、駕籠かきは駕籠からアマンジャクを引きずり出し、姫を木の上から助けおろした。

そのアマンジャクを三つに切って、粟の根へ一切れ、蕎麦《そば》の根へ一切れ、黍《きび》の根へ一切れとその体を埋めた。粟と蕎麦と黍の根の赤いのは、その時アマンジャクの血に染まったからだという話。

三　瓜と桃

前に数えた十一の昔話の中で、婆が洗濯に行かぬのは二つしか例がない。しかもその中でも胆沢郡の一話(六)は、爺と婆とが二人で瓜を食うべと思って、二つに割ってみたらメンコイオボコ（かわいい赤んぼ）が出たというので、瓜子姫子を爺婆の実の子のごとくに話すのは(四)だけである。水の流れを下ってきたということが、もとは欠くべからざる要件であったことはおおよそ推定してさしつかえがなかろうと思う。すなわちこの緑児は授かった子であったのである。現在の昔話においては、「桃太郎」以外にはないように思うが、この川上の未知数ということは、山の多い日本の島では今でも考えられることだと見えて、蕪が流れてきたので谷の奥に里あるを知り、木の椀を拾い上げて落人《おちうど》の隠れ家を尋ねあてたという類の趣向は、くりかえして後代の小説にも思い浮かべられている。古代の言い伝えとしては山城賀茂の瀬見小河《せみのおがわ》の神話、それと必ず一系であろうと思う大和のほうの物語にも、流れてきたものは美しい箭《や》であって、少女がこれに感動して身ごもったことに帰着している。『出雲風土記』の加賀神崎の伝説においては、御子すでに生まれて後にその母がますらお神の験《しるし》を求めたまうことになっているが、やはり窟の奥から水に沿うて、父の御弓箭が流れ出たことは同じである。そうしてその弓箭が金色に照り輝いたというのは、賀茂で語り伝えた丹塗《にぬり》の矢《や》にひとしく、いわゆるダナエ神話*のこの島に来てからの変化かと想像せられる。すなわちわが日本においては、人間の少女を母にする異常の力が、特に川上の清く高きところにあるものと、信じられていたらしき痕跡である。

瓜と桃とが産子《うぶこ》を運んできたという昔話は、双方ともにいたって古くからこの国にあったものと、考えて少しもさしつかえはないのであるが、桃のほうにはなんとなくシナの感化ということが思われるので、この点に重きをおいた近世の註釈家は、諸人言い合わせたごとく「桃太郎」が翻案であり、少なくとも漢学興隆後の所産であることを説こうとし、それでは昔話の中にも、かつて大衆と関係のない文芸があったという結論に帰することをさえかえりみなかったのである。これはまったく昔語というものがどうして流伝するかという大切な問題を、考えてみなかった誤りというの他はないが、とにかくに「桃が流れて来た」という一点の、日本固有らしくないことだけは、かれら無意識にすでにこれを認めていたのである。瓜もはたして最初からこの民族の中にあったかどうか。後に結合したかもしれぬという疑いは、実は桃の実と五十歩百歩であるが、幾分かこのほうがまだ民間の信仰と調和しやすかった。たとえば今日祇園《ぎおん》という名をもって知らるる行疫神《ぎょうやくじん》は、胡瓜《きゅうり》を好みたまうといって、その夏祭の日にこれを川に流し、または祭の日以後これを食うを忌むこと、またはそういう瓜の中には小蛇がはいっているという畏怖があることなども、われわれにはかなり重要なる暗示である。それから水の神の瓜をにくみもしくは非常に好むということも、今は川童などの俗信に化して伝わっているが、これもまた河内《かわち》の茨田堤《まんだつつみ》、さては備中の県守淵《あがたもりのふち》の古伝に見えるごとく、かつて瓠《ひさご》をもって神意を占のうた習俗のなごりかもしぬのである。いずれにしてももしこの昔話の一つの要点が、童子の異常出現を説くにあったならば、瓜はその性質が桃などに比べて、はるかに多分の霊怪味を持っていたということだけはいえる。そうしてその特徴の桃のほうに欠けていた二点は、瓜はその中ががだんだんとうつろになっていくこと、およびよく水に浮かんで流れるということにあったろうと思う。

だから「瓜子姫」の説話が一段と古く、「桃太郎」はすなわちその第二次の変化であったという説なども、今はまだ確かでないが、成り立つかもしれぬのである。故高木敏雄君が熱心にこの問題を考えていたころには、ちょうど二つの偶然の発見があった。その一つは、子をほしがっている善心の婆が、股《もも》に孕《はら》んで小さな子を生んだ、それでモモ太郎と名づけたという昔話のあること、第二には、アイヌの中にもオムタロという昔話があって（『郷土研究』一巻七号）、オムはすなわち蝦夷語の股であり、同じく爺婆のオムから生まれて、後に鬼が島に遠征した童子の話であるが、これはその全体の一致から、内地の昔話の運搬せられたものとも想像しえられる。高木氏はこの二つの事実を重要視し、いよいよ桃太郎という名の後に起こったことを信じたようであるが、もちろん単なる語音の近似だけからは、これまでの変化は起こりえなかった。二つ以上の昔話のもと同じであるか否かを決するには、どうしても内容の比較が必要である。瓜子と桃太郎とはいろいろの点でよく似ているが、それが男の子であり、また女の子であることは、かなり顕著なる一つの差異である。したごうて名前はかりに後のものとしても、話はずっと前から男女二通りのものが、並び存していたのかもしれぬのである。

四　申し児の霊験

ひとり「瓜子姫」の一例には限らないが、遠い昔話の童話と化していく過程には、いまだ気づかれざる信仰の衰頽というものがあった。これを具体的にいうと、童話では「そんなことがあるものか」ということが実現するので、聴衆はむしろその突然に笑い興ずるのであるが、ずっと以前にはその奇跡が予想せられ、また信じられていたのである。すなわち特定の方法により、もしくは特定の条件をそなえた人のみが、そういう不思議に出会うのだという解釈が、昔話を発生せしめたのであった。その信仰が衰えて、しだいにその部分には力を入れて説かぬようになったのである。しかしいくら衰えても、かつてあったものならば痕跡はどこかに残っている。蛇に見入られて子を産んだという類の話なども、人はこれを願わないばかりか、後には忌《い》み怖れて避けたはずであるが、それでもその女は必ず美女であり、旧家の娘でありまたいろいろの前兆があったように語られている。「瓜子姫」「桃太郎」もこれと同じことで、今日子供らが驚いて目を円くするような意外な出来事になって後まで、なおどこかの隅っこにかすかなる「さもありなん」の破片が、こびりついて残っているのである。第一にその爺婆の善人であること、ことに児のないことをただ一つの苦労にしているところへ、拾われてきて育てられるということは、おそらくこの種の民譚の最初の要件であったろうと思う。

この部分は石見の例のごとく、単に大喜びで大事に育てたというだけに代わったものも多いが、中には和賀郡（一）や、日向（九）の例のとおりに、ちょうど子供がなくて一人ほしいと思っていたところだといって、一生懸命になってかわいがったというのが多く、これがまた「桃太郎」のほうでもしばしば何心なき挿話になっている。それはただ偶然の不思議をいよいよ不思議ならしめるだけの話し方と解する人もあるかしらぬが、それに付け加えていま一点、婆が水上に向かって「もう一つこい爺様にやろ」というと、はたして問題の第二の瓜または桃が流れてきたことになっているのは、確かに念願と応験との関係であった。婆が川端でさっそく最初の瓜の味を試みたということは、持って帰って爺と二人で食べようといった話と比べると、人情味も足らず、またありそうにもないことだが、なぜひとも「もう一つ」といわなければならなかった点に、何か隠れたる意味があったので、ことによったらこれも以前は聞く者が待ち遠しくなるまで、何べんとなく同じ言葉をくり返していたのが、後に形を整えて三度目の正直または二度目の見直しをもって終局とすること、あたかも出雲の佐陀大神《さだおおかみ》の神話のごとくになったのかとも考えられる。

中世以降の高僧伝などには、申し児の話は非常に多い。単に霊夢のお告げなどによって、生まるる児の英俊なるべきことを予期するにとどまらず、進んで神仏にこれを要望した場合に、初めて非凡の童児が授けられたことになっている。その点は昔話の一寸法師系のものも、たいていは皆一様であった。実際桃太郎のごとき大事業をなしとげた者が、ただ偶然に子をもたぬ老夫婦の家に生まれ合わせたということは、おそらくは古人の信じ能《あた》わざることであったゆえに、そこに第二の桃といい、「もう一つこい」という唱え言をしたという一条が入っていたのであろう。瓜子姫のほうでも右の石見の話以外に、これが陸中に一つ（二）と日向に一つと、飛び離れて一致があるのは、私には理由があるように思われる。そうするとさらに一歩を進めて、婆が川に出たのを「洗濯に」という点も、あるいは童話になってからの話し方の改良かもしれない。同じく分布の広い「屁《へ》をひらぬ女に植えさせよ」という昔話なども、琉球の久《く》高《たか》島では黄金の瓜になっていて、これを海から拾い上げたという王子は、毎朝潔斎をして東の浜に出て待っていたら、浪にゆられてその瓜が漂着したということになっている。すなわち形はまったく違っているけれども、これもまた加賀神崎の伝説の系統に属せしむべきものであったのである。

五　驚くべき成長

さらにいま一つの申し子信仰の痕跡は、こうして瓜の中から生まれて出た赤子を、いずれの昔話においてもことごとく瓜姫または瓜子姫などと、姫の名をもって呼んでいることである。親は柴刈るほどの貧しい百姓の家で、たとえ不思議に拾い上げた子であろうとも、ただちにその名をヒメとつけたというのは、これを「貴き子」と信じていた結果でなければならぬ。桃太郎の太郎にもそういう意味があったのかしれぬが、今は少なくとも何びとにも気づかれぬようになっている。しかしこういう習俗はひとり昔話の上に残っているのみならず、実際の歴史においても見いだされうることであった。たとえば王でもなんでもない武家またはそれ以下の家で、生まれた子を何王丸と名づけ、もしくは何若という童名が普通になったのも、流行の根原はおそらくはまたこの申し子の風であった。すなわち祈りをいれたまいし神の王子、または若子《わくご》に准じうる子であったゆえに、そんな名をつけても僭越でなく、後にはまたこれをもって無病息災、立身富貴を求むべき、普通の手段のごとくにも考えるにいたったのかと思う。氏子という言葉や神前元服の慣習、それからオシラ神の養子とか地蔵の奉公人とかいう類の珍しい契約も、ただこの方面ばかりから説明しえられるものであった。武州熊谷《くまがや》の奴稲荷《やっこいなり》のことは、前にも一度公表したことがあるが*、この神に願掛けして小児の無事を祈る人は、たった一つの条件として決してその子をしかってはならぬのであった。それが何ゆえであるかはもう説明しうる者もなくなった。昔話のほうでもこの点は軽く取り扱われるようになったが、かつて神授と解する信仰がなかったならば、姫と名づけるわけはなんとしてもなかったのである。

説話は右のごとく、絶えず重点ともいうべきものが移っていた。これを最初から今ある形式をもって語られていたと見る人は、いつでも誤った断定におちいらずにはおらぬであろう。その中でもたいせつな一つの箇条は、「瓜子姫」においてその瓜の中の赤子が、急に大きくなって人間のとおりになったということでなければならぬが、普通の童話では「桃太郎」も同じように、ほとんどその部分を素通りしようとしている。まれにあるいは「一寸法師」のごとく、力を入れて小さかったという点を説こうとするものでも、その変化を単純なる打出《うちで》の小槌《こづち》や、如意宝珠《にょいほうじゅ》の作用に托してしまって、神の子だから大きくなったというふうには説こうとしない。しかしいかに巨大なる桃でも瓜でも、その中にはいっていたといえば小さかったにきまっている。それが機《はた》を織り鬼が島を征伐するまでになったのは、確かに驚くべき成長である。しかも新たに外部の奇術を借らずして、自然にそうなったといえばなお霊異とすべきであるが、近ごろの聞き手は妙にこの点には深い注意を払おうとしなかった。これもおそらくは童話の一つの特性であって、童児は自身が盛んに成長する者であるために、かえって成人のようにはこの事実に興味を持ちえなかったのであろうが、それよりもさらに大きな理由は、かれらにはすでにその信仰が失われていたことであると思う。したごうて採集童話が今日のごとく、自由に編纂者の手によって改竄せられる世の中では、古い伝承の中にあるこういうかすかな痕跡は、ゆくゆく飛び散ってしまわぬとも限らぬ。だから自分らは、世の多くの昔話に無関心な者よりも、むしろ作書の才分ある童話作家と呼ばるる人々を、常に警戒しかつ疾視せざるをえないのである。

ただしこの種の改作によって、新しい聞き手の意に投じようとする試みは、必ずしも今日にはじまったことではない。以前は大方無意識にではあったが、それでもおりおりはかなり大きな変更を加えていたらしい。幸いにその事業が地方的であり個人的であって、今の円本のごとく全国を風靡《ふうび》しなかったゆえに、たまたま地を隔てたいくつかの採集を比較してみれば、まだその間から若干の消え残りを拾い出すこともできる次第である。今後の研究者のために採集のことに必要であるのは、まったくこの心なき統一事業に対抗しなければならぬからである。実例はこれからなおおいおいに出てくるが、瓜子姫の場合でいうと、第一に瓜を谷川から拾ってきて、爺と二人で庖丁をもって割ってみたということ、これなどは小さな点だが、もとは決してこうは語られなかったと思う。岩手県の六つの例のうちでは、ただ紫波郡の一つ(七)と、西は日向の例(九)とが庖丁を用いたとあり、その他は(六)と(一〇)とが「割って見ると」とあるだけで、残りの六つはいずれも自然の出現であった。ことにこの石州の話などは、「庖丁で切ろうとするとひとりでに瓜が割れて」とさえいっているのである。こういうわれわれから見ると大切な個条でも、人は何心なく変化を加えてみようとした。そうしてもしかりに爺が刃物を手に持った画でも本になろうものなら、おそらくはこの申し子の推定などは成り立たなくなるかもしれぬのである。次にはその瓜をどうしておいたかという点も、桃太郎の桃のほうはもう普通にはなんともいっておらぬに反して、奥州の五つの例（一、二、三、五、七）では戸棚の中に入れておいたといい、その四つは戸棚を開けてみたらその瓜の中から、美しい女の子が生まれていたというのである。この点もかつては至って重要であったのではないかと思うが、急いで話をする人はなんとなく省略しようとしていた。ただ幸いに石見の例において、櫃の中に入れておいたといい、信州下水内《しもみのち》郡の話（八）では、重箱の中に入って川上から瓜が流れてきたとあるために、それが本来は『常陸風土記』の蛇体神子、あるいは倭姫命《やまとひめのみこと》の玉虫伝説と同じく、必ず清浄なる容器に入れて安置するを要したことが察せられるのである。他日もう少しくわしく述べてみたいが、越中の「灰蒔爺」の話において、婆が洗濯に出て桃を拾い、それを持ち帰って臼の中に入れておいたのを、爺が戻ってきて臼の中を見ると、桃がいつの間にか白い小犬になっていたといい、また木曾の小子塚《ちいさこづか》の口碑などで、その小さな子を臼の中で愛育したということになっているのと考え合わせると、古くは瓜子姫の成長を説くためにも、やはりこの容器という点が欠くべからざる一個条であったことを、推定することができるのである。

六　瓜子姫の事業

「桃太郎」と「瓜子姫」と、二つの昔話を比べ合わせてみると、双方一致しているのは前半分だけで、これから後はまるで行き方が違っているように見えるが、この相異ははたして最初からのものか、それとも童話になってからの傾向が、おいおいにそれを著しくしたかということは、かなり私たちには大切な問題である。それは単にこの説話の成り立ちを明らかにするためのみならず、広く一般にわれわれの昔話なるものが、いかにして起こりまた何によって変化したかを知るためにも、もう少し推究しておく必要があるのである。私の見方がもし誤っていないとすれば、二話は主人公の男であり、女である点において、明らかに相対立しているけれども、他のいくつかの異なる内容は、たいていみなそれから導かれたものであって、始終を一貫した語りごとの筋路、すなわち異常の経過をとって人界に出現した童子が、後に成長して異常の事業をなしとげたという要点にいたってはほとんど左右一対といってもよいくらいに、一致していたのである。次にはその事業に勁敵《けいてき》があり、また危難があったこと、およびある種の動物の援助を受けたということも、注意すべき共通点だと思うが、それは節をわかって別に述べたほうがよい。なんにしても後々の話し方で、力を入れようとした部分が双方同じでなかったために、いよいよ変化がはなはだしくなったことは確かであるが、なおその以外にも生活慣習の推移と、背後の思想信仰の発達とによって、話をする者自身がまずこの二つの話の一致共通に心づかなくなってしまったのである。

瓜子姫が大きくなって、機《はた》を織るのが上手であったこと、もしくは毎日機を織っていたこと、それからアマノジャクがうかがい寄った時に、一人でちょうど戸をしめて機を織っていたことは、もうすでに日向の例（九）と、奥州の一話（四）とには抜けているが、私はこれが瓜子姫の事業であり、またこの昔話の骨子であったろうと想像している。それは単に男子の武勇征略に相対して、女性の理想が巧思であり、技芸の精妙にあったからというだけでなく、また織物の工業が貴重であって、それをよくする者が稀有《けう》であったというためでもなく、一言でいうならばそれが同時にまた宗教上の任務でもあったからである。神を祀るには清浄なる飲食を調理するを要件としたごとく、かねて優秀なる美女を忌《い》み籠《こも》らしめて、多くの日を費やして神の衣を織らしめたことは、あるいはわが国だけの特徴であったかと思う重要なる慣習であった。それがいかなる信仰に出たものかは、まだわれわれにも明白でないのだが、とにかくに機を織ることが上手というのは、もとは確かに神を祀るに適したということも意味していた。それを後世の話し手は、まず忘れてしまったのである。しかも口碑の中にはいくらでも、まだその痕跡は残っている。たとえばある川の青淵の底が竜宮であり、ある山奥の洞の中に女神が住みたまうという場合には、これを証するものは多くは深夜の梭《ひ》の音であった。めったにその姿を見たということはいわぬが、まれに水中に落とした斧《おの》を尋ねたなどという伝説があると、必ず瓜子姫のような美しい娘がただ一人機を織っているのを見たことになっている。その他「鶴女房」または「鸛鳥《こうのとり》女房」の昔話、すなわち恩に感じたある鳥類が、女の姿になってきて家を富ませてくれたという話でも、ほとんどみな織機が巧みであって、しかも毛衣とか錦とか、尋常の家には用のないような貴品を製している。家々日用の衣料を製するには、もとはハタというものを使わなかったか、ただしはまたそれらは物の数でなかったのか。なんにもせよ織姫といえば神に仕うる少女であり、後には祀《まつ》られて従神の一つに列すべき巫女であった。その女が清からずまた慎まざれば、神の祭は完全に行ないえなかったのである。これがわれわれの祖先にとって、武夫の勝利に匹敵すべき大事業であったことは、少しの疑いもないのである。

遠い神代の忌機殿《いみはたどの》の物語をはじめとして、その機織には障碍《しょうがい》の多いものと考えられていた。それを押し切ってたいせつなる神の衣を織り上げることが、かよわい女性の勝利であった。桃太郎の勝利はそれよりもはるかに積極的で、また花やかなものであった上に、後にはあまりにも手軽にその成功を説くようになったけれども、相手が鬼でありまた多勢である以上は、やはりいろいろの危難と戦わなければならなかったことは、それこそ言外に明らかなのである。現に「一寸法師」の今ある形においては、いったんは鬼の腹中に呑まれたことにまでなっており、御曹司島渡りの話などになると、いわゆる逃竄《とうざん》説話の最もきわどいものを経なければ、宝物を分取《ぶんど》りして凱旋するわけにはゆかなかったのである。しかし一方が鬼の降参とか、黍団子の拝領とかいう類の、明るいやや滑稽なる叙述のほうに走ろうとしていたに反して、瓜子姫のほうは忍苦の生活を説くに力を費やした結果、話に幾分の陰惨を加重するきらいがあり、かえって終局の喜悦を微弱にした例さえ生じたのである。これは必ずしも男女気質の相異というだけの簡単な原因からではなく、別に民間の文芸にも喜劇は喜劇、悲劇はどこまでも悲劇たらしめんとした、二つの感動の分化ともいうべきものが、徐々に昔話の傾向を引き分けようとしたのかもしれぬ。改めてなお研究すべき題目であると思う。それについて一言だけ述べておきたいのは、日本では「紅《べに》皿《ざら》欠《かけ》皿《ざら》」等の名をもって知られているシンドレラの話は、最初はただ継母《ままはは》に責められる姉娘が、幾多の苦難をなめて後、大いに恵まれたことになっていたのだが、それとちょうど隣して「お月お星」または「お銀小銀」と称して、徹頭徹尾いじめられぬく継子話が発生した。父が帰ってみたら二人とも死んでいたり、または盲目になってしまってかろうじて再会したり、いずれにしても悲しい方面のみに、物語の大部分を向けているのは、要するにある時代における悲劇趣味の発達を意味するものかと思う。「瓜子姫」はことに由緒ある昔話ではあるが、不幸にして早くまたこの種の感化を受けていた。そうして鬼が島征伐とも匹敵すべき女の大事業が、いかに完成したかという結末を、往々にしてやや不明にしているので、いよいよ他の一端の快活なる武功譚と、大きな距離があるように感じられてきたのである。

七　瓜子姫の敵

姫の事業がすでに完成に近くなっていたことは、以前にはおそらく爺と婆との留守にした理由から、説明せられていたのだろうと思う。陸中の例では、四つまでも（一、二、三、七）山へいつものとおり仕事に行ったことになっているが、他の上閉伊郡の話（四）においては、隣の長者殿から嫁にもらいにきたので、二人で嫁入道具を買いに町へ行くとあり、胆沢郡の二話（五、六）は単に町へ買物にというだけであるが、その一つはやはり方々から嫁にもらわれたとあり、町から着物を買って帰ってきて、にせ物の瓜子姫をりっぱに着飾らせて、お駕籠に乗せて嫁にやることにもなっている。石見国の例もこの点はまったく同じで、やはりなんのために留守になったかは説明せずに、ただ帰ってきてから姫を嫁にやるといって、駕籠に乗せて柿の木谷を通ったとあるのだが、その隣国の出雲松江の例（一〇）にあっては、姫を鎮守様に参詣させるつもりで、爺婆は駕籠を買いに町へ行ったという話になっている。なんでもないことのようではあるが、これだけの一致は偶然には起こりえない。察するところ、以前にはお駕籠の用意ということが、意味はわからぬながら必ず付け加えられていて、それは織姫が祭の式に参与することを具体化したものであったのである。実際またわれわれの年久しい信仰においては、神の御衣を織りなしたる処女は、当然に神の御妻と解せられていたらしいのである。

瓜子姫の害敵は、ちょうどこの最もたいせつな時刻に出現して、ほとんど姫の事業の根本をくつがえそうとしたのであった。われわれの社会康寧のために、いわゆる神衣祭のいかに必要であるかを解していた人々には、これも戦場の物語と同じ程度に、手に汗を握らしめるような感奮であった。したごうてこれにも「八島」や「高館《たかだち》」などと匹敵するような、種々なる語り草が付け加わったとしても不思議はない。ところが実際はそう複雑なる地方的変化はなく、ほとんど十一箇処の昔話に共通して、しいて織殿に闖入《ちんにゅう》して姫を押し除け、自身その姿を装うて人をだまそうとした者が、最後に見現されて失敗したことになっている。さらに興味があるのは西洋でも著名な「狼と七匹の小羊」、もしくは「赤頭巾」などにも使われている一挿話、すなわち作り声をして戸を開けさせる一条が、ここでもわずかな相異をもって一様に採用せられていることであった。この種の国際一致はおそらくは「瓜子姫」の説話の、非常に古いということを旁証するものと思うが、それは単にこの話し方の技術に輸入の痕があるというまでで、説話そのものがこの国特有でないかあるかは、別にまた論究せられなければならぬ。なんとなれば、いかに古くから忠実に伝えられておろうとも、あざむいて戸を開かせたという一条だけを説くために、この一つの昔話が発生したと思う者はないからである。

日本の昔話としてわれわれの最も注意するのは、瓜子姫の敵の名がアマノジャクであったという点である。アマノジャクが神の計画の妨害者であり、しかも通例は「負ける敵」

であったことは、広く他の民間伝承にも認められている。これがはたして神代史の天探《あまのさぐ》女《め》のもとの姿であるか、あるいはまた今に受け継いだのはその名前ばかりであったか。記録の資料のほうが乏しいので確かめることが困難ではあるが、少なくとも近いわれわれの祖先がこれをどう考えていたかというまでは、今後の採集によって尋ね知ることができる。しからばそのアマノジャクは何者であったろうか。われわれの同志者には、これについてあらかじめ学者の説明を聞こうというような希望もあるらしいが、それは不用心なことだからぜひ諫止したい。アマノジャクを知ろうと思えば、アマノジャクの口碑を集積し、比較してみるより他の途はない。現在でもすでにだいぶん明らかになっていると思うが、要するにアマノジャクはこんなところへ出てきそうな魔物であった。意地が悪くて常に神に逆らうとはいうものの、もとより神に敵するまでの力はなく、しかも常に負ける者のにくらしさとおかしみとをそなえていた。おそらくは善神・悪神の二元観から出たものでなく、むしろ「灰蒔き話」の隣の爺などと同じく、神の正しさと最後の勝利とを鮮明に理解せしめるために仮設せられたる対立者であって、神を神人が扮装して説明した時代には、これもいま一人のワキ役によって代表せられ、それゆえに人は漸次にその実在を感じはじめたのであろう。諸国の古い神社の言い伝えを見ると、神の事蹟はたいていは征服であった。すなわち大昔火闌降《ほのすそりの》命《みこと》その敵を普通には鬼といい、鬼もまた後にはその御社に仕えている。すなわち大昔火闌降命が契約せられしごとく、永く俳優《わざおぎ》の技をもって、その屈従の状態を公示しようとしたことを意味するのであった。アマノジャクが庚申《こうしん》様の足の下に踏まれているなども、その起原はまたこれと一つであって、いわば瓜子姫の苦心経営を細叙するために、特に作り設けられる相手の名と考えてよかったのである。

われわれの集めてみた十一の例の中で、奥州の三話（二、三、四）はこれを山母《やまはは》といい、また他の一つ（七）では山姥《やまんば》がやってきたことになっている。同じ陸中でも和賀胆沢《いさわ》の三話（一、五、六）は、出雲・石見と同様にいずれもこれをアマノジャクといい、信州下水内《しもみのち》の例は次のようになっている。

瓜姫はだんだん成長して、非常に機を織ることが上手になった。毎日チンカラコンカラヒッピョンスと、拍子よく機を織っていた。ちょうどその裏の家に、意地の悪いアマンジャクという女の子があった。爺と媼との出た留守に、瓜姫をだましてその家に入って、出居《でい》の脇の梨の木の所まで連れ出し、自分のよごれた衣裳を瓜姫に着せて、梨の木の下に縛り付け、自分は（瓜姫の）美しい衣裳を着ていた云々。

ところがここにたった一つ非常におかしいのは、『国民童話』に載せた日向国の例で、これだけは「村でにくまれ者の無理助という男」となり、そうしてただ梨の木から落ちて死んだことになっている。これは編者の石井研堂氏に尋ねてみなければわからぬが、私の想像では話がこわれていたか、または名前があるほうがよいという考えで、特に本にする際に付与した名前でなかったかと思う。松村氏の『日本童話集』は、不幸かくのごとき標本的でないものを、黙って日本の童話として採録しているが、これからでは瓜子姫の由来は考えられない。それに比べるとアマノジャクの代わりに、これを山母・山姥の所業として説くものは、変化が自然であるだけにはるかに有益なる参考である。近世の俗信においては、アマノジャクもまた山に住む魔女であり、いわゆる山の神の部類であった。この混同の原因はおおよそわかっている。山の反響が人間の声をまねるのを、小児らは普通目に見えぬ物の悪戯と考えて、土地によってこれをヤマンボともいえば、あるいはまたアマノジャクともいうのである。この二つの中ではアマノジャクのほうがもとであることは、この物がいつも人の言葉をもどき、人の意にさからうのを職業のようにしているといわれているのを見ても想像しえられるが、なんにせよ後にはこれを山の中にいる魔物の一般の癖のごとく解することになったのである。妖怪がもともと空想の所産である以上、その分類差別は容易な仕事でないが、山姥の侵害の強力犯を通例とするに反して、邪魔とか真似とかはアマノジャクの得意とするところであった。そうしてわれわれの瓜子姫譚においては、姫を殺して食ってしまったという話と、縛って隠しておいたというのと両方あるけれども、いずれも姫の衣を着、姫の姿をまねて爺婆をあざむこうとして、最後にその化けの皮があらわれたことになっているのみならず、次から次へいろいろの物ねだりをして、素直な気だてのよい瓜姫を苦しめたという点に、特に力を入れて話されているのが、おそらくはアマノジャクのほうがもとの形であった証拠であろうと思う。それがいつの間にか山母・山姥に変わったのは、新しい聴衆にはそのほうが感動を与えやすかったからで、つまりはこれもまたアマノジャクについての言い伝えが、しだいに物遠くなった結果といってよい。信州下水内郡で「意地の悪い裏の家の娘」の名としたのも同じことであった。現在東日本の広い地域にあっては、アマノジャクは単に女の子をののしる語としてよりほかは、もう使用せられていないのである。

八　動物の援助

いろいろまだ考えてみたい点も残っているが、こんな小さな問題をあまり長たらしく論ずるという非難を恐れて、最後にいま一つの「桃太郎」との類似を述べておくだけにとどめる。アマノジャクないしは山母の化けの皮が、どうしてあらわれたかという点は、ことに話し方がまちまちになっている。最も奇抜なのは山母が姫を食ってしまって、その皮を顔にあてて姫になりすましているのを、血が付いているからよく洗えといって、手拭でごしごしこすってやると、皮がとれてしまって正体が知れたというのもあるし（三、五、七）、も少しとぼけたのでは瓜子姫の機を織る音が常にカランコロンキコパタントンと調子よく聞こえたのに、今日に限ってドチバタと変な音がするので、障子の隙からのぞいてみると、アマンジャクの尻尾がだらりと下がっている、それでたちまち瓜子姫の讐《かたき》と心づいて、斧《おの》を持ってきて切り殺したというのもある（一）。しかしこういう乱雑の中にも、注意してみるとなお一筋の連絡はあるので、たとえば出雲の例（一〇）においてアマノジャクを駕籠に載せて、鎮守様へ参ろうとしていると、柿の木に縛られていた本物の瓜姫が、「ヨーヨーアマノジャクばかりお駕籠に乗ってヨーヨー」と泣いたので、はじめて心づいてアマノジャクの首を打ち落としたとあるのを、石見のほうにおいては前にも掲げてあるごとく、柿の木谷を通ると柿の木の梢に縛られた姫が、

わが乗りて行くのに
アマノジャクこそ乗りて行くかや
ピーロロロロ

と鳴いたというふうに話している。このピーロロは明らかに鳶《とび》の声であって、瓜子姫がそんなことをいうのは奇妙であるが、陸中上閉伊郡の例（四）においては、親が贋物《にせもの》の瓜子姫子を馬に乗せて、いよいよ嫁にやろうとして支度をしていると、出口の木の枝に鳥がとまっていて、

瓜子姫子は乗せないで
山母乗せたカア〳〵

と鳴き、また庭にいた鶏が、

糠屋の隅こを見ろじゃケケロ

と鳴いて教えてくれたので、急いで糠屋にはいってみたら、姫子の骨がつるされてあったといっている。これと最も近い『遠野物語』の昔話においては、教えてくれたのは二度とも家の鶏であって、

　おり子姫子載せなえで
　山ははは載せたケケロ

と鳴く声に心づき、すぐに山母を馬より引き下ろして、殺してしまったともいっているのである。人間は神秘には通ぜぬという大きな弱点があるゆえに、しばしば眼前の危難をも知らずにいることがある。だから平生より他の形を借りている霊魂の指導に注意をしなければならぬという教訓は、おそらくは多くの動物報恩譚よりもいま一つ前のものであった。鶏や犬は家と因縁が深いゆえに、進んで親切なる暗示を与えると解することができた人々でも、ただの野の鳥の言葉の中に、そういう交通があろうとまでは想像しないようになって、無意味に石見の鳶の声は残ったのであった。陸中胆沢郡の一つの話(六)では、うその瓜子姫をお駕籠に乗せて、城下へ嫁入りをさせようとすると、路筋の雀どもはそれを知って、次のような歌をうたった。

　瓜子姫のお駕籠さ
　アマノジャク乗さった
　アマノジャク乗さった

しかし行列の人はそれがわからぬから、何も知らないでしゃんしゃんと路を急いだといっている。さらに同郡のいま一つの例の（五）ごときは、化けの皮の現れたアマノジャクが、飛んで逃げて釣瓶《つるべ》の横木の上にとまり、

瓜子姫の乗掛さ

アマノジャク乗った、ぶん乗った

とみずから鳴いて、そのまま天上に飛び帰ったとさえいっているのである。この雀・烏等を「桃太郎」の犬・猿・雉と比べると、今では働きぶりに雲泥の差はあるが、こちらも最初は鳥の声によって、誤ったる祭典の大危険を覚知し、一方も別に黍団子の契約という挿話の起こる以前から、動物の援助を必要としたわけがあったものとすれば、両者の類似はこれよりもはるかに密接であったので、現に『紫波郡昔話』の桃の子太郎などでは、地獄からお姫様を助け出すために、黍団子を持って早くこいという手紙がくる。その使いをしたのは烏であった。その黍団子は一つも半分もやらず、鬼に食わせて酔いつぶれさすために持っていったとあって、そのお使いの鳥のごときは、まったく報酬なしで主人公を助けていたのである。

九　瓜子姫の復活

われわれの昔話は必ずしも世間で想像しているごとく、各個孤立して成長したものではなかった。ひとり瓜姫・桃太郎が一対であったのみならず、他のいくつかの有名なる説話も、常に提携し連絡していた事実がある。たとえば石見《いわみ》のアマンジャクが柿の木に登って、青い渋い柿の実を採って、下に待っている瓜姫にぶっつけたという点は、現行の「猿蟹合戦」の序幕もこのとおりであるが、一方には柿の種と握り飯との交易談のもとの形として、猿と蟹とが餅臼を山からころがして競争して食ったという話もあり、それは地方によって猿と蝦蟇《がま》との争いにもなっている。その一部分がまぎれて「瓜子姫」のほうに入ったものとしても、それはもとより近いころにはじまったのでなかった。梨の木・柿の木はかけ離れた四個処の地にともにあり（八、九、一〇、一一）、それがまた奥州のほうの鳥の知らせともつながっている。私にはまだ説明しえないが、何か早くからこういう木のことを説く理由があったのである。

それから東北のほうの山母が、瓜子姫を俎《まないた》で切って、小豆餅《あずきもち》にして爺婆に食わせたという点、これなども「かちかち山」の第二段とよく似ていることは、わざとではないかと思うほどであるが、さりとて一方から切り抜いて、こちらへ取って付けたとも思われぬのは、この「かちかち山」がまた寄せ集めもので、とうてい最初からこういう形で流布していたらしくないからである。これは結局するところ説話の変化が、単なるそれ自身の成長または改訂にとどまらず、時としては隣の話との複合もしくは混同、進んではさらに相互の間に、融通してもよいような部分の蓄積までを含んでいたことを意味するのかもしれぬ。実際話の上手ということは、いつの時代にもこれを長く、新しくかつ複雑に話すことであった。しかも定まったテキストが印刷せられていたわけでもないのだから、たくさんの昔話を覚えている女や年寄りが、それを一つ一つ語り分けえたことを、むしろ不思議と認めなければならぬ。それで私などは遠く離れた土地土地において、他には類を見ないいくつかの一致の、偶然に保存せられていることを重要視し、特にその部分にもとづいて、説話の成立を考えてみようとするのである。

ただしこの「かちかち山」式の子供らしい惨虐によって、ただちに瓜子姫の殺戮という点を近代の改作と見ることは速断であろうも知れぬ。霊魂の輪廻《りんね》を完全に信じえた人々には、死と生との分界は今のわれわれの考えているごとく、明確なものではなかった。すなわち姫が梨の木の梢に縛られているのも、現在の魂の宿りを追い出されたというのも、ひとしく厄難であって、その差はそう大きなものでなかったのである。だから七匹の小羊が狼の腹の中から、のこのこと出てきたという童話も起こり、日本でも蟒蛇《うわばみ》に呑まれた飛脚《ひきゃく》の笑話などができたので、死んでもすぐにまたもっと美しく、生まれ変わってくればよいじゃないかという思想を、ことに久しい後まで東洋のわれわれはもっていたのである。人柱や生牲《いけにえ》もその一つの現れと認められているが、神に仕える者のすぐれて清きものは、一般にその一旦の生を去って後、さらにより高き地位に登るものと信ぜられていた。つまりは人を新しい神にする信仰を、われわれは抱いていたのである。だからことによると瓜子姫がある木に縛られていたということは、かえってその魂の一時の抑留を暗示していたので、奥州の山母話のほうともとは相容れざる報告でなかったのかもしれない。糠屋の隅っこに姫の骨がつるしてあるのを、鶏が教えてくれたということが、かすかながらも二伝の脈絡あることを想像せしめる。

それからもう一つ、アマンジャクを三つに切って、一切れは粟《あわ》の根へ、一切れは黍《きび》の根へ、また一切れは蕎麦《そば》の根へ投げ棄てた。この三つの作物の根が今でも赤いのは、アマンジャクの血に染まったからだということ、これもこのように詳しくはないが、出雲の話（一〇）でも黍の根の赤いのはそのためといい、信州の例（八）でもアマノジャクという意地悪娘を斬って、萱野に棄てたゆえに萱の根は赤いというのみならず、これと同じようないわゆる説明伝説は、なお他の多くの山姥退治譚、もしくは鬼征討記にともなうて伝わっている。これなどは明瞭に昔話の「相互に融通しうる部分」であった。天然の特に目にたつ現象を指さして、あれはいかなる理由でああなったかといぶかるのは、人間の智慮の芽ばえであった。いつの世どの程度の文化においても、その問いは年少者、答えは年上の者の管轄であったことは確かである。したがってこれを童話の起こり、説話文学の発端または空想芸術の最初の練習方法と解するのは許されるであろうが、今までの神話学徒が考えているごとく、一種神話のいたって単純なる形と認めることは、私にはまったく同意ができない。神話がもし長老のかたく信ずるところを、次に生まれてくる者に口伝する手段であるならば、これらの説明などははじめから信じていた者はなく、むしろ問いにもとづいて次々に考え出したものであった。それゆえにその内容は最も奇抜であり、また折を見てはおいおいにその目先を変えようとさえしている。ただこういう眼前の事象に対する興味ある解説は、常に鮮明なる印象をはじめて聞く者の胸に刻みえたがゆえに、たいせつなる語りごとにできるかぎりこれを取り添えて、しばしば連想しまた記憶するようにしたことだけは想像せられるので、いわゆるwhy so storiesは、いわば神話の容器であり、同時にまた前者を昔話化させていく、一種の酵母のごとき役を勤めたものと思う。奈良朝時代の諸国風土記に、多く現れている地名談なども、目的はこの「蕎麦《そば》の茎はなぜ赤い」と同じく、最初よりそう信じていた人が、語ろうとしたものと見るわけにはいかぬ。さらに一歩を進めると、中世の説話の一つの特色たる本地譚なども、ことはそれ自身信仰に関係があるとはいえ、それを主張するためには、あのような長話の必要はなかったのだから、すなわちまた人をしてある古くからの口碑を保存せしめるために、わざと付け添えておいた記念塔の類にすぎなかったと思う。われわれの歴史に書籍あるごとく、文字なき古人の古事を伝うるためには、何か思い出しやすい目標がなくてはならなかった。伝説が石や木や淵池によって伝わるごとく、説話にはまたこの「蕎麦の茎」などが、支柱として常に入用であったのである。

（昭和五年五月、『旅と伝説』）

諸国の瓜子姫

右の一文を書いてしまってから、さらにいくつかの同じ話が報告せられた。私の分析はすでにやや微細の点に入りすぎたから、ここにはただ新たなる類例を排列して、いちじるしい異同だけを注意するにとどめようと思う。

一二　津軽昔ご集（川合勇太郎氏）

裏の畠に大きな瓜がなった。それを採ってきて庖丁で切ろうとすると、その中から声がして、

　じ様ば様、ちょっと待ってけへじゃ

といい、自然に二つに割れて女の子が出てくる。神のお授けと思って大事に育て、名を瓜姫子とつけた。瓜姫子は大きくなって殿様から嫁にもらいにくる。それなら着物を買ってこようと町へ行く時に、留守にアマノシャグがくるかもしれぬから、気をつけよと言って爺婆は出ていく（機を織るということはない）。そうしたらはたしてアマノシャグが来て、

　瓜姫子、少しでいいはんで開《あ》けてけへ

　もう少しあけへ

といって、内へはいってしまった。それから瓜姫子を奥の押入れの中に入れて、自分は瓜

姫子に化けて待っていた。爺と婆とはそれを知らずに、アマノシャグに美しい着物を着せて、駕籠《かご》に乗せて嫁入りさせようとすると、松の木の上で鳥が啼いて、

瓜姫子ア乗る駕籠さ
アマノシャグア乗てら、ガオラガオラ

といった。それを不思議に思って駕籠の戸をあけて見ると、中にはアマノシャグが寝ていた。駕籠をかく人たちはたいへんに怒って、アマノシャグをひどい目にあわせた。そうして押入れの中から本当の瓜子姫をつれ出して、殿様のところへ嫁入りをさせた。

一三　秋田県鹿角《かづの》郡の例（内田武志氏）

婆が川さ洗濯に行くと、きれいな箱が流れてきた。開けてみるとその中に瓜が一つはいっている。綿にくるんで戸棚さ大事にしまっておき、爺が帰ってから庖丁で切ってみると、中からめんこい女の子が出てきた。それで瓜子姫子と名を付けて育てていた。瓜子姫子は大きくなると、機《はた》を織ることが大好きで、毎日毎日、

きちんこたんのきんぎりや
くだこアなくてからんころん

と機ばかり織っていた。ある日爺と婆はよそへ行って、瓜子姫子が一人で留守居しているところへ、アマノシャグが来て、

機ア織るのが上手だじゃ

なんたて見せでけろ

と、むりに家の中へはいってきた。そうしてしゃばん（組板）と庖丁を持ってこさせて、そのしゃばんに瓜子姫子を載せて、庖丁で切って食ってしまった。それからアマノシャグは瓜子姫子の胴がらにはいって、瓜子姫子に化けて機を織っていた。するとそこへ隣の人が、瓜子姫子を嫁にほしいと言ってもらいにきた。爺と婆とは大喜びで承知して、駕籠に乗せてアマノシャグの瓜子姫子を嫁入りさせる。その途中で路の傍の木の上から、

瓜子姫子ア乗さる駕籠さ
あまのしゃぐア乗さた
ホホーホケチョ

と鶯が鳴きつづけた。その鶯は瓜子姫子の魂がなったのであった。それでアマノシャグの正体は見破られてしまった。（この話は毛馬内《けまない》の町の一女性の語り伝えた話である。同じ鹿角《かづの》郡でも南部の宮川《みやかわ》村などに行なわれているものは、これと比べると二つ三つ異なった点がある。第一に、木の梢から鳴いて教えたのが、鶯ではなくて烏であった。次にヤマノサグの正体が現れたのも、その烏が教えたばかりではなかった。あまりきたない顔をしているので、瓜子姫子面洗《つらあれ》えといってさすると、かぶっていた面の皮がごそもそとした。それから小便をさせようとして尻をはぐったら、ヤマノサグの尾っぽがだらりと出ていて、化けが現れてとうとう殺されたなどといっている。瓜の中から生まれたということもこち

らにはもう落ちている。)

一四　盛岡市付近(『旅と伝説』三ノ七、橘正一氏)

爺は山さ薪を採りに、婆は川さ洗濯に行く。川上から瓜が流れてくる。

　瓜こ、こっちゃ寄れ
　瓜こ、こっちゃ寄れ

というと寄ってきた。それを爺様が山から戻ってきたら一しょに食うべと思って、綿にくるんで戸棚の中さ入れておいた。爺は帰ってきて戸棚を開けてみると、瓜の中から女の子が生まれていた。瓜の中から生まれたから、瓜子姫子と名をつけて、爺と婆とで大事に育ててだんだんに大きくなった。春が来た。爺と婆とは畠さ稼ぎに出かける。瓜子姫子、鬼が来ても戸あけるなよといって出て行った。その留守に鬼が来て、戸あけろ戸あけろといった。しかられるからいやだというと、

　すこうし、爪の立つだけあけろ

というので、爪の立つほどあけてやると、今度は、

　もうすこうし、指のはえるだけあけろ

といって、指のはいるほどあけてやったら、鬼は(家に入って)がりがりと瓜子姫子を食ってしまった。爺様と婆様とは畠から帰ってきて、瓜子姫子いたかといったけれども返事がない。戸をあけてみたら瓜子姫子はいなくて、その代わりに鬼が火棚の上で大の字なり

に寝ていた。そこで戸をたてて、家に火をつけて鬼も一しょに焼いてしまった。（この話は紫波郡飯岡《いいおか》村から出た老女の語るところであった。この以外に、別に市中で伝えられていたのは、瓜子姫子は殿様のお妾にあがるので、駕籠に乗せてつれてゆくと、それが実は姫子を食い殺して、自分がそれに化けていたアマノジャクであったといい、ここにも鹿角にある鳥の歌と同じような「瓜子姫子の駕籠さ、アマノジャクは乗はった」という文句が、童謡のようになって記憶せられているという。）

一五　岩手県雫石《しずくいし》村（『聴耳草紙』三七一頁）

婆が流れてきた瓜を食べるとたいそううまいので、もう一つ流れてこいといえばまた流れてくる。

用のある瓜だらこっち来い
用のない瓜だらあっち行け

と呼ぶと傍へ流れ寄ったので、これは爺様の分だとして取っておいた。それが戸棚の中で二つに割れて、中から姫子が生まれている。その姫子が大きくなって機を織っていると、アマノジャクがだまして庖丁とさいばんとを出させて、代わり番こに虱《しらみ》取りをするといって、姫子をサイバンの上に寝させて切って食べてしまった。そうして瓜子姫子に化け機を織っている。そこへ着物を買いに行った爺様たちが帰ってきて、いつもならトギカカチャガカカ・トギカカチャガカカと聞こえる機の音が、トダバタン・トダバタンと聞こえる

（のを不審に思う？）。いよいよ嫁入りになって、うその姫子が家を出ようとすると、食い殺されていた姫子の左の手が鶯になって

瓜子姫子だとて
アマノジャクが化けて嫁に行く
おかしでや、ホウホケキョ

と鳴いたのですっかり化けの皮がはげてアマノジャクは殺された。

（同じ雫石《しずくいし》の村にはいま一つこの話が伝わっているが、このほうは川戸へうまそうな瓜が流れてきて、後に戸棚の中で二つに割れ、お姫様が生まれたという部分が詳しくて、俎板《まないた》の上に寝かせて切って食ったというところで話が終わっている。それでもやはり代わり番に蚤《のみ》取りをしようという点はあり、山婆が最初隣の娘に化けて、遊びにきたというところは下水内郡の例（八）と似ているのである。）

一六　秋田県角館《かくのだて》（右同書三七三頁）

爺と婆とに一人の娘があって、その名をオリヒメ子といった。オリヒメ子、オリヒメ子、アマノジャクが来た時は決して戸を開けてはならないぞといって、爺と婆とは外へ出ていった。その留守に一人で機を織っていると、アマノジャクがやってきて、オリヒメ子戸を開けろといった。しかられるからいやだといったが、何べんも何べんも戸をあけろというので、しかたなしにあけてやると、

オリヒメ子、オリヒメコ
山さ栗拾いに行くから
下駄《げた》はいて来《き》れ
とアマノジャクがいった。

下駄が鳴るからやんだ。

そんだら草履はけ。

草履も無いからやんだ。

それじゃ俺がおぶって行く。

とげが有っからやんだ。

それでゃ板を敷いておぶるべえ。

という問答があって、とうとうアマノジャクは背中に板をあてて、オリヒメ子を負うて山に行った。そうしてアマノジャクは自分だけ木に登って栗を取っている。後からオリヒメ子が登ってゆこうとすると、その木をうんとゆさぶってオリヒメ子を木から落として殺し、自分はその皮をはいでかぶって、オリヒメ子に化けてもどってきた。それからお嫁に行くことになった。朝起きて顔を洗う時に、あんまりそろそろと洗うので、爺様婆様が今日は嫁に来たのだから、もっとよく洗えというと、おら洗えないといった。そんだら俺が洗ってやると、爺が強く顔をこするとオリヒメ子の皮がはげて、アマノジャクになって山へ逃

げていった。このアマノジャクのオリヒメ子が、お嫁になって駕籠に乗ろうとした時に、鶯が飛んできてその駕籠にとまって、

オリヒメ子ア駕籠さ
アマノジャク乗った、ホウホケキョ

と鳴いて、どこかへ飛んでいった。

（この話の栗の木は、遠く離れた出雲・石見の柿の木、信州や日向の梨の木も同様で、当初真仮二人の瓜子姫の葛藤《かっとう》が、一本の果樹を中心として起こったように、語られていた痕跡かと思われるが、奥羽の方面では他にはまだその例を知らぬ。「猿蟹合戦」の柿の木がこれと縁を引くことは前にも述べたが、ことによると「桃太郎」の桃までも、ここから導かれてきているのかもしれぬ。にせものの瓜子姫が顔を洗って、発覚したという例は東北に多いが、鳥の鳴声によって教えられるという話よりも後のものであったらしい。ここではその二つが重複して、過渡期の混乱を示している。それからなお一つ、順序は後先になったが、岩手県北部の変わった例を載せると）

一七　下閉伊郡岩泉《いわいずみ》町（同上書三七六頁）

爺と婆とが子供がないので、ほしいほしいと思って神様に願掛けした。ある朝瓜畠に行ってみると、瓜畠のまん中に美しい女の子が一人いた。これア神様のお授けだと思って、喜んで拾ってきて瓜子の姫子と名をつけて大事に育てた。爺様・婆様は山さ薪採りにゆく。

誰が来ても戸を開けんな、この辺は狼《おいぬ》がひどえしけに、と言っておいて出ていった。そのあとで瓜子の姫子は、一人でトンカラ・ヒンカラと機を織っている。そこへ山の狼が、瓜子の姫子、遊んべやアといってやってきた。（それからだんだんの問答があって結局）瓜子の姫子は俎板の上へ横になると、狼は庖丁で頭だの手だの足などを切って、ああうめやエうめやえといって食った。そうして骨こは縁側の下に隠して残ったのを煮ていた。夕方に爺と婆とは山から帰ってきて、薪をがらがらと下ろして瓜子の姫子、今帰ったぞというと、瓜子の姫子に化けていた狼は、さアさ腹がへってきたごったから、早くまんま食っとがれという。爺と婆とは瓜子の姫子を煮た汁を、ああうんめアうんめアといって食うと、その狼は、

板場の下を見さ

骨こ置いたが見ろやエ見ろやエ

といって狼になって山さっさと逃げていった。そして爺様と婆様とはまた二人っこになった。

（この話はもういちじるしく「かちかち山」の中段と似ている。山で爺に生け捕られたという部分も、奥州には狸でなくて、狼になっているものが多いのである。佐々木君の『聴耳草紙』には、七つの瓜子姫説話を集録している。そのうちの四つは、ここに列挙しておいた。残りの三つの一つは、上閉伊郡に行なわるるもの（四）、いま一つは和賀郡の一例

として(一)、ともに本章に引用した話を、もう一度精細に記述したにすぎない。最後の一話は新しい採集であるが、その採集地を明示してないために、これを分布の資料に供することができなかった。その筋は大体に第三の例と似ているが、かれには山母といっているのを、これにはまたアマノジャクの所業としており、その上に嫁入りの途中で鳥が鳴いて、教えてくれたという条が付け加わっているが、結末は嫁御に顔を洗わせたら、化けの皮がはげたということは彼と同じである。それからなお一つ、瓜子が機を織る時に、

管《くだ》無っちゃ、ばんばなや

という唄をうたったという点が、前の鹿角郡の「くだこアなくてからんころん」のほかに、遠い石見国の昔話とも似ているのは一奇である。石見のほうでもお姫さんが毎日機を織るのに、

爺さんさいがない、婆さん管がない

キーリバッタンスットントン

と織ったといっている。これはおそらく織女の常の言葉であったろうと思うが、それにしても永く無心の間に保存せられたのはおもしろいと思う。瓜子姫子が野老《ところ》が好きであって、それをアマノジャクが食べ方を知らぬので、にせ者であることがわかりかけるという点は、次の二つの例の中にも出てくる。これもまた偶然に保存せられたいにしえぶりであったと思う。)

一八　会津若松市（堀氏夫人）

瓜姫は野老《ところ》が好きであったので、爺と婆とはいつもそれを掘ってきて食べさせた。ある日二人が野老を採りに出たあとで、アマノジャクがやってきて機を織っている瓜姫をあざむいて、しいて戸を明けさせて内にはいって食ってしまい、自分が瓜姫に化けて機を織っている。そこへ父母が帰って、いつものとおり野老を与えると、にせの瓜姫は野老の食べ方を知らず、毛も皮も取らずに食おうとするので、親たちはこれを見て怪しく思う。そのうちに瓜姫の美しいことが殿様に聞こえていて、お駕籠で迎えがきたのでそれに乗って出ていくと、途中で子供たちが瓜姫の駕籠に、アマノジャクが乗っているとはやし笑うた。駕籠かきらはこれを聞いて心づき、怒ってアマノジャクを引き出して殺してしまう。（この時に萱の根でどうとかしたという話があって）だから今でも萱の根の紅いのは、このアマノジャクの血に染まったのだといっている。（堀維孝翁の手翰《しゅかん》によれば、出羽の庄内にも大部分これに似た昔話があった。瓜子姫が野老を好んでいたのに、アマノジャクの化けたのは、毛も皮も取らずに食おうとして、爺婆に食べ方を教えてもらう。それから殿様に召されてゆく途中、アマノジャクが乗っているとはやしたのは木の上の鳥であった。それで露顕して萱原へ引き出されて切り殺された。それゆえに今でも萱の根は紅いのだといったそうである。それと近いのは、前に列記した岩手県の一話（例三）に、爺と婆とは山にホドコを掘りにいった留守に、山母が来て瓜子姫を食ってしまい、自分がそれに化けて機を織っている。そこへ二親が山からもどってきて、採ってきたホドコを洗いにせの姫子を川にやる。そうすると大きなのはみな食ってしまって、小さなホドコばかり持って帰り、どうしたかと聞くとすべってころんで、流してしまったと答える。かわいい瓜子姫子のことだから爺婆はしからなかったが、顔に血がついているのを手拭《てぬぐい》でぬぐってやると、それが化けの皮だからすぐにはげて、にくらしい山母の顔になって逃げていったというのである。アマノジャクが切り殺されて、それから萱の根が紅くなったという例は、信州の下水内《しもみのち》郡にもあった（例八）。これが出雲では黍の茎はなぜ紅いかの話になり（例一〇）、石見では粟と蕎麦と黍とが根の赤い由来として語られていることは、すでに述べておいたから、もうくり返す必要もない。）

一九　新潟県南蒲原《みなみかんばら》郡（『加無波良《かんばら》夜譚』二〇二頁）

爺と婆とが、おりかわ姫という美しい娘をもっていた。近いうちに嫁に行くことになっている。姫は山芋が好きなので、爺さと婆さがそれを掘りに出かける。誰が何といっても戸を開けんなよと言いつけていった留守に、アマンギャクがやってきてしいて戸を開けさせ、だまして俎板《まないた》の上に寝させて切ってしまった。そうして姫に化けて知らん顔をしているところへ爺と婆は山から帰って、芋をすって姫に食べさせると、姫はあっぷらあっぷらしてそれを食べた。「変なで、うちの娘は」と爺婆は思ったが、アマンギャクとはまだ知らなかった。いよいよ嫁入りの日になって、迎えの駕籠に姫を乗せて二人が付いていくと、一

羽の烏がその駕籠の上にとまって、

　おりかわ姫の乗る輿《こし》に

　アマンギャクが乗ったいや

と何度も鳴いたので、さてはアマンギャクが姫に化けていたかと、駕籠の中から引き出したら尻尾を出した。それをみな寄って殺してしまった。

(尻尾を出したということは、鹿角郡の一例の他に、和賀郡の話でも機を織っているにせの瓜子姫子が、後からのぞいてみると尻尾をだらりと垂らしていたといって、幼い聞き手の想像力をそそっている。しかも胆沢郡の例(五)では、そのアマノジャクが飛んではね釣瓶《つるべ》の横木の上にとまったともいっているので、定まった形はもうなかったのである。これがこの話の山姥だの狼だのに、変わっていかねばならなかった原因ではないかと思う。)

二〇　富山県下新川郡《しもにいかわ》(『旅と伝説』三巻六号、竹内正氏)

これはわずかに一部分が記憶せられている。織姫様が機を織っているところへ、アマノジャクが来て姫を引き裂いて柿の木に掛ける。そうして自分が姫に化けて機を織りつつ、

　おり姫様こそ木の上に

　アマノジャクこそ機織れ

　とんとんからい、とんからい

といっていたというだけで、その他はまだ採集せられておらぬ。

二一　長野県小県《ちいさがた》郡（郡史余篇）

爺は山へ柴刈りに、婆は川へ洗濯に行くと、川上から瓜が二つ流れてくる。

大きな瓜こっちへこい
小さな瓜そっちへ行け

といって、大きな瓜を拾って家に帰り、庖丁で切ろうとすると自然にその瓜が二つに割れ、中からかわいらしい女の子が生まれた。瓜の中から生まれたから瓜姫と名をつけ、大悦びで育てた。瓜姫がもう十六になったので、嫁入り支度を買いに爺婆は町へ行く。誰が来ても戸を開けるなと言い付けられて、瓜姫はたった一人、ちゃんちゃんころりんと機を織っていた。そこへアマノジャクという毛だらけのこえた男が来て、手のはいるだけ、頭のはいるだけ、胸のはいるだけと、だまして戸を開けさせて家の中へ入ってしまう。そうして瓜姫を誘うて裏の畠へ梨を取りにつれ出す。始めは瓜姫は拾い役で下に待っていると、上から喰いかけや、唾や小便をかけた梨を投げ下す。次に役を代わって瓜姫が梨の木に登ると、薪を木にゆわえて下りてこられぬようにしておいて、自分が姫に化けて機を織っている。それを知らずに化けた瓜姫を馬に乗せて、爺婆が嫁入りさせようとしていると、木の上の姫は泣きながら

瓜姫の乗る馬に
アマノジャクが打乗った

と言う。これを聞いてさっそく馬からたたき落として、殺して萱原へ捨てた。それゆえに今でも萱の根はアマノジャクの血に染まって赤い。

(下水内郡の話では爺婆が帰ってきて、見つけたということになっているが、梨の木登りと萱原に捨てたという点とは、二つながらこれと一致している。しかしそれだからこれを信州型だなどとは、まだ容易に速断することを許されない。『嬉遊笑覧』*巻九は私などの知るかぎりにおいて最も古い瓜姫咄《ばなし》の記録であるが、これには信濃の人の語るを聞いたとあって、次のような形のものを記している。

> 姫生ひ立ちて機織ることをよくして、常に一間の外に出でず。或時庭の木に鳥の声して、瓜姫の織りたる機のこしに、アマノジャクが乗りたりけりと聞えければ、夫婦怪しと思ひて一間の内に入つて見るに、アマノジヤクは瓜姫を縄にて縛りたり。夫婦驚きて之を助け、アマノジヤクを縛り、此奴《こやつ》薄の葉にてひかんとて、薄の葉にて挽きて切殺しぬ。すすきの葉のもとの赤く色つきたるは、其血の痕なりといふ物語、田舎には今も語れり。

この書の著者がいろいろのことを聞いた信濃の人は、上田《うえだ》付近の者であったように他の条には見えている。そうすると、嫁入りの話はもう脱落して、輿《こし》を機のこしのように解していた例が、同じ土地にもすでにあったのである。松本市の周囲でも今から三十年前までは、瓜姫が機を織っていてアマノジャクに誘拐《ゆうかい》される話のほうが、「桃太郎」よりは勢力があったと胡桃沢《くるみざわ》氏などは言っている。話す人が多かっただけに、変化はおそらくは部落ごとに、または家庭ごとにもあったものと思われる。今まで集まった資料によって、しいて一つの傾向を求め出すならば、奥州の瓜子姫はたいていは食われてしまっているに反して、信州以西の瓜姫はみな助かっている。これなどは同時並存のやや望みがたい点であり、したごうて説話成長の異なる段階を示すものかと思うが、なお今後の新採集までを引っくるめて、予断するだけの胆力は私はもっていない。江戸の子供が瓜姫の咄を知らなかったという『嬉遊笑覧』の説はかりに信ずるとしても、四国内海の島々、大和・紀州の山村等に、まだこの話のないのは伝承者に出会わぬためであった。注意と捜索との行き届かぬということしか意味していないのである。しかるに『小県郡史』の編者は、芳賀博士の説を引いて、瓜姫は信濃と越後とのみに残っている昔話のようだと述べている。芳賀先生は私の旧師であり、またすでに故人である。先生が何によってかかる説を立てられたかの理由は、もはや尋ねにいく途も絶えたが、他のいま一つの何ゆえに地方の学徒が、この先生の説に信従したかの動機にいたっては、もう一度考えてみる価値がありそうである。)

天之探女

『秋田方言』には平鹿《ひらか》郡において、山彦をアマノシャグというとある。関東でも常陸稲敷《ひたちいなしき》郡・上野邑楽郡《こうずけおうら》などで、アマンジャクというのは反響《こだま》のことであり、伊豆田方郡《いずたがた》も山彦をアマンジャクといっている。信州では下水内郡で、反響をヤマノジャク、『東筑摩郡方言』は口答えすること、または反対することをアマネジャクというとある。越中は高岡市の付近までは、山彦をアマンジャクといい、下新川郡ではメメンジャクともいっているが、加賀に接した西礪波《となみ》郡になると、もうこれをヤマンバボと呼ぶのである。こだま山彦を山婆という土地は、なおこの以外に美濃の加茂《かも》郡でヤマンボ、下野の芳賀郡などもヤマンバーというのがこれを意味する。いずれが先であったかは別として、二つの名称は入れ交って行なわれているのである。山婆とアマノジャクとを同じもののように考えたのは、「瓜子姫」の昔話だけではなかった。

出雲では、山彦は山の神に使われる化物の声だといっていた（『郷土研究』二巻二四〇頁）。ある猟師が雪の降った山で日を暮らし、火をたくつもりで枯枝をぽんと折ると、向こうの森でもぽんと音がした。驚いてあっといったら、またあっと答える。肝をつぶして逃げ帰る途中に、木の株に腰かけて煙草の火を切り、その音があまり高かったので、思わぬことしたというと、また化物のほうでも思わぬことしたとまねした。それから後は何の怪もなくて、無事に帰り着いたなどという話もある。『続々鳩翁道話』巻二下には、飛騨の山中で檜の長へぎを作る細工人《さいくにん》がひとり働いているところへ、背の高い山臥《やまぶし》が不意に現れて、なんでもかでもこちらの思うことを言い当てる。それに恐れてわくわくしている際に、へぎ板の端がはねて相手の鼻柱を打つと、おのれは気の知れぬ男かなといって逃げ去ったというのがあるが、この類の話はちょうど談義に都合のよいように寓話化しただけであって、その起こりはさらに一昔古いものであったことは、各地の例によって推察しえられるのである。

阿波でも、反響は山男の口まねだといっているそうだが、一方にはやはりこれと同じ話ができている。『阿州奇事雑話』中巻に、三好《みよし》郡の深山で杣《そま》が小屋の中で焚火をしているところへ、夜分に目一つの山父《やまちち》が来て火にあたる。恐ろしいなと思うと、恐ろしいと思っているなといい、殺してやろうかと思うと、殺してやろうと思っているが、汝ごときが手に合う者にあらずという。しかたなしに何事も思うまいとすると、またその思案を言いあてるので弱っていたが、折ふし火にあぶってたわめいていた木の端が、はねかえって山父をはじいたのにびっくりして、なお人間の心のうちは測りがたいと、急いで退散したと記している。近ごろの話では、これを桶屋が仕事をしていると、一眼一脚の山父という怪物が来て思うことを言いあてる。そのうちに輪竹がはねて山父を打ったので、その方は思わぬことをする者じゃ。ここにいるとどんな目にあうかもしれぬといって、逃げ去ったなどというそうである（『郷土研究』二巻三七八頁）。説話をこういうふうに世間話の形にして話すことは、日本特有の一つの話術であった。そうして桶屋はまた近代の説話輸送に、かなり重要な役割を引き受けていた旅人である。

これは前代の農村生活に、非常な人望のあった化物退治譚の、新しい一分派であったということができる。すなわち夜分に山の妖怪がのそりとやってきて、焚火の向こう側に坐りこんだというまでは、「石の餅」その他の多くの例も共通であって、ここにはただ人の心中を探りあてるという一個条のみが、要素として採り用いられているので、偶然かもしれぬが、この話の分布する区域も、ほぼ瓜姫アマノジャクのそれと重なり合っている。『岩手郡昔話』では御明神《おみようじん》村小赤阪の彦太郎なる者、かつて葛根田《かつこんだ》の山奥において箕《み》の輪《わ》曲《ま》げをしていると、山姥が来てああ寒い寒いといって焚火にあたった。このホドアク（炉火）を引っかけてやるべえと思っていると、彦太郎お前はホドアクを俺さ引っ掛けようと思っているなという。この新しい鉈《なた》で切ってやろうかと思うと、また山姥がそれを言いあてる。これは食い殺されるこったと思っていると、それもまた図星をさされる。途法にくれてしまって、黙って箕の輪を曲げて火にあぶっていたところが、その輪に火がついてはじけて、したたかに灰を山姥にふりかけた。これは不覚をしたと叫んで外に飛び出し、笹原にころげ込んでうんうんとうなっていたという点は、白い石を火に焼いて、餅と見せかけて食わせたという話も同じ結末である。これをあるいは桶屋が竹を切りに山にはいってとも、炭焼が炭俵の輪を曲げていたらともいう人があるそうだが（昔話号三五頁）、なお私たちには小赤阪の彦太郎というほうが、話の成り立ちもわかっておもしろく感じられる。ここでも彦という名の親爺は、しばしばこういうとんでもない話の主人公になっている。

おそらくは世間師の桶屋《おけや》と同じく、昔話を自分の経歴のようにまことしやかに話すことによって、彦太郎の名を得た一人の話好きがあったのであろう。

羽後の角館《かくのだて》にも五右衛門という樏造《かんじきつく》りがあって、曲げていた小柴の手を放して、狢《むじな》をはじき殺したという話が伝わっている（『聴耳草紙』一〇五頁）。信州でも北安曇《あづみ》郡の山村に、飛騨とよく似た例が二つある。その一つは、竹取り男と山男の問答（『小谷口碑集』一四七頁）、いま一つは、狸が美しい女に化けて炭焼の小屋に現れ、これもかんじきを造るためにあぶっていたジシャの木が、片方の手から離れて、囲炉裏《いろり》の火をはねかけたことになっているが（『郷土誌稿』一巻八九頁）、狸も山男もともに人の意中を洞察しながら、何心なくしたことにはおどかされて、敗亡したというだけはどれも同じで、なるほど後に道話にでもなりそうな、ちょっと考えさせられるおもしろい思い付きではあった。しかもこの話の変化と分布の状態とを見ると、何か都会の心学以外に、これを普及せしめた動機のあったことはほぼ確かで、それを私などは山彦やアマノジャクの、人の言葉に口返しするという経験に出でたものかと想像しているのである。今までこの昔話が採集せられたのは、大体に山に寄った地方が多かった。『甲斐昔話集』には、これをオモイという山中の魔物としるしている。樵夫《きこり》が割っている木のこっぱが飛んで目にあたり、「思う事よりも思わぬことのほうがこわい」と言って、どんどん向こうの山へ逃げていったなどという話があるから、オモイという名前はたぶんそれにもとづいているのである。三河の北設楽《したら》から信州伊那の谷にかけては、これをサトリ男といって山男の一種のように考えていた。これも人間に近よってその心の中をさとるが、時々は人の無心の所行に驚かされて、その方はまことにさとりきれぬことをする奴じゃといって、退散したなどという話がある。信州遠山《とおやま》の程野《ほどの》の助作という狩人の逸話として伝わっているのは、ある時本谷の山にはいって芝生の上に午睡《ひるね》をしていて、高い声で呼ぶ者があるから目をさますと、岩の上に目の赤い大男が、自分をじっと見つめていて、まず第一番にサトリのわっぱという物を投げかけた。そうして腹の内に思うことを次々に言いあてる。いよいよ急場と心得て取っておきの黄金の弾丸を出しかけると、ちゃんとまたその決意を見抜いて、このこと口外するなと言って立ち退いたが、あとには径一尺もある足跡が残っていた。助作臨終の床においてはじめて人に語ったとも伝わっているが（『民族』三巻一四二頁）、おもしろいことにはその「サトリのわっぱ」というのが、みずから跳ねて山人の鼻をはじいたという、檜《ひのき》の長へぎのことであったらしいのである。すなわち昔話は山村を行きめぐって、次々にその形を変化させたけれども、なお当初の要点であったものは残っていた。すなわちこんな偶然の出来事に待つよりほか、他にはこれを追い払う手段もないくらいに、人をからかいにくる奥山の怪物が、よくよく始末の悪いものと考えられていたので、これもおそらくは多くの昔話と同様に、まだ人間のいっこうに幼かったころの印象が、子供を通じて永く保存せられていた結果かと私は思う。

われわれの国語においては、樹精山魈《じゅせいさんしょう》に対比すべきコダマまたはヤマヒコが、今なお反響の意味に用いられている。かれらは必ずしも頻々とその姿を現さず、まず遠くから人間の耳に向かって挑戦していたのである。これを単純なる自然の現象なりと、解し知るまでの間のわれわれの感覚は、ただ小児のみがまだこれを記憶している。あるいはこの山彦に対する黄昏《たそがれ》の不安を、かのサトリ男やヤマンボの話とは、別のことであるように思う人があるかもしれぬが、二つの点に注意するとその誤りはやがて解ける。その一つは前代人の生活に内外の差が少なく、われわれは常に高声に物を考えていたこと、二つにはいわゆる口合戦のはじまりが、たいていは物まねを武器としていたことである。敵を制せんとするののしりや笑い声が敵にあざけられ、ないしは退いてわが心に語ろうとするひとり言がまねられると、成人でも多くは怒り、子供はしまいには泣き出す者もある。中世の軍記などを見ると、実際にもこの武器がよく用いられていた。少なくとも相手がわが力をたのみ、こちらを軽んじて闘争を辞せざることを表示していた。心の弱い者がそれを敵飛行機の尾羽の音を聞くように、恐れおののいたのは当然のことであった。それゆえにこの山郷の昔話の一つが、最初山の魔物の際限もない口返しにはじまり、次には内心の弱味を見すかされることになって、末は無言のうちに起こった外部の事実によって、かろうじて危地を脱したというふうに話されていたのも、いたって自然なる空想の展開であるとともに、一方にはまた他のすべての妖怪退治譚の成長してきた順序とも合致している。怖畏を基調とした昔話の宇宙観が、後に壮快なる勝利の民間文芸と化するまでには、その中間に身の毛のよだつような逃竄《とうざん》説話という一つの過程があった。あるいは僥倖であり、身に付いた幸運であり、ないしは神仏の冥助、個人の智巧というように、難を免れ仇を制する条件は、時とともにその数を増加し、人はその間においておいおいと正しい法則を発見して、幼い幻覚は逐次に笑いの領分に押しやられたが、なお昔話のごとく信ずべからざるものを楽しむ社会では、かつてわれわれの一たび経過した境涯が、淡い痕跡となってしばらくは保存せられているのである。

山父・山姥の信仰は土地と時代によって、かなり著しい変化があるけれども、その起原の至って古いものであることだけは、記録の上にもいくつかの徴証がある。そうするとこれが誘因の一つであったサトリ男の説話なども、また決して新しいものでなかったということは、想像してさしつかえがないようである。ただし中部日本のやや広い地域にわたって、その山彦をヤマノジャク、あるいはアマノジャクという方言があり、一方にはまた瓜子姫の昔話において、山姥とアマノジャクが交互に代用せられているという事実によって、これをも初期以来の山の神怪を代表するもののごとく見ようとすることは早計に失する。私などの考えているところでは、アマノジャクの由来の年久しいものであるか否かは、また一つの新しい問題であって、しかもこれが相応に古いものだという証拠は、別にこれを提供することができる。九州ではいずれの土地に行っても、今なおはっきりとアマンシャグメと呼んでいる。かりに内容と定義が時代につれて推し移ったにしても、少なくともその名称は神代史の天之探女《あまのさぐめ》を受けついだものということだけはまず確かである。ところがその天之探女の何物であるかが、きわめてうろんであったのも昨今のことではなかった。『日本書紀』の一書にはこれを国神《くにつかみ》と記しているのに、『倭名鈔』はすでに鬼魅類に編入している。後世の諸註にも、あるいはこれに従神といい、または天稚彦《あめわかひこ》の侍女であったと解しているが、はたして『万葉』の歌にあるごとく、石船《いわふね》に乗って天降《あまくだ》った神ならば、国神であったはずはないので、つまりは今あるわずかな記録ばかりでは、どうしてもその本体を突き留める途がなかったのである。こういう場合にこそは、民間の伝承が役に立つ。ひとり瓜子姫の忌機殿《いみはたどの》を襲うて、昔話の平和幸福を攪乱《こうらん》しようとしたというだけでなく、大よそ現存の口碑において、アマノジャクの持たされた役割はきまっている。それを集めていねいに積み重ねてみたならば、ひとりでに問題は解けることと思うが、まず気がつくのは人間の望むところ、そうしてまた神々のおぼしめしにかなわぬことばかりをするのが彼であった。かつては茎一面に付いていた五穀の実を、しごいて穂先だけにちょっぴりと残したのも、田畠には雑草の種、野山には人の困る茨《いばら》の種をまいてあるいたのも彼であった。その茨の種のまき残りがまだ多かったのを、一度にふり散らしていったという土地に、今でも茨ばかり茂ったところがあり、大豆だけは手が痛くてしごききれなかったために、今でももとのとおり下の方にも実がなるという話もある。それだからアマノジャクは百姓こうしん》さんが、九州の方では毘沙門天《びしゃもんてん》の譬であるといって、東国ではまた路のかたわらの庚申《こうしん》さんが、足の下に踏み付けておられるみにくい石の像を、彼だと思っている者は多いのである。これはもちろん大昔以来の言い伝えのままではないであろうが、何かもとづくところがなかったら、話がこういうふうに展開していくことは、おそらくはむつかしかった。

そのアマノジャクの特色ともいうべきものを、私は三つほども指点することができる。一つには彼の所行というものが、いつの場合にもぶちこわしであり、または文字どおりの邪魔であって、いまだかつてシテの役にまわったことはなく、相手なしには何事をも企てていないことである。次には彼の存在がただ興味ある語りごとの中にのみ伝わっていることと、それからもう一つはその事蹟が、にくらしいとは言いながらも、常に幾分の滑稽を帯びていたことである。近世言いはじめたものでは貧乏神などが似た例ではあるが、これは明らかにわれわれの考えている神というものから遠いのみならず、妖怪鬼魅としてもまた決して純なものではなかった。最初この名の人に知られた際には、あるいはもう少しまじめに恐ろしく、または謹慎して仕えなければならぬ霊であったろう、という想像は成り立つかもしらぬが、少なくとも記録の保存せらるるかぎりでは、天之探女は単なる説話の上の仮設敵であった。以前の神態《かみわざ》が特にそういう人物を作り設けて、語りごとの印象を深からしめたもの、すなわちまた一種の「隣の爺」であったらしいのである。諸国に数多く残っている一夜工事の伝説に、神が鶏の声をまねて鬼の計画を中止せしめられたというのがあるかと思うと、また一方にはそれと反対に、神や偉人の世に幸いせんとする企てを、アマノジャクがあざむいてさまたげたということにもなっているのは、かなり有力な暗示のように私には受け取れる。佐渡では役《えん》の行者《ぎょうじゃ》と飛騨《ひだ》の匠《たくみ》とが、その一夜の工事を競争していた際に、やはりアマノジャクの鶏の声にだまされて、行者は国府《こくふ》川を鍬《くわ》の柄《え》三たけ掘り残し、匠は薬師堂の戸を一枚作り残して中止してしまったといっている。越後では石地の羅石明神が、その佐渡の島へ岩橋をかけようとして、これも眷属《けんぞく》のアマノジャク、一名を山彦というなまけ者が、鶏の鳴くまねをしたのにあざむかれて、未完成のままに姿を隠されたといっている。紀州の南志野《みなみしの》の松尾池なども、行基菩薩が一夜のうちに掘り上げようとしたのを、アマノジャクが碾臼《ひきうす》の音をまねしたばかりに、もう夜が明けたのかと思って、その仕事を断念して立ち退いてしまった。それゆえに今も「志野の粉はたき」といって、臼を使って粉をひくと村の人に祟りがあると伝えられた。これらはいずれも伝説の目的物がまずあって、これを説明するために人のにくむアマノジャクが、ひっぱってこられたものとしか考えられない。そうすると、かの難波高津の石船の歌なども、間接にはここにおもしろい一つの伝説が、かつてはあったということを想像させるし、さらに進んでは記紀のともに採録した天稚彦の物語のごときも、あのころはやすでに口遊《くちずさ》みとして流伝していたということを推測せしめるので、つまり人生の理想の幸福なためには、アマノジャクなどはいないほうがよかったのだが、退いてこの現実の不如意を甘ない、また楽しもうとするには、彼もまた欠くべからざるたいせつな役者であったのである。

瓜子姫説話のアマノジャクが、ある時は飛んで井の上の木にとまって鳴き、またある時は尻尾を機台の下へだらりと垂らしていたというのみか、土地によってはそれが山姥とも狼ともなっているかと思うと、また一方には隣の家の意地わる娘といったところがあるなど、他の話の大筋が全国を一貫しているに対して、特にこの部分だけがいくらでも変化してきたのは、意味のあることでなければならぬ。個々の語り手の自由なる空想は、信じない者の聞くことを許さなかった前代の説話においても、なおある点に限ってははやくから容認せられ、どうせ乱暴であり、世法の無視であったアマノジャクの出処進退のごときは、またちょうど勝手にこれを説きたてて、大衆の印象を新たにするに適していたものかと私は思う。灰蒔き、花咲かせ、屁ひり爺等の、まねをしそこなって尻を切られる役がこれと似ている。それからいま一つは親に不孝な鳥の話、親が山へというと必ず川へ行くので、わざと墓場を川原に作れと言うて死ぬと、それただ一つだけは言うことを聞いた。その子が鳥になって雨降るたびに、水が出て墓が流れはせぬかと心配して鳴くというのだが、話の有名なわりにその鳥だけが国々で違っている。たとえば能登では鳩、私の故郷では鳶《とび》、またはこれを梟《ふくろう》といっている土地もあるばかりか（『南方随筆』三三九頁）、加賀と上総《かずさ》と九州以南の村里では、それを雨蛙の前生譚《ぜんしょうたん》として伝えているのである。越後の西蒲原《にしかんばら》でも雨蛙をアマンギャクというが、ギャクは鳴き声から出た言葉だろうと解せられて、どうやらこの話はもう絶えているように見える。しかし九州では広く雨蛙をアマガクといい、上総の夷隅《いすみ》郡なども雨蛙をアマンジャという方言があって、いずれも親不孝が墓を水辺に作った話をともなうているのを見ると、たぶんは両者語音の近いのがもとで、しだいにこう変わってきたのも新しいことでなかった。しからばそれを鳶・鳩・梟などの逸話としたのは、さらに第二次の改造であったかというと、私は必ずしもそうは思っていない。全体に周囲の生物の特徴に注意して、これを興深く説明しようとしたのが、最も古風なる平民の文芸であった。ことに鳥類の説話は日本でははやっている。だからこれなども主人公の名前とは関係なしに、別に一種の「なぜ話」として発達したので、つまりはわれわれの天之探女譚が、本来非常に成長しやすい伝承であったことを意味するまでであったのかと思う。『豊後伝説集』を見ると、九州のアマガク話がもし最初から雨蛙であったならば、発生しえなかった伝説が残っている。高田の町では不孝なる娘が、たった一度だけ母の言うことを聞いて、墓を川の中に作って大水で流してしまった。それからある日八幡様へ参る道で、天から降ってきた石のために押しつぶされて、死んで自分も石に化したといって、鳥居のかたわらなる石灯籠の下に、あたかも子供が押されたような形をした平たい石が今もあるということである。これが毘沙門《びしゃもん》や青面金剛《しょうめんこんごう》の、足下に踏まえてござるアマノジャクと、同じ系統の口碑であることはいうまでもあるまい。私はただこれほどまで変化してきた上代の天之探女が、なお依然として女性の要件を失わずにいたことを、驚きまた注意せずにはいられないのである。

黄金の瓜

(一)むかしある殿様の奥方が、あやまっておならをなされた。殿様はたいへん怒って、その奥方をうつろ舟という箱の舟の中へ入れて海に流された。流れ流れてそのうつろ舟はある島に流れつく。島の漁師が見つけて開けてみると、美しいお姫様がおられるので、家へ連れて帰って親切に世話をした。そのうちにお姫様は男の子を生む。その子が大きくなってから、茄子《なす》の苗を持って殿様の御殿へ売りにいく。それは何茄子かと殿様がお尋ねなさると、これは屁《へ》をひらぬ女の作った苗ですと子供が答える。それを聞いて殿様は、おならをせぬ女があるものかというと、そこで子供が、それではなぜに私のお母さんは、屁をひったくらいでうつろ舟で流されましたかといった。殿様ははっと昔のことを思いあたって深く後悔し、母子二人を城の中へ呼びもどすことにした(『壱岐島昔話』昔話号八三頁)。

(二)むかし殿様の奥方がお客の前で、どうしたはずみでかおならをした。殿様は腹を立てて、独木舟《まるき》にその奥方を入れて海に流した。泣きながらだんだん流されていくうちに、舟はある島に流れつく。浜を通りかかった尼様が助けて自分の寺に連れていって世話をしているうちに、玉のような男の子が生まれる。その子が十歳になって、母からこの話をきいて、独木舟《まるき》に乗って殿様の国に行って、山から椿の木を一本掘ってきて、「金のなる木や―」と殿様の屋敷近くをふれてあるいた。殿様がそれを呼びとめて買ってみると、ただの椿の木だから、どうしてこれに金がなるかと尋ねる。おならをせぬ人が植えるならばお金がなりますとその子が答える。馬鹿者め、世の中に屁をひらぬ者があるかとしかられて、その子は涙を流し、そんならなぜにお母様は流されましたかと言った。それを聞いて驚いて殿様はその子の顔を見ると、昔の奥方によく似ていた。すぐに家来をやって島に船橋をかけ、奥方を呼びもどした。そうして今までの島の子供は、たちまち若殿様になって親に孝行をした（豊後南海部郡童話、『日本神話伝説の研究』四〇六頁）。

（三）これと非常によく似た昔話が朝鮮にもあった。昔ある花嫁が新枕の夜、屁をしたために、聟は縁を切って再びおとずれなかった。その花嫁が身持ちになって、玉の男の子を生んでその名を無心出とつける。無心出は大きくなって通学をするようになったが、友だちがあなどりあざけるので、不審して母に問い、仔細に父に見捨てられたわけを語って聞かされた。そこで外に出て一升の瓜の種を買い、それを携えて父親の家に行き、朝植えて夕に食べられる瓜の種を買うてくれといった。父親が出てきて、それは本当かと聞くと、本当だ、しかし屁を出さぬ人が植えなくては、私の言うとおりにはできぬと答えた。どこに屁をひらぬ人があるものかと主人がいう。そんならなぜにあなたは私の母様を、婚礼の晩に捨てなされたかといったので、主人ははじめて心づいて少年に一部始終を尋ね、わが子だとわかったからただちにその離縁した女房を呼び迎えた（清水兵三君訳、右同書四〇八頁、ただし出処をつまびらかにせず）。

（四）同じ豊後国でも吉吾噺という笑話群の中に、主人公の吉吾が「金のなる木はいりませんか」といって、ただの椿の木を売りにいった話がある。主人との問答はまったく（二）と同じで、それでやりこめて屁ゆえに離縁した花嫁を呼びもどさせたといい、おまけにその嫁が客来の席で屁をひったから怒って追い出したというのだから、いよいよもって前の話の転用であることは明らかである。ただしその奇抜なかけひきをした者が、十歳の童児ではなくては感動はないのだが、大体に笑話はみなかくのごとく、一部の興味に走ってゆくのが常であった（中田千畝君集、『旅と伝説』一巻四号）。

（五）ところが一方には遠く奥州の岩手山の麓に、これがまだ幾分か信じやすい伝説の形で保存せられていたのである。むかしこの土地には野菊井戸というのが、その野菊の化粧の水であった。そこで面を洗えば、今でもええおなごになるといっている。故老の記憶してい雫《しずく》石《いし》の殿様のオキサキに上がった。雫石の村では野菊という美人があって、二度まで雫石の殿様のオキサキに上がった。そこで面を洗えば、今でもええおなごになるといっている。故老の記憶していた話に、この野菊というのはどこにもないというくらいのよい女で、雫石の殿様手塚左衛門尉という人のオキサキに上がった。ある日殿様の前で少し粗相なことをしたために、おとがめを受けて暇を出されて、この井戸の脇に住んでいた。何年かの後に殿様は鷹狩りの帰りに、雫石の町で不思議な童子が、黄金《こがね》のなるふくべの種と、ふれてあるいているのに出会った。本当に黄金がなるかときくと、黄金は本当になるが、屁をせぬ人がまかねばならぬと答えた。屁をしない人があるものかと殿様がいうと、それならなぜに私の母ばかり、おとがめを受けて出されましたかといったので、はじめてその少年のわが子であることがわかり、母の野菊とともに再びお城へ上がることになった。今でもこの地方の御祝《ごいわ》いという酒盛歌に、

雫石はめいしょうどこ
野菊の花は二度ひらく

という章句があるのは、この時からはじまったものであるという（田中喜多美君、『民族』一巻二号）。

（六）右の伝説の主要部が、もとはこの地方でも流行の説話であったことは証拠がある。しかも今日行なわれている昔話は、はやまた少しばかり変化している様子で、現に隣の紫波郡では、これを黄金のなる吹花といっている。むかし殿様の奥方が同じ理由によって追い出され、里方に帰って男児を生んだ。その子がわけを聞いてから一心に学問をする。そうしてある日、いろいろの色紙を買ってきて、きれいな花を吹いて殿の御殿に行き、黄金のなる吹花を売ろうと呼んだ。これも殿様がおかしなことをいうと思って念を押すと、はい屁をひらない人が手に持てば、必ずこの花に黄金がなりますと答えた。殿様は笑って、そんな道理の人間に屁をひらぬ者もあるまいという。しからばどうして私の母親ばかり、そんな道理の

ないお咎めをこうむったかというので、いかにももっともなことであり、それでまたわが子であることを知って、ちょうど世継ぎがないのですぐに母子を召し出して、跡目に直したということになっている（『紫波郡昔話』一七五頁）。

（七）最後になお一つ、これは沖縄で昔あった史実として伝えられたものであるが、それをほぼ記録のままにここに引用してみると、久高《くだか》の島の外間根人《ほかまねびと》の二女思樽《おもいだる》、巫女となって禁中に召され、容色佳麗なるがゆえに内宮に入って王夫人となる。諸妾嫉忌してあえて語を交えず、たまたま思樽が王の御前において誤って放屁したのを知って、相集まって常に笑い事にしたので、懐胎の身ながら王宮にもおりがたく、暇を告げて島に帰ってきた。すでに産月《うみづき》に臨んで意《こころ》に思えらく、これは聖王の胤《たね》なればけがれたる処に産むは恐れありと、別に一座を設けてそこに一男を降誕し、名づけて思金松兼といった。長成すること七歳、しばしば母に向かって父は何人ぞと問うので、包む能わずして事の由を語り、汝は海島に生まれて衣服容貌も京師に像《に》ざれば、たとえ天顔を拝せんと願うとも、志を遂ぐる能わじと告げたれば、思金松兼はこれを聞き終わって、すなわち伊敷泊《いしきとまり》という浜に出て、東方に仰ぎ向こうて深く祈誓をこむること七日であった。その七日目の明け方にあたって、黄金の一物あって大なる光輝を発し、波のまにまに浮かびきたる。衣の袖をのべてこれを撈《すく》えばそれは黄金の瓜であった。そこで大歓喜してその瓜をふところに収め、ただちに母に告げて都に上り、禁城の門に立って謁を乞うた。役人らは彼が髪赤く衣粗なるを見て、怪しみかつ制したけれども、思金松兼はなんのはばかるところなく威儀蕩々として、進み入り、ついに御前に召し出されて懐の瓜を取り出して献上した。いわくこの瓜は国家の至宝、世界稀有《けう》の物なり。けだし天甘雨を降らし、肥土すでに湿おうの時、特にいまだ屁を放たざる女をしてこの種を播かしめたまわば、すなわち蕃衍茂盛して実を結ぶことはなはだおびただしからんと。王聞いて大いに笑いたまい、人のこの世に生まるる誰か屁を放たざらんやとありければ、思金松兼はその言葉に付いて、人屁を放つあるもなんの咎《とが》かあるべきと奏上した。王はその語によって心を動かされ、さらに内院に呼び入れてつぶさに事の由をたずね、はじめて母と子の生い立ちを聞こしめされた。東海の小島の外夷孩童、このまま宮中に留めんもいかがなり、しばらく帰って時節を待つべしとあって、いったん久高の家にもどっていたが、後に国王に世子なきによって、封じて世子となし、王の位をつぐことになった。それよりして代々の聖主、二年ごとに一度、この久高の島に御幸あり、かつ年に一次は外間の根人および祝女、御仲門より進み入ってうやうやしく魚類数品を献ずれば、祝女は内院に召し入れられて宴を賜い、かつ葉茶・葉煙草を授けらる。根人にも御玉貫一双を下し賜わるが例となっていた。康熙《こうき》庚子の年よりその献物を裁し去るとあれば、すなわち西洋の十八世紀初めまでに、すでにこういう言い伝えが生まれていたのであった（『遺老説伝』巻二、原漢文）。

以上七つの話が本来は一個の説話であったことは、まず何びともこれを否むことはできまい。そうしてその変遷のいずれが早く、いずれが後であったかも、そう多分の弁証は必要でなく、したごうてその分布伝播の経路も、おおよそはこれによって跡づけられるかと思う。ただし大正十年春の「朝日新聞」に、私が「久高の屁*」という一文を書いてしまうまでは、別に同様の例が内地にもあることを、実はまだ一つも知らなかったのである。しかも今日になってもなおこの最後の沖縄の一例は、他には見られないいくつかの特色あることを指点しえられる。その一つは、これが文籍に保存せられた、おそらく最古の資料であろうということである。第二には、これを採録した人の心持ちが、少しでもその内容を疑わず、いわゆる正史の欠けたるを補うものとして、できるだけ合理的にこれを解釈せしめようとしていたことである。第三には、少なくとも久高の島人には、これは純然たる伝説であって、説話でなかった。以前この由緒を申し立てて王廷の優遇を受けていた外間根人は、今でも久高の名門であって、その家には思金松兼王子の産殿《うぶどの》を保存するほかに、なお母思樽の白絹の下の袴を什宝として持ち伝えているそうである。

　われわれの問題はかほどまで世に広く行なわれている一個の説話、それも明らかに中世の文飾によって、やや興味新しく改造せられたものが、いかにしてここばかりでは、いとまじめに信じられていたろうかということであるが、それを説明する途はたった一つ、すなわち神話もまたすでに片端は成長するものであって、その成長に参与した外部の力には、たとえば屁の理窟のごとく一時風をなし、広く国内を周流するものがあったということである。他の側面からいうと、久高の小島には、屁の挿話の輸入せられる以前より、これと接合しうるような一種の古伝があって、前者はたまたまある神童の聡明叡智を例示するにふさわしい神話術として、採用せられたにすぎぬのであった。昔話が専門の話者によって、いくらでも作為し転用せられるようになってからも、純朴なる聴衆はなおこれを信受して、実有の歴史のごとく思っていた例は方々にあるが、それには隠れたる根本の誘因があった場合が多いかと思う。久高の場合のごときは、その誘因が隠れてもいない。第四の特徴として列記してよいことは、この民間の貴種を世に現し、再び父の王に逢うてその大業を嗣がしめた因縁は、七日の祈念によって大海から流れ着いたという黄金の瓜であったことで、童児はその瓜の中から生まれたのではないけれども、瓜によってはじめてその夙慧の質を立証することができたのである。われわれの珍重するところの小さ子説話と、瓜との関係は深かった。しかるに多くの府県ではすでにこの点を忘れてしまい、話が流転したと同様に、その瓜もまた茄子《なす》となり、山の椿の木ともなった。ひとり南海珊瑚礁上の若干家族のみが、いつまでも海からただよい寄るものの尊さを記憶していてくれたおかげに、ここにわずかなる連絡が見いだされそうになってきたのである。この系統の説話は、今日のところでは男は桃太郎、女は瓜子姫と立ち別れているようになったが、これも決して定まった固有の形でなかった。あるいはまだどこかの隅に、瓜をうつぼ舟にして遠い国から渡ってきた瓜彦・瓜王丸の昔話が、偶然に残っておらぬものとも限らぬのである。

田螺の長者

一　舌切雀と腰折雀

現在のいわゆるお伽噺が、どれほどまでに昔の面影を保持しているか。多くの開けすぎた国ではそれを知るべき手段がもうないために、いくつもの仮定が常に相戦っていたのである。私はもしかれらの間にも日本のように、比較しうべき眼前の資料が豊富であったならば、はたして説話学なるものが今日の形態をとって、発達したであろうか否かを疑う者である。すでに瓜子姫の例でも明らかになったごとく、この国ばかりでは同じ一つの昔話が、少しずつ姿を変えて隅々にまで分布している。いたってわずかな将来の骨折りをもって、その数を二十にも三十にもすることができる。かりに直接にはどの点が古いかを説明しがたくとも、少なくとも何か新たに加えられた変更であるかを見いだすことは、今ならばまだ決してめんどうではない。そうして都会において筆録せられ、もしくは印刷せられたものが、必ずしも最も純なる形ではなかったことだけは、とにかくにすでに確かめられたのである。そうすればまず国内のさらに古いものを尋ねて、何がいま一つ以前の要素であったかを知って後に、かの外国の学者の区々《まちまち》相いれざる意見を判別し取捨するのが順序ではないか。かれらもし新たにわれわれの多くの資料を聞き知ったならば、その所説はあるいは改訂するところがあろうも知れぬ。少なくとも日本のごとく自身口碑を管理する民族の、直接の理解と感覚とを聞こうとすることは疑いがない。だからわれわれの努力は単なる学問の国産奨励でなく、むしろ進んで将来の輸出を隆盛ならしめんとする準備である。

日本の昔話の中では、ことに「舌切雀」などが外国人に珍しがられるようだが、この昔話のほかに類型の少ないのは、実は近世になるまで口から耳への伝承を主とし、いちじるしい変化がその間に行なわれた結果であった。しかるに世には説話の伝播を信ぜんとするのあまり、かえってわずかに残っている前代の特徴すら、見落とす人の多かったのは不幸である。たとえば『宇治拾遺』に出ている「瓢《ひさご》の米」の話が、朝鮮を通って入ってきたということは、今ではもう確かだといってよかろうが、これとわれわれの「舌切雀」との間には、主人公が雀であるという一点以外、本来はそうたくさんの一致はないのであった。善人の婆の家が富貴となり、隣の欲深婆は難儀をするというだけならば、ほとんど半分以上の昔話に付いてまわっている。これは一方が純然たる動物報恩譚なるに反して、こちらは単に拾って養い育てたということが幸運の機縁となっているので、その点はむしろ「桃太郎」や「瓜子姫」のほうに近いのである。だからもし瓜と桃とが入れ代わったごとく、またヨケナイ童子が肥前島原で黒い犬の話となり、越中の灰まき爺において、桃の中から犬ころが出たというごとく、話の主人公が雀の形をもって現れたことが後年の変化であると仮定すれば、いよいよもって腰折雀の命を助けたという話から、系統を引くものとは言いにくくなるのである。はたして曲亭馬琴《きょくていばきん》以後の註釈家が、桃とか犬とか雀とかいう部分を、古今不変の要素であるかのごとく、取り扱っていたのが正しいかどうか、今度は一つその点を考えてみようと思う。

今ある赤本系＊の「舌切雀」においては、興味の中心はすでに糊を食べて舌を切られたことや、重い葛籠《つづら》を欲ばって損したことなどに移って、話はよほどまたもとの型から遠くなっている。童話の改造は一般にかなり自由なもので、そのためにかつてたいせつな箇条であったものが、陰のほうへ押しやられる場合はしばしばあったろうが、それがもし痕形もなく消えてしまっていたならば、同じ話で通用しえたはずがない。尋ねたら必ずどこかの隅に、少なくとも中間の階段のものが残っていなければならぬ。ところが今日までの採集だけでは、腰折雀との連絡はまだいっこうにつかぬのみならず、むしろ反対にわれわれの「桃太郎」のほうへ、少しずつ近くなってゆこうとする傾向がうかがわれるのである。以前喜田博士が報ぜられた徳島県那賀郡の例で（『郷土研究』一巻五号）、桃の代わりに瓜が流れてきて、中から雀が出てその雀が後に舌切雀になるという話などは、あるいは近世のことを好む者が、わざと継ぎ合わせたものかとも想像せられているが、そうでなかった証拠がおいおいに出てきたのである。ひとり桃の中から犬ころという一例にとどまらず、近ごろ刊行せられた『津軽口碑集』の中にも東津軽郡野内《のない》村の例として「尾っぱ剪雀」の一話が採録られている。

昔々婆が川へ洗い物に行くと、鳥籠が流れてきた。きたない籠はあちへ行け、きれいな籠はこちへこいというとその言葉の通りになった。婆は大喜びでその籠を携えて帰り、爺様爺様きれいな娘子を一人拾ってきた。ああそうか、娘ならこの糊をすらせろと、その雀に糊をすらせると、腹がへっているので、ちゅんと鳴いては一口、ちゅんと鳴いてはまた一口と、その糊をみな食ってしまった。爺は怒ってすりこ木で雀の頭を打ち、尾羽を切って追い出したのを、婆が跡から尋ねていって、途中で臼彫りと萱刈りに、おれが雀を見なかったかと聞く条がある。そうして雀の処へ行ってみると、金《かね》の臼に金の杵で、ぽっきりぽっきりと米をついていた。娘や娘や今迎えにきたどというと、婆やよく来たと喜んで、金の膳、金の箸、金の椀で飯を食べさせ、後からついてきた爺には、猫の椀で飯を食わせた云々

とあって、それから軽いと重いの二つの葛籠《つづら》になるのである。これについてなお考えてみるのに、舌切りももとはこの尾羽切りと同じく、せっかく授かった雀を冷遇したということを意味するのであろうが、いくら子供の話としても、それはあまりに不自然な空想であって、何かもとづくところがなければ突如として思い付かれそうにもない。たぶんは糊を食べたという部分がまず高調せられて、それから尾を切るよりも舌を切ったというほうに、

話すことが似つかわしくなったのであろう。かりにこの想像があたっているとすれば、これも「桃太郎」の黍団子と同じく、異常誕生譚の男性のものに、古くから付随していた食物の一挿話の変化であったとも見られるのである。

それからなお一つ、これも後人の技巧になるかのごとく、一応は誤解せられそうな「猿蟹合戦」の変わった型があって、やはり雀が参与している。以前佐々木君の採録した陸中の『老媼《ろうおう》夜譚』に、次のような昔話が見えていて、その類例はまだほかでは発見せられない。

一羽の雀が竹藪に巣をかけて卵を生んだ処へ、山母《やまはは》がやってきて、雀々、その卵を一つくれという。雀は恐ろしさに卵を与えると、もう一つもう一つといってみな取ったあげく、親鳥までも食ってしまった。その時たった一つだけ藪の中に落ちてかえった卵が、後に大きくなって仇討を企てる。彼方の稲架から稲穂を取り、此方の稲架から稲穂を取って、それを集めて団子をこしらえて、それを背に負うて米の団子の本団子とふれてあるく。向こうから栃《とち》の実がころがってきて、雀の息子どのどこへ行く。おれは親の讐《かたき》を討ちに行く。そんならその団子を一つくれ、助太刀をしようといって、団子をもらって跡についてきた。次に針と蟹と牛糞と臼とがやってきて、順々に同じ問答をして味方になる。山母の家に行ってみると留守であったので、これも猿蟹の合戦と同じく、手分けをして隠れている。そこへ日の暮れ方に山母がもどってきて、炉《ひほど》に踏みまたがれば栃の実がはね、筵《むしろ》に尻餅をつけば針が刺し、水桶にはいると蟹がはさみ、走って逃げようとして牛の糞にすべったところへ、上から臼が落ちかかって首尾よく仇討をしたというのである。

山姥退治の最も普通な近世の型としては、牛方または馬方が山姥の留守宅に走り込み、いろいろとからかって後に報復をしたことになっているが、興味はもっぱら征服の痛快さに集中して、山姥害悪の発端がつまびらかにせられていない。私の仮定では牛方または馬方がある時代の主たる伝承者であったために、このようにかれらをその説話の主人公にしてしまって、最初のいたいけな被害者の物語を、押しのけることになったので、今にまたこの「雀の仇討」以上に、これと「瓜子姫」との中間に立つ話が、現れてくることもあるだろうと思っている。何にもせよ雀が人のような智恵と感情をもち、人と同じき事業を完成したという昔話は、人も雀も魂は一つだということを思っていた者ならば信じえたのである。それを信ぜずともおもしろければ話だということになって、後にかえっていろいろの誇張が行なわれるようになった。すなわち蟹は蟹、猿は猿、雀は雀とそれぞれの管轄をわかつ以前には、もう少し昔の語り伝えが混融して、神の子が必ずしも常に一定の動物の形を借りて現れなければならぬということが、期待せられなかった時代もあったらしいのである。

これがある種の動物に関しては、もはや疑いの余地もなくなったことは、私が次節以下に説明せんとするところであるが、ただ雀においては材料がまだ足らず、またあまりにも奇抜なる発見であるがために、人は容易に「桃太郎」と「舌切雀」との、根源の一つなることを認めぬかもしれぬ。しかし卵の中から英雄の出てきた点だけならば、すでに多くの民族に類例があるのみならず、日本でも美濃の養老山、出羽の鳥海山その他の縁起として、祖神が鳥によって運ばれたことを説くものが少なくない。文学の『竹取物語』を生成せしめた一話なども、同じくまた鶯が少女と化して、時の帝の皇女に召されたと伝うるものもあった（謡曲「富士山」）。スズメという語も本来は今の家雀のみでなく、広く小鳥の総体の名であったらしく、かつわが国の卵生説話には、しばしば小さ子神の驚くべき成長を説くものがあったのである。竹の林のたった一つの卵から、山姥を征伐するほどの英雄が出たということが、かつては「桃太郎」の「瓜子姫」と対立するごとく、富士の鶯姫とならび行なわれたこの説話の要素であったかもしれない。もちろん「瓢の米」の報恩譚の輸入によって、感化を受けたとまでは言いうるであろう。しかし少なくとも同一系統のものだという『燕石襍志《えんせきざつし》』流の解釈には根拠がない。

二　蛙の王子と蛇の王子

第一にわれわれの「舌切雀」が、はたして最初から雀であったろうか否かが、まだ決定せられてはいないのである。日本の昔話の若く美しい主人公も、土地によっていろいろの動物の形を借りて出現していた。それを一々に別の話だと見てしまうと、末にはかえって分類によって比較の利益を破壊すべきことは、たとえばアマノジャクと山母との相異をもって、瓜子姫の説話を二種に見ようとすると同じで、それではせっかく集められた解説の手がかりを、最初から捨てることになるのである。私の計画はできるだけ意見をさしひかえ、単に経験ばかりを取り次ぐようにしたいのだが、おりおりついめんどうな理窟をいうことになって申しわけがない。しかし今度は事柄が明白だから、大体実例ばかりを並べておいて用はすむと思う。最初に引用するのは鹿児島県大島の一例、これも『旅と伝説』(一巻七号)に、茂野幽考君が報告したものであるが、この「申し子」は蛙の形をもって現れている。

昔々爺と婆、四十年も子がないので山の神に願掛けをする。婆さんの膝頭がむくむくとふくれてきたのを、爺さんがたたくと蛙の子がぴょんと生まれた。私は神様から授けられた子だと名乗ったが、何でもよいからと願を掛けたのだから、これもしかたがないと思って大事に育てようとする。ところが蛙の子はさっそく二親に向かって、これから嫁をもらいにいくから餅をついてくれといって、その餅を袋に入れてもらって背に負うて村々を飛びあるく。ある村で村一番の長者の家を尋ね、書院の仏壇に上っていた。そうして香を焼きに来た主人に、おれは神様の子だと告げた。それからその長者に三人の娘があることを聞いて、餅の袋を預けてその晩はこの家に一泊した。この袋にはたいせつな神様の品がはいっている。一つでもなくすればこの家の一番大事なものをもらうぞといった。そうして夜がふけてから、そっとその餅袋を持ち出して、三人の中の末の娘の口にその餅を押し込んでおいて寝た。夜が明けて餅が一つ紛失していると騒ぎ立てたが、それが末の娘の口にはいっていたから、とうとう約束どおりもらっていくことになった。家では爺さん婆さんが喜んで嫁を迎え、祝言をさせるために村の人たちを招いた。そこでまず風呂をわかして、はじめに花嫁を入れて、次に蛙の子がどぶんと飛び込むと、たちまち蛙の姿は改まって、りっぱな若者になった。今に蛙が座敷へ飛び出すものと思っていた村の人は、見たこともないような神々しい若者が、式服を着て現われたのでびっくりしてしまった。

この蛙の変身ということが、花嫁のまず入浴したのと関係のあるらしきことは、次の一例を見ても想像しえられる。ただしこの話のほうでは小さ子は蛇であり、話は北端の奥州に行なわれているものであった。『紫波《しわ》郡昔話』の第七十五篇にいわく、

畑に働いていた父《とと》と母《かか》が、夕方帰りがけに笠を取りにゆくと、笠の中に小蛇がわだかまっていて、なんぼ追ってもすぐに来てはいる。夫婦は子がないから連れてもどって鉢に入れて飼っておくと、すぐに大きくなるから今度は盥に入れ、それでも入れておかれないので、その次は馬の飼葉桶《かいばおけ》に入れて養っていた。その蛇がある時父母に向か

って、これから長者どんに行って娘を一人嫁にもらってくるといって出かけた。長者どんではちょうど夕飯を食べていると、門にお頼み申すという声がするので、三人の娘が順に出てみたが誰も見えない。四度目に主人が声を聞きつけて出ると、大きな蛇がいて娘を一人くれろ、くれないならこの家を巻きこわすといった。それを三人の娘に相談してみたが、姉と仲とは怒って承知せず、末の娘だけがおとなしく承知をした。それで町へ行っていろいろの衣裳を買いととのえ、それを持たせて蛇の処へ嫁にやると、蛇は喜んで娘を背に載せて家に帰ってきた。父と母とが畑に出ている留守に、蛇は花嫁に向かってこう言った。おれはこの藁打ち石の上に登って寝ているから、お前はこの藁打ち槌で肝の所をたたいてくれと言った。嫁は言われたとおりに大槌で打つと、肝がばちんとはねて向こうの隅に行ってりっぱな美男となった。そうして二人は大喜びで、抱き合って炉にあたっているところへ、父母は帰ってきて、これはどこの和子《わこ》様だと聞いた。蛇の息子がこうなったと知って、急いで長者どんにも知らせて、めでたく婚礼の式をあげる。姉仲二人の娘は恥かしがってどこへか行ってしまった。

この話を前の蛙の聟入りの話と比べて、抜けている部分をちょうど補塡するような例が、同じ紫波郡の昔話集にまた一つある。これは最初から蛙でも蛇でもなかったが、やはり申し子であり、かつ異常に小さかった。

子のない夫婦、薬師様に立願をしてお堂にこもっていると、夢に薬師様が現われて、お前たち二人に授ける子は、葦の根尋ねても茅《ち》の根尋ねてもないのだが、あまりふびんだから一人授けてやろう。脛《すね》に孕む子だから大事に育てよと仰せられた。はたして女房の脛がだんだんにふくれ、臨月にそこから小指ほどの子が生まれた。夫婦は大いに喜んで、これをスネコタンパコと名づけて大切に育てていたが、十五、六歳になるまで大きさはもとのままであった。それがある日母親に向かって、おれは長者どんのうば子様を嫁にもらってくるから、米を一ぱいくれろと言った。なんで長者どんが妹娘などをくれようぞと思ったが、大事なスネコタンパコの言うことだから、望みの通り米を袋に入れて与えると、それを持って隣の長者どんの玄関に立って、お頼み申すと案内を求めた。長者の家では出てみたが誰もおらぬ。たびたび声がするので気をつけて見ると、下駄の下から隣のスネコタンパコが出てきた。今夜は泊めてくれというから、庭の隅に寝かせようとしたが、ひいひいと泣いて妹子《うばこ》様の側に寝たいという。しかたがないので、夜着の袖の中に入れて寝させると、夜中に袋の米をにたにたとかんで、それをうば子様の口に塗っておいて、大きな声で泣き立てた。おれが乞食《ほいとこ》をしてもらってきた米を、うば子様に食われてしまったといった。うば子はそんなことは知らぬというけれども、みなが承知しない。夜寝ていてこんな者の米を、盗んでかむような娘は、この家には置かれぬ。スネコタンパコにやるから、連れてゆくがよいと長者どんは言う。そうして二人でもどってきて、とうとう長者の末娘は、人でなしのスネコタンパコの嫁になった。

その小さ子が不意に大きくなり、また富貴になったという部分は、もうこの話からは脱落しているが、これと奄美《あまみ》大島の蛙の子の話と、筋が同じであったことだけは、疑うわけにはいかない。大島の風習では餅の袋が、妻を求める者の結納《ゆいのう》であったという報告は、信用してよかろうと思う。男女の契りに相饗《あいにえ》する晴れの食物は、昔も今も餅を用いるのが例であったからである。そうすると一方奥州の小さ子の袋の米というのも、本来は新夫婦がともにかむべきもので、それを行儀が悪いから追い出したというふうに語るのは、後の変化とも見られぬことはない。

それからいま一点、長者の家の門口に案内を乞う声があって、出てみたら姿が見えなかったという個条が、前の蛇の息子の話にも共通していること、これも偶然の一致ではなかったようである。鉢から盥《たらい》に移し、盥から飼葉《かいば》桶《おけ》に移したというほど、急劇に成長した蛇が、目につかなかったというのはおかしいけれども、それはむしろこの紫波郡の二つの説話が、もとは相接近していた証拠であって、たぶんは蛇のほうにも奄美大島の蛙のように、いつまでも小さかったという話し方があったのであろう。スネコタンパコが下駄の歯の陰になって見えなかったというおかしみに至っては、すでに御伽草子の「一寸法師」にも見えていて最も有名な挿話であった。一寸法師は針に麦稈《むぎがら》の柄鞘《つかさや》をこしらえたる太刀をはき、御器《ごき》を舟とし箸《はし》を棹《さお》として、淀川《よどがわ》を鳥羽《とば》の津まで上ってきた。そうして三条の宰相殿を訪れて、やはり足駄の下より物申さんと言うたとあるのである。宰相殿の姫君は年十三歳、容顔すぐれておわします。いかにもして思案をめぐらし、わが女房にせばやと思うて、茶袋の散米《うちまき》をかんで夜ひそかに姫がお口に塗ったという点も同じであった。そんならこの草子を読んだ者が、これを口訳して東北に伝えたかというと、鬼と戦をして打出小槌を巻き上げた点はこれになく、臑から生まれたという点はかれになくして、かえって南島の蛙の話と一致しているのである。かりに御伽草子が奥州の民話を筆録修飾したのではなくとも、少なくとも当時この口碑のすでに都鄙《とひ》に行なわれるものがあって、これはたまたまその一つの形が、筆に残されたにすぎなかったのである。ただし今日の「桃太郎」童話が、故意にその求婚談の部分を省略し、もっぱら鬼が島征伐の無邪気なる武勇のみを説くようになると、これと他のいろいろの申し子説話との関係は、どうしても不明になりがちであるが、幸いに御伽《おとぎ》の「一寸法師」が中間にいるので、総括してもとの起こりを考えてみることができる。神に授けられた多くの異常童子が、たちまち成長してすぐに妻もとめに出かけること、そうして美しい花嫁をもらってくることが、時としてはその赫々《かっかく》の功名よりもたいせつに取り扱われていたのは、それが家々の始祖として、また清き血の流れの源頭として、熱心に語り伝えられ、敬虔に記憶せられる必要があったからで、単なる恋愛談の興味のために起こったものではないと思う。餅を背なかに負うて持っていって食わせたといい、あるいは米を袋に携えて夜の床でともにかんだということなども、おそらくはその婚姻の合式確実のものであったことを語るので、したごうて桃太郎の黍団子ないしは舌切雀の糊なども、今は童話化して全然別の目的に用立っているけれども、ことによるとこれもまたかつてこの語りごとの中に、求婚成功の一節があった痕跡であるのかもしれぬのである。

三　小泉小太郎と泉小次郎

神のお授けによって蛇を子にしたという昔話は、蛙よりもずっと広く行なわれていたらしい。近ごろ聞き知った実例の一つは、佐賀県藤津《ふじつ》郡の五町田《ごちょうだ》という村に、すでに伝説の形になって保存せられているものである。

昔この村の喜左衛門谷という地には、喜左衛門という貧しい百姓が住んでいた。夫婦の中に子なきを悲しんで、籾岳の大神に願を掛けたところ、二十一日目の満願の日にお告げがあって、おまえたちにはどうしても子はできない。今日の帰り路に最初に足にさわったものを、拾い上げて子にするがよいとのことであった。それで喜んで帰ってくる途中、第一番に小さな蛇が足にさわった。驚きながらも神の教えだから、連れてもどってたいせつに愛育していると、人間の物を食うために急に大きくなって、四、五年後には一丈四、五尺にもなった。そうして親の後からどこへでも付いていくので、村人も恐ろしがって喜左衛門とはつき合わなくなった。せっかくわが子として今までは育てたけれども、あのとおり村でこわがるから、どこへでも身を隠してくれと夫婦がいうと、大蛇はよく聞き分けて、別れを惜しみつつ出ていった。それからまた十何年もたって、二人は年をとり働く力がなく、いよいよ貧しくなって困っていると、ちょうどそのころ塩田川の水を引いた井手が破損して、何度修繕してもまたくずれ、付近の村里は水が不足で田植えをすることができない。村々の庄屋が心痛して、易者に頼んで占なわせたところが、これは以前人に養われていた大蛇のしわざである。大蛇は養育の恩を返すために村々の人に、少しずつの物を出し合わせて親を養わせようと、望んでいるのだと占なってくれた。蛇を子にしていたのは喜左衛門の家よりほかにはないので、一同相談をして、毎年村々から井手米を集めて、この老人の家にやることにすると、その後は井手もくずれず豊作が続き、喜左衛門の家も富裕になった。今ある井手の神様はその大蛇をまつったもので、今でも毎年秋の彼岸の中日には、村々から鉦浮立《かねふりゆう》をして参拝することになっている（藤井利作君報）。

伝説は通例、昔話の最も主要なる部分だけを保存するものだから、これによってもとの形を推すことはできないが、それでも高山の神に子を祈り、その子は水を統御するの力をそなえていると信ずるのが、この話の骨子であったことだけは想像せられる。かつて石見《いわみ》国の田植唄についても考えてみたことであるが（『民族』二巻八七六頁その他）、われわれの田の神は太陽を父とし、竜女を母として霊山の頂に生まれるというふうに、語り伝えられた例が民間には多い。すなわち主たる穀物の栽培のために、深く水の徳を仰ぐ人民であったゆえに、取り分けて天に近い川上の地を慕い、流れに導かれて人界にくだりくるものを、貴重視したという説話も生まれたらしいのである。だから「桃太郎」の桃や「瓜子姫」の瓜が、こんぶりこんぶりとよい婆さまの前に流れてきたのも、源はもと一つであったろうと私は思っている。大蛇はただその姿と連想とによって、直接に由緒をさとらしむることができたゆえに、わざわざ水に浮かんで出現することを要しなかったまでである。甲州の上九一色《かみくいしき》村、すなわちちょうど竹取の古い物語と、富士の霊山を隔てて裏表になった土地にも、またこういう昔話が残っていた。

昔老いたる夫婦、子なきを憂いて神様に子を祈ると、たちまち婆が身ごもって男の子を生んだ。これを竜吉と名づけて愛育しているうちに、竜吉はおいおい体が長くなって、家には置かれぬので、鳥籠のような物を作ってその中に入れておいた。それでもいよいよ長くなり、後には手足もなくなって、蛇のような形になって、もうどこにも置かれぬので、老夫婦はその箱を山の頂上へ背負い上げ、よくわけを言って聞かせて、また用がある時はここへ来て呼ぶからと言って放すと、竜吉は喜んで走り去った。それから何年かの後に国中にひどい旱魃《かんばつ》があり、雨を降らせた者には褒美をやるという、殿様からのお触れが出た。そこで爺婆は再びその山に登り竜吉を呼ぶと、竜吉は大蛇となって、草木をなびかせつつ飛んできた。雨を降らせてくれぬかというと承知をして、七日の間静かな雨を降らせてくれた。それゆえに二親はお約束の恩賞を受け、こんな片輪の子ながら竜吉は、親を一生安楽に送らせることができた（土橋里木《りき》君、『甲斐《かい》昔話集』）。

話はこういう形をもってまた広く行なわれていたと見えて、『老媼夜譚』の蜘蛛《くも》息子という一例も、だいぶん世話物風に語り改められてはいるが、一部分だけはこの甲州のものと似ている。

貧しい父に一人の娘があった。春のころ山に菜を摘みにいって、美しい若者と心やすくなった。そうして身持になって別れて帰る時に、若者はまことは人間でないと告げて、大きな蜘蛛の形になって山深くはいっていった。驚いてもどって父にその事を話すと、しかたない、しかたない。その物が大事に生んでくれというなら、大事にして生むがよい。決して心配するなと父がいって慰めた。そうして生まれた子は、腰から上は人間であるが、腰から下は蜘蛛《くも》の姿であった。それでも父と娘は約束事だとあきらめて、たいせつに育てていた。その男の子は十四、五になると、祖父様《じいさま》、おれはこんな体に生まれて人に見られたくもないし、また外に出て働くこともできぬから、どうか家の床板に穴を開けてくれ。その中にはいって手仕事でもしたいからというので、ふびんに思って言うとおりに支度をしてやると、息子はその穴から上半身だけ出して、上手に木地《きじ》繰り物の細工をした。はじめは隣近所の子供らに与えて、その親たちから少しずつの米銭を礼にもらうばかりであったが、後にはおいおいと神仏のお姿まで造って、それを世間に広めるようになった。

腰から下だけが蜘蛛の形というのは、想像もできぬことであるが、人間の少女が大蛇と婚姻したという昔話でも、やはり何かの特徴が後裔の者にまで伝わるといっている。そうしてその家は必ずしもこれを恥じ包まず、むしろこの伝説によって、富みもし貴まれもしていたのである。豊後の緒方《おがた》氏をはじめとし、諸国に数十の著名なる類例はあるが、それを陳列する事務だけならば私でなくともできだろう。ここではもっぱらその「蛇の小さ子」が水を統御する神として、記念せられたらしきことを述べてみたいのである。信州のほうでは、右の甲州上九一色の竜吉を、小太郎という名で話すことになっていた。『小県《ちいさがた》郡史余篇』（四六頁）に載せてある一話は、やはり半分以上伝説化してはいるが、なおいろいろの点において興味ある特色を残している。

昔この郡西塩田村、前山区の鋏城山の頂上に寺があった。その寺の住持の所へ、毎夜美しい女が通うてくる。後に正体を知ろうとして、針に長い糸を付けて女の衣服に刺しておくと、その糸は戸の節穴から出て産川《さんかわ》の鞍淵の岩屋に入り込んでいた。女は大蛇であってこの岩屋の中で赤子を産み、それを鞍岩の上に置いて死んだ。それゆえに今も川の名を産川といい、また蛇骨石などという遺跡があるのである。大蛇の産み落とした子供は、下流の泉田村大字小泉の老婆に拾い上げて育てられ、その名を小泉の小太郎と呼ばれた。小太郎は小男であった。そうして十六になるまで、大飯を食って遊んでばかり暮らしたが、十六の歳に始めてたいへんな力を見せた。小泉の山に登って山中の萩を刈りつくし、それを二束にたばねて家に持って帰り、決して束を解かず一本ずつ抜いてたくように、くれぐれも母親に警戒しておいたにもかかわらず、母は束の小さいのに油断をして、何心なく結び綱を解いたところが、その萩は家一ぱいになり、それに押しつぶされて婆様は死んでしまった。今でも小泉山に萩が一本もないのは、小太郎が刈り取ってしまったからである。そうして小太郎の子孫は、代々横腹に蛇の斑紋があるそうだ。

この話を分析していると、また長くなるからただ重要なる三点だけをあげておこう。その一つは、小太郎がなまけ者で何もせずに飯ばかり食っていたこと。これは信州が物草太郎の郷国であるだけに、ことに偶然の挿話とは思われない。説話の英雄は、最初小さく貧しく、または形が見ぐるしかったほかに、往々にして愚鈍であり、怠惰であったと伝えられている。それが常理をもって予測しえなかった奇跡を現ずることは、蛇や田螺《たにし》の形を仮りて出てきたという話と趣意において同じである。第二に、小泉山に萩が一本もない由緒、これは関東などではもっぱら巨人説話にともなうもので、たとえばダイダラ坊が富士を背負って立とうとして、その藤蔓の綱が切れたゆえ、相模野《さがみの》には藤が育たぬという類の話は、必ず大昔の山作りや蹴裂《けさ》きの伝説を潤色しているのである。小泉の小太郎も小男であったとはいうが、後にまた驚くような大仕事をしているのである。さらに第三の点としては、犀川盆地の泉小次郎と、もとは一つであったろうことが注意せられる。松本平《だいら》のほうの泉小次郎も、東筑摩《ひがしちくま》郡中山《なかやま》村、大字和泉《いずみ》という村で生まれたと伝えられ、父は鉢伏山《はちぶせやま》の神といい、あるいは自身鉢伏権現の再誕であったともいう説がある。はやくから大寺古社の縁起に採り入れられたために、造言が多くていずれを本拠とすべくもないが、『信府統記』（巻十七）の一伝に、父は東高梨《たかなし》池の白竜王、母は犀竜にして、姿を恥じて湖水に入るといい、誕生の地は鉢伏山、成長の地は放光寺山、その名を日光泉小太郎と称すとあるのは、後に父の神と再会した際に、白竜がみずからわれは日輪の精霊なりと言ったとあるのと関係があったらしい。この泉小太郎の大事業なるものは、母の犀竜の背に乗って、今の三清《さんせい》地《じ》と水内橋《みのちばし》の岩山を突きやぶり、水の路を越後の海まで切り開いたことであった。これは東国では利根富士川、九州では筑後の矢部川、奥州では猿が石川、その他多くの水筋において土地の神様の偉勲として伝えるところであって、実際地形を熟知する者には、信じかつ崇めざるをえない神話の一つであった。それを土地によっては、異人が山奥から石をけりながら、水路《みずみち》を付けつつ下ってきたともいっている。泉という山麓の部落が、その根原を誇ったのにも信仰があった。しかるに信州の学者の中には、これを『吾妻鏡』の和田一乱に加担して行方知れずになった泉小二郎親衡《ちかひら》という勇士の事蹟として、すでに郷土の人物志中に載せた者もあり、伝説と歴史との境を認めざる者は、親衡犀獣を退治すという類の武功を讃歎しようとしていたのである。わずか山一つ隣の類例を知っただけでもそのような空想は起こらぬはずであるのに、今日の説話はおおよそまず、この程度にまでも誤伝せられているのである。桃太郎の誕生地が大和と尾張と讃岐の島に、同時に顕彰せられんとしているのも、不思議はないが、ただ不思議なのは、この変化の極にある現今の昔話をもって、ただちに異民族の所伝と、比較しうべしとする人々の心持ちであった。

四　タミナの聟とツブの長者

桃太郎は日本の理想の若武者である。それが時あって蛇・蛙、ないしは雀の姿を借りて出現したこともあるというのは、無法な推断だと怒るでもあろう人のために、私は黙ってただいま一つのさらに奇抜なる昔話を示しておこうと思う。われわれの祖先の神から授かる子には、かつてはまた田螺《たにし》の形をしていた者さえあった。しかもそれが堂々として長者の愛娘《まなむすめ》の聟《むこ》となり、最後に花のごとき若夫婦となることは、一寸法師も物草太郎もみな同じである。この話は国の南北に一つずつあるが、最初には肥前島原半島の小浜《おはま》村に行なわれるものを略述する。

昔老いたる夫婦が神に祈って、たとえいかなるものでも子というものがほしいと念ずる。そうすると帰りに田の畔の小路において、おじいさんおばあさん、私はここにいるという者がある。不思議に思ってよく見ると、それは一つの田蜷《たみな》（田螺）であった。田蜷ではしようがないとは思ったが、授かった子だから連れて帰って大事に育てる。ようやく年ごろにもなって親たちは、嫁がもらいたいがこう小さくては来てくれる人もあるまいと歎くと、そのように心配しなさるな、私が行って連れてくるから、弁当に握り飯を二つこしらえて下さい。そうしてハッタイ（麦粉）を付けて下さいというから、そのとおりにしてやった。ある村の長者に二人の娘があって、妹のほうがことに美しい。田蜷はその家へ訪ねていって、玄関から今日は今日はという。主人が出てみると人の姿は見えず、声のする所を気をつけて見たら、一つの田蜷が下駄の歯の間にはさまっていた。それよりいろいろの問答があって、その晩は長者の家に泊めてもらうことになり、大事な握り飯を預けて、もしこれを食べたものがあったら私の嫁にするという。そうして夜ひそかに妹娘の口の脇にハッタイの粉をぬり、握り飯は自分が食べてしまう。翌日は約束だからしかたなしに、長者の美しい娘は田蜷の嫁にもらわれていく。田蜷は花嫁の袂の中から、道を教えながら家に帰ってきた。それからいよいよ鬼が島を征伐に出かけることになって、縫針の剣に麦稈《むぎわら》の柄鞘《つかさや》をこしらえて腰に佩《は》き、笹舟に帆をかけて海に乗り出した。鬼が島では鬼が昼寝をしているところを見すまして、鼻の穴から飛び込んで、中で大いにあばれ、たちまち鬼を殺して宝物を分捕りしてきた。そのいろいろの宝物の中に打出小槌がある。それを打って願い事をすればなんでもかなうから、まず最初にそれを手にとって、「りっぱな男になれ」と言って打つと、はたして長者の美しい娘にも、過ぎるくらいのりっぱな花聟になったいま一つの話は陸中の中部で採集せられたもので、この地方では田螺をツブといってい（榊木敏君報）。
る。東北の採集事業はすでに進んでいるから、一番早くこの例も手にはいったのではあるが、もちろん分布は決してこれだけにとどまらぬことと信ずる。

昔ある処に長者どんの田を作って、貧乏な暮らしをする百姓、貧乏はしかたがないが四十を越すまで子のないのがさびしいと歎いていると、女房もそれを悲しがって、お水神様に願掛けをした。やがて妊娠して生まれたのが小さなツブ（田螺）の子であった。夫婦は驚いたが、これはお水神様に授かった子供だと、欠椀に水と砂とを入れてその田螺《つぶ》の子を中に入れ、大事に神棚に上げておいた。こうしてざっと二十年もたったが、ツブの子はちっとも大きくならず、いつも欠椀の中で遊んでいた。そうして父《とど》と母《かが》とはその間にすっかり年をとった。秋になって年貢米《ねんぐまい》を馬に付けて長者どんへ持っていこうとして、爺はひとり言をいった。せっかくお水神様から授った子供は、なんという事だか、あんな小虫の田螺《つぶ》だ。あれがあたりまえの人間であったら、こういう時に俵でも付けて助けてくれるだろうにというと、婆も本当にあんな子供をなして、おら父《とど》さ申しわけがないと、ともどもに不運を悲しんでいた。そうすると不意に神棚の欠椀の中から、とどもかがもそう歎くな。おれもはあ欠椀の中にいるのがとっくりといやになった。これから一つ椀から出て、うんと働いてやるべ。どれどれ、今日は旦那様の処さは、おれが行くべえや。おれをその馬の中荷の上へ載せておくれあれと、つぶの息子が言い出した。夫婦はこれを聞いてたまげたけれども、とにかくこんな子が物を言うようになったのはうれしいと思った。それにお水神様の申し子だから、どんな事をするかしれない、物はためしだと思って、つぶを欠椀の中から拾い上げて、三匹の馬の先立ち馬の中荷の上に乗せてやった。ツブの息子は馬の背から、はいはいと言ったり、しっしっと言ったり、溝や小橋にくるとどうどうと声をかけたりして、まるで人間のとおりに上手に馬をぼっていった。やがて街道の松並木にさしかかると、よい声を張りあげて馬方節などをとろとろと歌って通った。そうすると馬も勇んで、鈴がころりんころりんと鳴るし、鳴輪《なりわ》もじゃがじゃがと鳴った。田圃や往来の人たちはそれを見て、不思議なこともあればあるもんだ。この馬は田の尻の誰それ爺様のとこのだが、あの声は誰だか知らない。それにまた姿も見えない。ほんとうにこれは、なんたらいうことだべといって、総立ちになってこれを見ていた。ツブの息子はそんなことには頓着なしに、どんどん馬を追うて長者どんの玄関まで行って、大きな声で申し申しといった。長者どんの下男どもは、そらまた年貢米が来たぞと出てみると、荷を付けた馬ばかりが三匹立っている。あれあ、見れば田の尻の爺様とこの馬だが、何して馬ばかりよこしたべや。それでも今確かに申し申しと言ったようだったと騒いでいると、中荷の上からおら田の尻の爺とこのツブの息子だ。馬はぼってきたども、俵をおろすことができない。申しわけがないが手伝っておくれやと言った。下男どもは驚いてその声のするところをのぞいて見ると、いかにもぺあこ（小さ）な田螺が中荷の上にいばりかえっている。たまげて、やいやいみな出て見ろであというと、奥から旦那様だのかが様だの娘だのが、どれどれと総出で出てきてそれを見た。そのうちにツブの息子は指図をして、米の俵を残らず馬からおろして、そこへ積み重ねた。長者どんでは珍しがって、まずまず昼時にもなったからと、ツブの息子を台所に入れて膳を出すと、食うのは見えないが、いつの間にか椀の中の物がなくなる。そうするとお代わりを出し、しまいにははいお湯っこをけてがんせなどといった。それをみながおもしろがって、めいめい手のひらに載せてみたり、つまんでみたりして喜んだ。長者どんの旦那様も脇からそれを見ていて、つくづく希代なことだと思った。ツブどんツブどんお前はいくつになる。はいとって十八になりました。それを聞いて旦那様が、これはいよいよ不思議なことだ。お水神様の申し子だということは聞いていたが、それが馬を引いたり物を言ったり、またこんなにも発明だ。これほどの器量持ちなら、今にどんな事でもできるだろう。これは家の宝にしたいものだと思って、ツブ殿ツブ殿、お前の家とおら家とは、祖父様の代からの出入りの中だ。おれには今娘二人あるが、そのどっちかを嫁にもらってくれないかと言った。そうするとツブの息子も大喜びで、それでは今日にもあね様をもらいますべと言って、急いで家に帰って年寄にその話をする。とどもかがも喜んでけてがんせ。おら長者どんのあね様を嫁にもらう約束をしてきたと言った。なんたらどこの世界にそんな話があるもんであと思ったけれども、何しろお水神様の申し子のことだから、なぞな事があろうとも知れぬと、隣の婆を頼んで問合せてみると、長者どんでは確かにそのとおりの約束をしたという返事であった。長者どんの旦那はその晩二人の娘を呼び、おれはお前たちのうちどっちでも一人、田螺の息子の嫁にやる約束をした。どっちでもよいから行ってけろやいと言った。それを聞いて姉娘のほうは、誰があんな虫けらのおかたになるものかと、面《つら》をふくらせてぷいと立ってしまったが、妹のほうはとど様とど様、心配してがんすな。うちの宝になることだから、私があのツブの息子の所に行きんすと答えた。それを聞いて旦那様も大喜びで、やがて日をきめて美しい妹娘は、赤いのの（衣類）を着飾って、ツブ息子の家に嫁入りした。嫁御の荷物には箪笥《たんす》が七棹、長持が七棹、手箱や小道具が七駄と片馬で、荷物は家の中に入れきらぬから、庭のさきに積み重ねたが、七四の馬は立てておく処がないので、隣の婆様のあいた廄を借りてつないだ。花嫁こはまめまめしい親切な嫁こであった。朝も早くから親たちと一しょに、野らに出てよく働いた。そうこうしているうちに春になり、桜の花こが咲いて、卯月八日は村の鎮守のお薬師様の祭礼であった。嫁こは箪笥の中から赤いののを出して着て、田螺の夫《おっと》をば帯の結び目にはさんで、お祭を見にいった。途中でも仲よく話をして、そこいらの模様を夫に言って聞かせながらあるいていると、往来の人たちはそれを見て、あれあれあのあね様は気が違ったと見えて、あんなに一人でしゃべことをして笑っていくであ。ほんとにもぞやであと立ち止まって言い合った。そのうちにお薬師様の一の鳥居の前まで行くと、帯の結び目にはさまっている田螺が、これや、ちょっと待てと嫁こを呼び止めた。おれは少々わけがあってこれから奥へははいられないから、おれをこの田の畔に置いて、お前ばかり行って拝んでこ。ほだらちょっとここに待っていてけてがんせ。おら急いでお詣りをしてくるからと、夫のツブを田の端に遊ばせておいて、一人でお社に参詣した。お薬師様、お薬師様、どうか夫をあたりまえの人に直してけてたもれ、ああとうだい、ああとうだいといって拝んだ。そうしているうちにも気にかかってならぬので、すぐさま引っ返して一の鳥居の処に来てみると、夫の田螺はそこに見えなかった。はてこれはどうしたか。田の中にでもすべりこんだのでなかべかと思って見てあるいたが、いかにも田の中に数あまたのツブはいるけれども、尋ねる夫はいなかった。田ごと田ごとのツブの数を、一つ一つ手に取ってみても、みんな自分の夫のツブでない。嫁こは歎き悲しんで、

つぶ殿や、つぶ殿や、わがつまや

　ことしも春になったれば
　鳥という馬鹿鳥に
　ちっくりもっくり刺されたか。

こういって歌いながら、がぶがぶと田の中をこいであるいたから、嫁こ美しいののは泥だらけになり、美しい顔は泣いて泣いて泥まみれになった。お祭の人たちはそれを見て笑った。夫《おっと》をなくしては、とどにもかがにも申しわけがない。これはいっそのこと、田の中のやじまなぐ（蒲眼）にでも入って死んでしまうべと思って、じりじりと泥の深みに沈んでいこうとしていると、後の方からこれ嫁こ嫁こ、何していると声をかける者がある。振り返って見れば水のたるような美しい若者が、深編笠をかぶり腰に尺八を差していた。どこのお方だか知らないが、私は大事の夫をなくしたので、どうしても死なねばならながんすと泣いて話すと、お前の夫のツブこそはこの私だ、さあ早く上っておれの顔をよく見れと、嫁こをやじまなぐから田の畔に抱き上げた。おれはお水神様の申し子であったゆえに、今まではツブの姿をしていたけれども、今日という今日は、お前が薬師様に参詣してくれたので、こうしてようやく人間の姿になることができた。喜んでくれと手に手を取り合って親の家にもどってくる。家では父と母とがそれを見て、あれや、姉こはどこの和子様をお連れ申した。いや、この人はどこの和子様でもない。うちのツブ殿が今日こうなったますと、くわしくわけを話して聞かせると、二人の親は天地がひっくりかえったほど喜んで、急いで長者どんに知らせる。そうすると旦那様もかが様も飛んできた。そうして花のような聟殿を見て、これはまたなんたらええ事だ。おら必ずこんなことが、いつかあることだと思っていた。何がなんでもこんなりっぱな聟殿を、こんな古家の破れ家には置かれないと、すぐさま町に広い待ち屋敷を買うて、そこに見事な家を建てて、若い夫婦を住まわせ、二人はそれから商《あきな》いをはじめた。そうするとツブが人間になったという若者を見たさに、町中は申すに及ばず、近郷近在の人たちもたくさんに買物にやってきて、店は繁昌してたちまちのうちに大きな身代になって、ツブの長者といえば誰知らぬ者もないほどの、有名な御大家の先祖になった（佐々木喜《き》善《ぜん》君報）。

できるだけ私は省略をしてみたのだが、それでもこのとおり長話になったのは、土地で今なお形をととのえて語り伝えられているためである。しかもその形はいろいろの点から見て、決して古くからの文句のままではないのであった。田螺を水の神の使令と見る信仰は、切れ切れには今でも山中の池沼に残っているが、はたして竜蛇と同じく人間の美女に聟入りする話が、それにともなうて広く行なわれていたものかどうか。現在はまだむろん肯定することはむつかしい。ただしこの話の末にある「つぶ殿つぶ殿」の歌ばかりは、ずいぶんと多くの土地において、ほとんど意味なしに児童によって口ずさまれている。それがもし最初からこの話の中の歌であったならば、これはその一つの痕跡と認め得るのである。それから東北ではいま一つ、いわゆるシンドレラ系の昔話の終わりに、継母《まはは》の実の子が姉の嫁入りをうらやんで、田に落ちて田螺になったと語られることが普通になっている。これもあるいは「つぶ聟入り」の、移されて零落した姿ではないかと思うのである。

「桃太郎」の昔話が昔から日本にあったということは、単なる推定以上の何ものでもない。しいて記録の徴証を求めようとすれば、『本朝神社考』巻五に秦河勝化生《はたのかわかつけしょう》のことを説いて、昔大和国洪水の折に、初瀬《はつせ》川大いに漲《みなぎ》り、大なる甕一つ流れ来って三輪の社頭にとどまる。土人開き見るに玉のごとき一男子あり云々。後にまた小舟に乗って播磨《はりま》に著し、大荒明神となるとあるなどが早いほうである。それから以前に筆録せられたものは、「一寸法師」であれ「物草太郎」であれ、ないし竹取の翁の小さき姫であれ、事蹟も出現の形式もいちじるしく遠ざかっていて、ただその中間に地方採集のいくつかの口承説話を置いてみて、はじめて両者の連絡を知ることができるのみである。いわば他に反対の資料がないかぎり、一応は前からこのとおりと想像するを許されたのであったが、今はとにかくに新たなる証跡によって、中古次々の語り改めがあったことがわかり、したがって何が不変の要点であったかも、ほぼ明らかになってきたのである。要点の一つは貴き童児が信心ある者の希望に応じて与えられることであった。おそらくは最初その信心の試みとして、ほとんど人間の空想しうるかぎりの、あらゆる信じがたい出現の方式が語られたのであろうが、その中でも「桃太郎」の、水に沿うて流れてきたという例は自然に近かった。桃はともあれ、流れてきたというまでは古いのであろう。第二の要点は、その貴き童児の事業、これもまたわれわれの望んで遂げがたきすべてのものに及ぼうとしたゆえに、だんだんにいわゆる大《おお》話《ばなし》*のほうに近くなり、後々少年を楽しましむる技術となるにいたって、さらに快活なる変化を見たのであろう。この点にかけては「桃太郎」は少しも古くない。むしろあまりにも気軽に「一寸法師」以来の型を追うている。第三には、童児が成長の後に最善の結婚をして、類い少なき名家の始祖となること。この点は童話としては必要もないゆえに、わざと脱落せしめて、一段と他の同種の説話との縁を薄くしたが、捜せばまたいくらでもその痕跡は見つけられる。私は現在のところ、まずこの三つの点において一致している説話があるならば、それが外国にあっても同じ系統のものと推定して、伝播かはたまた異処偶生かを、考究してみる価値があると思っている。そうして個々の民族の孤立した伝承の中には、日本のように類例の豊富な国の研究に俟《ま》って、将来必ず若干の啓発を受けるものがあるだろうと信じている。

（昭和五年六年、『旅と伝説』）

生きている小太郎

小太郎大力の話は案外に分布が広く、かの狐を母とした安倍童子《あべのどうじ》の例を中に置いて考えると、あるいは信太《しのだ》の小太郎の出世譚にも、連絡があるかとさえ想像せられる。なんにもせよこの話をした人は各地に住んでいた。単なる縁組や交遊によって、一つの中心から聞き伝えたものでなかったようである。『飛騨風物記』などを見ると、益田《ました》川の流域にも小阪の小太郎といって、珍しい大力の話が多く伝わっているほかに、川の辺には小太郎岩の遺跡があり、小阪観音堂の仁王の大木像は、萩原の方から逆流してきたのを、この小太郎がかつぎ上げたという口碑もある。高根《たかね》郷日和田《ひわだ》村のおちんが池において、魚を食ったがために大蛇になったという、おちんが夫《おっと》の小三郎などもそれらしい。甲州九一色の竜吉はもう別の話だとしても、水の神が異常の子を生んだという言い伝えは、ただ偶然に小県《ちいさがた》郡だけに、持ち運ばれていたのではないのである。犀川《さいかわ》の流域でも小太郎という名はなお知られていた。それをいつのころからか、人が小次郎と改めようとしていたのである。『信府統記』巻十七には二つの異説を併せ録しているが、その一つには「東高梨の池の白竜王、犀竜と交はりて一子を生む。八峰瀬《はちぶせ》山にて誕生、日光泉小太郎と称す」とあり、他の一つには「鉢伏山の権現《ごんげん》、人倫と現はれて丸山に居住したまふ。そこに不思議の泉湧き出で、味ひ酒のごとくにして人の飢ゑを助け疲れを養へり。まことに不老不死の泉とも云ひつべし。国人悦ぶこと限りなし。かの権現の御子を泉小次郎と号す。生れながら常の人にあらず」云々とあって、今でも土地の者は小太郎でも小次郎でも、いずれでもよいくらいに思っている。

私はこれがどういう機会に際して、鎌倉時代の勇士泉親衡《いずみちかひら》の生い立ちのごとく解せられるにいたったかを知りたいと願っている。この誤解にも相応な理由はあったはずで、それがわかってくると、自然にある一つの説話の流伝の実状をも推測しえるからである。『榊巷談苑』は今から二百年余り前の人の随筆であるが、その中には次のような一節がある。

信濃国犀川に犀のすみけるを、頼朝、泉小二郎に命じて取らしめたりと東鑑に見えたり。昔はこの国に犀のありけるにや。又はことものを誤りて犀といひけるにや。

ところが自分の捜して見たかぎりでは、『吾妻鏡』の中にはそういう記事は見えない。『吾妻鏡』の泉小二郎親平は、信州の人であっただけは想像しえられるが、和田合戦の前っ方にちょいと現れて、隠れてしまったきりでさらに消息を伝えていない。しかしこの時代の人物と事蹟とは、曾我《そが》の兄弟は申すに及ばず、朝比奈三郎でも五十嵐《いがらし》小豊治《こぶんじ》でも、永く民間に記憶せられて、後ますますその勇名を成長させた例が多いのである。歴史の泉小二郎がもしわれわれの想像のとおり、信州の郷土の英雄であったとすれば、ことに越後の五十嵐小豊治と、その形蹟がよく似ている。越後でも五十嵐川の上流に入ってみれば、今なお小豊治の母の出たという村があり、父の大蛇の住んでいた池もあって、豊後の緒方《おがた》氏とほぼ同様の口碑が、ここでもとぐろを巻いてその霊妙なる幼児を、抱え守りまた大きくしているのである。超凡の偉人と奇跡の信仰を結びつけることは、東西古今を一貫する人類の慣習であった。相異はただこれを疑わざる者の群落の大小だけであって、この筑摩の泉小次郎のごときは、たまたま統一の力の特に微弱な一例であった。私はこの事実の背後から、つとに小太郎説話がこの地方に普及して、羽翼すでに成るという状況にあったことを推定する。親衡が幕府の命を受けて、犀川の犀を退治したという記事は、たとえ『東鑑』にはなくとも『盛長私記』という類の、演義の小説の中には出ていたのかもしれない。しかもそういう新説がとって代わるべく、あまりに鉢伏権現《はちぶせごんげん》の縁起などが有力になりすぎていた。もしくは周囲の地においてそのいろいろの類型がありすぎた。とうていある一人の話術をもって、その神の子を泉親衡たらしむるを得なかったのである。

あるいはもう一歩を進めて、その試みられた改造が、やや不自然であったからとも考えられぬことはない。いわゆる犀川の犀竜は小太郎が母であった。そうはいわない土地でも、保護者であり助手であったとは信じていた。それを退治したと説こうとするのだから、まず聴衆の常識と戦わなければならぬわけである。あるいはこの在来の信仰の認識不足から、これを改めようとした人も、土地に育った者ではなくて、外からやってきたのであろうという推測が成り立つかもしれない。とにかくに一方にこれを鎌倉時代の勇士の外伝と解する者があると同時に、地方にこれを神とする信仰も、相応に遠く及び、根強くつちかわれていたのである。『北安曇郡郷土誌稿』（一巻二三頁）の記述するところでは、近くは弘化四年（一八四七）の善光寺大地震に、岩倉山《いわくら》崩壊して新町一帯が湖水になろうとした際にも、泉小太郎が犀に乗って現れ、山を突き割り水を涸らしていったのを、避難者たちが目撃したといっている。その時以来新町の人々は、仏崎《ほとけざき》の観音へ月詣りを欠かさぬことになったというが、この仏崎はまた一つの小太郎遺跡で、ここには上流の鉢伏山麓などより、幾分か異なる伝説を保持しているのである。筑摩郡のほうでは、今の中山村という部落が、小次郎または小太郎の家郷の地として知られていた。自分は行って見ないが山の根に一つの洞窟があり、そのかたわらには清き池をたたえ、かつては鳥居の形をした大木が、洞口をおおうていたという。今でも知っている人があるか知らぬが、二十年ほど以前ある人が聞いてきたという話は、途法もなく珍しいものであった。そのころよりざっと三百年前に、この地に百歳にもなるかと思う一人の老人が住んで、みずから小太郎と名のっていたそうである。小太郎は仙人であって、蜂になって諸方を飛びあるいたり、または天の川の魚を捕ってきて見せたりした。時の殿様がそれを聞いて、呼び寄せて対面せられたという点まで奥州の清悦《せいえつ》と似ていたが、この仙人は御殿からすぐ天へ昇って、帰ってこなかったと伝えている。それから六、七十年ほど過ぎて後に、またこの老翁の姿を見た者がある。その時は岩屋の中から玉を得たといって見せた。それから後にも土地の人たちは、小太郎が水を浴び、または祈禱をしているのを見たことがおりおりあるといい、現に去年の秋なども見た者があるという話であった。以上はすでに二十年前の記録で、その後はどうだったか気をつけているがまだわからず、またその筆記者の名も現しがたい事情にあるが、私は別にこれを証拠として、ぜひともこの事実を信じようとするのではないから、その点はどうであってもよい。とにかくにこういうとりとめもない風説が、たとえ片隅にでも伝わっているということは、また一つの注意すべき事実といわなければならぬ。三州矢作《やはぎ》の浄瑠璃御前なども、牛若御曹司《おんぞうし》の同時代人であり、しかも小説中の人物にすぎなかったのであるが、やはりその遺跡というものがこの地方には多いのみならず、往々にして山中にその姿を見たという話を伝えている。これが単なる農民の幻覚であって、かつて説話の内容を信じた時代の、古い感情が無意識に相続せられていたのであるか。あるいは人をそういう誤解に誘うような人物が、実際に時々回ってきたのであるか。はたまたなんのよりどころもなしに、こんな作りごとをして人を驚かす者があったのか。自分にはまだいずれとも判断が付きかねるが、いずれにしたところでわれわれの昔話というものは、これまで世間に承認せられた以上に、別に隠れたる人生との交渉があったのである。この交渉たるや、新たに突然と中世か発生したものでもなかったろう。しからば上古の説話のまだ力づよく、広く民間に活躍していたものは、はたしてどういう影響をわれわれの文明の上に及ぼしているであろうか。形があるかぎりは必ずその痕跡はどこかに残っているべきである。それが尋ねてみても見られぬようであったら、説話研究の意義もまだ決して大きいとはいわれぬ。

五分次郎

『因伯《いんぱく》昔話』(三六頁)に採録した鳥取市の一話は、同じく小さ子古伝の童話化した形であるが、これも妻覓《もと》めの個条を省略した点は、現在の「桃太郎」と近く、書伝の御伽草子の「一寸法師」とは異なっている。

昔あるところに爺と婆があった。子供が一人もないので観音様に願掛けをすると、七日目の日から婆様の左の拇指がだんだんにふくれてきて、七日七日のおしまいの七日目には、かわいらしい小さな男の子がその拇指から生まれた。身の丈がたった五分しかないので五分次郎という名を付けた。五分次郎は元気な強い子供になったが、体だけはいつまでも五分しかなかった。笹の葉で造った舟に楊枝《ようじ》の棹をさして、毎日川へ乗り出して遊びまわっていた。ところがある日、水が増して瀬が強かったために、押し流されて海まで出てしまった。それでも平気で、

さっき五分次郎は
笹の葉で舟をして

楊枝でぐいやさ

と歌いながら遊びまわっていると、大きな鯛が現れて笹舟とともに、五分次郎を呑んでしまう。これは困ったと思っていると、運よく漁師がこの大鯛を網で捕って、やがてある家へ持っていって売る。俎《まないた》の上に乗せて料理をしようとすると、五分次郎は腹の中から声をかけて、

五分次郎がいるからそろそろと腹をあけよ

といい、家の人が不思議に思って気をつけて腹をあけると、ひょっこり中から拇指ぐらいの五分次郎が飛び出した。そうしてわけを話して家へ送り届けてもらった。それからますます力強くなって、爺さん婆さんに暇乞いをして鬼が島征伐に出かける。犬・猿・雉の家来もつれずに、たった一人で鬼が島に渡った。鬼の頭領がこれを見つけて、つまんで一口に呑んでしまうと、腰にさしていた縫針の剣を抜いて、鬼の腹の中をそちこちと突き刺す。鬼は痛がってすぐに降参し、鬼が島の宝物をみな献上する約束をする。そんならよしと言って、鬼の頭のほうへ上ってくると、鬼は急に鼻の中がかゆくなって、くしゃみをして五分次郎を鼻の穴から出した。それで宝物を馬に積んで、自分もその上に乗って、喜び勇んで帰ってきた。そうして爺婆もいよいよしあわせよく、安楽に世を渡ることができたという。

この五分次郎が一寸法師の次にできた名ということは、容易に察しえられることである

が、後者もまたたしかにある時代の流行語であった。『嬉遊笑覧』巻四にも多くの例をあげているように、以前この言葉を珍重して誹諧の句にも用いていたのは、おそらくはそれがまだ新奇なる意匠であった間のことで、すなわちまた草子の名の「一寸法師」が、古い小さ子説話から改案せらるべき機会でもあったろうと思う。その一つ以前の形らしい「小さ子法師」という語も、今なお童児の唱えごとの中にはかすかに残っている。『用捨箱』その他の書にある、

隠れんぼうにまじらぬ者は、ちいちゃこもちや桂の葉

などという童詞《わらわことば》は、意味がまったく不明になってもまだ行なわれている土地は多く（『日本民謡大全』、京都・伊勢・越前等）、それが「つちや子持や」となり、または「槌や小槌や」と変わっているのを見ると、「樗《あうち》や辛夷《こぶし》や桂の葉」であろうといった足薪翁の説は、あて推量にすぎるようである。木曾の小さ子塚のことは本文の中にも一言してあるが、これは宝暦七年（一七五七）に成った『吉蘇志略《きちそしりやく》』の記述を、後に名所図会が丸写しにしたのである。きわめて簡略ではあるが、これ以上の伝承はもう保存せられてはおるまいから、これも一つの例証ととして引用しておく値があると思う。

〔吉蘇志略巻三〕黒川村、陸墓。小子塚《ちいさこ》、野中にあり。里人相伝ふ、木曾殿に庖子ありて、その長僅かに尺二寸。故に小子と名づく。里民をして養はしむ。あるときは臼の中に匿し、覆ふに蒻笠をもつてすればその形を見ず。その矮きことまた知るべし。卒

する後ここに葬る。その傍に長櫃塚あり。相伝ふ。宝物を埋むと。今に至るまでこれに触るれば立ちどころに病む。里人惧れてあへて犯さず。(原漢文)

この黒川村には箕作翁という長者があって、童観翁という長者と財宝競べをした話、および山姥が里の子供を捕えていくので、石を餅だと偽ってだまして退治した話があったことも、同じ書物の中に見えているが、ともにもう破片であって連絡の有無をきわめがたい。

かしこ淵

蜘蛛《くも》が人間の少女と縁を結んだ話は、いま一つ北国のどこかにあったと思うだけで、他には類例をまだ聞いておらぬが、これもかつては蛇体と同様に、水の神霊のかりの姿として、想像せられていたらしい痕跡は顕著である。わが国でよく発達している怪談の一つに、私たちが「食わず女房」または「口無し女房」と名づけているものがある。昔ある桶屋が、もしくは一人の職人が、飯を食わぬ嫁ならもらいたいものだといっていると、私は飯をたべないからといって押し掛け女房に来た女がある。なるほどちっとも食わないが、それにもかかわらず米や味噌がぐんぐん減るので、不思議に思って外へ行く顔をして、そっともどってきてのぞいてみると、たちまちに化けの皮が現れた。私の集めてみただけの材料では、この化けの皮のむけ方に地方的の変化がある。まず大体に日本の東半分、奥羽や関東で聞くところは、女が多量の飯を炊ぎ汁《かし》を煮て、それから髪を解くと頭の真中に大きな口がある。その口の中へいくつでも握り飯をほうりこみ、何ばいとなく汁をそそぎ入れて、後でちゃんと髪を束ねて、いわゆる何食わぬ顔をしている。それを知った亭主はそら恐ろしくなり、なんとかしてこれを離別しようとすることになっているのだが、この頭のてっぺんに大きな口があるというのは、どうやら女が蛇体であったことを意味していたらしい。現にかけ離れた壱岐《いき》の島などでは、女房が頭だけ蛇になって、蔵の酒を飲んでいたというふうにも語っている。ところが多くの話し手はどういうわけか、これを山姥の化けたのであったといって、蛇だということはもう忘れてしまい、島根県でも、山姥は人の見るところでは飯を食わず、人の知らぬうちに頭の上にある口から、幾日もの食事を一度にたべるものだなどというそうである（高木『日本伝説集』一五二頁）。しかし中国以西に行なわれるものは、頭の口で飯を食ったということをいわぬほうが普通である。たとえば備前上道《じょうとう》郡の一例においては、亭主の留守に多勢の人が集まりきたり、それが蜘蛛になって麦飯をたいて食っていた。亭主がこれを見つけて肝を消し、夕方に帰ってきて、口実を設けてその女房を帰そうとすると、別れに風呂を立てて亭主を入らせ、上から蓋をして風呂桶のまま、多くの蜘蛛がかついでいく。それが途中で古寺に入って休んでいるうちに、神々に祈ったら桶の縄が解けて、危い命を助かって逃げて帰った云々といっている（『岡山文化資料』三巻一号）。肥前の有馬でも同様に男を風呂桶に入れてかついでいったが、道ばたにさし出た木の枝に取り付いて、ようやく抜け出して逃げもどる。するとその女がまた帰ってきたので、一生懸命になって打ち殺すと大きな蜘蛛であったという（『旅と伝説』二巻六号）。この木の枝に取り付いて、風呂桶からぬけ出したという点と、蓬《よもぎ》・菖蒲《しょうぶ》の陰に隠れて怪物の追跡を免れたという点とは、二つともに全国の「食わず女房」説話の、最も数多く共通している部分であるが、丹波では五月節供に菖蒲と蓬とを軒に葺《ふ》く由来として、昔悪い蜘蛛が風呂にはいっている男を風呂桶のまま背に負うていこうとしたが、菖蒲と蓬との叢にはいって、ささえられて進むことができず、その間に風呂の中の男は助かったという話を伝え（『なら』一八号）、阿波の山中でもある男が行水をしていると、山女が来て盥《たらい》のまま頭に乗せて山へつれていこうとしたが、路上の樹枝をよじて身を脱し、そっと跡をつけていって立ち聞きをしていると、おまえには所詮人間の智は取れまいという声がする。なに私が今夜もう一度、蜘蛛に化けていってきっと取ってくる。そんなことをいっても人間はかしこい。もし左の腋《わき》を打たれたらどうする、という問答の声を聞いて、これはよいことをおぼえたと思って待っていると、はたして夜になって恐ろしい蜘蛛がはいってきたので、さっそくその左の腋を打って殺したという昔話がある（『郷土研究』二巻六号）。三河の山村にある話も、女房ではないが、どこから来たとも知れない一人の作男が、長らくよく働いてさて帰りがけに、給金はいりませぬから家で一ばん大きな籠を下さいといい、それをもらうとさっそく旦那をその籠の中に押し入れて、背に引っかついですたすた山奥へはいっていく。幸い路傍へ木の大きな枝が出ているので、それをとらえてかろうじて籠から出る。するとどこからか声がして、おい人を捕ってきたか。うんたった一匹だけ捕ってきた。今見せてやるぞといって籠を下ろすともういない。ああしまった、逃がしてしまった。よし今夜また蜘蛛に化けていって捕ってやるといったので、旦那は急いで帰って、たくさんの松明《たいまつ》を用意し、その大蜘蛛のはいってくるのを待ち伏せして焼き殺した。夜の蜘蛛は親に似ていても殺せという諺《ことわざ》は、この時から言いはじめたものだという（『旅と伝説』昔話号五六頁）。蛇の聟入りがだんだんに忌むべく恐るべきものと解せられ、末には相手の滅亡をもって、めでたしめでたしとしたと同様に、かつては異常の霊児を人界にとどめて去ったことを、骨子としていた竜宮女房の説話も、あるいは零落してこんなものすごい形にまでなっていたのである。これを山姥の化けてきたものとしたのは、たぶんは後代の変更であろうと思うが、蜘蛛というほうだけは新たにはいってくる理由が考えがたいゆえに、なお私はその原因を古いところに求めようとしているのである。水の神のもとの姿は、今とても実は瞭然としてはいない。これをオロチと呼び、またはミヅチといったところで、はたして陸に棲む蛇類と同じものかどうかも確かでない。単に外国の感化がしだいにわれわれの空想を、そういう方へ導いていったのみである。蜘蛛はことによるとその一つ以前の、われわれの迷信のなごりであったかもしれない。

それにはいま一つの手がかりとして、かしこ淵の伝説というものが注意せられる。この伝説も分布はきわめて広く、ほとんど国の南北の端々にまで及んでいる。むかしある人が大淵に臨んで釣りを垂れていると、いたって小さな蜘蛛がたびたび水の上に往来して、自分の足に糸を引っ掛けて去る。それを怪しんで糸をかたわらの大きな柳の木などに移しておくと、やがて水底からその糸を引く者があって、見る見るその木が根株から抜けて、淵の中へ陥没してしまったというのが普通である。九州では阿蘇の大谷川《おおたに》のおとろしが淵、ここでは草履の緒に糸をからめつけたといい、今でも釣りにいく者は必ず角結びの草履をはき、草鞋や素足で行くのはあぶないといっている（『郷土研究』一巻五号）。四国では阿波名西《みょうざい》郡鬼籠野《おろの》村の女郎淵もその一つであり（『名西郡誌』一六頁）、中国では伯耆《ほうき》小鹿《おしか》村の弥六淵、足の拇指にかけられた蜘蛛の糸を、はずして大木の根に巻きつけておくとも知らず、弥六覚悟という声とともに、その大木を碧潭《へきたん》に引き込んだといっている（『地方叢談』）。『摂陽群談』に有馬湯山の蜘蛛滝の話、『高原旧事』に飛驒下之本《しものもと》村の木数淵の話、『裏見寒話』に甲州国中の某淵の話として、古く書き残されているのもみな同じ例であった。近江の湖北地方では、池の堤に昼寝をすると、ガワタすなわち川童が蜘蛛に化けて足に糸を巻き付け、水中に引き込むという俗信を伝え（『民族と歴史』七巻五号）、武蔵の秩父山村でも洪水の際などに、川端に休んでいると蜘蛛に糸をかけられ、その糸が見るうちに荷縄のごとく太くなる。それを鎌で打ち切って、かろうじて命を全うしたという話もあって、それをまた川童の所行といっている（外秩父槻川《つきがわ》村）。東三河大荷場川の瀬戸が淵でも、赤い蜘蛛が来て糸をかけたという話があり、やがて淵の底で、やあという掛け声がしたかと思うと、糸を移しておいた木の株が引き倒されたといい（『三州山話』一〇五頁）、甲州芦川《あしがわ》の岩樋という淵でも、やはり釣人の草履の鼻緒に糸をからんだのを、蜘蛛が水底にはいっているうちに、そっとかたわらの木の根に移しておいたら云々という話がある（『甲斐昔話集』一二二頁）。奥州のほうとしては花巻《はなまき》の付近、北上川《きたがみ》の尼平の淵で、中村紋右衛門なる者が釣りをしていると、小蜘蛛が水から出ては編笠へはい上がり、次にちょん髷に糸を掛ける。それを不審に思ってはずして柳の枝につなぐと、たちまちにしてそれが細引ほどの太さになった云々と、八角翁の『塵袋』には記している。伊達の半田沼の話は『信達民譚集』一一〇頁に出ているが、これは伝説というよりもだいぶん昔話に近く、蜘蛛が足の指に糸をかけていくと、やがて水の底で次郎も太郎もみなこいこい。えんとえんやらさアというかと思うと、大きな株根っこはぽきんと折れたなどと伝えている。仙台のかしこ淵の話は高木氏の伝説集（一二四頁）にあるが、これなどもよほどまた形が整うている。小さな蜘蛛が何か黒い物をくわえて、淵から出てきてはたびたび釣りする者の足先に付ける。汚いと思ってこれを取ってかたわらの柳の根にこすりつけておく。しばらくするとえらい音がして、その柳の大木は水底に引き込まれる。男が驚いていると淵の中から、賢い賢いという声がした。それでこの淵の名を賢淵というのだと結んでいる。妖怪の国語は別だといえばそれまでだが、今だって智慮のあることをカシコイという者は少ない。

以前はなおさらそういう意味を持たなかった。仙台のかしこ淵はすなわち肥後のおとろし淵である。畏怖し謹慎すべき霊ある淵という言葉が、いつしかこのような愉快なる説明説話を、発生せしむるに至ったのである。

新井白石の『折焚く柴の記』に、誰でも覚えている一つの昔話がある。河村某という富人が彼を聟《むこ》にとり、三千両の黄金を与えて学問の料となさんといった時に、譬えを設けてこれを辞したという条である。

我むかし或人の申せしことを聞きしに、夏の頃霊山とかに遊びし者どもの中、池に足浸し居けるに、小なる蛇の来りて其足の大指を舐しきるあるが、忽ちに去りてはまた忽ちに来りて舐る。かくするがうちに其蛇漸うに大きくなりしにや。後には其大指を呑むばかりになりしかば、腰より小刀を取出して刃の方を上になして大指の上に当て丶待つ。又来りて大指を呑まんとする所を、あげざまにさし斬りたりければ、うしろざまに飛去るほどに、家にかけ入りて障子をさす。伴なひし者ども何事にやといふ程こそあれ、石走り木倒れて地震ふこと半時ばかり過ぎて後に、障子を細めにあけて見けるに、一丈余の大蛇の、唇の上より頭のかた迄一尺余り切られたるが、斃れ死したりといふことあり。その事のありや無しやは未だ知らねど、今のたまふことに似たる所の侍るなり云々。

この話は最初才藻に富みたる若き白石が、作り設けた譬えごとのようにも思われ、さもなくばシナの書物に出ていたのを、霊山の池の夕涼みに托したものくらいにわれわれも想像していたが、実際はそのころすでに知られていた語り草であったらしいのである。ことに東京の周囲の地では、今でも知っている人がおりおりあって、たとえば私の住所*から程遠からぬ北沢村などでは、これをある一つの小池の伝説として語り伝えている。昔この池の畔で、農夫が一疋の蛇を見て、鎌をつきつけおどしたところが、その蛇たちまち形相憤怒して見ているうちに大きな蛇になった。農夫夢中になって鎌をふりまわし、大蛇の腮《あご》の骨を切り落としたというのは、どうやら話の順序が逆になっているような気がする。大蛇になってしまってから腮を切り放すなどは容易な仕事でないからである。とにかくにこの北沢村の小池が、井《い》の頭《かしら》の弁天のお池と、地下に通うていることはこの時にわかったのだそうである。腮を斬られた大蛇は、その水路をくぐって井の頭へ逃げ帰って死んだ。そのためにこの池の清水が三日三夜の間、真赤に色を変じたという話である。新宿の町に接した柏木《かしわぎ》の村にも、これと全然同じ話があって、柏木と中野との境を流れる小川の岸、立間《たつま》山というところでこのことがあったという。立間は今ちょうど東中野の電車駅のある辺りであった。二村の伝説はいずれが正しいとも決しがたく、たぶん両方とも本物でないのだろうが、とにかくに北沢村ではその大蛇の腮の骨を、中野の宝仙寺へ納めたと称し、柏木のほうでもこれを二つに分けて半分は宝仙寺に、他の半分の上腮は柏木の円照寺に納められて近年まであった。村の雨乞いの時には井の頭の池の水を汲んできて、この蛇骨に供えて祭をした。そうして村中を持ち回ると雨が降ったともいっている（以上、山中共古翁談）。雨乞いの行法には昔から深秘が多く、寺僧はなるべくこの類の俗説の、いろいろ流布することを望んでいた形跡はあるが、これなどはあるいはそれ以上に、かれらの作為が加わっているかと思われて、寺の名は忘れたが池にもまだ同じような来歴をもった蛇の頭骨を、什宝としている寺がいくつかあった。つまり新井氏がこれを譬喩《ひゆ》に引用するころには、もう関東ではだいぶん有名な話であったので、それゆえに『折焚く柴の記』にも、

此事をも父にておはせし人に語り申しければ、珍しからぬことなれど、よき喩にもありつる哉と笑ひたまひたりき。

といっているのである。大蛇《だいじゃ》が小蛇の姿を仮りてきたというだけならば、ずっと古くからも話は多かった。それが小さいために人にあなどられて、思わぬ侵害を受けたというなども、いわゆる白竜魚服以来いろいろの形で伝わっている。ただ私が注意するのは、何度も水の中から往来しているうちに、だんだん大きくなってきたという話法である。かしこ淵の霊怪譚が全国に分布して、そのほとんど全部がこの点を共通にしているのは、あるいはまた一つの新しい暗示であった。これもいまいちだんと古風な形があって、水の神が蜘蛛になって人間と交通したことを、信じて説いていた時代があるのかもしれぬ。蛙や田螺《たにし》の例はすでに本文にも列記したが、なおその以外には、蟹なども多くの怪談を持っている。そうしてしばしば蛇体のヌシと、水底の主権を争おうとしたという伝説があるのである。

田螺聟入

森口多里君の『黄金の馬』一三一頁に、また一つの別様なる田螺《つぶ》の聟入譚《むこいりたん》が出ている。前に千刈田、後に千刈田の田主があった。ひでりの年にその田がすらりとかわいてしまったので、沼のほとりに行ってこういうことをいった。どの田螺でもいいから今夜一晩のうちに、おれの田に水をかけてくれるものがあれば、三人の娘の一人を嫁にやろうといった。そうすると次の日にはその田に漫々と水がたたえられて、田螺が美しい和子様になって嫁迎えにきた。そうして三人ある末の娘を、水の底のりっぱな家へ連れていった云々。それからあとは、今その本が手元にないので引用しえない。蛇の聟入りの話でも、父の約束の理由はいろいろあるが、いちばん数多くかつ古い形は、これと同様に稲田の水の必要からであった。それを童話の猿聟入りでは、牛蒡《ごぼう》を抜くのを手伝ってもらってといったり、または蛇の場合でも、蛙を助けてやるなら娘をやろうといったなどと、もう最初から笑うような話にしてしまっているのである。田螺に田の水をかけてもらうなども、突拍子もないことのようであるが、越後などには今でも山の池の白田螺に、雨を祈るという習俗が残っている。

肥前の島原では、この蛇聟入りの昔話が川童の聟になっている例がある（榊木敏君、『旅と伝説』二巻八号)。むかし北有馬の庄屋の田に、どうしても水がかからぬことがあった。氏神に願を掛けると夢のお告げがあって、これは美しい一人娘を、有馬川の川童が嫁にほしがっているのだ。娘を川童にやれば、すぐに水はくるとのことであった。それで心配をして娘に話すと、娘は承知をして一つの瓢箪を持って川童のところへ行った。嫁になりますから早く田に水をあてて下さい。この瓢箪は私の魂です。これが沈んだらいつでも参りますといって、それを有馬川に投げ込んで帰ってきた。そうすると庄屋の田には水がみち稲が繁り、その以後は秋の稲の稔るころまで、一つの瓢箪が有馬川の淵に、浮いては沈み沈んでは浮きしていたというのである。他の地方の蛇聟入りの話にも、瓢箪を持って嫁入りしたという例は多く、猿聟入りのほうではこれが一転して木の臼の話にもなっている。そうして『日本紀』の仁徳紀十一年に出ている備中県守《あがたもり》淵《のふち》の瓠《ひさご》の話などが、この肥前の例と比べると似過ぎるほどよく似ている。神を試みたという説話はもうあのころからあったのである。

隣の寝太郎

一　治水拓土の功績

昨年春ごろのことであったか、「大阪朝日新聞」の山口版に、長州厚狭《あさ》駅の寝太郎荒神《ねたろうこうじん》の由来談が、木像の写真を添えて詳しく掲げられていた。寝太郎は三年三月の間寝通して、貯えの穀物を食いつくしてしまったなまけ者であったが、人の知らぬうちに大川の水を引く工夫をこらし、千町歩の荒地を開発して、たちまち大福長者になったという偉人である。二百十歳まで長生きしたなどとも伝えられる。寝太郎荒神はその寝太郎をまつったともいえば、また寝太郎の守り神であったともいって一定せぬが、とにかくに百年余りも前からその名の社があったことだけは、文政六年（一八二三）の温山《おんざん》紀行にも明らかに見えている（『大日本地名辞書』）。それが近ごろになって急に名高くなったのは、一つにはこの地が萩線の分岐点として、多くの旅客が足をとめることになったのと、いま一つは名物寝太郎餅の宣伝であろうと思う。

私はこの餅の起こり、ないしはどうして餅と寝太郎とを結びつけることになったかを、誰よりも熱心に知りたがっている。その理由はこれから述べてみようと思うが、ことによるとこれも「桃太郎」の黍団子《きびだんご》、もしは「蛙の聟《むこ》殿」の袋の餅などと、同じ「話の種」のかすかなる痕跡かもしれぬからである。寝太郎荒神は、また庚申《こうしん》と思って拝んでいる人も多かった。御神体の木像は福相で、むしろ庚申よりも大黒様のほうに近かったが、以前はこの地方の農民たちが、藁で製した猿を奉納して農作を禱《いの》ったというから、祭日もおそらく庚申《かのえさる》の日であったろう。この日はわれわれの昔話のためにも、特にたいせつなる日であった。庚申待《こうしんまち》と称して講中の人々が、当番の家または堂宮に集まって神を祀り、夜通しおもしろい話をして明かすことは、全国農村の近いころまでの風習であった。すなわち多くは昔話はこの庚申講の夜と連想せられていたのである。

次にはその社のあるところを寝太郎屋敷、土地を寝太郎町という人があったのも、もし寝太郎長者が実在の人物でないとしたら、はなはだ不可解のように見えるかもしれぬが、私には格別意外とも思われぬのである。一言でいうならば、寝太郎の話をよくする人が、住んでいた屋敷または町であったと、解しておいてさしつかえがないのである。ただし土地へ行って、も一度確かめてみたほうがよいが、私の聞いているある一人の報告では、寝太郎はよく寝るゆえに付けられた綽名《あだな》であって、本来は悪七兵衛景清《あくしちびようえかげきよ》の後裔ということになっていたそうである。これがわれわれにとって、また一つのたいせつな手がかりであるわけは、日本には景清を元祖とする盲人の一群があって、久しくいろいろの民間説話を管理し、またこれを町田舎に配達していたらしいからである。かれらは『平家物語』や『三代田村』という類の長い戦記を表芸としていたが、その合間には珍しい多くの昔話を覚えていて、おもしろくこれを語り、また時々少しずつ改作を試みて、聞く人の機嫌を取り結ぶことを職業にしていた。そうして村々の庚申待の宵には、かれらは欠くべからざる御伽《おとぎ》の人数であったのである。

二　長者の聟

寝太郎が稀代のなまけ者でありながら、ほとんど日本の全土のどこにでも知られており、また往々にして土着して伝説に化しているのは、かりに全部が悪七兵衛の末流の所業でないまでも、少なくとも話そのものが、始終旅をしていた証拠ということはできる。自分が幼時播州の田舎で聞いていたのは、こまかな部分はもう忘れてしまったけれども、寝太郎が何一つ能のないのらくら者のくせに、一朝智謀をもって富貴の望みを達したというまでは、長州厚狭《あつさ》の例と同じであった。しかもその手段というのがまるで別種のもので、そのいわゆる「昔々或処」は、明白に山口県下ではなかったのである。播州の寝太郎は隣が長者で、美しい一人娘をもっていた。寝太郎は夜中にその長者の枕元に近よって、「隣の寝太郎を聟に取れ」というと、長者がその声を神のお告げと信じて、娘をこのなまけ者にくれという筋であったが、どうしてそれを信ずることになったものか、それまではもう記憶していない。ただこの一句だけが、今でも強く耳の底にこびりついているばかりである。

前にも桃太郎についてすでに考えてみたごとく、水土平定というがごとき世の中のためになる労苦と、完全なる花嫁をもらって家をおこすということは、昔話の英雄の二個の記念すべき大事蹟には相異ないが、それはその家筋の者の立場から見た時のことで、外部から考えるならば第一のほうがもちろん重要である。しかるにこの寝太郎の話ばかりは、ただ一つの長州の例を除くほか、妙に求婚手段の成功のほうに力を入れて説くものが多い。私の想像では、これはこの説話がつとにまじめなる信仰生活から脱出して、もっぱら好笑を目的とするおどけ話の領域にはいってきたためで、話術発達の二つの経路は、偶然にこの方面からもうかがい知ることができると考える。以前はただ田螺の子や一寸法師のように、人間の目からはとうてい物になるまじく見えるものでも、天分神意ないしは隠れたる約束の存するかぎり、かほどの難事業をやすやすとなしとげたという例であったのかもしれぬが、後にはかえってその信じがたい「意外」に興味を感じ、さらに一段の誇張を添えて、いよいよ空想の新たなる自由を、楽しむことになったのかと思う。越後八石《はちこく》山の豆の木が日をおおうた話、もしくは鴨取権兵衛《かもとりごんべえ》が鴨とともに空を飛んだ話などは、いかなる上代にも神話として受け入れられたわけがない。それが少なくとも今日の形にまで成長したのは、聴き手も話し手もともにたくさんの実験を積んで、人生が必ずしも神話の説き示すとおりでないことを、知りきってから後のことであった。いわば醒めたる者の新しい夢であった。寝太郎立身の昔話のごときも、おそらくはまたこの昔の信仰の隙間から、萌えいでたる文芸の芽ばえであって、問題は単にどれだけがもとの姿、何を種にしてこういう類の大話《おおばなし》が、波のまにまに生い茂ることになったかにあると思う。

ウソにも一定の限界のあったというのは、考えてみるとおもしろいことである。なまけ者が突如として長者の聟になるというような、極度に不可能なる空想にまで、なお全国共通の順序様式のごときものがあったのは、つまり話を聞こうとする者の要求が、最初は今よりもはるかに強く話をする者を拘束していたからで、うそつきは特に実害をこの世に残さない用心から、できるだけ、容易に人がウソだと心づいて、ともどもに笑いうるような話をした。これがわれわれの昔話のいつまでも同じ筋を走って、こういうありうべからざる滑稽の中からでも、なお最初のまじめなる姿を、髣髴しえられる理由であろうと思う。

三　奥州のならず者

座頭がおどけ話の改作に参与したことは、少なくとも近世普通の例ではあったが、はたしてそれがいずれの時代からはじまったかは、どうもまだ確かに知ることができない。そうしてこの話の国中に流布したのは、ずいぶんと古くからの事実であった。奥州では寝太郎という代わりに、ある一人のならず者がといっているが、長者をあざむいてうまうまと一人娘の聟になっただけは一つである。『老媼夜譚』の第六十四話に、

昔、大工の庄五郎というならず者、村の長者が観音堂に夜参りをして、どうか娘によい聟をお授け下さいと、毎晩夫妻で願掛けをしているのを知って、ひそかに物蔭から作り声をして、お前たちの聟になる者は、大工の庄五郎のほかにはないと言った。それを長者が観音のお告げと信じて、さっそく大工の庄五郎を捜して、娘をもらってくれと言ってきた。

それでめでたく縁談がととのい、ならず者たちまち長者となるというのであるが、これには注意すべき一つの挿話をともなうている。大工の庄五郎はこのことを朋輩《ほうばい》の博打《ばくち》どもに話すと、一同がやってきていろいろと世話を焼く。当日は渚端《すかばた》に行って砂を多くの俵につめて、今婿殿の米船が着いた。嫁御の荷物も運び入れねばならず、やれ忙しやと大騒ぎをして見せる。それを聞いて嫁も喜び、舅も安心をしたというのであるが、この友だちの助力ということは、同じ話についてまわっているのみならず、終わりに言おうと思う八戸《はちのへ》の蕪焼笹四郎《かぶやきささしろう》のほうともつながっている。単に聟一人の才覚では、目的を達しがたかったというだけの理由ではなかったようである。

大工の庄五郎というのは、たぶんそういう道化者があって、おもしろくこの話をした記念であることは、豊後《ぶんご》の吉右衛門なども同じかと想像する。『江刺《えさし》郡昔話』（五〇頁）に採

録せられた一話では、長者のほうにばかり名があって、聟は単にあるのらくら者がとある。そうして朋輩の援助がこれにはいま一段と適切であった。

昔、二人ののらくら者が、生まれ在所では誰も相手にしてくれぬので、二人連れ立って南部へやってくると、ちょうど熊野沢の要左衛門長者の家で、一人娘に聟を捜している。それを聞いて二人は談合して、近所の地蔵堂に入り込んで、一人は地蔵になって物を言い、他の一人はその評判をしてあるく。それがたちまち流行地蔵《はやりじぞう》となって繁昌する。熊野沢の長者もそれを聞き伝えて、娘の縁談をうかがいにいくと、地蔵が長者にこう言って教えた。いつ幾日の夜明けにお前の家の前の杉の木の上へ、天《てん》から若い者が一人おりてくる。それは天《てん》っこ神の子だから、迎え取って娘の聟にせよと言った。長者はそれを信じて待ち受けていたところが、はたして門前の杉の木の上から、そののらくらの一人がするするとおりてきて、さっそくに聟殿になってしまうという話。

地蔵が物を言うなどは、あまりばかげているようだが、東北の村の人にはこれにも特別の興味があった。かつて『日本の伝説』にも書いておいたごとく、多勢の若い者が一人をまん中に入れて円陣を作り、歌や唱えごとをもってはやし立てて地蔵を憑《つ》かせて、いろいろのうかがいを立てる遊びが東北にはあった。われわれの知っている「中の中の小坊主」と同じく、最初はこれも信仰の行事であったろうが、近ごろはまったく一種の慰みになってしまって、わざととんでもない問いをかけ、おどけたことを言わせて笑うのを目的にしていた。相手が地蔵であり、寄り集まる者が若い男女であるゆえに、題目は自然に縁結びのようなことを主にしていたろうと思う。長者の娘がのらくら者を聟に取るなどは、特にこの地蔵遊びと連想せられやすい、滑稽なる作りごとであったのである。

四　沖縄の睡虫

それよりも自分の珍しく感ずることは、聟が天から門前の杉の木を伝っておりてきたという一条である。これを直接に『日本書紀』の、海の宮の門の前なる百枝の杜樹《かつらのき》に比較しようとしたら、人は必ずその不倫をいきどおるでもあろうが、この二つの極端の中間には、なおいくつかの「失われたる鍵」が見いだされるので、決してある一つの地方でばかり、偶然に取り入れられた新しい挿話ではないのである。たとえば佐喜真《さきま》君の『南島説話』第八十七話は、琉球にもこれと半分以上、一致した例のあることを示している。曰く、

昔ある処に貧しい男があった。心は非常によかったが、貧乏は言語に絶し、頭を入れると足が出る、足を入れると頭が出るような小さな家に住んでいた。この男が天人に教えてもらって、一本の爆竹を持って村の長者の家の前の大木に登り、大きな声で自分は天人であると言った。そうして何の某をこの家の聟にしなければ、このとおり家

を焼いてしまうぞとおどして、爆竹の火をあげて見せた。長者がつつしんで承知の旨を答えて後、そっと小屋に帰って寝ころんでいると、はたして長者が多勢の下男を連れて、この貧しい男を迎えにきた。それでめでたく大金持の聟になったという話。

この話の中でも、小屋へ戻って寝ころんでいるということが、なんでもない一条のようであるけれども、やはり物草太郎の伏屋の住居と一貫している。それから天人が爆竹を与え、策を授けたという点は、おそらくまた奥州でいう博打《ばくち》仲間とともに、そういう成功が自分一人の智謀でなかったことを、必ず語り添えていたなごりであろうと思う。沖縄では今から百五十年ばかり以前、民間の説話と伝説とを集録した『遺老説伝』という漢文の一書がある。その中にもすでに同じ話を載せているのであるが、それから以後の話し方の変化か、ただしはまた当時早くも系統を異にしたものがあったか、とにかくに今では同じ話ともいえぬくらいに、いくつもの相違をもって伝わっているのである。文章が長くてまたむつかしいから、ここにはただ要点だけを引用しておくことにする。

昔、首里の町に、いたって貧乏なる老夫婦があって、次良という一人の息子を持っていた。次良は世にも稀なるなまけ者で、食っては眠り覚めては食い、少しでも老いたる親の労苦を助けようとせぬので、人は嘲って睡虫という綽名を付けた。ある時その睡虫が何を考えついたか、突然母親に向かって白鷺を一羽買ってくれという。わけを尋ねても黙って答えない。親はふびんに思って、しいて工面をして白鷺を求めて与えると、大いによろこんでそれを隠しておき、一夜ひそかに神仙の容貌を装うて、鷺をかかえて隣の金持の家の、庭前の大榕樹の梢に登り、天帝の勅諭があるから急いで出てこいと、大きな声を上げて呼んだ。長者夫婦が榕樹の下に行くと、この家には十六になる娘があるではないか。その聟になるべき者は隣の次良よりほかにない。すみやかに彼を呼び迎えて家をつがせ、親どもを養ってやるがよい。今こそ世間からあなどられてはいるが、彼は誠実でまたかしこい男で、後には必ずこの家を繁昌させる。天のお教えにそむいて遅惧するならば、その罪は決して軽くないぞと言った。長者は驚きまた喜んで、いかにも御仰せのとおり、睡虫を聟にいたしましょうと答えると、それではその由を天宮に復命すべしと言って、かかえていた白鷺を放したので、鳥はたちまち大空に向かって飛びあがり、夫婦はいよいよ尊信の念を加えた云々。

それから計画のごとくたちまちにして長者の聟となり、同時にまた生まれ変わったようによく働く若者となって、めでたく家富み栄えたことは、すべての寝太郎と異なるところがないのである。この話が沖縄一島に偶然に発明せられたものでないことだけは、次の一例がまた明らかにこれを証拠立てる。ただ何びとがその分布に参与し、どうしてわかれわかれに保存せられていたかということのみが、将来の考察にゆだねられているだけである。九州では豊前築上郡上城井《ぶぜんちくじょうきい》の山奥に、寒田《さわだ》という部落があって、古くから知られていたが、そこの住民を主人公とした一団のおどけ話が、寒田噺と呼ばれて周囲の平原に流布している。もちんその大部分は寒田の人たちが、聞いたら怒るような失礼な話であって、むしろ伝承者のかれらでなかったことを示すのであるが、少なくともこの地を熟知する区域以内に、昔話を統一して管理しようとした機関の、かつてあったことだけは推測しえられるのである。寝太郎聟入譚はこの中にも一つあって、それが沖縄の『遺老説伝』とよく似ていた（『国学院雑誌』三二巻四号、坂根道治郎氏）。

昔寝太郎という男は、明けても暮れても寝てばかりいて、三年たった一度しか目をさまさなかった。ある時起きて見たら年の暮れであった。母が正月のお醬油を買ってこいといって、金を持たせて町へ使いにやると、醬油は買わずに、その金で野鳩を一羽と鈴を一つと買って帰った。母がそれを見て小言を言ったが、かれはただ黙って笑っていた。寝太郎の隣は大きな財産家で、美しい一人娘があった。正月元日の明け方に、寝太郎はその野鳩に鈴をゆわえ付けて、隣の屋敷の境の大きな椋の樹の梢に登って隠れていた。そのうちに長者の主人が起き出して、顔を洗いに椋の木の下へやってきた。そうすると木の上の寝太郎は作り声をして、おれはこの地の氏神である。娘には必ず隣の寝太郎を聟に取れ。そうすればこの家がいっそう繁昌するぞと言って、かかえていた野鳩を放すと、鳩は鈴の音をさせながら空を舞って、やがて鎮守の森をさして飛んでいった。長者はこれを見て驚きかつ喜んだ。そうして寝太郎がそしらぬ顔をしている処へ、にわかにたくさんの米や餅を持参して、聟入りの相談にやってきた。この相談はむろんすぐにまとまり、それからは寝太郎も一生懸命に働く人になった。

従来のいわゆる伝播論者は、伝播はただなんでもないことのように考えていたが、こういう実例になるとそう簡単には説明ができず、しかも旅行をしなかったものとすると、とうていこれだけの一致はありえない。私はこの話の運搬者の誰であったかを尋ねてみる前に、まず白鷺と野鳩と、二者いずれがもとの形、いずれが後に改まったものかを決したいと思う。古い記録には鳩も鷺も、ともに神の使いとして信ぜられたことが見えているが、片方はわざわざ鈴を付けないと通用しなかったのだから、簡単な方が前だと見てよかろう。白鷺は人を見てもすぐに逃げず、いかにも落ち着いていて、その上にこわい目をしている。そうして夜の明け方に茂った木の中から、ふわり飛んでいく挙動なり羽の色なりが、特に霊異の感をいだかせたものと思われ、人がこの鳥の来集に驚いて、祈禱や占いをしたという話は多いのである。はたしてもし私の想像しているように、鷺が前だとすれば沖縄へはよほどまた早くから、「寝太郎」の話が渡っていったのである。あるいはあべこべに向こうの群島から、渡ってきたともいえそうなものだが、実際はそういう場合が想像しえられず、また他に類例もないばかりか、話の本州における分布と変化とは、とうていそのような一隅の根原を想像することを許さぬほど、ひろく久しくまた細かいのであった。

五 「物草太郎」の草子

その変化の実例としては、幸いにここに「物草太郎」の一巻がある。この有名な御伽草子と、われわれの民間説話との関係は、もとより『遺老説伝』が島人の口碑を拾載したような簡単なものではなかった。第一にこれには話を長くかつおもしろくする試みがあった。そうして首尾の形をととのえ、またおそらくはこれを上品なものとするために、舞台を花の都に移すという類の、いくつかの小さき改定を加えたことは、ちょうど今日の地方の才人が、昔話をいわゆるコントたらしめんとするのと、同じような苦心であったろうと思う。しかし二、三の文学史家が臆断したごとく、これをある時代の文芸の創作とし、他のいくつかの民間説話はすなわち粉本をこれに採ったものとすることは、いささかも根拠のないことである。草子の「物草太郎」にもしなんらかの新しみがあったとすれば、それは昔の物語絵にならうて、話を一巻の目で見るものにしたこと、および今まで行なわれていたいろいろの話し方をよせ集め、それに筆者の思いつきをもって、なおいくつかの文句を付け添えたらしきことで、話そのものは突如として考察せられるほどの筋でもなく、また前々から聞いて親しみを持つ者だけが、格別おもしろさを感ずるような潤色と誇張とに満ちている。物語の骨子は依然として誰にも認められなかった大なまけ者の器量才覚が、不思議の良縁に成功して、はじめて世に現れたというだけの簡単なもので、それをよけいな滑稽が幾分か引きゆがめていることは事実であるが、なお今までの一寸法師、ないしは蛙・蛇・田螺の出世譚と一貫して、すぐれた婿殿は往々人間のあなどり軽しむる者の形を仮りて、通うてくるものだという古代人の信仰の、痕跡だけはとどめているのである。

今ある草子の「物草太郎」が、いつのころいずれの地において結集せられたかは、単に伝本の系統をきわめたばかりでは、これを推定することがむつかしいように思う。『諏訪《すわ》絵詞《えことば》』の奥書にもすでに例があるごとく、田舎の口碑を文章に書き表わし、ことに美しい手跡と彩画とを賞翫《しょうがん》しようというには、これを京都に持って出て芸術の士に依頼する場合が、多かったろうことはもちろんであるが、はたしてその際に新たに編述する必要があったか否かは、まったく口碑そのものの種類・性質によることであった。社寺の縁起や霊験記のような、伝説の部類に属すべきものならば、人は単にその実質だけを持ち伝えているのだから、順序なり話し方なりは時によって一定せず、しがってそれを筆にする者の技能は随所に発揮しえたであろうが、これが民謡であり、もしくは何曾《なぞ》である場合には、文字はただ忠実に既存の口語に写し出せばすなわち足るのであった。そうして昔話は、ちょうどこの二つのものの中ほどに位していた。次々の話し手が自分の才智、もしくは誤解や記憶違いをもって、改めていく部分はむろんあったが、その前後の形式と大体の結構とには、踏襲しなければならぬものが多かった。今日のごとく人が「その話なら知っとる」といって、二度は聞こうとしない世の中になっても、なお少しく新しみを出しすぎると、もう昔話ではなくなってしまうのである。ことに話術の洗練を旨とする講釈師・話し家にいたっては、型にはまるをもって上達と心得る者さえ多く、凡庸なる多数は枕から入れことまで、いっさいがっさい師匠の口写しを守り、聴衆は単に声と調子との、善悪を品等しているだけである。すなわち外形はやや自由になったように見えても、これを暗記しまた伝承しようとする者の態度にいたっては、いささかも浄瑠璃その他の以前の語り物に対すると、異なるところはなかったのである。場数と練習とをもってたたき上げた者には、一般にこの機械的傾向はあるが、ことに記憶力を生命とし、伝授のやかましかった盲人たちの間には、説話が変転し進化する原因が乏しかったように考えられる。だから現存の「物草太郎」が純乎たる書きおろしであるか、はたまたこれが一巻の書に筆録せられる以前、すでにほぼこの形に固まっていたかは、結局は昔話をもって職業とする者が、その流伝に参与していたか否かによって決すべきで、私は今のところでは、たぶん参与していたろうと思っている。

ただしことわっておかねばならぬことは、中世信州の盲人たちが、説話によって活計を立てていたという、直接の証拠が見つかったわけではない。今ではまだ推測の範囲を出ないのであるが、筑紫琴《つくしごと》とか三味線とかの民間楽器も普及せず、『平家物語』が東北の田舎に歓迎せられるまでに、諸国の交通が発達しなかった時代には、かれらの芸術もおそらくは地方的に割拠し、後日全国を風靡したような大きな話題を持ち合わせない土地では、いきおい付近の神社仏閣によりすがって、その信仰の宣伝を助け、または利用する生活方法に、技能を傾けようとしていたことは察せられる。もっともそういう業体の者は他にもあって、どれまでが盲法師、どれから先が巫女《みこ》や神なぎの仕事という区別も立てにくく、またことによると相互に融通していたのかもしれぬが、少なくともこの輩の力によらなければ、かくまでは分布もせず、また変化もしなかったろうと思う口承文芸は、すでにいくつともなくその例があげられるのである。草子の「物草太郎」が生国は信濃で、筑摩《つかま》の郡あたらしの郷というところに、四本の竹の柱を小屋にして住んでいたというだけなら、あるいは都の文人の筆まかせとも考えられるが、それが出世の後信濃の中将となって在国し、富貴長命をきわめて、終わりに穂高《ほたか》の大明神となり、女房は朝日《あさひ》の権現となって現れたまうというにいたっては、こういう道化たる話には不必要な結末で、前に定まった一つの形が、その故郷においてすでにある程度の作りかえを受けてから、持ち出されたものなることを想像せしめるのである。

「毎日一度この草子を読みて人に聴かさん人は、財宝に飽き満ちて、幸ひ心に任すべしとの御誓ひ也、めでたし〳〵」とある最後の一句なども、おそらくはまた古い形式の引き継ぎであった。すなわち物草太郎の奇跡が、いま少しくまじめな驚きをもって迎えられていたころから、すでにこれに近い言葉が付け添えられてあったのを、そのまま記録に採用しているのから見ても、これが創作でなかったことがわかるのである。

われわれはむしろこの偶然保存せられたる記録の一篇によって、説話がおいおいと単純なる娯楽用に化してきた経路を尋ぬべきである。「物草太郎」の滑稽が幾分か濃厚に失し、押し問答が妙に理窟ばっているのは、それがもと盲人の所管に属していたからだと見るのは、私一個の直覚かもしれぬが、少なくとも説話には道化たのとまじめなのと二つの種類があって、それが男女の両性の間に、分業になっていたことだけ事実である、法師と歌比《うたび》丘尼《くに》などは知り合いであった場合が多く、また活計のためには方々の昔話を拾い集め受け売りして、必ずしも本山の正しき所伝ばかりを、守ろうとしなかったことも同じであるが、しかも二者の間にははやくから、いちじるしい傾向の相異が現れていた。ひとり合戦や変化退治のような荒くれたもののみといわず、いわゆる大話《おおばなし》の旧来の信仰を裏切り、もっぱら聞く人の笑いをうながそうとする類の語りごとも、必ず男がするものにきまっていた。これは単に女性の気質や教養が、一般にそれに向かなかったというだけであるか、ただしはまたかれらが一段と神仏に接近して奉仕していたことと、何か隠れたる関係のあるものかは、まだわれわれには容易に決しかねるが、とにかく技芸の分離独立、すなわち昔話の自由なる発達はまずこの方面にはじまり、各種の浮かれ坊主の狂言綺語を弄する者が、年とともにその数を加えたに反して、婦人のこの業にたずさわる者だけは、なお久しい後まで信仰と縁を絶たなかったのである。信州の「物草太郎」が他の多くの「桃太郎」系説話と共通に、非常に明るい結果をもって「瓜子姫」系のさびしさと対立する以外、さらにその求婚方法に関して、山田白滝譚の歌問答の形式を採用していること、それから団子のころんだのを地頭殿に、馬から下りて拾ってくれと頼んだという一条が、後世の笑話にもしばしば現れてくることなどは、ともにこの草子の本文の伝承者が、やはり長門の寝太郎長者の場合と同じく、悪七兵衛景清を元祖とする盲目の徒であったと、解して見るならば格別の不思議はないのである。

六　博打聟入りのこと

問題はそうした自由なる改作者、説話固有の趣旨を脇にさしおいて、もっぱらそのおかしみにのみ力を入れ、できるだけそれを誇張して、信仰なき俗衆によろこび聞かせようとする者が、はたしていつの世からわれわれの国に出現したかということである。田舎はともかくも、京にはその風が早くはじまるべき理由もあり、また記録の徴証もあるわけであるが、私はまだあまり古いものに心づいていない。もちろん昔話の種類によって、特に笑話に化しやすいものと、そうでないものとがあったには相違ないが、ずいぶんまじめな話でも、いったんわれわれのこれを迎える態度が変われば、いかようにも滑稽に取り扱われえたことは、江戸その他の近代都市の、民間文芸の趣向を見ても察せられることで、要は世の中の需要と、それに応ずる技術の進歩とにあって、最初からある一部面のみに限るべき新現象ではなかったはずである。「惰け者の聟入り」が後世の新作でもなく、また輸入でもなかったという例証は、少なくとも『宇治拾遺物語』（国史大系本一九四頁）の中に一つある。筆録の年代は少なくとも四百年ほど、「物草太郎」の草子よりも前だろうと思うにもかかわらず、このほうがはるかに今日の諸国の「寝太郎」に近く、しかも造意をもって神話の写実味を排除している点は、かえって長州厚狭《あつさ》の治水開土談より前へ出ている。私はこの事実によって、『宇治拾遺』という書物が成った時代に、すでに男性の説話を職業とする者が、（盲人ではなかったかもしれぬが）存在せしことを想像しているが、それはもとより今後発見せらるべき旁証の多少によって決すべきことである。はたしてこの想像が確かだったとすると、神話はひとり一個の神子出現譚のみならず、他のまったくこれと関係なきものまでも、もうこの時代よりも以前から、そろそろ変質して、今日のいわゆる昔話になりかかっていたとまではいえるのである。

　試みにこの『宇治拾遺』の「博打聟入りのこと」を、今日の言葉に引き直してみようと思うが、これにはただ一つ、婚姻習俗のその後の改廃が、ややわれわれの諒解を、妨げていることをあらかじめ注意しておく必要がある。

　昔々、醜い顔をした一人の若い博打《ばくち》があった。二人の親はどうすればこれに嫁を持たせることができようかと案じていた。ところがある長者の家にたいせつな娘があって、男ぶりのよい聟を捜していることをこの博打が聞きつけて、自分は天《あめ》が下の顔よし、すなわち日本一の美男というふれ込みで、とうとうその娘と契約をしてしまった。何日かの後、晴れて舅姑《しゅうと・しゅうとめ》と対面する日になって、はじめて醜い顔を人に見せなければならぬのに苦心をして、ばくち仲間の者に相談して策略をめぐらした。当日は夜の内からその仲間の一人が、ひそかに天井裏に上っていて、大きな声で「天が下の顔よし」と三度呼ぶ。そうすると聟が思わず知らず返事をする。家の者が驚いて聞いている前で、その天井裏の鬼が、この娘は三年も前からおれが領しているのに、その方はどうして通うぞという、そんな事は少しも知りませんでした。どうかおゆるし下さいと聟がいう。にくいやつだ、命と顔とどちらが惜しいか。一つだけは取っていくと鬼がいう。聟はわざと返答に困っていると、そばから嫁の親たちが命のほうがたいせつだ、顔はしかたがないというので、そのとおり返事をする。さらばスフ〳〵と鬼は唱えごとをして、ずしずしと天井を歩んで帰っていく。あらあらといって聟は伏しまろぶ、人々寄り集まり紙燭《しそく》をつけてはじめて顔を見ると、さしも天が下の顔よしが、目と鼻と一しょに押し付けたようなおかしな顔になっている。「ただ命をこそというべかりけれ」といって花聟は泣く。これもいたし方がないと、かえって親たちの方で慰めて、それから大いに優遇して、よい家を建てて楽々と暮らせるようにしてくれた。めでたし。

多くのこれまでの求婚冒険談では、小さいか、貧しいか、醜いか、なまけ者か、いずれか一つでも美人の妻を得たことを奇蹟としていたのに、この話の若者は現にその三つを兼備していた。それでも福分あり、智慧があれば、優に成功するということを、ここでは長者の愚鈍を価にして実現させているのである。鬼が島の鬼が非常に弱く、宝物交換譚の天狗や狐が、法外に浅慮であったのと同じく、つまりはこれも実世界に不満の多い凡人たちを、楽しませるための空想であったと思う。

それからこの幸福なるなまけ者を、寝太郎だの睡虫だのという代わりに、博打ちのしようのない者であったとしているのも、近ごろ奥州ではじまったことではなくして、古くからの話術であったのである。単なる愚か者が突然として賢くなり、世にも稀なる長者となったというためには、そこに前兆なり隠れたる力の導きなりが、あったことを説かなければならなかったのであるが、その点が次第に常人には信じがたくなると、話はどうしてもこういう方へ出ていくのほかはなかったのである。今日ならば「なまけ者」にもいろいろの種類があるが、中世にはおそらく寝るか賭博《とばく》をする以外に、人にきらわれて除け者にされる生活が、そうたくさんにはなかったのであろう。その上にまた博打ちの賽《さい》というものには、特殊なる神秘があった。それゆえにひとり長者の聟になる話だけでなく、妖怪変化をあざむいて成功した話などが、これにもとづいて際限もなく発達したのである。「桃太郎」や「御曹司の島渡り」においても、敵の宝物をまき上げることが勝利の手段であり、「一寸法師」でもまず打出小槌を手に入れて、それから立身が思うままであったごとく、われわれの宝物交換譚には、法師や易者が秘伝の品だと称して、なんでもない贋物《にせもの》を狐に渡す話と、博徒の持つ賽ころを天狗などが所望する話との二通りあるが、前者はたぶん第二次の転化であったらしい。賽と取り替えられたという天狗の宝物にも、羽団扇《はうちわ》と隠れ蓑笠との二種があって、双方ともに今は落語のような結末をもって笑わせているが、これにもかつては「めでたしめでたし」の、本式の形態があったのではないかと思う。信州北安曇郡などの「隠れ蓑笠」の話では、博徒が賽と交換してきた天狗の隠れ蓑を、女房が知らずに焼き棄てたので、その灰を身に塗って酒屋に忍び込んだというまでは、他の地方に行なわれるものと同じことであるが、ここではそれがちょうどいずれの話にもよくある中途一回の危機であって、それを通り越して結局はその妻の智慮ある援助によって、その博打ちの呑助が金もうけをしたということになっているのだから、すなわちまた最初はあなどり軽しめられていた者が、実は英雄であったという説話の、進化してきた路筋がうかがわれるのである。妻の援助が古くからの要素であったらしいことは、これから後になお説明してみたいと思っているが、それとは別にいま一つの重要なる援助者があった。奥州でも『宇治拾遺』でも、それは博打ち仲間ということになっているけれども、本来はもう少し深い意味あるものの痕跡であるらしいことは、他の類において何がその地位を占めているかを、綿密に比較していけば必ず心づかずにおられぬ。前に「瓜子姫」の物語において、私が動物の援助といったのもそれであった。現に九州沖縄の寝太郎話においては、鷺や野鳩がその任務にあたっている。そうして神仏霊鬼の隠れたる意思を代表したことは、双方に共通であったのである。単なる博徒仲間の義理というだけではなかったのである。

七　せやみ太郎兵衛

草子の「物草太郎」が新しい改名であったことは、別に言語の側からもこれを察することができる。古語のモノウシが、名詞形のモノウサを中に置いて、モノグサシというようになったことは、少なくとも京都においてはそう古くからの訛誤ではあるまいと思うが、それが普通になって後に物草太郎という語が起こり、その新語の興味はまた、改めてこの昔話をして生命あらしめたらしいのである。一寸法師も以前の日本語はチイサコであったのが、妙に新語の一寸法師が人気に投じて、諺にもなれば俳諧の連歌にも用いられた時代があった。昔の赫奕姫《かくやひめ》にもその後の桃太郎にも、ともにこの名称による復活というものがあったように思う。現に今日でも話はたいていこのおもしろい名において、記憶し保存せられているのである。

出羽の荘内の「せやみ太郎兵衛」の一例は、最近に堀維孝《ほりいこう》氏の好意によって知ることができた。セヤミは「背病み」であって、われわれの「骨惜しみ」に近く、東北六県を通じてなまけ者の意味に用いられる方言である。そのセヤミ太郎兵衛が西日本の寝太郎と同様に、やはり不思議なことから長者になったというのである。

昔々せやみ太郎という男があった。毎日毎日寝ころんでばかりいて、何一つ働こうともせず、食う物の用意をするのもめんどうだといって、前の畠にたった一株の菜が生えていたのを、一葉ずつ欠いては食っていた。だんだんに菜の葉がなくなって、おしまいに引き抜いて見たところが、その根の穴の中から酒の泉がわき出した。せやみ太郎兵衛はこれによって、たちまちにして大金持になったという話。

荘内ではあるいはもう「これでどんどん払い」であったのかもしれぬが、この話はもとはなお複雑であり、またひろく行なわれていたかと思う痕跡がある。たとえば『老媼夜譚』の山の神が赤子の運を定める話にも、後に長者になる女房が畠の大根を抜いて食うと、その穴から泉酒がわいたという一条がある。以前、中道等《なかみちひとし》君が報告した南部の豊川村の蕪《かぶ》焼《やき》笹四郎の話（『旅と伝説』二巻一〇号）なども、今になって考えてみると、やはりまた一つのセヤミ太郎兵衛であった。笹四郎は親譲りの畠の蕪ばかりを焼いて食って、米の飯をうらやもうとしなかったということになっているが、自身農作に働かなかったは同じである。そうして中道君の記述には見えないが、ここでもその畠の蕪の穴から、酒がわいたと語る人もあるように聞いている。しかも似た点は単にそればかりでなく、この笹四郎もまた一種の智術をもって、長者の聟になっているのであった。豊川村の若い者どもは、蕪焼に一つよい嫁を見つけてやろうと言って、毎日山から白土を掘ってきて、これを大川に流し入れた。そうするとついに大川の水の色が白く濁って、川下の湊の町の人が不審をする。湊一番の金持ちに娘があって、それを笹四郎の嫁にもらいにきた。若人たちが大川の水の色の急に白くなったのは、今年はじめて酒を造る笹四郎の酒倉で、数多の下女・下男が米をといだ水だというので、それにだまされて縁談を結んだと伝えている。これもちょうどまた閉伊郡のならず者の友人らが、砂を俵につめて米俵と称して運んだというのと同じである。

すなわち燕を食って日を送るような生活から、突如として酒屋になるという段は偶合ではなさそうである。ただしこの話も前の大根畠の話も、ともに花嫁の助言が縁となって、不意に黄金を発見したという炭焼長者譚の系統に属している。「炭焼長者」は普通には女性の管理する語り物となっていた。「寝太郎」「物草太郎」のやや皮肉なる滑稽をもって、中古の盲法師、もしくは少なくとも男芸人の所業と想像している私には、これはまた非常に興味深き新問題といわなければならぬ。すなわちこれらの説話を今日まで保存していてくれた村々の伝承者には、よくこの男女二種の話術者の説くところを調合して、一つの話とするだけの力を持っていたか。そうでなければ同じ一つの題材を、最初からボサマもイタコもともに利用していたものか。あるいはまた双方各自の語り物を複雑にして長くするために、おいおいに隣の領分にあるものを採り入れたか。こまかく比較していくうちには、三つの原因のいずれが主であったかを、やがて明らかにしうる時がくることと思う。なんにもせよわれわれの神子信仰を基礎とした一つの説話が、いたってわずかしか外国の影響は受けずに、過去千数百年の間、国民の目の前において、成長し分化しかつ互いにいちじるしい差異を生じつつありしことは事実であって、それをうながしたる最も大いなる動力は、特に職分としてこれに参与した者の気質・教養、ないしは生活の必要如何であったらしいのである。こういう事情は形こそ違え、いずれの民族のいずれの説話にも、当然にあったはずである。それをかえりみないで出しぬけに末と末とを比べてみようとすれば、その結論のしばしば空中楼閣に帰し、何度でも顚覆すべきはむろんである。しかるにその外国における学説の競争を後生大事と観望して、少しでも目下はぶりのよさそうな者の後に付こうとするなどは、まことにはや気の知れぬ筒井順慶《つついじゅんけい》*である。

八　信州の信の宮

そこで立ちもどってもう一度、「物草太郎」のもとの形ということを考えてみよう。私がこの草子の筆者の文芸能力を大割引して、それが主として信州出の法師ばらの口伝《くでん》になるもののごとく推測したのは、理由はむろん最後の一節に穂高大明神の示現《じげん》を説いている点に存するが、さりとてこの説話の故郷が必ず有明山麓の村であり、もしくは発源がこの旧社の信仰であると見たのではなかった。それよりもむしろこの異常童子が、善光寺如来の申し子であったという条に、目をつけなければならなかったかもしれぬのである。というわけは、単にその点が話の芽であったというのみでなく、つとにいろいろの旅の法師、ことに盲人がこの大寺のもとに、庇護せられていた形跡があるからであって、諏訪《すわ》と善光寺との年久しい対立なども、中間に多数の宗教的漂泊者を置いて考えてみないと、いわゆる地理と歴史だけでは説明することがむつかしいと思う。もっともこの関係は必ずしも同国たるを要せず、あるいは江州大岡寺《だいごじ》の観音堂のために、甲賀《こうが》三郎《さぶろう》が諏訪の明神と示現したことを説いたような例もあるが、普通には遠く他国に出ている職業的話し家のほうが、どうしても故郷の著明なる神々を引き合いに出す場合が多かったことと思われるのである。

とにかくに説話がもと京都その他の遠国に発生したものであったら、善光寺の如来の申し子とまでは空想しえたか知らぬが、筑摩の郡あたらしやの郷や、穂高明神を説き立てることはできなかったはずである。そうすると第二段に問題となるのは、この申し子奇瑞の最も奇抜なる一種、すなわち物草太郎立身の話などは、これもまた信濃国の土産であったか、ただしはまた入用に臨んでの輸入品であったかということである。神仏に授けられたたった一人の子が、異形異類であったり、極端に小さかったりする以外に、とうてい見込みのない役に立たずであったという話は、もとより他の地方にも行なわれていた。現に奥州のツブ聟入譚においても、十八になるまで神棚の欠椀の中で、ただ遊んでいたという話になっている。しかし私の想像があたっているならば、信州は特にあの草子の世に出る以前から、すでに物草太郎の昔話が流布していた国であって、それは必ずしも善光寺ばかりに固定した口碑でもなかった。前に引用した小県《ちいさがた》郡の小泉小太郎も、十六歳まで大飯を食って、毎日々々遊んでばかりいたというが、かれは大蛇の生み残した子であって、その後裔には代々横腹に蛇の斑があった。これから尋ねてみたらまだ方々に似た話があるのかもしれぬが、現に穂高大明神の信仰圏内にも、その実例は一つ残っているのである。最近に世に出た『北安曇郡郷土誌稿』口碑伝説篇の第一冊に、次のような一条が採集せられている。

この都会染村林中区の南部を、今でも九兵衛分といっているが、昔この地には九兵衛という金持が住んでいた。その総領（または一人息子ともいう）に信太郎という若者があって、やはり有名ななまけ者であった。ある日松川村の多羅尾の山中に笹刈りにいって、笹は刈らずに昼寝をしているうちに、頭に二本の角が生えたので姿を隠してしまった。一説には信太郎は自分の姿の醜きを恥じて、山に隠れたとも、天狗になったともいう。そうして三年の間、夜は帰ってきて、一人で自分の家の田植え・田業《たわざ》を一晩のうちにかたづけてくれた。ある時家に来てまた昼寝をしているのを女房が見て、うちの仕事はもういいから、そんな姿で来てくれるなといってから、ふっつりこなくなってしまった。

これと同じ話がまた隣郡の『南安曇郡誌』にも出ている。ただし場所だけは有明山の東麓馬羅尾《ばろお》谷ということになっていて、そこにはこの若者をまつったという信の宮が、山に正面し里に背を向けて立っている。この信太郎は、ある時友だちと笹刈りに入ってきて、不意に巨人に化してこの谷を一またぎにしてどこへか行ってしまったと言い伝え、それから三年の間、夜中にもどってきて、一夜のうちに家の田残らずを、植えたり刈ったりしてくれたというまでは同じで、昼寝をしたという一条のみは落ちている。小泉の小太郎も小泉山の萩を、二束に刈ってのけたという大力であったが、安曇の信太郎はその上に農作の功労を残し、神として今も敬われているのである。これが長門《ながと》の寝太郎荒神と似ていないのは、単に話し手の力を入れて話す部分が、時代と地方と人とによって、一様でなかったためではなかったか。たとえば信州にも信濃巫《しなのみこ》と称して、女性の昔話を携えて旅をする者が住んでいた。もしこの簡単な話の種が、かりにかれらの手にかかる場合があったとしたら、あるいは秋田の八郎潟の口碑のごとき、恋心の豊かなものに変形してはいなかったかどうか。この私の想像があたっているや否やを確かめるものは、今後の採集とその綿密なる比較のほかにはないのである。自分が故意に都合のよい材料だけを拾い集めて、ただなんでもかでも、もとはみな一つの話だと強弁する者のごとく、誤解せられずんば幸いである。

（昭和五年七月、『旅と伝説』）

山田の露

昭和五年の春の郷土舞踊大会に、備中白石島《しらいしじま》の女たちが日本青年館に出てきて、山田の露という口説節《くどきぶし》の盆踊りを踊った。その歌の章句は『民俗芸術』三巻四号にも出ているが、私が今からちょうど五十年前に、播州の故郷で聞いていたものと、筋はまったく同じで言葉が少しずつ変わっているのみである。

緑は不思議なものにてござる。
父は横萩豊成《よこはぎとよなり》公よ
姉は当麻《たいま》の中将姫よ
妹しらたき二八の姿
一のきさきにそなはり給ふ。
ここに津の国山田の谷に
治左衛門とてかしこき男
内裡《だいり》しらすのやに取られつつ
塵を拾うて勤めて居たが
みすの恋風吹きまくりつつ

一のきさきの白滝《しらたき》さまの
つぼねまるねのおん姿をば
ひとめ見るよりはや恋となり
けふかあすかの病となりて云々

それが結局は和歌の応酬によって貴人を感ぜしめまつり、姫を宿の妻に賜わって故郷に帰り、子孫繁昌したという一条の物語である。以前兵庫踊りの名をもってこの物語の流布していたのは、少なくともまた百年の昔のことであるが、その内容には格別の変化はないものと見えて、現に『摂陽群談』巻八に記述せられる山田・白滝贈答の歌なども、

雲だにもかからぬ峰の白滝をさのみな恋ひそ山田をとこよ

みな月の稲葉の末のこがるるに山田に落ちよ白滝の水

となっている。これを備中の小島や私の生国などでは、意味がわからぬゆえに、ただ少しずつまちがえて歌っていただけである。「桃太郎」の説話の研究者として、注意しなければならぬことが三つある。その一つは、これほど久しい間、定まった形をもって流伝していた説話でも、やはり中世のある機会に、誰かの手によって改作せられ、潤飾せられたということが、和歌によって確認し得られる点である。おもしろい歌には相異ないが、「雲だにも」の一首は、とうてい撰集時代のお姫様らしい物の言いようではなかった。これでも通用したということとそれ自身が、文学のいま少し荒々しい階級まで、普及してから後の

作であることを推定せしめる。かりにこの点が足利末ごろなどの時世粧であったとすると、残る部分の常民がおもしろく珍しい言葉の力によって、すぐれた配偶者をえたというだけが、一方には「寝太郎」「一寸法師」等の多くの等類を引くのみならず、他の一方にはまた遠く『更科日記』の筆者が、武蔵の竹芝で採集してきた民譚とも、別種とはいわれない一致を認めることになるのである。『今昔物語』巻三〇の大納言娘被取内舎人語、および同じ話を略出した『大和物語』巻下に、これをかの「安積山影さへ見ゆる山の井」の歌を詠じた上臈《じょうろう》の物語として伝えているものも、すでに『万葉集』一六の註記がある以上は、仮託であった。そうしてまたこういう古歌の存在にもとづいて、新たに結構せられそうな説話でもなかったのである。ところが諸国の山田白滝話においては、摂津の丹生山田《にうやまだ》の栗花落《つ》《いり》家伝をはじめとして、姫が水鏡を見て身の衰えを歎き、あるいは身を投げて死んだという泉の跡が、往々にしてこれとともにうているのである。そうすると今は二つが別々のものになっているが、かつてはこんなもの悲しい結末をもった「長者の聟」説話もできていた時代があるので、それが第二の名歌譚の付き添わってから後まで、なお消えきらずに残っていて、偶然にその系統と沿革とをわれわれに暗示してくれるのかもしれない。昔話が和歌を中心として記録せられる結果、一度この部分に改作が行なわれると、話全体が大きな変化を受けることは、いたって普通なるわれわれの経験であるが、それが幸いにしてこの山田白滝のごとく、新旧重なり合って数多く分布している場合には、なおこういう中からでも、前代を貫通した一つの要点を、見つけ出すことが不可能ではないのであった。

第二に注意せられるのは、この幸運または多智なる聟がねの説話が、国の全土に流布しようとした勢力、ことにすこしでも所縁のあるところには、必ず土着して伝説と化せんとした傾向である。単にこの一話が著名であり、もしくは人望があったという事実だけでは、これをわが土地の昔の史実だったと信ずるにいたった理由を解説するにはまだ足りない。いま一歩以前の状態にさかのぼって考えてみなければ、人がこのような口碑を尊重しはじめた動機は尋ねがたいのであるが、それには何よりも事件の中心であったという家筋を、明らかにする必要があるかと思う。山田はわが国ではいたってありふれた地名であるにもかかわらず、その名の土地があれば、多くはこの昔話を過去の歴史のごとく語り伝えている。それが私などには家の祖先を高貴ならしめたいという要望がまず存して、流布の物語はこれに供与せられたる一つの便宜であったとしか解せられぬのである。現在知られている二、三の例をあげるならば、能登では鳳至《ふげし》郡鵜川《うかわ》村に山田という山中の部落があって、そこを流れる山田川の辺りには、藻淵・産田・若宮神社等の旧跡があった。むかし三田《さんでん》の四郎右衛門という者、京に上って禁裡の御庭掃きを勤め、掃除いとまある時には箒を持って踊った。それを姫君が簾の中から見て、田舎の黒鳥とあざけったところが、即座に四郎右衛門一首の歌を詠んだ。それは、

　羽根うちそろへてたつ時は中将姫も下に見る

という妙な歌であったが、中将姫の母は姫の不謹慎をにくんでこれを追い出したので、故郷へ同道して帰って夫婦の語らいをした。山田川の藻淵は、姫が山村に食物乏しきを憐んで、海から採ってきた一房の藻をこの淵に投げ入れたのが今でも繁茂するといっている（『郡誌』一一六〇頁）。上野国では山田郡川内村に山田という在所があって、ここにも白滝神社と山田男との伝説を保存している。『山田郡誌』にもこのことをしるしてあるそうだが、私はまだ見ない。『上州郷土研究』という書物の桐生市《きりゅう》荒土《あらと》の条には、この白滝神社の祭神は、この地方の人に機織る芸を教えた白滝姫であるといい、和銅七年に桐生の人山田朝臣なる者、九重に奉仕してこの姫を恋い慕い、名歌の徳によって姫を賜わって、帰ってきた云々とあって、その応酬の和歌というのは前にあげた『摂陽群談』ないしは『京童《きょうわらべ》跡追《あとおい》』などに出ているものと、二首ながら同じである。京から下った上﨟に綾錦を織ることを教えられ、後にその女性を神に祀ったというだけの口碑ならば、那須の綾姫や信夫《しのぶ》の小手御前等、東北にはいくらもその例があって、これにもいろいろの語りごとをともなうているが、ただそれには「物草太郎」同系の求婚譚はないのであった。上総国《かずさ》では山武郡《さんぶ》千代田村《ちよだ》にも、山田という部落があって、清滝姫の御手洗という三つの小池と同じような口碑とが残っている。むかし孫三郎という男が役夫にさされて京に上り、ある上﨟を見そめて恋わずらいをした。そのこと貴人の耳にとまって、妻に賜わってともない帰ったのが清滝姫で、その守り仏を本尊にして金光寺という寺を建てたことになっている。歌は伝わらぬが山田だから一つ話であろう。しかもここでは兵部卿某、京から流されてきてこの里に住し、その一子が孫三郎であったといって、男系のほうまでも凡人でなかったことにしているのである。三つの小池についても、もう少し話があったのかもしれぬ。今はただべロ井戸の名に呼ばれて、そのやや褐色をおびたわき水を、口中いっさいの病にきくといって汲んでいく者があるだけである（『山武郡郷土誌』）。それからなお一つ、陸中上閉伊郡の海岸にも山田という町があるが、これにちなんだ昔話は、すでに百八十年も前に、『遠野古事記』巻一の中に載録せられている。昔諸国より千人夫とて、三年の丁《よぼろ》を京にのぼせ、また一国十人の采女《うねめ》を奉りし代に、閉伊の山田の左内という男が、役夫に選まれて京に上り、官女清滝を恋して一首の歌を贈る。

雨降らで植ゑしさなへも枯れはてん清滝おちて山田うるほせ

女返し、

及びなき雲の上なる清滝に逢はんと思ふさなへはかなし

男また、

かけはしも及ばぬ空の月日だに清き穢れの影は隔てぬ

女また返し、

よしさらば山田におちて清滝の名を流すとも逢ひてたすけん

「それより忍びて逢ひ、伴なはれて男の古里に下るとて、遠野東禅寺村の奥山に隠れ巌窟に住す」云々とあって、女やがて身まかり、塚のしるしに石を建て、その石が麓の里から猿か石かと見えたゆえに、猿が石川という川の名がはじまったとも記している。この歌は御覧のとおり少しばかり文人の加筆があって、いよいよ変な形になりきっているが、とにかくに東北は今でも盆踊りに口説節は用いない習いだから、これを運んできた者は別に誰かあったのである。話がラジオなどのごとく空に放送しうるものと考えている人は世間に多いようだが、文字の媒介のあまねからぬ時代には、ただの狂言綺語とても、そう手軽には遠くまでひろまりえなかった。ましてや我も他もともに信じて、これをある昔の史実として説きたてるまでを、自然のなりゆきと見ることは無理である。一方にはもちろんこうした話を持ちあるいた者と、それを正しい語りごとのごとく、受け入れようとした者のあったことは想像せられるが、なおその以外にもかねてなんらかの因縁の、これをわが土地につなぎとめんとしたものがなかったとはいえない。摂津の丹生《にう》山田庄の栗花落《つゆり》左衛門という旧家では、家のかたわらに弁財天女の社があって、そこに栗の花ちる五月雨のころになると、新たにわき出づる不思議の泉があり、これを説明するために貴女降嫁の伝説があったことは、はやく京洛の地にも知られていたようだが、これを中将姫の妹といい、もしくは名歌の奇特によって、無謀なる妻問いに成功したという話までが、はじめからこれにとものうてあったものとは認められぬ。つまりこの間には二度以上の増補があったのである。五月田の水の最もたいせつなころに、毎年きまってわき出す泉を奇瑞として、神をその地に祀ったというだけの言い伝えならば、今ある浪華《なにわ》曾根崎の露天神社をはじめ、京にも田舎にもその例は乏しくない。それからその霊泉の所在地について、ある貴種の子の埋葬を説くのも、珍しい口碑には相違ないが、われわれはすでに遠州久留女木の「竜宮小僧」において、一つの類型を見たのである。家の曩祖《のうそ》と水の神との婚姻にいたっては、これは日本にあまりにも数しげく、またあまりに著名の伝説であったがために、かえって省略して印象を微弱ならしめた場合が多く、その結果は往々にして新たなる修飾を必要とすることにもなったかと思う。たとえば摂州丹生山田の千年家などでも、単にわが家の初代夫人が、尋常農民の子ではなかったこと、およびその霊を永く清水のかたわらに祀っているというだけの漠然とした記憶をもって、満足していることができたならば、いかに興味の深い昔話があろうとも、卒爾《そつじ》に入りきたってこれと結びつくようなことはなかったろう。ただなにぶんにも家伝は物足らず、これには必ずいまいちだんのいわれ因縁があったはずだと、まず聞く人々が期待するようになって、いつとなくそういう機会を供与したもので、説話そのものはかねて久しくこの界隈に浮遊していたことは、ちょうどまた関東、奥州の山田という土地に行って、再び土着するにいたった事情も同じであろうと思う。歌によってよい女房を得たという話は、いずれ菖蒲《あやめ》の源三位頼政、もしくは梶原源太などがこれよりもはるかに古い。これを換骨奪胎することは素人にもできたことかもしらぬが、なお自分などはこれを当麻の中将姫の妹ということから、たぶんは専門の歌比丘尼の所作であったろうと想像する。こういう女性の神気《かみけ》がそうて語ることは、事実またたいていの田舎人には信用せられたのであった。

さて最後にいま一つ、特にわれわれの注意をひくことは、説話が一国のしかもわずかな年代の間において、次から次へと変わっていく足どりの早さである。山田白滝の踊り音頭のように、一方にあれほどひろく久しく型にはまって行なわれているものが、なおいつの間にか新しい衣裳を着せられて、また別方面の聴衆の好みに合おうとしていたのである。能登の山田村では白滝落ちよの綾言葉はすでになくなって、ただ黒鳥の警句を興ずるのみであるが、それでも中将姫を下に見るとあるだけに、なお前の話との連絡は認められる。越後の南蒲原《かんばら》郡に存する二つの例では、一つは白滝姫とあって、山田の稲は枯れ果てるという歌も残っているが、他の一つの方は男の名をモクズといい、贈答の歌はまったく違っている（『加無波良《かんばら》夜譚』一五二、一六〇頁）。よっぽど変なものだが、本文のとおりを抜き書きすると、娘が男をあざけって詠んだというのが、

天より高く咲く花に何とて恋かくもくずさん

モクズはこれを聞いて、

天より高く咲く花も散ればもくずの下になる

と返したので、旦那もなかなかよくできたといって、娘を嫁にくれたという話である。『日本童話集』（一六八頁）に「三人男の望み」と題した一話は、石井氏の『国民童話』を

天載したものであって、しかも肝腎な点を誤って写している。昔、丹波国の大百姓の下男が三人集まって、おのおの身の望みを言い合った。一人は三日でよいから旦那のような暮らしがしたいと言い、いま一人は籠に三杯の銀がほしいと言った。三人目の下男は杢蔵《もくぞう》という名であったが、これは主人の娘の桜花を女房にしたいと言った。旦那はそれを聞いて、前の二人には望みをかなえてやり、次に杢蔵の望みを娘の桜花に話してきかせると、娘はおこってこういう歌を詠んだ。

天より高い桜の花を心がけなよこら杢蔵

そこで杢蔵はその返歌として、越後で言っているのと同様の歌を詠み、それに主人が感心してしまって、さっそくに娘の聟としたというので、わかりきったことだが、モクゾとは塵芥のことであった。それは杢蔵という男の名にひっかけたところが、下品ながらもこの昔話の山であり、また聴衆の興を催す点であった。しかるに松村君の童話集のごときは、わざわざ男の名だけをかえて末蔵としている。それでは何に感心したやら、話の筋はいっこうに通らぬわけである。この種の昔話は昔とても、実は決して童話ではなかった。ただある時代の村々の杢蔵階級にとって、いわゆる高根の花が散ってモクゾの下になるということが、かなり愉快なる空想であったために、遠くは北国の田舎までも、この形をもって行きわたっていたのである。播州の加東《かとう》郡などにもこれと同様な杢蔵求婚談は行なわれているそうだが（『旅と伝説』四巻三号）、別になおそれと併行して、摂州山田村の源右衛門の話というものもあった（同誌三巻七号）。源右は京に上って、ある貴族の家に仲間奉公をしていた際に、庭掃除をしながら二人の朋輩と願いごとを語り合った。それを殿様が立ち聞きしていて、一人には一樽の白味噌を、いま一人には笊《ざる》一ぱいの小判を望みどおりに取らせ、この家のお姫様を女房にほしいと言った山田村の源右衛門には、姫と歌合戦をして勝ったなら願いをかなえようと仰せられた。その時の名歌というのがまた超越しきったもので、内容はほぼ能登国の例と似ていた。

なにをくそ、くそがらす、高きの空に目をかけるな

これがまず姫御前のほうの歌であり、源右はその返歌として、

くそ烏とて空飛ぶときは九重の塔も下に見る

という一首を詠じ、首尾よく姫をとものうて在所に帰ったというのだが、この勝負には負けても、姫もまたすぐれた歌人であって、後に山田村の大旱《おおひで》りの時に、歌を詠じて雨を降らせたことがあるというから、すなわちまた梅雨井の口碑を背景として、成長した説話であったことがわかるのである。説話文学の系統同異に関しては、従来人によって思い思いの意見が立てられている。私はつとめてそういう水かけ論の連衆に加わることを避けているが、この「山田白滝」の一例にいたっては、たとえ人の名や歌の文句がこれだけ違っておろうとも、それだから別種のものだと言いうる人はなく、またはくそ烏やもくぞの下のほうが、古くからあったのだという者もよもやあるまい。だからわれわれの採集は常にこ

ういう弁証を絶する境まで、事実の確認を持ってくる必要があると思っている。ただし話法の新たな変化ということは、必ずしもその中に保存せられる古い分子の減少の度とは、比例しなかったことも考えておかねばならぬ。三人の下男が三段にその望みを語って、その最後のものがことに重要であり、また適切であったという点は、兵庫踊りの「山田の露」からはすでに落ちていたようだが、これなどは確かに古い形である。息子が三人あって、末の子のしたことは最も大きく、姉仲二人の娘は蛇の聟入りを拒絶して、末の娘のみが父の教えに従うたという類の話は、われわれの昔話には数限りもなくくり返され、たとえば「米倉法師」のようなおどけきった笑話も、なお三つの願いごとは、興味をこまやかにする手段として利用せられている。これが年久しい慣例のままに、後に山田男の妻問いにも応用せられたか。もしくは以前には聴衆の心を統一するために、あらゆる説話の主人公は、常に二人の介添えを前に立てて出てきたものか。はたまた水の神の処女を妻とするこの説話が、特にこういう形をもって語られるを習いとしたのが、偶然に閑の多い田舎の夜話だけに、以前の面影をとどめることになったものか。遠く離れた奥羽、九州の実例が、なお数多く集積せられた上でないと、われわれは三者いずれともこれを断定することを許されぬのである。人が幸いに信じてくれるゆえに、勝手放題な現在の見込みを言って聞かせ、後で誤っていると知っても知らぬ顔をしているということは、私などにはとてもできない芸当である。

妻に助けられて

丹生山田の千年家の家伝には、また天国の宝剣の話があった。近世の歌舞伎の連想からいうと、これこそはまさしく遊行《ゆぎょう》文芸の潤色であったように見えるが、その実はかえって芝居のほうが、趣向を民間の信仰から導いていたらしいのである。駿河、遠江の山村をあるいていると、今でもときどきはアマグニのツルギと称して、鎗《やり》の穂のような物を持ち伝えていた話を耳にする。その家宝の威徳と伝来とについては、きわめて茫漠たる解説を存するのみであるが、少なくとも目に見え形をとどめるある物体によって、家の古さとその主張の正しさとを証明せんとした点は、塚や神木などと趣意を同じゅうしていたかと思われる。天国という名も今日の鑑定家のいうような、この世の刀鍛冶の通称ではなかったのかもしれない。とにかくに山田白滝譚の本元においては、名剣は姫が故郷の地から携えてきたものであった。そうしてこの稀世の宝を永く伝えたということと、姫の福分が夫の家業を支持して、子孫繁昌の基を築いたということとは、かつては相結んで家の伝説の本体をなしていたのである。

だから桃太郎がただ鬼が島の財宝のみを運搬して、お姫様を連れてきたとはいっておらぬのも、私には童話化時代の脱落としか考えられぬのであった。それと同様に近ごろようやく人に知られ、はじめて記録に上った民間の説話でも、この二つの要素の組み合わせ、もしくはその取り扱い方のどうあるかによって、意外に成立の古かったことを推定せしめるものがあることと思っている。中古の読み物であった「御曹司の島渡り」は、姫と宝物とをあわせて得たことになっており、同じく「一寸法師」はまず打出小槌の力をその身に試みて、いよいよ婚姻を幸福ならしめたとはいうのだが、これではまだ女性の働いた部分が少ない。グリム童話の「愚か者ハンス」、もしくはペンタメローネ*の「うつぼ舟」の話などのように、あるいは「炭焼長者」の黄金発見のごとく、妻に教えられ、または導かれて、新たに運命を開拓したのではなかった。ところが奥州で採集せられた「蛇の聟」「田螺の聟」および奄美《あまみ》大島の「蛙の聟」などでは、この花嫁の参与が絶対に必要であった。説話はただ単によき女房を得たことをもってめでたしとはせずに、さらにその力によってはじめて三国一の聟殿はでき上がるのであった。もちろんこの変化の段階をもって、ただちに説話分立の順序とは認められぬが、少なくとも後に口頭の伝承から採集した文芸にも、なお数百年の齢《よわい》をもつ記録より、より古い多くの要素を含むものがあるとだけはいえる。

一つの思いきって新しい例をあげると、今でも話し家が笑わせている「王子の狐」、狐や天狗の類をあべこべにたぶらかして利益をしめたという話などは、同じ征服談の中でもよくよく相手を愚にしたもので、いわばこのような存在を無視する者の仮構としか見えぬのだが、それがなおなまけ者立身の古来の様式から、全然超越した自由の作品とはいえなかったのである。狸を茶釜や太鼓などに化けさせて、売って金にしたという話はやや複雑だから、一括してその由来を説くことは見合わせる。通例われわれの名づけて宝物交換譚というものにも、その相手の天狗や狐が損をして泣き悲しみ、または自滅したというのを結末とするものは除いて、他の一方の宝物を手に入れた人が、それからどうしたかということを説く話にも、二通りの種類があって、ともに最後には「隣の爺」の失敗をしているのは、つまりこの説話がはやくから、ただ滑稽談としてのみもてはやされていた結果である。しかるにこうした大笑いの話の中にも、まだ主人公の幸福なる婚姻という点が保存せられていた。たとえば一方の横着なろくでなしが、狐、天狗をだましてまき上げた宝物が、朱色の篦《へら》であったり羽団扇《はうちわ》であったりした場合にも、これで人間の鼻をそっとあおぐといくらでも鼻が高くなる。または尻をなでると際限もなく尻が歌をうたう。それをまた逆さに使うと鼻は低くなり、もしくは尻の音がはたとやむ。横着者はこの宝物の力を借りて、まず長者殿の娘を困らせ、後にこれを治してやる約束で、うまうまと聟になってしまうということになっている。いま一つのほうの話はその宝物というのが、隠形《おんぎょう》自在の隠れ蓑笠《みのかさ》であった場合だが、これにもまた偶然ならず、一人の女性が参与しているのである。土地によって少しずつの差異はできているが、詳しく説述するの必要もないほどに、多くの青年は今でもその話を記憶している。主人公は通例始末にいけない博徒《ばくと》であった。それが負けて丸裸になって帰ってくる路で、これだけは身を離さなかった一つの賽《さい》ころを取り出し、何度もころがしてみては一人で勝手な空想をしゃべっている。それを高い木の上からじっと見ていた天狗が、ついつりこまれておりてきて所望する。そうして博徒のでたらめを真に受けて、たいせつな隠れ蓑と交易してしまうと、こっちはさっそくその蓑を着用して、もうどこにいるか姿は見えない。失望落胆して天狗殿は帰っていき、博徒は隠形の術によって、したい放題なことをしてあるく。信州北安曇郡に行なわれている一例においては、今まで少しも働かずにいた男が、急に朝早くから家を出て、おそくまで外で働くようになったので、女房が不審をして気を付けていると、ときどき箪笥をあけては、にこにこと喜んでいる。これはおかしいと思って留守に行って見たという点は、奥州のヨケナイ話などとも似ている。そうしてこのきたならしい蓑笠はなんだと、取り出して焼いてしまったというのである。これはたいへんなことをしてくれたと男は悲しんだが、もはやいたし方はないので、その蓑笠の灰を身に塗ると、奇瑞はまだあって、これでもやはり体は隠れて見えない。それで酒屋の倉へはいりこんで、上等の酒を腹一ぱい飲んで、ぐっすりと寝てしまう。そのうちにしずくが足にこぼれて灰が落ちて、そこだけ身があらわれ、足の化物がいびきをかいて寝ているといって、店中大騒ぎをしたというまでは、どこの地方も同じだが、ここでは博徒の女房がこれを聞きつけて、私がまじないをしてやるからといって倉に入り、そっと亭主を呼び起こして逃がしてしまい、酒屋からはまたたくさんのお礼をもらったというふうに話している（『北安曇郡郷土誌稿』一巻一八六頁）。この種の昔話は、どうせ誰だって本当のことだとは思っていない。したごうて話者の才覚で、その場きりのおまけを添えたことも想像せられるので、これあるがために最も古い形とまでは断言することはできぬ。しかもかりに復活であり、または転用であったにしても、由緒なしにはこういう一条は挿まれえなかった。ことに蓑笠を焼き捨てて灰にしたということはどこにもあり、それが必ず母であり、女房であったというなども、これとともなう今一回の女性干与があるために、はじめて偶然の一致でなかったことが知れるのである。寝太郎が突如として長者の聟になったといえば、もうそれ以上の解説は不用であったかもしれぬが、こちらはあまりに実際から遠い空想であった。それゆえに他の多くの同系統説話にあっては、幸福なる婚姻は必ず宝物をともない、または女房が自身の力をもって、しだいに家を楽しく、また富裕にしたことになっているのである。なお山寺のひとり法師が狐と問答して、狐は和尚の衣を借りて、法師になってあるいて見あらわされ、法師はまたその狐の隠れ蓑を着て、人の家の土蔵にはいってとらえられた話は、万治二年刊の『百物語』巻下にも出ている。近ごろしゃれはじめた話ではなかったのである。

絵姿女房

一　黒川能の起こりと瓜子姫

最近にまた一つ、出羽の黒川村に伝わっている瓜子姫説話の、やや変わった形のものを教えてもらった。これは爺婆の申し子としては育てられずに、姫が急速に成長して美しい上臈《じょうろう》になったという例である。ちょうどその問題を考えてみようとしていたところであったから、まずできるだけ簡単に、その話の要領を書き抜いて、それから比較を進めていこうと思う。

昔々、黒川村孫在家《まございけ》という所に、孫三郎という一人の百姓があった。ある時川端に出てみると、上《かみ》から瓜が流れてきた。それを拾ってきて神棚に上げ、後で食べようと思って楽しみにしていると、不意に赤子の泣き声がするので、驚いて神棚を見たところが、めごえ女の子が生まれていた。その子を大事に大事に、ふッふッと言って育てたら、たちまち大きくなって美しいお姫様になった。孫三郎はお姫様があまりに美しいので、毎日その姿をながめているばかりで、少しも働かぬようになってしまった。それではならぬと、姫は自分の姿を絵にかいて、それをどこへでも持っていって働くことにさせた。ある日その絵を畠のかたわらにひっかけておいて、それを見ながら仕事をしていたところが、不意に大風が吹いて空高くこれを巻き上げ、どこへ行ったか見えなくなってしまった。お城の殿様の庭の高い松の木の枝に、何やら凧《たこ》のようなものが空から舞ってきてひっかかっている。殿様があれは何かと取りおろして見られると、世にも稀なる美人の姿絵であった。このような美しい上臈がどこにいるのであろうかと、だんだん家来に尋ねさせてみると、それは孫在家のいやしい百姓の女房であった。さっそく呼び寄せてむりに奥方にしてしまう。孫三郎は諸処方々と姿絵を捜しまわって、手をむなしくして帰ってくれば、当の本人のお姫様ももういない。どうぞして一目でもよいから会いたいと思って、毎日お城の門まで行ってみるが、門番がしかりとばして入れてくれなかった。そこでいろいろと思案した上で、姫が大好きであった栗を売りにいってみようと思い、栗売りに姿をかえ、梳代山《たらのぎやま》の柴栗柴栗と大きな声でふれながら、御城のまわりを三度まわってみた。一方、お姫様の方では、むりに連れてこられて奥方になったが、まだ一度でも笑い顔を見せたことがなかった。それがこの日ちょうどお城の窓の下を、大声で栗を売ってあるく男の姿を見て、はじめてたった一度にっこり笑った。それで殿様が大急ぎに栗売りを呼び入れさせ、なんと男、その栗はみな買ってやるが、その代わりにこちらの言うことをきくかとある。何かと思うと、殿は自分の衣服をぬいで、取り換えて孫三郎のきたない着物を着て、柴栗の袋を背に負い、門を出てお城の窓の下を、何度も何度も栗々とふれてあるいた。そうしていま一度姫の笑顔を見たいと思っているうちに、日が暮れて城の門は閉ざされ、にせの栗売りはもう帰ろうと思っても、門番が入れてくれない。にせの殿様の孫三郎は、出ようと思っても門が堅く閉ざされていたために、とうとう殿様となって、御殿の中にとまってしまった。しかしいつまでもここにはおりたくないので、翌日は姫をともないいろいろの宝物を持って、黒川の村へ帰ってきた。黒川明神の御宝物の能の面をはじめとし、金の茶釜や金銀細工の道具類は、いずれもこの折にお城から持ち出したもので、孫三郎はそれから明神の社家となり、また能楽の座頭となって、子孫は明治のはじめまで、連綿としてつづいていた（国分剛二君報、大正三年採集）。

右の黒川能の根原に関しては、今ではかぞえきれぬほどいろいろの伝説ができていて、これはただその一つというにすぎぬが、それにしても孫在家の草分けという孫三郎男が、一方には肥後の米原《よなばる》長者、すなわち都の姫君を嫁に娶《めと》って、たちまち黄金を発見したという大幸運の賤夫と、同じ名であったと同時に、一方には川から瓜の姫君を拾い上げた多くの昔話中、たった一つの独身者の例であったのは珍しい。姫と孫三郎とは親子のようでもあり、また終わりには夫婦とあって、その境目が明らかにはなっていないが、これがちょうど竹取と余呉《よご》の天女、あるいはまた丹波の比治山《ひじやま》の昔話と、伯耆《ほうき》の羽衣石山《うえしやま》の伝説などとの中間に立つもので、前者はたぶん神童の生い立ちから説こうとしたのが、後にその急激の成長ということに興味が薄くなって、しだいに話をはなやかなる最終の一幕に、持っていこうとした過程を示すものであろうと思う。「桃太郎」と「羽衣」と、こんな二つの昔話の間にも、なお一筋の脈絡はたどられるのである。

二　桃売り殿様

孫三郎栗売りの昔話は、もちろん羽州孫在家の土に生えたものでなかった。誰が遠い国から運んできたかということは、その家伝の能の面以上に、尋ねがたい前代の交通史であって、それを説明する史料はまだ十分に豊富とはいわれぬのであるが、例によって手近のものから比べていくと、岩手県には紫波《しわ》郡の昔話の中に、次のような一話が採集せられている。ある百姓の若者が、夏の日川の辺を通ると、三人の天女が水を浴びている。その一人の羽衣を木の蔭に隠したので、一人だけは天に登ることができず、家についてきてその若者の女房になった。若者は毎日女房の顔ばかり見ていて、百姓の仕事を顧みない。それほどに私が恋しいなら、絵姿を描いてあげるから、それを畠に持って出て、見ながら働いてございと言って、女房は一枚の絵姿をかいてくれた。それを竹にはさんで畠のあぜに立て、向こうのあぜを打つときは向こうに持っていき、こっちのあぜを打つときはこっちへ持ってきて、ながめたりさわったり、物を言いかけたりして働いていた。ところがある時、不意に巻風が吹いてきて、竹もろともにその絵姿をどこかへ持っていってしまった。それが殿様の御殿の庭に落ちてきた。こういう美しい女もこの世の中にはあるか。なんでも捜し出して連れてくるようにということで、役人は国々をめぐりあるいて、とうとう尋ねあてて御殿へ連れていった。天女は家を出ていく時に、桃の種を三つ夫の百姓に渡して、これを植えて三年すると桃がなるから、その実を採って御殿へ桃売りにきて下さいと言った。そうするとはたして三年目に実がなって、紅く熟した。それをかます俵に入れて持って出て、御殿の近所で、桃売ろ桃売ろと大きな声でふれた。天女は御殿に来てから三年の間、ただの一度も笑ったことがなかったのが、この声を聞くとにこにことして、その桃売りが見たいと言った。それを呼び入れてお庭先を、桃売ろ桃売ろとふれあるかせると、いよいよ天女は機嫌よく笑うので、殿様も大きに喜び、今度は一つおれが桃売りになってみよう。その方はおれの座に上っておれと言って、自分の衣装をぬいで若者に着せ、自分は桃売りのきたない衣類を着て、かます俵をかついで、桃売ろ桃売ろと、庭中をあるきまわった。天女はもとの夫がよい衣装を着て並んで坐っているのがうれしいので、ますます大きな声を出して笑うと、殿様はそれを自分のする事が気に入ったのかと思って、だんだん調子に乗って門の外まで出ていく。門番の役人はびっくりして、この桃売りの無礼者と、うんと打擲《ちょうちゃく》して追い出して門の戸をしめてしまった。それで百姓の若者は殿様になったままで、永くこの御殿に天女とともに、仲よく住んでいることになった。

説話が外国から既成品として輸入せられたという想像は、誰でもこういう話を聞けばいだかずにはおられぬであろう。かりに絵姿といい、掛け図というものが、大昔から日本の田舎にあったものとしても、百姓と殿様との身柄のすりかえ、なにか皮肉なる諷刺を含むかと思われるような、この奇抜なる貧富幸不幸の裏返しは、到底日本の農民の普通の空想ではありえない。私は今なおあてもなく捜索しているだけではあるが、あらかじめこれが唐天竺のいずれかの記録の中からその先型の発見せられるの日を期している。しかもわれわれの先祖が喜んでこれを聞き、時としてはこれを事実として信じようとさえしたのは、単なる話し方や地名・人名、さては桃とか栗とかいう細部の改造のためではなく、別に以前から伝わっていた他の昔話と複合して、むしろその叙述の一様式のごとくに、利用せられたからであろうと思う。羽衣と瓜子姫とは、根原においてこそ同系かも知らぬが、もうこのころには明らかに二つの説話であったろう。それが二つともに絵姿女房の奇譚とつづいているのを見れば、複合はまず疑うところがないのである。問題はただこの新しい後日談を取り入れることによって切って捨てられたる以前の叙述があったかなかったか。次にはまたいずれの点が継ぎ目であり、なにがそのセメントの役をしていたかということであるが、これもおいおいに他の地方の例を比較していけば、まるっきりわからぬこともないように思われる。私が昔話の今後の採集を祈念してやまない動機も、同時にまたこれによって諸君に認められるであろう。

三　エンブの果報

「絵姿女房」の類話はまた九州にもあった。豊前築上《ぶぜんちくじょう》郡などでは、その幸福な聟の名をエンブといい、これにともなうてエンブガフーという諺も行なわれているそうである（『郷土研究』三巻九号）。エンブガフーは中部日本の方言のエンバと同じく、偶然または予期せざることを意味する語、エンブガフーはすなわち「こぼれ幸い」のことだろうと思われるが、それがやや不明不用になったために、すなわち主人公の名の如く解せられることになったのである。

昔エンブという貧しい百姓があった。家柄もよくまた親孝行であったので、ある長者の美しい娘が、みずから望んで嫁にきた。エンブは愛情の余り片時も女房のそばを離れがたく、稼業のために働きにいかぬようになった。父親はこれを憂い、いろいろと考えた末、名ある絵師を頼んでその女房の姿を描かせて与えたところが、エンブは喜んでその絵像を持って出て、田のあぜにかけておいて、それをながめつつ耕作をした。ある日にわかに風が吹いてきて、絵像を空中に捲き上げて、国王の庭の前に落とした。

ちょうど国王は天下に美女をもとめていたところであったゆえに、これを手がかりにして国々を捜しまわり、ついにエンブの女房を見つけだして都に連れていった。エンブは恋いこがれてその跡を追い、都に上ってきたけれども、城門の中にはいることを許されない。ところが一年にただの一日だけ、数多の菖蒲売りの中から、はじめの三人を宮中に呼び入れて、国王みずからその菖蒲を買い上げる習わしがあることを知って、菖蒲売りになって、夜明け前から御門の外に待っていて、呼び入れられて御殿の前へ出た。それを見ると、今まで一度も笑顔を見せたことのない妃がにっこと笑ったので、また次の日も、もう一日同じ菖蒲売りを呼び入れた。そうして妃の笑顔を見たいばかりに、しいて菖蒲売りと衣装を取り換えて、国王は自身庭に下りて菖蒲を売るまねをした。そのうちに退城の時刻が来たので、何も知らぬ衛士どもは、国王の菖蒲売りを門外に追い立ててしまった。それゆえにエンブはからずも国王となり、その最愛の后とともに永く城内に棲むことになった。

前の東北の二つの例に比べると、これはほとんどその話の翻訳であることを、隠さなかったかと思うような話し方である。それでも菖蒲売りだけはなお和製の装置らしいが、この点はたぶん蛇聟入りの昔話に、菖蒲湯に浴して蛇の子をおろしたといい、または「牛方山姥」の逃竄説話において、蓬菖蒲の叢の中に身をかくすと、山姥がその香に迷うて人間のありかをかぎ出しえなかったというのと同様に、最初菖蒲をめでたい植物とする由来談として、すなわちもっぱら五月五日の節供の日ばかり、この話をしたなごりではないかと思われる。それはとにかくこの三つの話の、出所が一つであったことだけはもう明白であって、そうするとわれわれの昔話は、南北数百里（一里は約四キロ）の大旅行を、何者かに付いてするものだということだけは、断言してもよいことになるのである。

榊木敏君の報告よれば（『旅と伝説』三巻五号）、肥前の南高来《たかく》郡にもこれと半分だけ似た話があって、おもしろいことにはそれは「ハナタレ小僧様」の前段と複合していた。詳しく引用する必要もないが、肝要な部分だけはやはり並べておいたほうがよい。

昔貧乏な男が年の暮れに、譲葉《ゆずりは》と裏白《うらじろ》とを売りに出たがちっとも売れない。帰りにそれを海の中へ投げ込むと、翌日竜宮からお使いが来て、招かれて竜宮に行って、美しいお姫様を嫁にもらってくる。その嫁女があんまり美しいので、働きに出ることがもういやになった。それでも働きに出ぬわけにも行かぬから、絵師に似顔を描かせて、それを竹にはさんで畑の脇に立てておいて、一鍬切っては一目ずつ見て楽しんでいた。それが大風に吹きあげられて、殿様のお庭に落ちるまでは例のごとく、それから後がまるで別で、殿様はいろいろ難題を言いかけて、それができなければ女房を差し出せというのだが、そのたびごとに女房の智慧才覚をもって、その難題を解くのでどうすることもできず、夫婦は仲よくいつまでもともに暮らすことができた。

私は最初、荘内黒川村の「瓜子姫」が、いかにして外国の輸入らしい「絵姿女房」説話と、結合することになったのかを知ろうとしていたのだが、それより前にまた一つ、これと栗売りや菖蒲売りの話とが、やはり継ぎ合わせであることを発見したのである。そうして後にもう一度説明するが、日本の記録に現れたのは、かえってこの「殿の難題」のほうが古かったのである。したごうて国の南北の三処に分布する三つの昔話は、いずれもそれよりは後の形、すなわち貧しき農夫が話と衣裳を換えて着るという、一種の衣裳哲学観のごときものが採用せられてから、新たにその国内の旅行をはじめたものと想像しえられるのである。

四　安積山の糠次郎

ところが一方には、土地で昔話を独占しようとする傾向、他所の類例をもって模倣となし、もしくは冒瀆と見ようとする態度も古くからあったゆえに、なかなか容易にはその本源を突きとめることができない。昔話の伝説化については、すでに「白米城」の例について、自分の意見を述べておいたが、*手短かにいうと聞き手と話し手との、説話に対する考え方が食い違っていたのである。話し手には学んで外国の例をさえ活用しようというほどの文芸心があったに反し、聞き手はどこまでも「語りはまこと」とする古風な好意をいだいていたゆえに、できるだけ近くの地にその記念物を見つけようとしたのみならず、つとめて話の信じがたい部分を排除し、また時としては善意の改訂増補さえ試みたのであった。

だから十分に昔話の実状を知った上でないと、多くの伝説の成り立ちを考えてみることができない。単に伝説ばかりを専門に見てあるいていたのでは、だめなわけである。

諸国の「白米城」の伝説においては、すでにその親であった昔話が見つからぬために、私の意見が幾分か空な想像のように聞こえるけれども、孫在家の孫三郎の家の伝説だけは、幸いにしてほぼ証拠があった。単に瓜子姫成長の一点を除いて、残りの三分の二は三個処の昔話であり、さらに絵姿の部分だけならば、なお三つ以上の例があって、その二つまではまた伝説化しているのであった。それを考えてみるならば、昔話の隠れたる力がわかるであろう。福島県では郡山《こおりやま》市の近在、安《あ》積《さか》郡片平《かたひら》村の大町《おおまち》というところに、山の井の清水があって采女《うねめ》の身を投げた故跡と伝え、そこにまた一つの「絵姿女房」昔語りがある。貧しき百姓の名は糠次郎《ぬかじろう》、しかもその清水の傍には、今では「影さへ見ゆる」の歌の石碑さえ建っているのである。

昔糠次郎という貧しい子供が成長して、長者の美しい娘を嫁にもらった。女房を愛してそのそばを離れず、少しも働きに出ようとしなかったために、田畑は雑草におおわれてしまった。女房はそれをいさめて、みずから鏡に映してわが姿を絵に描き、それを竿にはさんで夫に与えたので、糠次郎はやっとこれを携えて畑の脇に立て、ながめながら働くようになった。ところがある日旋風が吹き起こり、その絵を空高くまきあげて、奈良の都の内裡の庭に持っていって落とした。葛城王という皇子がこれを拾い上げ、それを携えて奥州に下り、方々捜しまわって糠次郎の女房を発見し、それを采女にして大和の京へ連れていった。その時糠次郎が妻の別れを悲しんで、長く行方を見送ったという故跡が、今でも踏張《ふんばり》の松と名づけられて、この口碑の作りごとでないことを示している。一方采女は奈良にあって旧里の恋しさにたえず、ある夜宮殿を抜けて衣を猿沢の池の柳に引っ掛け、はるばる安積の郡にまで帰ってきたが、夫の糠次郎は歎き死にに死んだ後なので、落胆のあまり自分もこの浅香沼に身を投げて死んだ。奈良の方ではそれを知らぬから、猿沢の池を替えほしてみたが姿は見えない。そうして陸奥の安積の沼に采女の亡骸が浮かびあがったためについにここ二つの水は遠く地下に通うものと言い伝えられるようになった(『地方叢談』、菅野桃井二氏報)。

近代の伝説の中には、こういうふうに典拠を重んじ、記録と最大限度の調和を保っているものが稀ではない。むろん学殖の豊かな神職・僧侶の参加があって、はじめて望みうる難事業であったが、それでも姿絵が千里の空を飛んだ点と、男の名が糠次郎であったという点だけは、なお土地の人の古く持つものを無視することができなかったのである。糠次郎は八戸《はちのへ》の蕪焼笹四郎の如く、若い貧しい農民の綽名《あだな》であって、糠を食べて露命をつないでいるほどの貧人であったことをいったのだそうである。以前『海南小記』*の中にも書いておいたが、奄美大島の屋喜内方《やきうちほう》にも、湯湾《ゆわんの》五郎またの名を糠五郎という男、まったく偶然の幸運によって、沖縄へ渡って立身して貴族となった話が伝わっている。いわゆるエンブ果報がなかったならば、第一こんな糠次郎に美しい長者の娘が、嫁にくるはずもなかったのである。それから考えていくと、これらの貧しい青年が女房のそばにばかりへばりついて、田畑が草になるまで働きに出なかったということは、また一種の物草太郎であったかもしれぬ。そのように貧しく、かつなまけ者ではあったけれども、かねて定まる女房の縁に引かれて、意外なる理由をもって危難を乗り越し、末には栄えて長者の祖となったということが、もとはこの説話の骨子であって、絵姿の一条などは、ただその「意外」の新しき例として、最初から話し手の自由なる空想に、ゆだねられていた部分であったゆえに、こうして次々に珍しい話の種を、呼んでは取り付けることになったのかと思う。この仮定の正しいか否かは、次の「殿様の難題」の変化を比べてみても、またよほど明らかになってくる。安積山《あさかやま》の今ある口碑が、他の類例と反して、悲劇をもって結末を付けていることは、これは近代伝説の癖のようなものであったが、そのために糠次郎立身の快活なる昔話の興味を、まるまる埋没させてしまうことは、まだ幸いにしてできなかったのである。

五　般若寺の磐若姫

「絵姿女房」の物語が、終わり悲しき伝説として残っている例は、周防室津《すおうむろつ》半島の箕山《みやま》の周囲にもいま一つある。それがわれわれの寝太郎荒神の旧跡と、程遠からぬ地であったということは、自分には偶然でないように考えられる。この伝説は口に筆に、実にいろいろの形をもって世に行なわれているが、今日麓の村々で人が説いているものは、比較的簡単また無邪気なものであった。

昔用明天皇が太子の時、ある日大きな凧《たこ》がどこからか飛んできて、お庭の松の枝にひっかかった。その凧には美しい女の姿が描かれてある。かような美人もこの世にはあるかと、さっそく国々をお尋ねなされると、それは豊後国の満能長者という者の一人娘であった。お召しになるけれども長者夫婦、惜しんで姫を差し上げようとしない。太子は恋慕のあまり御姿を賤《しず》の夫《お》にやつしたまい、その名も草苅三蔵と改めて、はるばると西国に下り、満能長者の家に入ってさまざまの御艱難の後、めでたくその姫を娶って、都にお帰りになろうとしたところが、ちょうどこの山の麓の大畠の瀬戸、一名を小鳴戸ともいう難所において、姫は竜神に見入られて乗船がくつがえり、かろうじてこの地に上陸して命絶えた。その追善のために箕山に寺を建て、姫の名にちなんでその寺を般若寺《はんにゃじ》と号した。豊後の見ゆる処に埋めよという遺言によって、山の頂上に般若姫《はんにゃひめ》の塚があり、後には用明天皇の御陵をもここに遷したとさえいっている（同上、井上弘氏報）。

この豊後の満能長者は、記録にはまた真野長者とも書いてあって、すなわちまた一個の「物草太郎」、炭焼小五郎の立身した後の名であった。周防般若寺の縁起をはじめとして、海のこちらに伝わっているいくつかの伝説には、すべてこの長者の由来記を認めているばかりか、後に発明せられた誇張までが対岸と一致している。たとえば豊後のほうには『真野長者一代記』と題して、長者の伝記を完全に軍書化したものがあるが、周防にあるものも些少の相違があるだけで、やはり百済国の軍師が出てきたり、海賊が貴人の船に攻め寄せたりしていて、ただその末に般若姫臨終の哀話が付け加えられているだけである。般若姫という名も、実は寺の名のほうがもとであって、周防で言いはじめたことかと思うが、近ごろ豊後で出た『炭焼小五郎伝記』という一書にも、やはり姫の名をそう呼んでいるのである。この両岸の一致を説明する一つの材料は、草苅氏の移住ということであった。炭焼小五郎の後裔は苗字を草苅と称して、近世まで豊後の海岸近くに居住し、家伝の花炭というものを焼いていた。ところが周防のほうにも、一時はかなり勢力のあった草苅という旧族があって、それが対岸の豊後地から、分かれてきたように伝えているのである。この家と箕山の般若寺、ないしはその周囲に住む伝承保管者と、はたして関係があったかどうかは、私にはまだ言うことができない。しかもかれら自身の説くところによっても、少なくともここでは九州の説話が、この路を通って本州に持ち込まれたことだけは認めているのである。

草苅氏の子孫は今でも両国に分布して、相応なる門地を保持している。それが歌物語の流伝に参与した比丘尼・座頭の一類であったかのごとく想像することは、とうてい我慢のできぬことであろうが、ひるがえってその家号のよってきたるところを尋ぬれば、これは天皇潜幸の昔語り、笛吹く山路童《さんろわらわ》の草苅りということを、かつて信じていた結果というのほかはない。そうなると直接この家が説話の保存と運搬とに任じなかったまでも、少なくともこれを伝説化する最も熱心な聞き手のほうの側に立っていただけは否みえないであろう。別の言葉でいうと、山口県東部の海岸には、それが草苅家の門統であったか否かは別として、とにかくに豊後の炭焼長者一生の奇跡を、詳しく知る者が来て住んだだけは事実である。問題として残るのは、美人の姿を絵に描いた大きな凧の話が、かれらが周防国に渡ってから後にできたものか、ただしはまたこれも本国からの持ち越しであったかということであるが、それには九州に現存する前掲の二つの例の異同が、あるいは若干の暗示ではなかったろうかと思う。

六　六十六本の扇

真野長者の物語は、むろんおいおいに語り添えられたものに相違ないが、大別してこれを前後の二期とすることができる。前半はすなわち貧しい炭焼青年の婚姻を中心として、長者発祥の因縁を語るものであり、後半はその長者のまな娘、後の玉世の姫の都登りを、もっぱら叙述せんとしていたものである。この両部はもと同系の神話の二様の説き方であって、ともに女性の力をもってよく尊神をあらわし祀ったことを伝えたものらしいが、それが重複して何びとも異としなかったのは、つまり一方がすでに廃れて後に、他の一方がついで起こったからで、その発生の順序としては、前の「炭焼小五郎」のほうが一つ古いかと思われることは、かつて公表しておいた私の意見であった。ところが近世の民間説話においては、このほうがかえって分布ひろく、国の南北の果てにまで行きわたっているに反して、記録の上においては新しい。第二の部分、すなわち用明天皇が草苅り童となって、姫を迎えにお下りなされたというほうの話は、これよりもずっと古くからあるのであって、すなわち同じ一つの故郷を前後して旅立ったかと思う説話が、一度もめぐり合わずに離れ離れの境遇に飄泊《ひょうはく》していたのである。

たとえば東北では気仙高田《けせんたかた》の武日の長者、または二戸《にのへ》郡の田山の長者などが、絶世の美女を娘に持って、後に禁裡に召されたという物語を伝えている。柴田《しばた》郡田邑《たむら》の白鳥明神、または亘理《わたり》郡矢付《やづき》の了髻《かむろ》山などには、山路《さんろ》の牛飼童の故跡というものさえ残っていた。単に満能長者のまな娘というだけの話ならば、まだこのほかにも村々に行なわれているのである。炭焼立身の奇談はこれと入り交って、また数多く欧州に分布していたけれども、出先では始終別々の言い伝えとしてとりはやされ、誰ひとりこれが一つづきの豊後の話だということに心づかなかったのは、おそらくは各部その管理者を異にしていたためかと思う。しかもその管理者がまた時と地方とによって、おりおりは移り変わっていたらしいので、離合集散の跡はいちだんと尋ねがたくなり、したごうてこれを正のままで外国から輸入したかのごとき、荒っぽい独断説をさえ許容したのであった。そんなあわてずとも、やがて系統はおおよそ判明する時がくる。種はどのような渡り物であろうとも、とにかくに日本の土に根をさして、芽を吹き花を咲かせたのがわれわれの民間説話であった。必ずどこかにその花園はあり、土かい水そそいだ人があったはずである。

現存の記録の中で、「真野の長者」と「草苅り山路」の物語を書きとめているものは、舞の本の「烏帽子折」などが、おそらくは最も古いものであろう。これには美濃の青墓《あおばか》の宿の遊女の長《おさ》が、酒宴の席においてその長物語をしたことになっているが、それはいわゆる画中画の一つの趣向として、偶然に取り入れられた挿話であれば、これによって、かつて傀儡《くぐつ》の徒が語り伝えていたことを、推定しえないのはむろんのことで、ただ少なくとも幸若隆盛の時代に、この説話の遠く東国まで知られていたことと、あるいはすでに用いられなくなっていた舞々《まいまい》の古曲の中に、以前この一篇が独立してあったことまでは、想像してみてもよいかもしれぬ。私がそういう想像をいだく理由は、「烏帽子折」曲中の「草苅り山路」は、叙述が精細でやや長たらしく、ほぼ独立した語り物の体裁を備えているからであるが、問題の「絵姿女房」は、もうすでにこの中にもその形を現しているのである。特にわれわれの参考になる部分だけ、本文のままで引用しておくほうが都合がよい。

昔我朝に用明天皇と申せしは、十六にならせたまふ迄、后の宮もましまさず。ある時、公卿・殿上人集らせたまひ、扇を六十六本折らせ、絵女房を描かせ国々へ廻し、如何ならん賤《しづ》の女・賤の子なりとも、此扇の絵に似たる女房やある。いそぎ内裏へ参らせよ。一の后にいはふべしと、日本国をぞ触れられける。それ物の美しきをば絵女房とこそ申せ、日本広しと申せども、絵に似たる女房は一人も無くして、扇は都へぞ上りける。然りとは申せども、筑紫豊後の国、内山里《うちやまのさと》と申す所に長者一人あり。四方に四万の倉を建てて住めば、万《まん》の長者と申せしを、人の申し易きまゝに、まの殿と申す。子の無きことを悲み、内山里の聖観音に詣り、申し子をこそしたまひけれ。祈誓のしるし早有りて、御宝殿の内よりも、宝珠を賜はると北の御方御覧じて、御着帯の身となり、なゝ月の煩ひ九月の苦しみ、十月半ばと申すに産の紐平かなり。取上げて御覧ずれば、玉をのべたる如くなる姫にておはします。御夢想によそへ、玉よの姫と名付け、いつきかしづきたまひけるに、かの姫十四の年、この絵扇の下りたるを引合せて見てあれば、もの言へば扇の絵が妬むべくぞ見ゆる云々。

以上が物語の第一段であって、それから禁裡の難題の条につづくのだが、これは分割して次の節で述べてみたい。前に出してある周防般若寺《はんにゃじ》の伝説と、同じ物語がこれだけまでは変化しえたのである。凧が庭上の松の枝にかかるというのは、あまりにもあどけない空想であった。それに美人の姿絵が描いてあったのも、なんのためとも説明しがたいから、あるいはこれ二つだけを比べてみると、舞の本を原型とも言いうるかしらぬが、一たび目を転じて、東北の三地、および九州の二国に共通する旋風が掛け物をまき上げた話を見わたすとき、はたして足利時代の記録があるゆえに、このほうが古い形と言いきることができるかどうか。私は少なくともまだそれまでの勇気がない。双方絵の芸術の実際にうとく、大そうもない功能をこれに持たせようとした平民らしさは同じであるが、六十六本の扇は少し空想に走りすぎている。これに比べるとなまける花聟を働かせるために、絵を描いて竹にはさんで畠のそばに立てさせたというほうは、昔の信心者の仏に仕えた話などにもありそうな思い付きであるのみか、実際また本尊が風にひるがえって、空よりおりてきたと伝えている例もあるのである。なんにしても話はこのほうがはるかにおもしろく、かりに後々話しかえたものとすれば、それは改造以上の腕前であった。これが日本の北と南の田舎に、このようにひろく分布していることも、あちらをもとの形とすると説明が困難になる。それゆえに自分などは、舞の本の六十六本の扇の話より以前、すでにつむじ風に吹き取られたという絵女房の話が、存在していたものかと思っているのである。

七　殿様の無理難題

あるいは単に二つのやや似寄った姿絵の話があって、それが偶然に周防の海岸において、混同してしまったのだろうという説も起こりそうである。それはずいぶん例もあることで、頭から否認してかかるわけにもいかぬが、われわれの「絵姿女房」説話と舞の本の「真野長者」との一致は、もう少し前のほうまで進出しているのである。長者はたった一人の娘を奉ることを惜しんで、ご辞退を申し上げると、その儀ならば今日一日のうちに芥子《けし》の種を一万石献上すべし、それができなければ娘を参らせよとの厳命がある。これには少しばかり当惑をしていたところが、長者の女房がそばから、それは私が何かの用もあろうかと乾《いぬい》の隅に萱の倉を建てて、年々の芥子の種を取り集めておきました。それが十万石ばかりはあろうと思いますというので、さっそくその中から一万石の芥子を積み出して、せっかくの難題が造作もなく解決したとある。これと榊木君の報告せられた、肥前小浜の竜宮の花嫁の話とは、明白に同じものであったのである。

ただし後者においてはその殿様の難題というものが、もう笑話の中に足を踏み入れている。肥前の殿様のほうでは、一石六斗の小鳥を明日までに持参せよ。それができぬようなら女房を取ると仰せられる。さような無体なご注文がなしとげられるであろうかと、非常に心痛をして家に帰ってくると、女房はそれを聞いて、そんなことはなんでもないと、次の日は二羽の鳩を夫に持たせて、はい鳩（八斗）が二つで一石六斗の鳥を持参いたしましたと言わせる。これには殿様一言もなく、今度はヒューヒュードンドン袖かぶる、エイヤハッチ、ヤレタマランという物を明日までに持参いたせ。それができなければ女房を出せとある。これも女房が心配するに及ばぬ。私が竜宮に行って持ってくると言って、翌朝何かは知らず三つの箱を亭主に渡す。それを殿様の前へ持ち出して、順々に蓋を開くと、一の箱からは、小人が出てきて、笛を吹き太鼓をたたく。これがすなわちヒューヒュードンドン。第二の箱からは無数の蜂が飛び出して、居合わす人々を刺そうとするから袖かぶる。第三の箱からは剣を抜いて、また多くの小人が出て、エイヤハッチと切ってかかる。ヤレタマランと逃げまわるうちに、殿様も斬られて、もう難題をもって夫婦を苦しめる者がなくなったというのである。

この類の頓智機智は、今では豊後の吉右衛門というような人の、逸話として伝えられるのが普通であり、あるいは和尚と小僧との問答となって残っているだけである。佐々木君の『老媼夜譚』第四五話にも、和尚が下男に向かって一石六斗の鳥と、十里の魚と天目の錦の酒とを買ってこいと言い付けると、鳩を二羽にゴリという小魚を二尾、瓢簞《ひょうたん》に入れた濁り酒（このわけは不明）を買ってきたという話がある。われわれにはいっこうおかしくもなんともないが、こういう判じ物や言葉のあやということには、聞き手の能力がすぐに反映するためか、昔の村の人は、多大の興味を持って聞いていた。だから時としては、山寺の妖怪退治というような、九死一生の際にすら、なおこの種の問答の話があった。それをだんだんと手軽にして、「和尚と小僧」の話に引き直したか。ただしはまたそちらから借りてきて、これをまじめな話に挿入することになったものか。いずれにしても昔話が民間の娯楽になってから、おいおいとその流行がひろまったことは事実である。自分らの解するところでは、この語りが説話の最も自由な部分で、むしろ時には何か珍しいものと入れ替えて、注意を新たにする必要があったゆえに、末にはこのようなる滑稽が全体のまじめさを損なうようになったものと思う。同じ『老媼夜譚』の笛吹藤平の話などでも、美しい女房を殿様が取り上げようとして、いろいろの難題を言いかけることになっている。それは灰縄《あくなわ》を千把に、打たぬ太鼓、天の雷神九つの頭を差し出せというのだが、これも女房が天に登って、一人で才覚してきて、殿様をへこませる。『紫波郡昔話』第九五話では、美しい女房は天人のお姫様であったといっているが、羽衣を隠されて帰れなくなったという点はない。これも笛吹藤平と同じように、夫が殿様の無体な命令に弱っていると、それをいと容易にその女房が解決してくれる。最初はやはり灰縄千把の献上、次には天の雷神を連れきたれとの仰せで、よもや今度は降参したろうと思っていると、あにはからんや、天上がお里であるので、さっそく箱に入れて、その雷神を持参する。細目に箱の蓋をあけると、カラカラ、コロコロ、こいつはおもしろいともう少し開くと、ガラガラ、ピカピカといって小雨が降ってくる。もうこの以上は開いてはいけないというのに、しいて蓋を取り放させたら雷が御殿中をあばれまわった。さすがの殿もこれには恐れをなし、以来は難題を申し付けぬから、どうか連れて帰ってくれとあって、それで夫婦の者も安堵したことになっている。すなわち単に絵姿飛来の中間の一節を除けば、話はいちじるしく九州の西端にある「竜宮女房」と似てくるのみならず、一方にはまた正史に採録せられた、小子部《ちいさこべの》栖軽《すがる》の家の伝えとも、一線の脈絡を引いていることが知れるのである。鳩が二つで一石六斗などの悪謔《あくぎゃく》は、たしかに後代の笑話化ではあるが、なんにせよ、話はそもそもの最初から、ここをある種の空想の遊び場としてあったのである。

八　白介の翁

外来の話の種が歓迎せられ、新たなる複合のつぎつぎに起こった事情は、おそらくこの方面から尋ねられると思う。いかに簡単であり、また粗野であろうとも、前からなんの伝えごともなかったところへ、外国の話がはいってきて無意識に採用せられるなどということは、たとえ百人が説こうとも私には信ずることができない。今は発見せられていないというだけで、伝播にはまず引力があり、次には新旧のものを結び合わすだけの、紐なりセメントなりが必ずあったのである。豊後の「真野長者」に絵女房の話が来て加わったのは、直接にはこの殿様の難題、その一つ前には草刈り笛の優雅なる情緒が媒介であったらしいことは、偶然に奥州の二つの話が暗示するのであるが、その点は他日別に考えてみたい。石井研堂氏の『国民童話』の中に、相州小田原付近に行なわれる葱売《ねぎう》りの正助という話は、たぶん『話の世界』という雑誌（大正八年三月号）に報告せられた虎杖《いたどり》の名笛、すなわちこの地方の小賀沼《おがぬま》村の筑井氏の昔語りとして、巫女が雨乞いの折に話をしたというものと、同じ口碑の変化であろうが、これにはただなんとなく残っている葱売りということが、前に比べてみた菖蒲と桃と栗どの、かすかなる連絡を心づかせてくれる。その話の大要を抄出するならば、

昔、葱売りの正助という貧乏で正直な男が、年の暮れに銭がなくて、ぼんやりと川の面をながめていると、亀が出てきて背に乗せて竜宮へ連れていく。竜王が美しい姫を嫁にくれたので、ともない帰って仲むつまじく暮らしていると、国司がその妻を奪おうとしてむりな難題をかける。白胡麻を船に千艘、黒胡麻を船に千艘、あすの昼までに持参すべし。それができなければ女房を出せとある。困ってもどってきて相談をすると、女房が例の川端に出て、とんとんと手を打つと、二千艘の胡麻船が到着した。これには国司も我を折ったけれども、今度はまた一つ手を替えて、コレハコレハというものを持ってこい。それができなければ罰として女房を取る。さてもご無体な国司殿だと泣いてもどって女房に話をしたところが、少しも心配したまうなと、針箱の引き出しから小箱を一つ出して、その中へ私を入れて差し上げたまえと言って、煙のようなものになって、自分で小箱の中にはいった。これがご注文のコレハコレハでござるというと、国司はさっそくその蓋を取ってみる。そうすると中から大蛇が現われて、はたしてコレハコレハという国司の頸を巻いて、しめ殺した。そうして屋根伝いに前の川にはいって、そのまま竜宮に帰って行き、正助はもとの葱売りになって一生を暮

らした。

「羽衣」にも「竜宮女房」にも、別になお一つ絶縁譚があることは、知っている人が多いであろう。この話はその形がこれへまぎれこんでいるのである。しかも二千艘の白黒の胡麻の船が、真野長者の一万石の芥子《けし》の種と、同じだということだけは争うわけにはいかぬ。私は前年『遊牧記』という雑誌に、果てなし話のことを書いて、*閑の多く話に熱心な昔の人たちが、際限もなくこういうたわいもない題目を、くり返していた時代を想像してみた。殿様の難題なども二つ三つに限らず、いろいろな小さな判じ物をつぎつぎに並べていって、最終にまじめな奇瑞を叙述したので、雷とか大蛇とかは一篇の眼目になっていたことと思う。舞の本の山路《さんろ》の語りでも、一万石の芥子の貢ぎがとどこおりなくすんで、さすがは長者と感歎せられたことになっているが、さらにその上にもう一つの無理な命令が下される。「蜀紅《しよくこう》の錦をもって、両界の曼陀羅《まんだら》を二十尋《はたひろ》に七流れ」、織りて参らせることがかなわずとならば、姫を内裏に参らせよと、重ねての勅使が立つ。「曼陀羅は仏たちの浄土にて、蓮の糸をもて織らせたまふものと承る。人間の身として何としてかは求むべき」。この上は姫を参らするのほかはないと、夜とともに管絃の宴になごりを惜しみ、暁方にしばしまどろみたる夢に、「内山の聖観音《しやうくわんのん》は枕上《まくらがみ》に立たせたまひ、いかに長者、汝が娘は自《みづか》らが申し子也。惜しむところの不びんさに、もろもろの仏たちを集め申し、長者が中の出居《でゐ》にて、錦を織るぞ聴問せよ」とあって、テイ・ホロロの音も清く、ほどなく二十尋（三六・三六メートル）七流れの曼陀羅が織り上げられてあった。それで第二の難題もまた、ききめがないことになったと語っているのである。

山路太子の笛の旅は、こういう絶望を経験してから後に、改めて計画せられたことになっているが、これは確かに二つの話のつなぎ目であると思う。無理難題の失敗ということは、一つの物語の終局にふさわしい形であった。だから私のあげた多くの例は、いずれもこの最後の奇瑞を説くために、準備せられた叙述といってもよかったのである。信州はさすが物草太郎の本国であったといわれるだけに、さらにこの類例のいま一段と濃厚なるものが、更級《さらしな》郡新長谷寺の縁起として伝わっているのである。『三国伝記』が最初の記録かと思うが、手もとにその本を持たぬので、かりに『東方仏教叢書』第二輯八巻を引用すると、

昔、信濃の山中に白介翁という貧しい行者があった。善光寺の御本尊の利益を受けて一願を果たした後、さらに弥陀如来の霊告によって、生身の十一面観世音をお迎えに、姥捨山下を発して大和の長谷に行き、三年の山籠りをした。明日下山の途について最初に逢う女を妻とせよとある。示現むなしからずして美しい女房を得、ともない帰って仲むつまじく暮らしていた。王城の大殿という人がその女房をほしがって、白介翁を招いて遊興を催し、わざと小弓の勝負をいどんで、翁が勝てば千両の黄金を与え、負けたら美しい妻を見る約束をした。翁しきりに観世音に祈請すれば、小弓は勝ちに

なって、千金はたやすく手にはいった。次に大殿は相撲の勝負をいどんで、自分方が負けたらば、翁に領家代の職を与えよう。勝てば女房を取るという約束をする。それが気になるので、女房に話をすると、少しも驚く気色なく、召使う童子を大和にやって、相撲人を求めさせた。程なく童子は年六十ばかりの、痩せた男を一人連れて帰ってきた（という所におかしい趣向がある）。それがやすやすと相手の力士を負かしたので、不思議に思って帰っていった跡をつけさせると近江の大山寺の仁王様であった。白介翁は約束のとおり領家代になって家富栄え、五万長者という名を後の世に残した。

さて女房は大和の泊瀬《はつせ》山の滝蔵権現の化身であった。形見に留めて置いた金色の片手が、新長谷寺の本尊十一面観音の御手に用いられた。それゆえに左の片手ばかりは、永く女の手のように温かく、また柔らかであったという奇瑞譚が添うている。これが法師か歌比丘《うたびく》尼《に》か、とにかくに善光寺付属の者の口から出た話であることは、想像してもよい理由がある。この白介翁もまた物草太郎と同様に、由ある都の人の信濃に流されたものの子であって、幼少にして親を失い、貧しい土民の生活をしていた。父母の菩提《ぼだい》のために千日の湯をわかし、毎日一本の卒都婆《そとば》を立てて供養《くよう》しようと思ったが、導師もなければ布施物《ふせもつ》もないので、善光寺に詣でて七日七夜の祈願をこめると、満願の朝に一人の貴き僧あって、かれのために導師となろうと言った。よろこんで請《しよう》じ来って千日の湯に入れると、異香薫《くん》じみちて浴室の隙が洩れるので、怪しんでうかがい見れば金色の阿弥陀如来《あみだにょらい》、端然としておわしましたという、また一つの物語も伝わっていて、それで前の文には、「一願を果した後」とあるのである。渡辺敏翁の『佐々礼石』には、山口の白介翁とあるが、何によられたかを知らぬ。あるいはかの寺第二期の大檀越《だんおつ》と称する丈部家《はせつかべ》の由緒を語り伝えること、あたかも豊後の内山観世音において、寺の開基の草苅氏を説いたのと同じではなかったかと思う。

これが往古の史実であったか否かは、今ではもう問題でない。われわれが事実として認めなければならぬのは、外来教法の応験を語りあるいた人々が、必ずしも説話の輸入者ではなかったことである。むしろやや不自然に見える程度にまで、古くからあった型にとらわれ、これをただわずかずつ改造して、目前の用に供していたことである。たとえば「殿様の難題」は厄難の新しい趣向として、後々流行しはじめた外国種であったとしても、不思議の女房の智慮才覚によって、結局長者になったという要点ばかりは、どこまで行ってももとのとおりであった。大和の泊瀬山《はっせ》の滝蔵権現などは、たぶん竜神であろうから、まだそれでも竜宮女房の話と近い。それが一方にははるばる都から下った高貴の姫君であり、もしくは近郷に隠れなき長者のまな娘であったという場合でも、あるいはまた大蛇の変形であり、鮭《さけ》の化身《けしん》であったというような場合でも、必ず愚直にしてかつ貧窮なる若者を、富貴にする力をそなえていたことは同じであった。

その中でも自分の注意をしているのは、最も羽衣の説話に近い「鶴女房」「鸛鳥女房《こうのとり》」

が、希代の錦を織って親または夫に与え、決して安い価をもって売ってはならぬと無欲の男に教えるのを普通としていたことである。今日の瓜子姫説話などは、さしも出現の奇瑞を説きながらも、単にアマノジャクとの闘争のみをもって終始しているが、これにもかつては機織《はた》りの技芸によって大いに家をおこしたというような後日譚があったのではあるまいか。そうでなかったならば、絵姿や栗売りの挿話がこんなにやすやすとこれに結合して、ある旧家の由緒を飾ることにはならなかったろうと思う。記録文学のはなはだふるわなかった足利期は、特に各種の民間芸術の活躍した時代でもあった。雪の山国の荘内の黒川村に、新たなる能芸がはいってきて根づいたように、説話の外形が新奇の話術によって、いちじるしく改造せられたのもこの際のことであったかと思う。これにはもちろん職業として携わった者の、しだいに数多くなったことを想像しなければならぬが、一方には土地にもこれを招き寄せるだけの需要と、これを利用しかつ旧伝と調和させるだけの、能力はすでに発生していたのである。別の語でいうとかれらの昔話はやや古くさくなろうとしていた。ゆえにこれに活を入れて、もう一度おもしろいものとする必要があったのである。もしものものしい名称が使いたければ、これを説話の芸術化時代といってもよい。とにかくに、昔話だから昔もこのとおりと思って、ただちに輸入や国際伝播の穿鑿《せんさく》にとりかかることは、これら興味あるいっさいの地方的変化に、わざと目をつぶっておられるだけの度胸のある学者でないと、とうてい企てられない難事業である。

髪長媛

舞の本の「烏帽子折」において、六十六本の絵扇という上品な物語になっている一条が、周防の民間伝承では、羽前黒川村の孫三郎の昔話などとやや近く、単に美人の姿を描いた大凧《たこ》が飛んで、大内山の松の枝にひっかかり、御門《みかど》の御目にとまったとなっていることは、本文にもすでに述べておいたが、これもどうやら草苅氏の移住にともなうて、対岸から携えてきたもののようである。近ごろ公刊せられた『豊後伝説集』八五頁の「炭焼長者」に関する口碑の中にも、この内山の人たちが、般若姫の似顔を絵にかいた凧を揚げているうちに、糸が切れて遠く禁中のお庭に落ち、尋ね捜してその美女の内山長者の娘なることがわかったけれども、たびたびのお使いにも父の長者は承知せず、それでいよいよ山路《さんろ》の笛の、はなやかな御旅ははじまったと伝えている。話のこの形態が紙鳶《たこ》に絵をかく今日の習慣よりも、早いものでないことは説くに及ばぬが、さりとてはまた同じ話の種が前には存せず、または空に女の絵を扇に描いたというのから、こう転じてきたものとも考えにくい。

同じ伝説集には、徳川氏の驕児、越前宰相忠直、一伯様と呼ばれて豊後国に幽居していたころ、一枚の姿絵が落ちてきたのを拾い上げて見ると美しい女であった。それを府内の町に捜し求めて、召し抱えたのがお蘭という愛妾であったという話を載せている。すなわち夙でない語り草が、またこの地方にも流布していたのである。奥州南部の「蕪焼笹四郎」は、豊後の「炭焼小五郎」から変化したかと思われる昔話であるが、これにも女房があまり美しいので、旅に出ることが出来ず、絵姿を携えていったら、峠の上で風にまき上げられ、それから殿様に女房を取られたというのがあった。朋輩に教えられて、柿売りになってお城に入り込み、衣裳を殿様と交換するまでは他の例も同じだが、こちらは女房の知恵によって本物を追い出し、自分が殿様になってしまったという点が違っている。さらにいま一つの類話には、赤鬼丸という犬がその城の門を番していたといい、人が忍び込むとたちまち花の数に現れる花園があるといったりして、鬼が城冒険の話とよく似たのもあった（以上二、『聴耳草紙』）。これがまた後に説こうとする「天人嫁入り」の説話との、一つの連鎖であるように私は考えている。

いわゆる「絵姿女房」の話は、また越後の南蒲原郡でも採集せられた（『加無波良夜譚』第二話）。単に栗売り・桃売りが五月節供の朝の花売りと変わっているのみで、他の部分はくり返す必要がないほどよく一致している。姿絵が風に飛んだというだけの話ならばその分布はまたずっとひろいのであるが、これと殿様・百姓の衣裳交換とをあわせ説くものだけでも、私はすでに奥羽から九州にかけて、五つまでの例を列挙することができたのである。しかしそのためにこれが中古の舶来だろうという私の想像は衰えない。ただ舶来ならば、一度は文字を経、読書人の手にかかったであろうに、どうしてそれが再び口承の文芸となって、田舎の隅ばかりにひそんでいたかを、知りたい念慮の強くなるだけである。将来の問題はむしろ数限りもなく輸入せられた外国の説話の中で、何ゆえにその二、三のもののみがかように根強く、また遠くまで行きわたって残り伝わり、他の大部分が消えて跡形もなくなったかであって、それには他の多くの技芸も同様に国民の選択があり、もしくはちょうどその話をいれてもよい空隙があって、民族の需要はおのずからこれを歓迎したのであることを、やがて証拠によって答えうる時がくると思っている。

もちろんシナから持ってきたというにしても、疑えばまた疑われる。はっきりとした書証は、あるいはいつまでも得られぬかもしれない。ただ直覚はなんの値もないようなものだが、自分にはこれを常人自然の所産とは考えられず、いわば書冊の気臭をこの中から感ずるのである。以前非常な労苦をもって蒐集せられ、今なお写本のままで打ち捨ててある『奈良県風俗志料』の中に、吉野《よしの》郡賀名生《あのう》村の口碑として、大略次のような一条が載せられているという。

むかし唐《から》にケイオウとヨウキヒという夫婦の者が住んでいた。男は女房と離れるのを厭うて、畠に出て仕事もせぬので、女房は自分の姿を絵にかかせ、畠の脇に立てさせることにしたが、ある日風が吹いて、その絵が空へ舞いあがり、城の御殿の庭に落ちた。国王はこれを見て、この絵の美人を捜し求めさせ、ヨウキヒはついに宮中に上がることになった。そうしていつまでも帰されなかったために、ケイオウもヨウキヒもともにこがれ死にをしてしまった。それから幾年かたって、宮中の女が正月の祝の七草をつみに畑へ行くと、玉のように美しい一匹の虫がいた。それを取って帰って針箱の引き出しに入れておくと、その虫はばりばりと針の折れを食うて大きくなり、後には釘を食い金棒を食い、しまいに牛ほどの大きさになった。国王は食い物に困るだろうと思うて、矢で射、刀で斬ってその虫を殺そうとするが、手ごたえがない。火の中へ入れたらとけようかと思ってこれを試みると、虫は赤くなったまま火の中から出てきて、触るものみな焼けて城はついに滅びてしまった。その虫はケイオウとヨウキヒとの亡魂であった。これを見つけたのが正月の六日であったから、今でも七草は六日にはつまず、五日の日につむことになっている。七草をたたく時の唱え言に、唐土《とうど》の鳥というのもこの二人の亡魂であるという。

この話の慶王と楊貴妃とはむろん借り物であった。原書がかなたにあろうと思って、捜したら必ずむだをするであろう。しかし少なくとも、姿絵の風に飛んだという趣向がどうやら日本の土に向かぬことを、昔も感じていた人があったという証拠にはなるかと思う。そうしてまた若干の漢書の知識ある者が、今ある昔話の成立に干与した場合が、時にはあったということもこれによってうかがわれる。それが桃とか菖蒲とか七草とかいうように、とかく節供の日の由来を説こうとしたのも、あるいはひところの輸入学者の趣味であったのかもしれない。

しかも私はそれが突如として民間に入り込んで、そのまま いついたのではなかろうと思っているのである。そんなら下地にどういう因縁があって、これを引き寄せて土地のものとしたかというと、まず想像に浮かぶのは上流の恋、すなわち昔も貴人と有力者のみは、わが住む土地以外に婚姻を求め、名を聞いてははるかに懸想《けそう》する習いがあり、それをまた家々の誉れとして語り伝える者が、いずれの田舎にも多かったことである。この種の伝説の説くかぎりにおいては、皇子と神の御子との堺すらも明らかでなかった。たんに尋常隣保の間からでなく、遠い異郷の人を聟にもうけたということが、ただちにわが家の少女のことに清く、すぐれて美しかったことを推測せしめえたのであった。こういう気風が現実にわが国の婚姻制度に影響して、しだいに今日の慣行を作り上げたことについては、別の機会において詳しく説くつもりである。ここで述べたいことは、中古以前の恋愛文芸が、ほとんどその総前線をあげて、ただしこの一少部分の特殊婚姻を基調として展開していたことと、さらに近世の小説までがその遺習をうけて、ひとえに才子佳人の氷月奇縁のみを、題材として悔いなかったこととである。絵姿飄揺の新しい趣向が、人望あるローマンスとしてこの間に歓迎せられたのは、ちっとでも意外なことではない。

「絵姿女房」の一つ以前の形として私たちの心づくのは、驚くべき長い髪の毛をもった少女の話である。菅江真澄《すがえますみ》の『筆のまに〳〵』巻四に、紀州淡島《あわしま》の加太神社の神主阪本左膳の伝えるところとして、次の話を録している。「白鳳の頃、禁中の御簾《みす》に一丈八尺ある黒髪一筋、鳥くひもち来りて引掛けたり、之をいと怪しきことと思し召すに、陰陽博士占なひて申すには、紀国に端正なる処女あり、是こそ其女の髪云々と奏しければ、やがて御使をたまはりて召されて天武天皇の御后に立ちたまふと也。其美女が出でし家は兄海士《けあま》の家なり。九泉郎《くあま》は故由ある家ながら、世につれて今は御坊となれり。其御坊の家の妻娘などは、世にいふ市子《いちこ》・口寄《くちよせ》・県神子《あがたみこ》の業をなせりと」（以上）。いわゆる兄海士・九海士の家のことは、『続風土記』にも載せておらぬが、この御社の神主の前田氏、代々女子相続で入婿《いりむこ》を取っていたという旧記はある。ここから諸国を宣教してあるいた人々が、以前はこのような語りごとを持ち回っていただけは想像しえられるのである。ところが東北の田舎に行くと、これがまたある別の旧家の、伝説として保存せられていた。たとえば閉伊《へい》郡の宮古浜などでは、某という家の娘が三月三日の潮干に行ったまま、三年の間帰ってこなかった。三年目のちょうど同じ日に、身もちになってもどってきて、やがて一人の女の子を生み落としたが、その子の父の誰であるかはいわなかった。女の子は生まれながら髪長く、やがて十七、八の美しい娘になるころには、その長さが七尋《ひろ》（約一二・七メートル）と三尺（約九一センチ）もあった。都では時の御門が、春の日に右近の桜という名木の花を御覧になっていると、その木の枝に珍しく長い髪の毛が三筋ひっかかっていた。安倍晴行という博士、これは人間の髪に相違なしと占なったので、しからばその女を捜し出せということで、すなわち猿楽《さるがく》という者を仕立てて、京から西東へ手を分けて尋ね求めさせる。東の国々を回っていた猿楽の一組は、行き行きて閉伊郡山田の湊のほとり、小山田という里にさしかかって、ある峠の上で猿楽を興行し、土地の女たちを招いて見物させると、その見物の数多い群れの中に、七尋三尺の髪の毛の娘が、その長い毛を桐の箱に入れて背に負い、母とともにまじっていた。それを見つけて猿楽はすぐにやめ、娘は都へ連れていかれた。土地ではこの女性を今も「うんなん神」とまつり、都の人が猿楽を舞ったところを、永く猿楽峠と呼ぶことになったという（『聴耳草紙』第一一六話）。

沖縄諸島の浦島説話には、長い髪の毛を説くものが多い。たとえば『遺老説伝』に「宮古島の禰間《ねま》の伊嘉利、天川崎の浜辺に出て水際に三筋の髪毛の漂ふを見る。長さ七、八尺許、奇として之を収むれば忽ち一美女来りて曰ふ。吾昨夕此地に遊び一髦を失へり。拾ひたらば之を返せと。乃ち返し与ふれば海中に帰り去る。翌日同じ所に行きて又美女に逢ひ、竜宮に連れ行かれて留まること三日」、家に帰って見るとすでに三年であった。その折に皷練《つんねえら》の古曲をはじめ、なおいろいろの神祭の行法を教えられてきたといっている。また同書に南風原《はえばるま》間切《ぎり》与那覇村の人、与那久の浜に出でて髦一つを拾う。常に異なり。驚き怪しみてこれを返そうとすると一神女きたって受け取り礼を述べ、ともなわれて竜宮に行って淹留すること三月、家に帰って問えばすでに三十三代を経ていた。決して開くことなく携えてまたきたれと教えられた紙包をしいて開くと、中にはただ白髪があったばかりで、それが飛び起って身にひっつき、忽然として衰老の翁となって死んだ云々。『琉球国旧記』

巻六にも、この島の羽衣談として著名なる安謝の茗苅子《みかるし》、一日田を耕し帰り、泉に臨みて手足を洗おうとしておち、髪の長さ七、八尺（二・一二〜二・四二メートル）ばかりなるもの水上に浮かぶを見る。驚き怪しんでよく見ると、天女が衣をぬぎかけて沐浴していたとあって、後段は余吾湖《よごのうみ》や羽衣石山《うえしやま》の古譚とも接近している。

内地の多くの神社に伝わっていたという七難の揃毛《そそげ》なども、かつてはまたこれと類似の言い伝えをもっていたのかもしれぬ。七難の揃毛のことは、早く江戸期の学者によってさんざんにもてはやされ、今さらその跡を追うのも知恵なしな話だが、なおその名称のみは注意して見る必要がある。誰でも知っているのは、『本朝国語』や『和漢三才図会』に出ている箱根権現の什宝悉難が揃毛《そそげ》、下総石下《いしげ》村東光寺の七難の揃毛、江州竹生島《ごうしゅうちくぶしま》の七難の毛は、『塵塚《ちりづか》物語』に出ているといい、信州戸隠山にあるものは、「鬼女紅葉が毛と称して、色紅黒く縮みて長さ五、六尺ばかりあり、丸く輪となして壺の中に納む」と『信濃奇勝録』にもある。『閑窓瑣談』には、今の群馬県多野《たの》郡上野《うえの》村新羽《にっぱ》において、慶長年間の洪水に、長さ三十三尋《ひろ》（約六〇メートル）ある黒い毛が神流《かんな》川を流れてきた。同村野栗《のぐり》権現の流したまう陰毛の由、湯立ての巫の告げであったゆえに、これを宝物となし、六月十五日の祭礼に神輿とともにこれを渡すといい、『四神地名録』には、江戸より近い葛飾郡新里村の毛長明神、もとの御神体は箱に入れた髢《かもじ》であったのを、いつのごろかの別当が、かかる不浄の物を神体とするはあるまじきことだといって、出水の際にこれを流し捨てた。

その沼を今も毛長沼というとある。ずっと離れて、徳島県三好《みよし》郡加茂《かも》村猪内谷の下宮のことは、『阿波国式社略考』にも『阿州奇事雑話』にも出ている。この社の神毛は麻桶に入れられて一筋あり、常はただ一筋なれども、神慮おだやかならざる時には、その毛に二岐ができて大いに延び、桶の蓋を押し上げて、おびただしく余ったとある。日向児湯《ひゅうがこゆ》郡西米良《めら》村の米良神社にも、なお一つの髪長媛の例が近いころまであった。『明治神社誌料』のしるすところによれば、この毛は元禄十六年（一七〇三）の洪水に流れ、社殿のみ数町の川上に逆流して今の地に止まった。神宝の毛存せし間は、神威最もおごそかであって、他所の人を忌むことはなはだしく、ことに下日向の者は一歩も神領に入ることができなかった。祭神は岩長媛と御父山神を祭るというが、媛が慎恚《しんい》の末にこの地の淵に入りたまうと伝えたのは、おそらくはまた水の神であったろう。中央部の大和国にも、以前この物語を伝えた社寺が多かったことは注意に値する。布瑠《ふる》の御社にも大いなる髪毛一筋、その名をソソゲというものがあったと、前に引用した阿波の『式社略考』には見え、天野氏の『塩尻』巻二には、「興福寺の宝蔵に光明后の髪といふもの長さ一丈余、吉野天《てん》の川とかやの弁才天祠に八尺ばかりの髪、白拍子静の髪といふ。又此外に五丈もある毛、七難が陰毛といふ。熱田社にも此類の物あり」とある。『扶桑略記』治安三年（一〇二三）十月十九日の条に、藤原道長、高野詣での途次、本元興寺に立ち寄って宝倉を開き見たという、この和子の陰毛というものも、おそらくはまた同日の談であって、白拍子静などよりはなお何百年も前のころから、種々の俗説をとものうた長い毛が、すでに珍重せられる風だけはあったらしいのである。

これがはたしていかなる事実の誤聞であったか、物がもうないのだから、これを考えてみることはむつかしいが、これだけ多くの場合に共通して残っている、七難または悉難という言葉には意味があろうと思う。京都西郊の吉祥院《きっしょういん》村に、菅公の遺址と伝える七難田（『近畿遊覧記』）、越前の平泉寺村の泰澄大師の母の故事を説いている七難の窟（『大野郡誌』）、美濃の根尾《ねお》川の水中にあって、能郷白山《のうごうはくさん》の登路にあたる七難岩、さては東海道蒲原《かんばら》駅の少し東にあって、浄瑠璃御前の塚処と称する七難坂のごとき、いずれもあるいは巫女とちなみのある地名であって、かの「住吉に異婦あり、七難と名く云々」という記事を、幾分か形跡のあるものと推測せしめるのではあるまいか。伊豆の大島にはシツナ様、またはシツナ神という信仰があったそうだが、今ではそのなごりがあまりかすかであって、これと髪の毛との関係などは尋ねきわめることができない。しかも私はなお手がかりはこの方面にあるように思っている。

喪葬令の『集解』には遊部《あそびべ》の君の初祖、手足の毛の八束毛を成すまで遊べとの仰せをこうむった記事がある。三十三尋というがごとき長い毛はうそだとしても、神に仕える者には、時あって異常に長い毛をもつ女性があったという語り草があり、またその特徴によって資格を認められたという類の説話が、かつては絵姿に先だって流布していたのではあるまいか。現代もなお各地に流布している俗信に、婦人が端近く出て髪を梳くを忌む風がある。その理由を問うと、万一にも鳥が抜け毛をくわえて、神の木に巣を作るようなことがあると、その毛の当人は気ちがいになるから、または縁が遠くなるからと言っている。気ちがいというのは神気《かみけ》が副うことであった。神に誓願する者が毛を切って捧げたのも同様に、髪を召されることはすなわち身を任せ申すことであった。それゆえにまた紀州淡島の口碑のごとく、髪の長きによって貴人の妻問いを受けたという昔語りも起こったのであろう。藤原非想翁の談によれば、羽後の生保内《おぼない》にも「絵姿女房」の昔話はあったが、これは姿絵を風に吹き揚げられるのではなく、鳥がくわえて飛んでいって、殿様の庭に落とすことになっていたそうである（『旅と伝説』三巻十一号）。鳥は神使であり、その挙動は神意であったことを、感じ得た人たちの所伝であろうと思う。これが単なる偶然の風の所業となるまでには、順序もありまた素地もあったはずである。いくら珍しくとも外来の絵姿女房は、ただでは日本の昔話とはなりえなかった。すなわち伝播にはあらずして採択であったのである。

山路の笛

さんろが草苅る夜の笛は、幾度となく後代の語りものにくり返されている。舞の本の

「烏帽子折」はまず長々とその由緒を述べ、「十二段の草子」にも御曹司みずから、このごろもてあそぶ草苅笛と申すべしといっているが、それがかように有名になったのは、必ずしもこの二種の文芸の力でなかったと思われる。その理由は、第一にここでそういう笛の名を持ち出さなければならなかった趣意が、まだちっとでも説明せられてはおらぬからで、つまり当時すでに「山路の笛」という語り草が、流布していることを想像せしめるまでの、資料というにすぎなかったからである。だから山路《さんろ》というような珍しい牧童の名の起こりを、『嬉遊笑覧』の著者などとともに、今でも尋ねてみようとする人のあるのはもっともであるが、かりにその点が手軽にわかったとしたところで、なおそれだけでは一天万乗の若き現人神《あらひとがみ》が、はるかにこれを携えて筑紫の果てに下られたという語りごとは解しがたく、さらにまた牛若丸がこの技に堪能であって、そのつぎつぎの海道下り、近くは京の五条の橋の上から、いわゆる音に聞きし千島の都まで、いつでも笛を吹いて征服の目的を遂げたという、多くの冒険譚の生まれた由来は知ることができない。どうせ記録にも出ていない人の事蹟を想像するほどならば、むしろ笛を義経《よしつね》に売ったという淀の津の弥陀次郎《みだじろう》などの身の上を、考えてみるほうが近路のように私は思う。

私は最初、この山路の草苅りの著名になった原因は、古くから伝わっていたおもしろい舞の手の印象であろうと考えていたが、今はそれよりも強い力が、これにともなう笛の曲に、あったのではないかと思うようになった。すなわち昔も人類文芸の最も興味ある題目として、ことに傾聴せられていた美女と英傑との婚姻譚の中に、必ず篠笛のあるきまったメロディをもって、人を異常の昂奮に誘うを例とするものがあって、たまたまその一つの型が舞の本、もしくはこれをうけついだ「浄瑠璃御前」の物語に、保存せられていたように考えられてきたのである。笛が端的にわれわれの恋の音楽であったことは、日本ではなおあざやかな記憶である。今でも夏の風がそよそよと闇を吹くころになると、私の住む村でも近きあたりの青年たちの、おぼつかないセレナードを聞いて微笑することが毎度ある。しかし山路童子が黄牛の背によって、夜深く吹き澄ましたという笛の曲は、もとよりこのようなしどけない、かつ凡庸なものでなかったに相違ない。もとを忘れてしまった後代の作者にも、なおこれを神の王子の妻もとめに託して、解説しなければならぬような一種神秘の音調が、いつの世からともなく取り伝えられてあったことは推測しえられる。私は韻律にかけては誰よりも耳が悪いが、それでも神楽や能の舞の、いつもきまった個所にくり返される笛の音を聞き知って、必ずこの中には上古わが国の神婚姻の神話を、裏づけていた音楽の破片が保存せられ、それがやがてはまたその笛の調べから、探りあてられる日のきたるべきことを、信ぜずにはおられないのである。言葉に表わす途は知らなかったけれども、多くの昔の人たちは心にはこれを記憶していた。単なる記録文字の表示する以上に、この山路の草苅りや海道下りの古曲が、大きな感動を与えていたのはその結果であったろうと思う。

われわれの持ち伝えている民間説話の中には、また他の一面から、この以前の心持ちを推測せしめるものがある。近ごろ採集せられた越後森町《もりまち》村の昔話に、むかし笛吹きの上手な男があって、その笛の音が天に届き、天上の国から美しい嫁をもらうことになったというのがあった（岩倉市郎君報）。殿様がその女房を横取りしようと思って、三つの無理難題を笛吹男に言いかける。それを三つともに天人女房が解いてくれるのである。ところが幾山川を隔てた陸中の上閉伊郡に、笛吹藤平の話として行なわれているのがこれと同じであった。藤平の持つ笛は、日本の三管という名笛の一つで、それを吹きつつ唐天竺をまわっているうちに、家では二親がなくなって、こわれた手桶一つが残っていたというだけは越後のほうにはないが、これも美しい女房が天から慕うてきたとあり、さらにその三つの難題の一つは、灰縄《あくなわ》千把の上納、二つには、打たぬ太鼓に鳴る太鼓の御用、三つめは、天の雷神九つの頭を連れてこいというのが、三つながら一致しているのみか、いずれも妻の才覚によって造作なくこれを弁じ、最後に雷神が大いにあばれて、殿様を閉口させる段までも同じである。これとよく似た話は九州地方にも分布しているが、これもその話の前段がやや違い、たとえば肥前《ひぜん》の南高来《みなみたかき》郡の例では、暮れに譲葉と裏白の残りを海の神に上げたので、竜宮から招待せられてお姫様をもらってきたとあり、その美しい女房の姿絵を、かかせて畠のそばにひっかけて働いていると、風に吹きあげられてその絵が殿様の庭に落ち、それからいろいろな難題をかけられたことになっている。笛吹藤平の話のほうでは、天人女房が男の貧乏を救うために、糸を買わせて三十三観音の曼陀羅というものを織り、それを町へ持って出て三百両に売らせた。そのことが殿に聞こえて難題をもって、その女房を取り上げようとすることになるのであった。

この部分は通例は「鶴女房」、または「裸鶴」の話として独立して行なわれている。鶴が命を助けられた恩に報いるため、または男の孝心にめでて、美しい女房になってきて、鶴の毛衣を織ってくれる。後に姿を見られたので、泣きながら帰っていったというふうに話されるのだが、笛吹藤平にはそれまでが複合している。越後の笛吹男の話にはそれはない代わりに、別に後日譚として天国へ親見舞に行った際に、鬼にたいせつな女房を盗まれて、それを捜して取りもどすのに、たいへんな苦労と冒険をしたことが付け添えられているのである。おもしろいことには、同じ陸中の『紫波《しわ》郡昔話』には、ちょうどこの双方の余分をみな合わせたまた一つの例があった。それが御伽《おとぎ》の「蛤の草紙」と、はじめの半分までが似通うてもいたのである。

その荒筋だけをかいつまんでいうと、むかし学問のすきな若者のところへ、天から天人のお姫様が押しかけ嫁にやってくる。毎日機を織って三年かかって一匹《き》の布を織り上げた。それを夫に町へ持って出て、おら家の見たくなしのおかたが織ったタダソ布売ろうと触れてあるかせると、町では誰も買ってくれなかったが、殿様がそれをサイマンダラという貴い織物だと知って、高い値で買ってくれた。その代わりにぜひこの女房を取ろうと思って、できそうもない二つの難題を言いかける。まず第一に例のとおり灰縄千把、それを差し出さぬにおいては女房を参らせよ。次には打たぬ太鼓だけはなくて、やはり小子部栖軽《ちいさこべのすがる》と同様に、今度は天の雷神を連れてこいとの仰せだ。これも天人女房の力によって、天から呼び下して箱に入れて献上すると、はじめは細目にあけた箱の蓋の隙間からカラコロピカピカ、しいて全部を開けさせると、御殿は震動して大雨が降り、やれ許せ、もう持って帰ってくれと、殿様が我を折ったおかしみがあって、そこでいったんの結末は付いているのだが、この説話ではさらにその後に、笛吹藤平のほうにはなくて、越後南蒲原郡の笛吹男にともなう話がつづいている。

これも「御曹司島渡り」などと関係があるから、大要だけをいわねばならぬが、男は天人女房に勧められて、天の舅殿へ礼にあがると、いろいろ馳走があった後に、一粒食えば千人力のつく米粒と、二千人力のつく米粒とを引出物に贈られる。それから屋敷の内を見まわっていると、金の太い綱につながれた一匹の赤鬼が、岩屋の隅でしおれきって泣いている。あまりふびんに思って、千人力の米粒をやったら、鬼はそれを食うや否や、金の綱をぷつりと切って、どこへともなく飛んでいってしまった。それはまことに、とんだことであった。あれは姫が七歳のころから、しいて懸想をしてつけまわすゆえにつないでおいたのだ。今ごろはさだめし下界に行って、姫を盗んでにげてしまったろう。急いで行って見よとのことで、帰ってきてみると、はたして天人女房はもう家にはいなかった。それから困ってしまって、日ごろ信心をする内神様《うちがみさま》に、三七日の心願をかける。夢のお告げがあって、汝にこの笛を授ける。これを吹いて西の方に向かっていくならば、再会の望みはかなうべしとあって、ここにはじめて一管の笛が出てくるのであった。それからあとは大江山のごとく、また島渡りの草子の大とう丸のように、鬼どもはその笛の音に心を許しているうちに、千里走る車に乗って逃げて帰ってくる。それを二千里走る車で追っかけてきて、あべこべに敵の鬼は退治せられてしまうのである（詳しいことは『紫波郡昔話』一八六頁以下）。

私が子供でもない読者に、こんな昔話のおさらえをする趣意は、もう一度記録の古さと話の古さとを、比較してみてもらいたいためばかりである。舞の本の「烏帽子折」の山路の語りを読んで御覧あれ、あの中にはまず姿絵の恋慕があって、次に芥子《けし》の種一万石の難題となり、さらに両界の曼陀羅二十尋に七流れ、蜀紅の錦をもって織りつけて参らせよとの仰せがある。それを内山の聖観音《しょうかんのん》が、かりに織女と現じて一夜のほどに織らせたまうとあって、それからはじめて山路の君の、笛の妻問いは必要になってくるのである。豊後と周防と相対する双方の海岸には、さらに御帰路の船中において、異国の兇徒が改め寄せたという逃竄《とうざん》説話も、なお幾通りか伝わっているのである。これをある貴き賢太子の外伝と信じ、ないしはある仏閣の創立史と見る時代はとくに過ぎた。もしも根無し草の波のまにまに、流れつつ花咲く姿と考えるならば、たとえ奥州と筑紫と、西東千里の江山を隔てておろうとも、この四つの点の類似はただに看過することができぬ。そうしてまた同じ話の種の排列の順序如何によって、おおよそどの形のものが先に行なわれていたかを、判別する材料もないわけではないのである。

相州小田原在の小賀沼村というのは、今の足柄《あしがら》上下郡の何村の内になるのか、私にはまだ捜し出せない。『話の世界』の大正八年二月号に、この里の旧姓筑井氏、虎杖《いたどり》の名笛というものを家宝とし、雨乞いの折には巫女がその笛の由来を語る例になっていたことを、山本藘水君が報じている。その話の大筋は昔この家の先祖に笛の上手があって、大蛇これを慕うて美女に化けてきて、この人の妻となった。やがて一子をもうけて産の紐をとく折に、必ず産屋の中をのぞくなと戒めたにもかかわらず、ひそかに隙見をしたために、蛇体を現じて帰り去った。その時一人子のために千両箱を残しておいたのを、成人するまでに人に盗まれた。それで海の辺に出て、母をよんでもう一度それを乞うと、あの千両箱こそは実は私の片眼だ。いま一つやれば私は盲になるが、わが子のためならば、それも惜しくはない。ただ目の見えぬ母の手引きに、一つの釣鐘を鋳《い》て鳴らしてくれと言って帰ったというのである。

この話の草子になっていることは、私はまだ知らぬけれども、いわゆる口承文芸としてはすでに全日本に分布している。ただ大蛇の遺産を千両箱とした例を、この土地以外では聞いたことがないだけである。さしあたり知っているいくつかをあげるならば、まず高木敏雄氏の『日本伝説集』に二つ。その一つは、天竜河畔の巌水寺の子安尊の縁起として伝えるもの、これは『遠江風土記伝』にもはやく見えて、縁児の父を田村将軍とするもの、すなわち「立烏帽子《たてえぼし》」の舞や悪玉御前の物語と、系統をひく伝えごとであった。他の一つは、遠く津軽の大鰐《おおわに》あたりに行なわれていたもので、これはまだ伝説として土着もせず、ただ近江の三井寺の鐘の由来を説く昔話であった。蛇がある人に命を助けられ、その恩に感じて、姿をかえて妻になり、子を産む。これも産屋のタブーを破ったばかりに、縁が尽きて一つの珠を残して帰っていく。後にその珠を殿様に取り上げられて、浜に出て手をたたくと母が現れてまた一つの珠を与える。わが子のためには盲になるはいとわぬが、どうか三井寺に鐘を上げて、夜昼の境を聞き分けさせてくれと言ったとあるのは、どうやらこの哀れを語っていた旅の盲女の、出処素性も知れそうな話であった。

他の地方に伝わっているものはこれと大同小異で、ことに九州の果てにある話のほうが、かえって一段とこの青森県の例に近かった。たとえば陸中の江刺郡で、峯寺の鐘の由来として伝えるもの（『聴耳草紙』）などは、子の名が坊太郎で、母の残していった左の眼玉をなめて飢えを養い、大きくなるまでにしゃぶり上げてなくなった。それで父親が山奥の沼に行き、わけを話して右の方の片眼をもらってくる。もうこれで夜明けも日暮れも知れなくなった。どうかこの沼の岸に鐘を釣って、明け六つ暮れ六つを教えてくれと頼んだのが、峯寺の鐘であったと言いつつ、なお坊太郎がその盲の母と再会したとあるのは、やはり

「三井寺」の痕跡であったらしい。紀州では西熊野の日置《へき》の宝勝寺の僧孝順、深田の奥の大蛇と契って子を生んだという話がある（『牟婁《むろ》口碑集』）。生まれた一人子が盲目であったゆえに、母はわが目の球を抜いて子の目にはめ、もとの姿になって山の奥に帰っていったとあって、これにももの悲しい明け暮れの鐘のいわれを説いている。九州の例というのは『豊後伝説集』に、大野《おおの》郡沈堕《ちんだ》の滝の口碑が一つ、『旅と伝説』（二巻一一号）には肥前の島原半島において、百四十年前の雲仙の山焼けと、結び付けた話が二つあり、念入りに捜せばまたいくつもありそうな様子である。これがいずれもみな殺されようとする蛇を助けたら、それが美女になって嫁に来たことになっている（ただし肥前の方のは海蛇とも、普賢《ふけん》の池の白鰻ともいう）。それからその蛇女房の残していった珠を、殿様にまき上げられたことも津軽の話と同じく、しかも第二の珠までも強奪されてしまったので、水の主は激怒して、父と子とを遠くへ立ちのかせ、山を突きくずして思いきった復讐をしたように、今日では説かれているのである。

この目なしの大蛇の悲劇は盲人の作為らしく、座頭《ざとう》は水の神様と古くから関係があったらしいのだが、それはまた他日の談とする。ここに考えてみたいことは異類の婚姻、すなわち天上の国からまたは水の都から、特に人間の貧しくいやしい一人を見立てて、嫁入りをしてきたという因縁は何にあったかで、それには越後や相州の笛吹男の話がまた一つの暗示にはなるのである。今ある「葛《くず》の葉狐」のいくつかの院本をはじめとし、鳥にも魚にも命を救われた報恩に、女房になってきて家を富ませてくれた話は数あるが、これはおそらくは後代の複合であった。恩に対する報謝は異種間の交誼であり、血を合わせ縁をつなぎ、新たに栄える家を立てることは、また一つの別の制度であったからである。これには正直にして親孝行なる者、または朴訥単純で、一見魯鈍にさえ見える者が、不思議に神霊の目にはよろこばれた例もあり、または田村利仁や小野頼風のように、器量武勇の抜群であった者が、自然に幽界の恋を引き付けた物語も伝わっているが、なおその以外に特に笛の曲に精妙であった若者が、かかる超凡の婚姻に成功しうるもののごとく、以前想像せられていた時代があったように思われる。

この問題の奥行きは際限もなく深い。われわれの祖先がかつて竜蛇の幻を友としなかった人種であったならば、こういう昔話の種は、おそらく国内には萌芽しえなかったろう。しかも口をもって吹く大小の楽器によって、周囲の自然を制御する技術は古く存し、今もまたひろく利用せられている。琵琶のこの国に運び入れられ、さらに民間に流布する以前にも、盲という不幸な者はなお生きなければならなかった。かれらが笛を吹いたということは史書にこそ見るところはないが、その管理に属した語りものには痕跡を留めているかと思う。もちろんこれから多くの資料を集めて、おいおいとこの仮定を確かめていかねばならぬが、少なくとも目を失うた水の母が、最初に笛の音に誘われて、遠く塵界の人にとついできたという伝承は、私にとっては大いなる興味がある。笛を神降《おろ》しの曲に用いた習慣は、近代においてはその範囲がいたってひろい。それが一つの信仰または経験の拡張であるか、はたまた最初からこのとおり多元のものであったかは、軽々しく断定してはならぬが、山路の物語だけは、とにかくに水の神と縁があった。すなわちこれが背景になっている宇佐八幡の神伝には、竜女婚約の記事が残り、さらに大隅《おおすみ》の正八幡にあっては、素女の日光の矢に身ごもった物語、およびうつぼ舟に載せられて海から漂着した母子のそれがあった。さればかすかにその遠き神話の日の感動を記憶していた民人が、いわゆる大和竹に目をあけた草苅り笛のある一つの調べによって、そぞろに十六歳の少壮天子、遠く稀世の美女を訪い寄りたまう昔語りを思い浮かべ、もしくはこれをもって深秘きわまりなきその夜のよろこびを語るものと解したとしても、それもまたいたって自然なる海の国の居住者の、幻覚であったということができるのである。

（昭和七年八月、岩波版『文学』）

狼と鍛冶屋の姥

一　産杉の伝説

土佐《とさ》の東境に近い野根山《のねやま》の峠路、公の台帳には高知県安芸《あき》郡佐喜浜《さきのはま》村字大道南山とある国有林中に、産《さん》の杉《すぎ》と称する有名な古木があった。明治三十二年の暴風に、根もとから吹き倒されてわずかに古株を存するのみであるが、土地の人たちには今なおその伝説とともに、珍しい木の形を記憶する者が少なくない。世間普通の杉の木と異なっていたのは、地上四メートルほどの高さでその幹が横に屈曲し、そこが平らになって優に五、六人を坐せしめうるくらい広かったことである。そうして昔旅の女がこの木の上で産をしたという伝説は、今でもほぼ信じ伝えられている。倒れて株ばかりになった後まで、人がその杉の木片を削って、安産の護符として持っていく風があったのは、必ず右の伝説と関係のあることであろう。山中の通路に保存せられる異形の樹木に向かって、子安《こやす》・子育《こそだ》ての祈願を掛け、さてはその一部を呪物として尊重する慣習は、わが国にも決して稀なる例でないと思うが、それが、次に説くごとくいわゆる人狼伝説と結合して行なわれているのは、かなり珍しい事実だから、こまかく考えてみる必要がある。

幸いなことにはこの杉の木の伝説は、つとに県外の人も注意し、また採集した記録も幾とおりかある。寺石正路氏が『土佐郷土民俗譚』に載せられたものは、主として『南路志』の記事に準拠せられたようだが、この以外に石井氏の『国民童話』、松村氏の『日本童話集』に出たものも、少しずつ話が違っており、なお他に四とおりの報告を私は見ている。それがいずれも完全に一致しないということは、むしろ興味がある。口碑の要点は、佐喜浜村の鍛冶の老母が、いつの間にか狼の化けたのであって、それが産婦をこの杉の木に襲うて、切られて正体をあらわしたというにあるが、説話としてはいちばんに人を動かすべき部分、すなわち前に来た狼どもが人語して、「それでは鍛冶屋の婆様を頼んでこい」と、いったという条を脱落したものもあり、あるいはまた刀で切り下すと、カンという音がした。それは古狼が鍛冶の婆であるだけに、鍋《なべ》を兜《かぶと》にかぶってきて刃を防ごうとしたのであったという興味ある一挿話を、忘れたのか知らぬが説いておらぬものもある。

ことに伝説を信じやすくするために、通例まず問われる固有名詞と年代、すなわち伝説の歴史的分子とも名づくべきものが、まだいっこうに具体化しておらぬのである。昔ある浪人が身持ちの妻を連れて、日暮れてこの山中を通りかかった時に、にわかに産気づいて云々と説く例も一つあれば、また一人旅の女性が臨月に、山の夜路をしていたように伝えるものもあって、第二の場合には、そこへ通りかかったのが武勇の士であったともいい、また『南路志』のごとく、それが飛脚の者であって、杉の木の根もとに女の泣き声を聞き付け、立ち寄り介抱して男の子を安産させたともいうのである。しかも何ゆえにこのような山中を孕《はら》み女が通っていたかは、何びとも不審としたことであろうが、ひとり『四国老樹名木誌』に載せられた一伝だけが、長曾我部《ちょうそがべ》氏が阿波の由岐《ゆき》城を攻囲していた際に、部将某の妻、その夫を陣中に訪わんとする途すがらの出来事と説明するのみで、その他はことごとく、ただある時一人の女がといっている。この点は少なくとも昔話の形式のほうに近く、まだ完全に伝説とはなりきっておらぬようにも感じられる。

伝説のまだ書巻に登載せられざる間、もしくは文字の知識がひろく常人に及ばざる間は、こういう口頭伝承の異同は最も自然のことであって、それを比べてみて、いずれかの一つが正しく、他は誤っていると決定することは困難だ。記録が古いというのは、もうその時代から、こういう形の伝え方もあったことを意味するだけで、その後に書き留められたやや別様の口碑が、以前はなかったものだとする証拠には十分でない。地誌や縁起などの有力な記録が世に出ると、通例無学者の空覚えはこれに譲歩して、自然にその形に固定する傾向はあるが、写本の世の中では、まだ今ほどの統一は望めなかったのである。まるまるそういう記録のすでに一方にできていることを知らず、家々各自の聞き伝えを守って、互いに異同をあらためる機会のなかったのも、ずいぶん久しい間のことであったように思われる。だから採集と比較とは、今後においてもなおますます必要になってくるので、われわれは単にこの伝説統一の過程において、特にいずれの部分が変え動かしやすく、また他のいずれの部分が一貫してつとにきまっていたかを、明らかにすることをもって一応は満足しなければならぬのである。

この有名なる野根山の伝説においては、少なくとも今まで共通にいずれの記録にも見えている個条が三つある。(一) 杉の大木の梢で産をした婦人のあったこと。(二) それが群狼の危難に会うて、かろうじて助けられたこと、および (三) 狼の巨魁は鍛冶屋の姥であったことが後にあらわれたこと。この三つの特徴は結び付いて、今ではもうその一を欠くならば産の杉の伝説ともいえぬまでになっている。ところがその中でも一と三との二点は、現に山中に年経る杉があり、また佐喜浜村にはその鍛冶の屋敷と伝える地があって、故人の考え方からいうと争うべからざる証跡が、儼《げん》として存していたのだから、受け入れないわけにはいかなかったろうが、残りの第二の狼に襲われたという部分だけは、いかにして土佐で伝説として信じられるに至ったのであろうか。これがわれわれの桃太郎説話の普及と関連して、考究してみずにおられない問題の一つである。

二　犬梯子と猫の智慧

いわゆる千匹狼の説話の起こりに関しては、すでに南方熊楠《みなかたくまぐす》氏がいろいろの類型をあげて、そういう口碑の発生しうべく、また流布しうべかりし事情を説いておられる（『民俗学』二巻五号）。説話の移動ということは日本一国だけでも、十分これを信ずべき証拠があるが、ただその根源を記録の古今のみによって、推定することはむりだと思うゆえに、自分らはひるがえって末端のほうの現実から、逐次にその渡来の方角を考えていこうとしているのである。土佐の東の境の山地に、千匹狼の説話が分布しているということは、まずその理由をきわめねばならぬ眼前の事実であるが、これには幸いにして必ずしも普通でない三とおりの特徴をそなえている。その一つは被害者が産婦であって、しかも最後に難を免れて平産したこと。第二には狼が化けていたのは鍛冶屋の姥で、その家跡は今でも残っていること。第三は最も重要な点で、ここではこの説話が伝説と化し、杉の木の根株をけずって安産の護符にする習俗と結び付いて、今もかつてあったことのように考えられていることである。私の新たに考えてみようとするのは主としてこの点で、それだけはまだ南方氏も触れていなかった。

簡単に自分の仮定を述べると、この伝説は前に説話として諸国を流転している間から、すでに幾回かの複合と変化とを経たらしい。そうしてその最も縁の深い一角をもって、偶然に野根山の産の杉と結び付いたのであって、その癒着点は数多い他の地方の類型中に、普通はともなわれておらぬ狼の子育ての話であったろうと思うが、その以外にも元来この昔話には、大木の梢に登って難をのがれたという個条が必ずあるところから、山の峠路の畸形の木などに付着して、幾分か伝説と化しやすい傾きを持っていたとは言いうる。土佐に限らず、他の国々の例においても、これを国境の某峠の上において、あったことだと伝えているものは多く、また一般にその話法がやや伝説のほうに近くなっている。最初からもしこのとおりだったら、そうひろく分布することはできなかったはずである。

察するに説話としての興味の中心は、ただの野獣の群れには似つかわしからぬ策謀があり、それを不思議なことと思っていると、やがてかれらの語によって、その最も老獪《ろうかい》なる首領が人間の姿をしていたことを知るという点にあるものが、まず一つはあったのである。犬梯《いぬばし》もしくは人梯子《ひとばしご》というのが、おそらくはもとこの昔話の名称であったろうと思う。この点はいわゆる逃竄《とうざん》説話の多数のものに、共通した傾向であった。人は時あって魔物におびやかされ、生死の危険に臨むことがあるが、元来耳がさとく、また判断に敏なる者であるゆえに、ついにはこれによって身を全うし、相手を退治することもできるというところに、聞いておもしろがられる話のヤマ（要点）があったかと思う。日本にはいくらもある古寺の化物退治、中にも大足二足小足八足だの、または東野《とうや》の馬骨西竹林《ばこつせいちくりん》の一目鶏《いちもくけい》だのと名乗ってきて、たちまち本体を見あらわされる話は代表的であり、また蛇聟入りの話で、奥山の岩穴の口まで跡つけていくと、内にうめく声があって、子種を残してきたから死んでも本望だと一方がいう。いやいや人間というものは賢い者だ、もしも蓬《よもぎ》と菖蒲《しょうぶ》を湯に入れて、行水したらどうするというのを、立ち聞きして帰ってきて、当座の難をのがれたとあるなども同工異曲であった。ただし犬梯の千匹狼ほうには、某家の何々婆様と人の名をさしていうことになっているために、どうしても話が固定して、ある地に土着する傾向は強かったろうと思われるが、しかもこれと大木に登って難を避けたという二つだけでは土佐の野根山の産の杉の伝説は、まだ現在の形に成長することはできなかったはずである。前掲南方氏の論文の中には、格別深い注意を払われなかったように見えるが、この狼の群れが梯子を作って、樹上の旅人を攻め登るという話には、明らかに二つの系統があったのである。土佐と同様に後からやってきた親分の怪物も、やはり狼であったという例は、北国の一部に限られている。『新著聞集』に採録せられた越前大野《おおの》郡、菖蒲池の孫右衛門が女房という一例の他に、伯耆日野《ほうきひの》郡の奥にある山路であったことというのが、六、七年前に刊行せられた『因伯童話』に出ており、それからちょうどこの二地の中間に、やや異色ある但馬養父《たじまやぶ》郡の、高木加門の妻の話があるのみである。これは後のほうにまわしてまず伯州の話を引用すると、

むかし米子《よなご》の山伏が狼の群れに襲われて、大木の梢に上ってその難をさけると、二、三十四の狼が背継ぎをして登って来たけれども届かない。もう一匹だけ足りぬ、五郎太夫婆を呼びにやれといい、やがてやってきて先頭に立ったから、脇差を抜いてその大狼を切ると、一同は退散してしまった。翌朝里に出て、五郎太夫の家に行ってみると、婆は木から落ちて怪我をしたと称し、人々が疑いをかけているうちに行方知れず

云々。

とあって、これはたしかにその婆も狼になっている。雑誌『民族と歴史』（七巻五号）に、瀬戸源蔵氏の報告したのは、若狭と越前との境の山、椿峠の中の曲り、三本松というところの伝説であるが、刀禰《とね》の婆と呼ばれて、後から来て切られたのは、大きな犢《こうし》ほどある銀毛の怪獣とあって、はたして狼の年経たものだったか否か、どうも十分に明瞭とはいえず、ここより遠からざる近江柳が瀬《やなせ》峠の虎が婆の伝説は、これと同じだと、同誌（八巻三号）に報ぜられているが、これは『郷土研究』（三巻十一号）の福田文月君の説によれば、古く柳が瀬村の狼神社の由来として伝えられたもので、はじめ梯子になって登ってきたのは狼連であったけれども、招かれて後から手助けにきた太郎婆だけは、古猫の姿に化けていたのであったたというそうである。

婆が狼であり、また猫であることによって、話を二種別々のものだということはもちろんできまい。しかもこの二つが双方いっせいに出現するということもありえないから、今はまだ断言はむつかしいまでも、いずれか一つが先に行なわれて、後に理由があって他の一つに、改まったことだけは推定しないわけにはいかぬ。人が狼の姿になって、飛びまわって害をした話は、西洋ではあまりにも有名な奇聞であるゆえに、あるいは幾分か高木君たちの先入主を養ったかとも思われるが、日本においては、そのほうの例はほとんど絶無、狼が人に化けていたというのも、この以外には稀であるから、私は猫の婆のほうが前ではなかったかと考えている。そうしてその証拠とはいわれぬまでも、多少の参考になりそうな材料はいろいろある。消極的には山中分娩の話が土佐以外にはないこと、積極的には鍋をかぶって刃を防いだという話が、土佐の場合にもとものうていることなどは、その中でもぜひともその理由を尋ねてみなければならぬ点である。

三　鍋かぶりと茶釜の蓋

その前に、今日世に知られている若干の類話を列記してみると、まず伯耆国の例と地理的に接近しているのは、雲州松江藩の家中小池某の下男、古志原《こしばら》の親元から夜分に帰ってくる途で狼に襲われ、大木に逃げ登ると、肩車をして後から登ってくる。わずかのところまで来て届かぬので、はよう小池の婆を呼んでこいと狼どもがいう。やがて来たのを見れば犬ほどもある古猫であった云々。これは髙木氏の伝説集に載せられた清水兵三君の報告のほか、近年の『島根県口碑伝説集』にも出ておって、一部分の異同がある。前のほうの叙述では、脇差を抜いて切り付けると、金物の音がした。逃げていった跡には、小池の家の茶釜の蓋《ふた》が落ちていた。それを証拠に持ち帰って、いよいよ主人のお袋様の猫であったことが露顕するのである。

土橋里木《りき》君の『甲斐《かい》昔話集』に録せられた一例は、右の茶釜の蓋はないが、全体に昔話らしい話し方になっている。昔甲州の太物屋が、富士の裾野の遠ッ原で日を暮らし、枯草のにおにむぐり込んで寝ていると、夜中に多くの山犬が出てきてかぎまわすので、木の上に登ってこれを避けた。山犬はただその木の回りをあるくばかりであったが、そのうちに行って孫太郎婆を呼ばってきて、なんとか勘弁をしてもらわざアといって飛んでいった。孫太郎婆というのは一匹の虎猫の古ったれであった。こりゃ犬梯を掛けるんよからずといって、山犬に教えてだんだんに肩を踏んで登っていかせる。その犬梯が近よってくるので、商人はもっと高く登ろうとするが、何か巣のようなものがあって、もう上へは行かれない。それで脇差を抜いて、そこを突きくじってみると、中に熊が寝ていたのが、尻を突かれて下へ落ちる。それを追いかけてみて、熊だと知って山犬どもはいまいましがり、はや夜が明けるから、今夜の細工にゃいかぬと言って去り、商人は命を助かったというのである。

　これも最初からこんな結末ではなかったかもしれぬが、とにかくに婆が狼でない点は、遠方の出雲と一致している。のみならず、さらに陸中上閉伊郡の例にいたっては、話はいまいちだんと徹底して猫であった。佐々木喜善《きぜん》君の『聴耳草紙』（三四一頁）に、昔旅人が旅から帰ってくる峠の路で、猫が寄り合いをしているのを見て、そっと木に登って様子をうかごうていると、まだ某どののお頭《かしら》が見えぬという。その某というのが自分のことであった。そのうちにわが家の古い三毛猫がやってきて、仲間にさしずして木や草の陰に隠れて待ち伏せをさせる。そこへ武士が通りかかって、その猫どもと戦い、最後に頭領の古猫が切られて逃げ散る。その血をつなぎつつ二人で家に帰ってみたところが、先刻婆様が氷ですべって、眉間《みけん》を割ったといって寝ているので、いきなりそばへ行ってこれを切り殺すと猫の正体をあらわした。幾年か前に本物の老母を食って、自分がその代わりに化けていたのだったというので、ここではもはや純然たる赤岩一角《あかいわいっかく》式になりきっているのである。

土佐と奥州と、土地がこれだけ離れ、話がこれほどに違っていても、なお南北別々の由来をもって伝わったものと、いかにしても考えられない理由はどこにあるかというと、つまりは全国の話を聞く者の興味が、主として怪物の秘密が偶然のことから発覚し、人間はその手柄によって、永く絶大の危難を免れたという点に集注していたためで、したごうてその発覚の手がかりなどはなんであってもよく、話をする人の空想と技倆次第、新しいのと取り替えてもよかったろうと思うが、前代の伝承者には神話以来の久しい習性を保つものがなおも多く、知りつつ昔の型を改めてみようとする人が、今日のようには輩出しなかった。これがいろいろの細部の一致のなおしばしば認められて、かつはわれわれに溯原《そげん》の便宜を供し、かつは時々誤った推測に、人を誘おうとする混乱にもなったように考えられる。

一つの要点は婆に化けていた白毛の古狼が、鍋をかぶって悠然として登ってきたということは、『南路志』にもすでに見えており、『国民童話』のほうにも釜を兜にかぶってきたといい、さらに他の二つの筆写の報告にも、鍛冶屋の婆を呼んでこいという一条はなく、単に血をつないで佐喜浜《さきはま》の民家に至るとあるのみであるが、やはり金物の音がしたのは鍋をかぶっていたからだということを知ったとあり、またいま一つのほうは、婆の寝床の中から血にまみれた釜がころがりだしたと記している。これなどはもしも雲州の小池の婆の話に、家の茶釜の蓋が紛失していたという例がなかったならば、あるいはさっそくになるほど鍛冶屋だから、店にあり合わせの商売物を持ち出したのだろう、ありそうなことだとも、またはうまく考えた趣向だとも、思ってしまう人があるかもしれぬが、実はこの挿話は化猫にともなうて、かなり広く行なわれている一つの型であった。南方氏も以前から集めておられるようだが、熊野などにはことにいろいろの変化をもって伝えられている。他の地方にもおりおり聞く話は、たいていはその金物をもって矢とか鉄砲玉とかを防いだことになっている。たとえば狩人が茶釜の蓋で弾丸を丸めているのを、そばで家の猫がじっと見ている。そうして一回ごとに前肢でつるりと耳から顔をなで下げる。それを不審に思っていたところ、次の朝、その猫と茶釜の蓋が見えなくなる。それから山に入って怪物に出会い、鉄砲を打ったが、はね返るばかりで、ついにあるだけの丸《たま》をみな使ってしまったら、何やらちゃりんと音がして、地に投げ棄てたものがある。そこで取って置きの護身の丸をこめて改めて打つと、そこには昨夜の飼い猫がたおれており、また紛失した茶釜の蓋も落ちていた。丸めた弾の数をかぞえておいて、それだけを打たせてしまってから飛びかかろうとしていたのであった。

早川幸太郎君の『猪・鹿・狸』には、三河にあったこととしてこの話を伝えているが、これとほぼ似た例は『甲斐昔話集』にもある。二十歳になる古猫が片眼をつぶされて主人を恨み、弾丸を作っているのを見ていて、一度ごとうなずいている。これも十三の用意の丸を打ち放すと、もう安心しているので、別の護り弾をもって射倒した。死骸の脇にわが家の釜の蓋がころがっていたというのである。能登の八ヶ崎《はちがさき》のどうの川のちっきんかぶりという怪物の話は、『鹿島郡誌』にも詳しくは載せておらず、またチッキンというのはどんなであったかわからぬが、

与助惣左衛門の抜いた刀
鞘は竹でも身は本ものや

という俚謡《りよう》が伝わっているから、これだけは別にもう一本の刀を隠しておいて切ったというような話があったのかと思う。九州では近ごろ出た梅林君の『豊前民話集』に、釣鐘をかぶって銃丸を防いだ狸の話というのがこれであった。讃岐では仏生山《ぶっしょうざん》の町の伝説に、昔関の池の大蛇を退治に行く勇士が、矢の根鍛冶に矢をあつらえると、大蛇が美しい女になって、その矢の数を聞きにきたというのは、熊野の一本だたらが鳥に化けて飛んできて、刑部左衛門《ぎょうぶざえもん》の矢をかぞえたという話と似ている。それも釣鐘をかぶって、八十八本までは矢を防いだが、いよいよそれをぬいで飛びかかろうとした時に、金銀の隠し矢というので射取られた。それで国分寺の鐘には鏃《やじり》の痕があるのだともいっている。果然この失敗した

策略は、土佐の狼婆の発明ではなく、むしろこのほうは脇差で切り下されてなお疵を負うたという点に、幾分か取って付けたような不細工ささえ目につくのである。

四　猫と狐と狼

しかも麓の佐喜浜の町に、もしも鍛冶屋の古屋敷と称するものがなかったら、はたしてこの挿話が土着して永く伝わることになったか否かは疑問である。伝説はとにかくにある時代の住人が、実際そんなことがかつてあったと信じて、語り伝えていたものである。単におもしろい昔話を聞いたというだけでは、それをこの地の出来事だといっても、我も人も承知しうるはずはなかったのである。人によっては一度どこかに似寄りの昔話さえあれば、それがただちに同系伝説の分布をも解説しうるごとく、思っている者もないとは限らぬが、それは少々荒っぽい断定である。むろん、かたからそんな話を知らなかったら、めったに独立して同様のことも言い出すまいが、かつてこの木の根もとにとか、あの家の婆がと言い伝えるようになるまでには、別にまた新たなる事情動機の付け加わることを必要とし、したごうて話はここで若干の屈曲を見ることになるのである。出雲で小池の婆という、越前で菖蒲池の孫右衛門が女房といったのも、でたらめではよもやなかったろう。できない相談かもしれぬが私だけは、まずその理由を調べてみたいと思うのである。

いちばんやっかいな問題は、狼の群れの頭領ないし相談役が、どうして猫であったかということと、それがもしいま一つ前の普通の型であったなら、後にどうして土佐・越前のごとく、これまでが狼と入れ替わるようになったかということであるが、一方の理由が解しにくくなれば、第二の改訂は自然にも起こったかもしれぬ上に、こちらにもまた別にそれだけの因縁があったようである。順序として第一の場合を考えてみると、獣が人の隠れて聞いているとも知らず、人間の言葉を使って身元があらわれたという話は、狼には他に例がないようだが、猫にはある。猫が黙々として始終会話の席に侍する様子が、かかる想像を生じやすかったからであろう。近世の世間話には『新著聞集』にもあるように、梁木からおちて南無三と口走ったとか、院主様がお悪いから今夜は出られぬと、答えたとかいうふうに実際化しているが、普通にある型では、猫が荒寺の庭などに集まって踊を催し、どうして何々屋の三毛殿はおそいぞといっているところへ、やがてその三毛がきて、こういうわけでおそくなったと、家の内証事を語るので、はじめて猫の忠義を知ったり、もしくは反対に恐ろしい害心のあることを、心づいたりする結末になっているものが多い。もう一つさかのぼれば、あるいはいわゆる公冶長《こうやちょう》説話、すなわち人が禽獣の語を解して利益を得たという話から、系統を引いていることがわかろうも知れぬが、少なくとも近代の奇異譚の中では、物を言って素性を暴露する話は、主として化け猫の管轄に属していたのである。

猫が年を取っていずれへか姿を隠すという事実は、今でもまだ不思議がられている。それだから魔物だ、油断がならぬという俗説は、昔話の外にはみ出して、時としてはこれを信じようとする者さえある。家に飼われる猫は、犬だけの群居性を持たぬにもかかわらず、野良猫には往々一処に集まっている場合のあることが、以前にも観察せられたものと見えて、常陸《ひたち》の猫島や肥後《ひご》の猫岳のごとく、かれらの社会が別に隠れてあったという話は、方々に伝わっている。ゆえに今日では猫が群れをなして人を襲うたということが、あまりにも想像しがたいことになっておろうとも、それだけでは話の発生までを疑うことはできない。事実そのとおりのことがあったかなかったかは、われわれの取り扱おうとする問題のほかであるが、少なくとも猫に対するわれらの考え方は変わっていたのである。あらゆる天然現象の解説が改まってきたごとく、人がかつては今とまったく異なる態度をもって、愛し敬いまたは忌み恐れていたものは、ひとりこの一種の小動物のみではない。狼についてもまた同様に、かれらもし記憶あらば、今昔の感にたえぬであろうと思うほどに、わずかな年代に人間の信用が衰微したのである。これは文献のがわからでも、まだ若干の旁証が得られるかと思うが、狼をシナ風に兇猛無比の害敵とみたのは、そう古くからのことではなかった。以前は畏敬もすれば、また信頼もしていて、人と狼との珍しい交際があったことは、本篇と関係があるからぜひとも後に述べなければならぬ。

動物の歴史の研究がもう少し進んだら、あるいはこの点も明らかになるであろうが、かれらの環境も近世に入って変化している。これがもしその習性の上に影響して、人に新たなる経験を与え、しだいに狼婆の恐ろしい空想を発達せしめたものとすると、産杉伝説はひとり説話分類の上にたいせつな資料を供するのみならず、かねて自然科学のためにも興味ある一個の新目標を立てたことになるのである。

狼の群れが夜行く旅人をおびやかすということだけは、少なくとも近代にはいって、幾度か実験せられた現象であったろう。したごうて猫の寄り合いという俗信がややすたれて、狼がこれに代わって説話の序幕を占めたのは自然である（しかもこれと反対に、狼の群れの話が東北に行って、猫に改まったということは想像しにくい）。ただ奇妙なのは狼の群れの指導者として、猫が招かれてやってきたということであるが、これも自分は猫ならば、そういう話もあろうと思うのである。猫と狼とが交りを結んだ話はまだ知らぬが、狐とはしばしば一しょになって遊んだというううわさが残っている。西田直養《にしだなおかい》翁は九州の学者だが、その随筆の『筱舎漫筆《ささのやまんぴつ》』に、ある人月夜に猫と狐とが、並んで踊っているのをまさしく見たという話を載せている。中道等《なかみちひとし》君の『奥隅奇譚《おくすみきたん》』にも、外南部の大畑である家の猫が、黄昏《たそがれ》に水屋から手拭をくわえ出し、それを裏庭に待っていた狐に与えて、ともに両手を宙に揚げて踊ったのを目撃したという話を載せ、そうして「虎子が来ぬえば踊コはすまね」という言葉が、諺のようになって行なわれていたことを記している。佐々木君の『聴耳草紙』にも陸中の遠野で、猫と狐の踊っていた話を幾種か採集し、やはりその狐がひとり言に、「虎子どのが来ないば踊にならねア」といっていると、やがて手拭をかぶってその虎猫が来て踊ったとある。これらも前に掲げた江州柳が瀬峠の、「虎が婆を読んでこい」の話などと、まるまる無関係でないことだけは想像してよかろう。

この『聴耳草紙』の怪猫譚の中には、例の茶釜の蓋と、弾丸をかぞえた三毛猫との話が一つあるが、それよりも珍しいのは狐と踊った虎猫が、義太夫節を語って一人留守をしている女房に聞かせた。ある時そのことを主人に告げ口すると、さっそくその女ののど笛を食い破って、行方知れずになったという話をとものうていることである。現在の話し方は世間話に近くなっているが、その分布は案外に広い。陸前《りくぜん》牡鹿《おしか》郡の例は『民族』に、久慈《くじ》の平岳《ひらだけ》の主《ぬし》になっているおとら猫の話は、八戸市の「奥南新報」に掲げられ、津軽のは内田邦彦氏の『津軽口碑集』に、鹿角《かづの》郡のは『旅と伝説』昔話号の内田武志君の報告にあって、ともに内容はほぼ一つであった。福島県北部の某村でも、むろの木という大きな榎があって、そのムロは怪猫の名だといっていた。話はまた同じで、婆様をかみ殺した後、榎の梢に昇っていたのを鉄砲で射ち落とされた。その時にもかーんという金属の音がしたが、落ちてきたのを見ると、大猫が鏡を手に持って死んでいた。やはりいったんはその鏡をもって弾を防ぎ、しかも終わりには退治せられたのである。鉄砲といい義太夫といい道具は新しくなっているが、話にはもっと古い伝統があったかと思う。伊予《いよ》から土佐へ越える何とか峠の神木には、女が狼の群れに襲われて食い殺された伝説があった。樹上に鏡を手にしてその光を狼にさし付け、登ってくるのを追い下していたが、狼が偽って退き去るのを見て、あらうれしやと鏡をからんと投げすてると、たちまちもどってきて女を攻め殺したというのである。誰が見ていて語り伝えたかもわからず、またいつのころからこうなったのかも、私にはまだ突き止められない。

五　高木加門の妻

土佐と越前との狼女房の伝説において、また一つ不当に看過せられている特徴がある。佐喜浜の鍛冶屋は、今では屋敷跡だけであるのに、子孫代々背中に毛がはえていたと伝えられている。越前でも菖蒲池の孫右衛門方では、代々の子孫背筋に狼の毛がはえていたそうだと記してある。むろん先代の家刀自《いえとじ》が狼であったからというのであろうが、これは退治せられたということと、いかにも両立しがたい言い伝えであった。緒方《おがた》の一門では東国に移住した者の末までが、土地で本家と立てられる者の限りは、いずれも身の内に鱗《うろこ》に似た痣《あざ》があるだの、一部分ざらざらとしたところがあるのだというわさを、格別迷惑がりもせずに承認していたのは、古い信仰のなごりであった。池の主《ぬし》に見込まれて嫁入りをした娘の家などというのが、今でも存外に知られて栄えているのは、これもいわゆる竜婚・蛇婚に対する前代の考え方が別であったからである。最初から「かちかち山」の狸同然の言い伝えであったなら、かりにその怪物に実子があったとしても、こういううわさは公けには否認せられたであろう。だから私は右両地の伝説が、かつては今あるものとだいぶん異なっていたことを、これによって推測しようとするのである。

それにはちょうど似つかわしい類例が一つある。但馬は越前といろいろの点において、関係の深かった国であるが、かしこには養父《やぶ》郡の宿南《しゆくなみ》村というところに、加門塚の伝説なるものが残っている。現在民間に流布する形は、自分にはまだ確かめる機会がない。『加門記』という一冊の記録があって、これは稗史《はいし》風に書きのばしてあるが、大要はその中からでもうかがわれる。高木加門という郷士《ごうし》の妻、ある時山路において、わなにかかった狼の命を助けてやったところが、狼はこれを徳としてその女の死後、継母を食い殺してその姿を仮り、いじめられていた先妻の子を愛撫する。それからいろいろの葛藤があって後、突如として例の犬梯子《ばしこ》の事件が起こるのである。ある一人の武者修行の士、夜中狼の群れに襲われて、木に登ってこれを避けると、狼は肩車をして迫りきたったが、一匹分だけ届かぬ。それでは加門殿のかみ様を呼んでこいといって、やってきたのが古狼であった。それを樹上に待ち受けて切り殺し、やがて高木家を訪ねて、はじめて狼が母に化けていたことを知った。その狼を葬ったのが加門塚といい、これは実子でないから、むろん背筋の毛の話はないのである。

『加門記』には名刀の紛失などという趣向があって、どこまでが筆者の文芸であるのか、またどれだけが以前からの口碑か、実際は明らかに区分することがかたい。しかし少なくとも路傍の加門塚は存し、いわゆる千匹狼は隣国にも行なわれている話だから、全部が作り話でなかったことのみは確かである。名古屋の菱屋半七翁の『筑紫紀行』（巻九）、享和元年六月十日の条にも、偶然にこの地の記事がある。すなわち但馬の養父宿《やぶのしゅく》を過ぎて、

一丁ばかり行けば、左の方に水谷大明神の宮あり。こは神名帳に但馬国養父郡水谷神社とある御社か。坂を登りて、随身門のあるより入りて拝す。門は草葺、拝殿本社は檜皮《ひわだ》葺なり。左の方にお猫さまの社とて小さき宮あり。宮の下なる小石をとり帰りて、家に置くときは鼠を辟《さ》くといふ。又しばし行きて五社明神の御社あり。是は神名帳に但馬国養父郡夜夫坐神社五座とある神社なるべし。今は藪崎大明神と申すなり。また一丁ばかり奥の方に、山の口の社といふあり。是は狼を神に祭る御社なりといへり。故に此神は狼を遣ひたまふといふ。社僧の居所は水谷山普賢寺、本尊は薬師如来なり。

さて大道を帰りて五六町行けば藪崎村、養父宿より是まで二十五町云々。

といっている。このお猫様を末社に祀ったというお宮は、どうも式内の水谷の神社ではなさそうである。実地に行って見ぬゆえ詳しいことはわからぬが、『但馬考』には式内の水谷神社は、これより一里（約四キロ）余り東の山手の、奥米地《おくめいじ》という部落にあると出ている。ところが古く大田《おおた》文《ぶみ》の時代前からこの養父《やぶ》市場《いちば》の養父神社、すなわち前の紀行文に藪崎大明神とあるものを、養父水谷大明神と称え申す習わしがあった。そうして狼も猫も

ともにこのお社に付属していたらしいのである。鈴鹿翁の『神社覈録《じんじゃかくろく》』には『但馬考』を引いて、

末社三座あり。末社のうち山口神社を、俗に狼の宮と称す。嚢鹿の田畝を害する時これを祈る。加地屋敷は猫ノ宮と云ふ。鼠の蚕を害することを防ぐ。

と記してあるのだが、その猫の宮の所在が誤りであったか、または引っ越していたのである。桃井《ももい》塘雨《とうう》の『笈埃《きゅうあい》随筆』は、この『但馬考』よりはよほど前に出たものと思うが、それにもまた同じ狼の宮のことが載せてある。

この山（妙見山）の後の麓に養父明神在す。狼を使令として宮前に大石をもて狼の雌雄を彫造し、鉄鎖をもって繋いで左右に有り。諸社の高麗犬の如し。隣国の村々にて猪鹿の為に田畑を荒らさるゝことあれば、此明神へ参り立願して、狼を借り用ゐんといへば、社人かの繋ぎたる鎖を解いて其願にまかす。然して帰れば猪鹿の荒るゝこと無し。斯くして後又御供神酒を奉りて礼参す。誠に珍らしき事也。

養父の五社大明神と妙見山との関係は、この古事の中にも少しも説いていない。現在はもちろん二処の信仰は分立しているから、おのおのその社伝縁起の文字によって、連絡を見いだすことは不可能であろう。こういう問題こそはもう一度、土地人の感覚について、今のうちに尋ねておく必要があるのである。水谷神社や夜夫坐神社五座は、かりに『延喜式』以来の故跡のままとしても、狼に関する信仰までが、ここに居付きのものとは考えが

たい。もしも他から移ってきたとするならば、私はあるいは妙見山の方からかと想像している。中国地方の霊山崇拝は、妙見様になっているものが数多く、その中でも養父と城崎の両郡の境にある妙見山は、自分の故郷あたりでも信徒が多かった。これに関東の三峯出流山《みつみねいずるさん》、または遠江の山住《やまずみ》や春野山と、同種の信仰があったかなかったかは、調べてみてもわからぬということはあるまい。他日これによって私の仮定の、あたれるや否やを試験してみたい。なんにもせよ高木加門の女房が狼であったという話には、土地の旧伝を下染めにしていたことは考えられる。いわゆる加門塚の所在は養父の狼の宮から、川と小山を隔てて西北に二里（約八キロ）ばかりのところであるが、これも宿南の本村から、三谷という部落へ越える山路のかたわらで、あるいは妙見山への一筋の登路ではなかったろうかと思う。三谷は現在はミタニといっているが、式内の水谷神社はここであったかもしれぬ。もしも山奥の伝説が旅人に珍重せられて、おいおいに平地の往還のほとりへ、出てくる傾向が普通であるとしたら、ひとり山口の狼神社だけでなく、またその近くにお猫様の宮があって、その地が加地屋敷であったということも、注意をしなければならぬ一つの事実である。それを地方の人たちが現今はどう説明しているか。仔細に比べて見た上でないと、土佐の野根山だけを断定することはできないだろう。

六　朝比奈氏の先祖

狼を単に山の神の使令とするだけでなく、直接に祀っている社も但馬以外に多い。そうしてその中には小児の保護者として拝まれている例もあるのだから、いよいよもって加門女房の物語が、ただ一度きりの趣向ではなく、よってきたるところあることを察するのである。たとえば駿州志太《しだ》郡の仮宿《かりやど》村、東海道の岡部駅から十六町（約一・七五キロ）ほど離れた岡の上に、内宮権現という社があった。この地もと岡部の御厨《みくりや》の域内であって、すなわち神明の社なるべしという学説あるにもかかわらず、俗には狼明神と称し、狼を神に祀るとも伝えていた。これにも街道筋の表向きの話と、在所での話と少なくとも二通り以上あったが、岡部の宿の若宮八幡の社伝かと思われるのは、昔中納言兼輔卿罪をこうむってこの国に流寓し、朝比奈川の辺、松山の麓に年を送る。一子なきことを憂えて八幡宮に祈願をこめ、通夜満願の帰るさに小坂を過ぐるとき、狼あって錦の衣をまとえる赤子をくわえきたり、この卿の前に置いて去る。これを抱き上ぐるに、肩に狼の歯の痕がある。奇としてこれを館の内に養育したまい、後帰京の際にその子を朝比奈の郷に残し止めらる。成長して吉泰と名のり、武勇俊傑の人なり。かの狼を祀って内宮権現と崇めたてまつり、あるいは狼明神と号すとある。

この条は阿部正信の『駿国雑志』から転載したものであるが、同じ書にはまた、いま一つ別の話を録している。朝比奈氏の本貫はこの郡の朝比奈村で、殿という大字がその故居だということになっているが、そこに代々朝比奈三郎左衛門という旧家があって、みずから朝比奈三郎義秀の後胤《こういん》と称していた。しかもこれにも同種の家伝があったと見えて、家督の男子には必ず背に犬の歯痕が三つあったということは、豊後の緒形氏なども相類する風説であった。家がわかれれば言い伝えもまた少しずし違っていくのは当然で、そのいずれが正しく、いずれが誤っているかは、今日ではもう問題でない。われわれは単に一門の各家に共通して、永く狼を尊崇する習慣のあったことを認めれば、すなわち足るのである。右の仮宿村の狼明神に奉仕した遊行派《ゆぎょうは》の万福寺は、後に大名になった朝比奈家の菩提《ぼだい》所《しょ》でもあった。中納言兼輔卿の拾い児ということは信じがたくとも、この家が狼の徳を感じて、これを祀ったことだけは想像しえられ、したごうて「狼」は「岡部」の転訛だろうという『新風土記』の説は、こじつけだということになると思う。この点は今日各地に分散している朝比奈という旧家の、伝承を尋ねてみたら、なお確かになるであろうが、出羽の荘内藩でも、朝比奈忠三郎という大力の武士があった。その家の先祖、ある時狼が喉《のど》に骨を立てて困っているのを見て、勇敢に口の中へ手を差し入れて抜いてやったところが、後にそのお礼に赤子を蘆の葉に包んで持ってきた。それから子孫繁昌したといって、家には狼の祠《ほこら》が祀ってあったことが、鶴ヶ丘の旧事を録した『柳塘緝譚《りゅうとうしゅうたん》』という書にも見えている。

秦《はた》の大津父《おおつち》の出世譚以来、狼が人の恩に報いた話はかぞえきれぬほどあるが、中でも多いのは、喉の骨を抜いてやったという例であった。日本では不思議にそれが家々の伝説に化そうとしている。たくさんの例は記憶していないが、近ごろ出版せられた『飛騨風物記』の中にも、益田《ました》郡竹原《たけはら》村御厩野《みまやの》の今井弥左衛門方で、延宝元年（一六七三）の出来事であったという。ある朝下女が水を汲みに出ると、一匹の老いたる狼が現れて、しきりに憐れみを乞う様子をする。主人立ち出でてこれを見るに、のどに何かの骨を立てて苦しむらしい。よって手拭を手に巻いて口中に入れ、これを除いてやったら帰っていった。それから十数日後の夜、門口に不思議な音がするので出てみたところ、先日の狼が轡《くつわ》を前に置いてぬかずいている。あの時の礼であろうが、それにも及ばぬにと言えば、ほどなくいずれへか姿を隠したといって、今にこの家にはその轡を持ち伝えているとある。同郡中原村の焼石与五郎が妻は、同じようなことで狼を救うたところが、その礼に六尺（約一八一センチ）余りの鉄のくさりを残していったとは、妙な音物である。とにかくに今から二百五、六十年前までの狼は、これほどにも律義懇切なものとして信用せられていた土地があった。私は土佐の産の杉の化け狼の伝説を、案外新しい変化のごとく考えようとする理由は、こんなところにもあるのである。

以前『山の人生』*と題する小著において、すでに片はしは述べたこともあるが、人と狼との昔の交際は、必ずしもこわもてとか、きげん取りとかいう程度の軽薄なものではなかったのである。その中でも興味のある古いしきたりは、狼の産見舞《さんみまい》と名づけて、一年に一度、食物を器に入れて、山に持っていって狼のおりそうなところに置いてくることであった。これが狼に会って手渡しするのでもなければ、また実際に安産のあることを確かめての上でもなかったのは、少しくその言い伝えを注意してみればわかる。東京の近くで有名なものは、武州秩父《ちちぶ》の三峰《みつみね》さんがあるが、これは『三峰山誌』にも、また『十方菴遊歴雑記』(三篇中巻)にも詳しく出ていて、近ごろまで行なわれていた式であった。ある夜狼の異様にほえる声を聞くと、それで御産のあったことを知って、翌日は見舞いにいくのだといい、また山中に特に清浄に草木を除いた一地のあるを見つけて、そこに注連《しめ》を張って、酒と食物を供してくるともいい、これをまた御産立《おこだて》の神事ともいっていた。『新篇武蔵風土記稿』(巻八十)三峰村大木の行屋堂《ぎょうやどう》の条には「是を御犬祭と名付けて毎月十九日に行ふ」ともある。十九日は知っている人もあろうが、子安講ともまた十九夜講ともいって、村々の女人が子安神を祀る日であった。これが後には一年に一度になっただけである。

西国の方ではいかがであるか、まだ聞いていないが、狼の産見舞は東日本では普通であった。相州津久井《そうしゅうつくい》の話は、鈴木重光君も『内郷村話』(四四頁)の中に報告している。重箱に赤飯をつめて穴の口まで持参して帰ってくると、返礼には兎や雉子《きじ》などをその重箱に入れて、夜の間に返しにくるそうだという説さえあった。三河の長篠《ながしの》では今九十何歳の老女、若いころに近所の女房たちとともに、赤飯をたいて山の犬の産見舞に行ったことがあると、話したことを早川君も記している（『猪・鹿・狸』七七頁）。野州那須郡では清水文弥翁の『郷土史話』に、毎年四月八日から月末までのうちに、狐様・山犬様の初衣祝《うぶぎいわい》と称して、村内各戸より米銭を集め、油揚・わかさぎなどを調理して狐塚に供える。これをするのは狐・山犬が、いたずらをせぬようにという趣意であったとある。この記事はちょっと混乱しているから、もう一度聞き合わす必要があるが、とにかくに狐だけではなく、狼にも物を贈り、それを初衣祝と名づけていたことはあるらしいのである。陸前の狼河原《おいぬがわら》をはじめとして、狼をよく祀らぬと野獣の害がこわいといって、食物を供していた習慣は方々にあるが、それのみでは特に人間と同様に産養《うぶやしな》いの礼儀を守っていた理由は解釈しえない。関西にひろく行なわれている寒中の狐施行《きつねせぎょう》にも、稲荷下《いなりおろ》しを頼んで狐の口を寄せる時、まず御眷属が何人あるかを尋ねて、食物の分量を多くし少なくするのは普通であるから、この二つの贈遺は起こりにおいて似寄ったものであったらしい。そうして自分はその起原を山の神の信仰と見ているのであるが、これも『山の人生』にあらまし述べたから、この場合にはあまり深入りをしない。とにかくに狼に御産の連想のあることだけは、少なくとも土佐の野根山のみの偶然ではなく、それが駿河の朝比奈氏の祖先のごとく、人に非凡の子を供与した伝説などのあるのを見ると、鍋をかぶってきて産婦をくらおうとしたという類の変化譚などは、むしろ後代の複合にもとづく一種の新展開であろうと考えられ、したごうてこれ一つからその由来を断ずることは、むりということになるのである。

七　狼と赤児

飛騨と山一重を隔てた信州の北安曇《きたあづみ》郡にも、人と狼の交渉した記録は多く存し、それがたいていはまた平和なるものであった。『北安曇郡郷土誌稿』口碑篇の一・二に載せられたような村々の話は、今後もなお集積することができそうである。小谷《おだり》の北境に近い中土《なかつち》村の奉納《ぶのう》では、山奥に犬のへやという洞があって、そこには狼が住んでいた。昔は狼のことを山の神様といい、その山の神が子を産むと、ウブヤシネ（産養い）といって団子や餅を重箱に入れて、その穴の口に置いてくる習いであった。そうすると重箱はきっとその晩のうちに、返しにきたものだと伝えられている。北城《ほくじょう》の村でも狼が子を産んだときは、お七夜には赤飯をふかして重箱に入れて持っていき、どうか子をふやしても悪戯はしなんでくれと言って帰ってきた。それゆえにこの辺の狼はしばしば夜路を行く人を護送して、なんの害もせずに去ったという話が多い。ある時村の女房が背の子をこの穴の中に落として、非常に悲しみ憂えて一人で帰ってきたが、翌朝戸を開けてみると、家の戸間口《とまぐち》に、ちゃんとその嬰児がつれてきて置いてあった、というような驚くべき逸話さえも伝わっている。

狼の信用は最も厚かったのである。美麻《みあさ》村千見《せんみ》区に花戸《かど》という沢があって、村の下条家のあるいはまたこういう話もある。

持地であった。岩穴に狼が子を産んだので、産養《うぶやしな》いに赤飯を持たせてやった。その下男が狼の子を見て、好い子をたくさん産んだなア、おれに一匹くれねエかと口から出まかせを言ってもどってくると、翌朝は戸口にかわいらしい一匹の狼の子がいた。そうはいうもの の飼うわけにもいかぬので、またその子を狼の巣の中へ返しにいったという。この種の世間話の発生した事情を考えて見ると、単なる目の迷いや思い違え以上に、なおこれを受け入れた聴衆の心理にも、今までかえりみられなかった奥深い何ものかがうかがわれる。いわゆる狼の巣のごときは、おそらくは動物学者の管轄すべき知識ではなくて、久しい無意識伝承に養われた一種深山の霊地であったゆえに、容易に人をしてかかる空想の光景を胸に描かしめえたものと思う。同じ郡社村の丹生子《にゆうのこ》においても、ある家の下男がこの山犬の巣を荒らしたところ、その後この男が入れた苅敷《かつちき》を田から引き出してあったり、馬をひいていってつないでおくと危害を加えたりした。そこで村の人たちが集まって思案をして、山犬のために七夜の祝をしてやった。まず赤飯を炊《た》いで藁《ヽヽ》んだの上に盛り、これを山犬の巣のそばに供え、村では酒宴を開いてにぎやかに歌いはやしたら、それからは悪戯をしなくなったといっている。狼のために産屋《うぶや》の日どりをかぞえるなどということはできるものでない。これはなんでも人間の七夜産養いに該当する行事を、かれのためにも執行したということで、しかも他の多くの獣類については少しも問題にせぬことを、特に狼の歓心を求めんとする場合のみに、必ず守ろうとしたのにには理由があったはずである。つまりは狼の子ということに、今は忘れてしまっている深い意味が、もとはあったらしいのである。

狼の穴に取り落とした背の赤子を、夜間にくわえてきて家の門に置いていってくれたという話なども、今日はすでに実際あったこととして語り伝えられ、あるいは何村某の何代前の息子がそれだったなどともいっているか知らぬが、それはやはり駿州子持坂の、朝比奈家元祖の伝説と系統を同じくするものの、単なる話し方の変化でなかったとは言い切れない。狼が人間の憂いを察して、かくまでの親切をつくしたとは、よくよくのことだからである。『甲斐昔話集』に土橋君の聞き書きしているものは、これに比べるとずっと自然に近いが、それでも聞く人が、今では昔話としてしか受け取らぬようである。甲州ではかつて炭焼きが山にともなうて行っていた二歳になる子を、半纏《はんてん》にくるんだままで狼に持っていかれたそうである。年経て後発見して家に連れて帰ったが、全身に毛が生えていて山の物ばかり食い、どうしても里の食事になれかねて、再び山に入っていった。あんなのが山男というものになるのであろうと、評判をしたそうである。狼が人間の赤子を掠めて岩窟に入り、飽満してしばらく生かしておく間に、無心に乳などを吸われて母性愛を生じ、そのままわが子とともに育てていた例が稀にはあるということで、現に南方氏は近年インドの某州の病院に、山からそういう子供を見つけてきて、実験したという記事を訳し示された。民俗の根原は大概みな幽玄であって、安んじてわれわれの推定を述べうるものはほとんど一つもない。したごうてこういう新たなる自然科学の記録は、もちろん興味多く、また有力なる参考に相違ないが、さりとて狼と小児に関する日本の多くの口碑が、当初いずれも何人かのこれに似た経験に出発し、それが敷衍《ふえん》せられ、また類推せられて、これだけ分布し変化したと考えることも実例が外国であるだけにいっそう骨が折れる。

ことに但馬の加門塚のように母に化けてきて子を養ってくれた狼、またはこれと反対に産婦をくらおうとした狼などは、かりに国内にも時々狼の巣の赤子があったとしても、それだけではまだなにぶんにも由来を解くことができぬ。しいてそう思って説明をつけようとすると、それには邪魔になるいろいろの語り草を、押しのけ軽く見るような気にならぬともかぎらぬ。ゆえにさしあたりは根本の法則がわからぬのもいたし方なしとして、まずひろく現存の事実、すなわち書いたものなり、口でなり、国々に伝わっているものを集めてみる必要があるのである。佐喜浜の鍛冶屋の子孫の背中の毛は、朝比奈三郎左衛門の家の代々の犬の歯形と、ぜひとも比照してみなければならぬものと思う。それはただ単に過去の奇瑞の記念、すなわち伝説の空なものでないことを証する以上に、永くその家には世の常でない特徴の、伝わっていることを意味していたのではなかったか。土佐ではその家がすでに絶えてしまって、いかに解釈されてもこれを争うこともできなくなっているが、朝比奈のほうではもとの形の保存に努力した跡がある。出羽荘内の同族が大力の誉れを博したのも、駿州の本家が朝比奈三郎の末と称したのも、ともに狼明神の崇祀と関係のあることで、こういう異常出現の男子の末であるが故に、永く武勇の士を出すことができたのだと、我も人を信じていたことは察せられ、すなわちまた足柄山《あしがらやま》の山姥の子が金太郎であったという話と、日を同じゅうして説かるべき昔語りであったのである。

ただし狼がどこの家の子とも知れぬ子供を、錦の袍《わたいれ》に包んでくわえてきたということは、それだけでも十分の神秘はある。もう一つ前にさかのぼると蛇息子や田螺《たにし》長者のように、異類の姿をもって世に現れたといい、または狼を生みの母として生まれたといっていた時代もあったかもしれぬが、日本ではよほど久しい昔から、そうまで言っては伝説として成り立たないような文化状態に達していた。そうしてただわずかに説話の一隅において、狼は必ず婆に化け、または養いの母となっていたことが、あるいはいわゆる葛《くず》の葉信仰の、この方面における痕跡とも見られるのであった。ローマ人の元祖が狼の乳を吸うて育ち、また突厥《とっけつ》の王者が狼の族から出たという類の話は、異国にもさまざまあるらしいが、私はそれをここに並べる必要を感じない。南方熊楠氏のごとく本の不自由な田舎に住み、ひとえに博覧強記の力をもって思いのままの例証をあげてこそ、大いなる驚歎をもって迎えられる価値はあるが、なんの東京におり、索引をひねくりまわして、遠い記録の片はしを抜き出して見せるなどは、ただ学問をめんどうくさく見せるこけおどしではあるまいか。人の空想がしばしば自然界にはせて、いろいろの鳥獣をも祖とし伴としたということだけならば、そんな材料がなくとも日本でも証明せられる。それを異民族から学び、または移したということは、そんな材料があってもやっぱりわからない。調べるならば国際的にも、平押しに進んで綜覧しなければならぬのだが、それまでには各地の事実がまだ整理せられておらぬ。それよりも実はわれわれの国内知識が、今はまだ中途半端というところまですらも進んでいないのである。なんのことはない順序が逆だ。

八　荒血山の物語

土佐の野根山の産の杉には、以前はいまいちだんと快活に、かつ勇壮なる伝説があったものと私は想像している。それが今日のごとく陰惨にして血なまぐさいものに改まった原因は、必ずしも佐喜浜の鍛冶が退転したためばかりではないようである。これには昔話というものの、伝説とは反対にむしろ信じがたい事件のほうへ、走っていこうとする傾向を持っていることを考えなければならぬが、説話の狼婆はこの地方に運ばれて、産の杉伝説の鍛冶の母と結合する以前に、もうよほど近世風の潤色を受けていたと思われる節がある。注意すべき一つの証跡は、『国民童話』に採録した一伝に、狼は産がきらいで、その血のけがれのある者を送ってくるものだとある。横田亀吉氏の報告の中にも、狼は女の気を忌み、産室に臨んだ人は無事に通さぬという習性があり、それで山中に妊婦を介抱した武士を襲うたのだとある。『南路志』のほうには記さぬようだが、土地ではそういう人も確かにあったのである。狼の送るということも前に掲げたごとく、その解釈が時とともに変わっている。今日はただ飛びかかって食うためにころぶのを待つといい、その以前には謹慎する者には害なしといい、またその以前には護衛をしてくれるようにもいって、礼を述べ食物を与えて門から返したという話もある。したごうて血の穢れある者を必ず送るといったのも、本来はどういう趣意であったかわからぬのだが、とにかくにこれに尋常でない関心を狼が持っていたといえば、話はしだいにものすごい光景のほうへ、展開していくこともありそうに考えられる。

あるいはまた狼は情欲の淡い獣だという説がある。奇妙な実験だが、狼は犬と違って、雌雄なれむつぶところを人に見せぬという話と、関係のあることだけは推測しうる。そうしてこれを見たために、危害を受けたという話も流伝しているのである。川野正雄君の『小豆島民俗誌』の中に、昔話として次のような一条を採集している。昔旅人がある山路を通って、狼のつがうところを見た。宿の主人にその話をすると、それはたいへんなことだ。きっと見た人を捜して仇をするに違いない。こうしてのがれるより途はないと、教えられて松の大木に登り、木の下に盛んに火を燃やしておいた。そうするとはたして狼の群れがやってきて、太い尻尾に水を浸してきてその火を消し、それから松の根をほりはじめたが、そのうちに夜が明けたので、ようやく退散して助かったとある。この結末には、あるいはいま少し何か曲折があったのを忘れたのかもしれぬ。

木に昇って危きを助かるというのは逃竄説話の常の型で、日本では「牛方山姥」「天道さん金の綱」、また「口無し女房」などにも共通している。だからこれを目標として狼の話を研究するのはいっこうつまらぬが、狼の秘密を見たという話にまで、この個条が延長しているだけは意味がある。『岡山文化資料』(二ノ六)の故島村君の報告にも、ある人がこれを見てからにげ帰って、土蔵の二階にひそんでいると、狼の群れが下からカタクマ(肩車)をして登ってきた。窓の鉄格子のお蔭に命を助かったという話を載せ、だから狼のつぼんでいるのを見た者は、さっそくあたりの棒切れを杖に突いて、盲人をよそおうて何も見えなかったことを示さなければならぬそうだといっている。『甲斐昔話集』には左甚五郎が山犬のつるんでいるのを見て、山犬に襲われて宿屋に飛び込み、亭主に教えられて畳を高々と積み重ね、その上に登って刀を抜いて振りまわし、やっと追い払ったとあるのがこの類例であるが、どれにもこれにも「何屋の婆殿」は呼んできていない。左甚五郎はこの名匠が微行をしたという話が、ちょうど他の地方の宗祇《そうぎ》法師のように、連鎖譚として行なわれているためで、格別狼ということとは関係がないらしい。われわれにも心づかれるのは、山の奥の誕生ということが、特に日本の前代国民にはゆゆしき大事件であって、それがいつの間にか山の犬によって代表せられ、いったん信仰がやや衰えると、しだいにこの種の興味を目途とした説話に展開して、ついにはこのような珍しい形態をも、普及せしむるにいたったらしきことである。もちろん材料がまだ不足だから、精細に変化の過程をきわめることはかたいが、少なくともこれが荒血のけがれある者を送ったという土佐などの口碑と、無関係に発生したものという人はないだろう。

　これも『山の人生』に一応は説いておいたが、昔は愛発の二字をあてた越前のアラチ山の峠路に、神秘なる神の誕生があったことは『義経記』の流布本と、浄瑠璃の『十二段草子』と双方に出ていて、二書の筆録には何ほどの年処を隔てたか知らぬが、その間の改訂にはすでに驚くべきものが認められる。要するに物語は古きをいとい、意外をもっぱらとして、しかも今日のごとくまるまる新しいものを、持ってきては聞く人が承知しなかったのである。奇抜ではあるけれども、野根山の産の杉は、やはりまたこの荒血という印象深き語に誘われて、古来幾多の歌比丘尼《うたびくに》等に、もてあそばれていた空想のかすであった。近い例としては東北の地方学者が、時々問題にする写本の『恋衣物語《こいぎぬものがたり》』、江戸でも種に困った作者たちが、何度か借用していると思うが、臨月の妻を連れた旅の武士が、知らずして悪婆の家に宿を借り、惨虐に母子を殺されてしまう話などは、京都ではすでに『今昔物語』のころから、これを小説化しようという努力は開始していたのである。中央の文人が、田舎にある物を町に持ってきたがるのは、決して今にはじまったことではない。これだけに肝要なる山の中の御産ということが、はなはだ稀薄になっているから、別の起原だろうと見る人もあろうが、それは水かけ論になるから、私はもっと中間の例の出てくるのを待とう。しかし少なくとも恋衣譚のいちだんと土佐のほうに近いものが、近世まで辺土には行なわれていたのである。いつでもわれわれの相談役になる菅江真澄《すがえますみ》翁は、その晩年の著『雪の出羽路』の平鹿《ひらか》郡角間川《かくまがわ》の条に、次のような口碑を録している。

慶安の頃ならん。ある浮浪人妊める妻をぐして、陸奥より爰に来とて、文字の山中にて其妻頻りに腹やみて子産みたり。すべ無う妻をいたはり、草をしきなんど、とかくして日は暮れたり。夜半とおぼしく、しきりに眠萌しぬれば、かたはらなる岩を枕として臥しぬ。物の音するに寝覚めて見れば、己が家に年頃召仕ひたりし下女のさまして、何処よりか若き女の来て、ねもごろに妻を助けいたはるは、怪しき事と思ふほどに、産める子も妻もひしひしと咬みぬ。あな恐ろし。こは山嫗なんどいふものならん。憎きやつかなとだんびら抜放ち、妻子の仇と打掛くれど、そが身に立たず事ともせず、其眼の光ること鏡の如く、身の毛いよ立ち、或木のうれにかき登りて辛き命を全くし、夜明くるを待ちて木より下れば、妻が亡骸は骨のみ残りぬ。未ださるもの隠ろひあらんかと爰を馳せ出でて人里を得て、十日二十日とここかしこにさまよひ、出羽国に来て平鹿郡角間川に至り、世の中の行末を思ひて、自らも浄土宗なれば浄蓮寺の弟子となりて名を権斎といふ。凩《こがらし》の権斎とは異なるべし。権斎が山姥打ちたりし太刀は無名の二尺九寸にて、そは肥後守国康ならむといふ人あり。今ある人家蔵せり。その山嫗と見しは狒なんどいふものにてやありけん。権斎角間川にて身まかれば、人々塚を築きて近き頃碑を建て、権斎遊士墓と誌しぬ。いづこの人か。九戸の城の落人なんどにて、名をあらはには語らざりけん。

角間川の浄土寺に、遊士権斎《ごんさい》が二人あろうとは思われぬから、この話の運搬者は、やがて後人によって話の主人公とも称せられたのであろう。もしそうだとすると『恋衣物語』の安達が原一つ家と同様に、これを文字山中の一本の樹木に結び付けただけが、この人の事業ということになるのである。土佐でも寺石氏の『郷土民俗譚』によれば、土佐郡領家郷の山中の往還に、七分までこれと似寄りの話があった。異なる点はただ山姥が狼の類となっていて、その故跡には老樹の代わりに夜啼石《よなきいし》＊がある。今でも夜ふけに通ると赤子の泣き声を聞くといったのは、これもまたもとからの子安神の霊地であったためかもしらぬが、これは野根山のようにいわゆるハッピーエンドを持たなかった。なんにもせよこの説話は久しく周遊していたのである。それが一地に土着して、第二次の伝説となったことは、ちょうど花粉が蝶鳥の翼に乗って、次の叢に来てやすらうのと同じであったろう。すなわちその果実はここに結んだのだから、その地の産といってももとより不可はない。

九　良弁僧正の杉

樹木の伝説は夜啼石などに比べると、はるかにその歴史がたどりやすいかと思う。石だと神代のころからそのとおりといわれてもいたし方がないが、産の杉ならば根株からでも年輪はかぞえられる。何ほど畸形の木でも、それがまだ森の陰の若木であった時代には、まさかその上で産をしたという伝説はともなわなかったろう。そうすると起こりはまず新しいので、したごうてその一つ以前は何もなかったか、もしくは何があったかということが、当然の問題になってくるのである。私は古来有名なる昔話が、二種以上もここに落ち合って念入りに結びついているのを見て、これには何かそれだけの因縁が、特にこの地には備わっていたものと想像する。この際新たに起こったのでなかろうと思うのは、佐喜浜の鍛冶屋の遺跡と、山中の安産の信仰とである。その信仰がもし狼をともない、またある一人の姥を参与せしめていたのであったら、地味はこういう伝説の根づいて成育するために、十分に肥沃であったと言いうるのである。鍛冶は元来木炭を利用する関係から、最も山奥の生活に親しんでいた。そうしてかれら独自の信仰があって、かつてはその職業の便宜のために、計画的にもこれを常民の間に宣伝したと見えて、かすかながらその痕跡は今に残っている。それがいかなる信仰であったかということは、以前「炭焼小五郎」の研究*においてこれを証明してみようとしたことがある。鉄の呪力はたしかにその一つの支援であった。婦女が歯黒めをはじめてする際には、まず金屋神の神威を認めなければならなかったから、これが生殖育児の上に、交渉を持っていたことも推測しえられる。屋久島の鍛冶屋が村一般から尊重せられていることは、たしか古い『人類学会雑誌』にも出ていた。若い子が魔物の種を孕んだと迷信して不安を感ずる場合には、この鍛冶屋に頼んで鉄滓《かなくそ》をもらい受け、それを柳の葉とともに煎じて飲むと下りるといっていた。今のその風も絶えたであろうし、他の内陸の方にはまだ類例を捜しあてぬが、これはもう少し根気よく、またやまわり遠い方法をもっておいおいに尋ね近よるべき問題であると思っている。

だから現在のところでは、まだいたって心もとない仮定ではあるが、私は逆に土佐の東境のような伝説の存するを見て、鍛冶の母なるものが今日の産婆の前身、すなわち半ば信仰の助けを借りて、婦女産褥の悩み憂いを、軽くする役目を持っていたのではないかと考えている。そうしてその祭式にともなう語りごとの中に、山の神が丈夫なかつ幸運の赤子を授けたという、古い伝承をくり返していたのが、かれらの零落とともに、その内容もまたしだいに荒唐無稽に堕したのではないかとも思っている。とにかくにこの場合ばかりは、山中の御産は安産であり、また特に男の子が生まれたと伝えているのである。そうしてその婆の子孫に狼のしるしがあったということも、古い話のなごりとしてならば存在しうるのである。丹後の由良《ゆら》の長者を山荘（産所）太夫と呼んだように、話の主人公と話し手とはよく混同せられる。すなわち極端なる汚名を後に留めた佐喜浜の狼婆なども、実は狼の話をするただの婆であり、また一種の権斎遊士であったかもしれぬのである。

狼が子をくわえてきたという話は、狼に拾われてその乳で育ったという話とともに、どうしてもいま一つ以前の形が、なくてはならぬような奇瑞である。人間が鳥獣の腹から生まれるはずもなく、またいったん動物の形をもって世に出たものが、中途から並みの人に変われるものでないという考えが起こって、日本でも早期にこの口碑は改定を受けているらしいのである。昔話は誰だって信じて聞いた者がないから、それが分立して流布するまで残っていたならば、「田螺息子」や「蛇太郎」の説話のように保存せられたかもしれぬが、われわれの信仰はそれよりも前に改まって、少なくとも中央の社会では、狼は人間の子を生まぬことになっていたのである。別の語でいえば「葛の葉」や「竜宮女房」の話と手をわかっていたのである。鷲《わし》が人間に子供を供給した話は外国にもあるということで、ボルテ・マッケンゼンの『昔話辞彙』にも例を並べているが、わが国ではまた別種独立の発展をとげている。たとえば南都東大寺の良弁杉《ろうべんすぎ》は一本しかないのに、鷲につかまれてきた赤子の産地は、山城の多賀に江州の志賀、または相州などと数処にある。そのまた相州というものも『新編相模風土記』には阿布利《あぶり》山の伝説を採用し、今日はこれがいちばんによく知られているが、『新編鎌倉志』や『鎌倉旧蹟地誌』では、由井長者の染屋太郎太夫時忠の子であったといい、その出来事の場処も鎌倉であったようにいう。ところが良弁僧正の異常誕生と母子再会は、古いというのみで、また一種の「恋衣物語」にすぎなかった。台本を持たない以前の語り手は、行く先々でありそうな近くの地名に挿しかえていたので、その残形は今でもまだ口伝えに伝わっている。『甲斐昔話集』では場所は駿河国、茶つみの時に畠のあぜに置いていたらといい、その子は大和国の東願寺の小僧になっていたといっている。『聴耳草紙』の長須田まんこの話は、飛んでも陸中国より外へは行かず、やはりまた十三年目に慕峠《したうとうげ》の地獄山というところで再会しているが、その子がやはり名僧の末成品であった（ついでだからたった一言、この話の母の名をマンコといっているのは、『曾我物語』に対する有力な暗示である）。それからこの話の前半だけならば、内田氏の『南総の俚俗』にも、クラッコ鳥の由来として、鷲に取られた子の母の悲しみを説いている。それは普通の聴衆にこの部分がことに印象深く、たまたま鳥前生《ぜんしょう》の説話と結合して再現しただけで、別にそのような伝えが独立してあったのでないことは明らかである。

奈良の良弁僧正はこれに比べると、ただいくぶんか改訂が少なく、人望がはるかに多くて、よりひろく行なわれていたというまでである。『気仙郡誌』に採録せられている竹駒村の羽縄《はなわ》氏の家伝では、牧場の牛を襲う大鷲を防ぐために、主人が牛の皮を身にまとうていると、鷲がつかんで遠くの離れ島へ持っていって落としたとなっており、鮭の魚の背に助け乗せられて、再び家にもどってきたといって、むしろ鮭を家の神とした説明に付随した形であるが、これにも家々の少しずつの変化があって、中には鷲にさらわれたのは娘であり、その鮭の大助《おおすけ》にかたられて女房になったという話もあるそうだ（『聴耳草紙』三五〇頁）。伴蒿渓《ばんこうけい》翁の『閑田次筆』には、摂州高槻の藩士鷲津《わしつ》見《み》某、鷲に摑まれて助かった子を祖先とする。今ある鷲見七郎太夫はその子孫らしい。泉州堺の旭蓮社《きょくれんしゃ》の開祖玄恕《げんじょ》上人も、鷲にとられて助かりし人なり。たぐいある事にこそなどといっているが、この比類は遠く『日本霊異記』の世にはじまっていたことには心づかなかった。『霊異記』の「汝鷲噉残云々」は、『今昔物語』（巻二六）には「己は鷲の食ひ残しぞかし」と出ているから、地名はわずか違うが同じ話の和訳なることは疑いなく、『水鏡』の皇極天皇の条にも同じ話が転載せられている。どうして一つ伝えのみがこう永く珍重せられたろうかは、文献の系統を調べただけではたぶん解しえまい。おそらくこれがあの時代久しい間の、かなり有名なる民間説話の一つであったために、かえってこのように記録の根拠をたいせつにしたのであったろう。良弁僧正の伝説が起こって後も、奥州の片田舎はもとより、都に近く住む鷲見某の家でも、家あるかぎりはなおこの昔語りを捨てることができなかった。これがまた伝説の文化史料として、最も丁寧な取り扱いを受けなければならぬ理由で、われわれはこの幾多の近代式合理化の背後にも、なおその最初の動機を見つけうる場合が多いのである。最後にもう一つだけ、この説話と文献との関係を述べておきたい。伊豆三宅島の『三島大明神縁起』に、伊予の神様がこの島に渡ってきて、地を乞うた一条を載せている。その詞に「我は是れ凡夫にては伊予国三島郡に立花の清政と申せしが、四十に余るまで子を持たず、大和国初瀬の十一面に籠り願ずれば、夢の御告に汝に於ては子とては無けれども、我が持つ所の宝に換へて子種を与ふとありしより、男子一人設けて喜びする所に、伊予国しやくの浦にて鷲に取られ云々。十六年の間山中に籠り、我身に願のあるまゝに、人の願を叶へんことを仏神へ祈りしに、其功積りて垂跡となる」云々とあるのである。これが室町期の多くの語り物、古くは安居院《あぐい》の「甲賀三郎」から、末々何の本地の名をもって文筆に保存せられてあるものと、様式において一つであることは誰の目にもわかるのだが、三宅島ではこれをたいせつな社伝として信じていた。人と神霊との仲介を業とした者が、同時に多くの説話の運搬者であったことは、しばしば純朴な人の住む土地において、意外なる伝説の改造をなしとげていたのである。伝説と説話との相違は、昔の田舎者とても知らぬはずはなかった。現に家々の祖父、祖母の昔語りは、それ自身愉快なる空想の開展を示している。ただ新たに外から持ち込まれた説話のみは、しばしば古風のままに信じうべき形をもって説かれたゆえに、聴衆は当然にこれを信じたのであった。一個猫、狼の旅人を襲うて破れたという民間説話が、ある地では半ば以上伝説と化して信ぜられ、また他の方面では、依然として昔話のままでもてはやされているのは、主たる原因は話者の相異と、これを受け入れたる土地の事情で、一々の場合に必ずそれ相応の変化が生じたのである。知らずそうしてそれはことごとくみなわが日本国内の、中世以後の国民の所為であった。テオドル・ベンファイ*の流れを汲んで、今なおインディアニストの口吻をくり返そうとする学者たち、これをしも書冊文字のただ一片の蘆の葉に乗って、はるかに西天より漂到したものと、断定するの勇気ありや否や。

（昭和六年十月、『郷土研究』）

古屋の漏り

猫から狼への話の移りかわりは、どう考えてみても珍しいことであった。将来この問題を解こうとする人のために、もう少し材料を寄せ集めて、あらかじめ二重の労力をはぶいておくことも必要であろう。

姥が狼であったという例は、越中にまで及んでいた。『肯構泉達禄』（巻一五）婦負《ねい》郡駒《こま》見《み》村の条にいう。「昔此村にヨウユウといへる者あり。其家に久しく使ひし姥、狼の化けて人となりをしと也。或時山伏の夜ふけて呉服《くれは》山古阪を過ぎ来りしに、狼の群来り山伏を纏はしければ、山伏怖れて喬木に攀ぢ上りけるを、狼あまた重なり、其上に姥跨がりて山伏を引下さんとす。時に山伏短刀を抜きて、姥が肘を打落しければ、重なりたる狼ちり〴〵になり遁失せたり。夜明けて山伏樹より下り、駒見村を見かけ暫く休らはんと立寄り、ヨウユウが家に入りけるが、彼姥傷の痛みけるにや、呻き号び打臥し居たりしが、山伏を見るや否や逃げ出し、それより行方知れずとなる。是れ御郡の旧記に在り」云々。腕を切られたという点は羅城門《らしょうもん》などにも似ているが、話がただこれだけであったならば、姥が狼であったということも知れないはずであった。何かこの以外にも言い伝えはあったのである。同じ事実を『越中旧事記』には、また次のようにも記している。「駒見村、此里にユウユウといふ老尼あり。夜は犬となりさま〴〵妖怪をなしけるが、或時山伏に足を切られそれより此里に住まず、其後三年ほど経て、射水郡あら山と云ふ所より、駒見の八右衛門といふ人の方へ書状をこしたり。犬の手跡なりとて人皆之を見たりとなり」とある。二書はともに百数十年前の旧著であるが、そのころすでにこのように漠とした話であったのである。磐城《いわき》刈田《かった》郡七ヶ宿《しちかしゆく》村は、伊達から米沢へ越える通路であった。『信達民譚集』（九六頁）は「昔この村湯の原の峠に、一人の鬼婆が多くの狼を手下にして住んでいた。旅人が通りかかると、まず狼を出して襲い殺させ、おのれはその衣類所持品を奪い取っていた。ある日旅商人が日の暮れにこの峠で狼に襲われ、急いで側の大木によじ登って難を避けると、狼は肩から肩に乗ってだんだんと迫ってきたが、旅人が木の頂上まで登ったので、狼は数が足りないために届かなかった。その時どこからか白髪の老婆が走ってきて、狼の頭に足をかけて梢に達し、商人を捕えようとしたので、商人は刀を抜いて上から切り下すと、老婆は真逆様に落ちて死し、狼の群れは逃げ去った」とある。これも老婆が山賊の頭《かしら》であることを知るまでには、まだこの記事以外の言い伝えを必要としたはずである。

安芸の可部《かべ》峠の七つぎの松の由来談は、隣国石見の昔話として伝わっていた（『旅と伝説』四巻七号）。むかし江戸飛脚が朝早くこの峠の辻の宿屋を立ち、少し峠をくだりかかった時に、後から七匹の大きな猫が追っかけてくる。驚いてかたわらの松の大木に登ると、七匹は七つの猫はつぎつぎをして手を延ばしてきた。刀を抜いてその手を切り落とすと、七匹はみな逃げてしまった。飛脚はその手を風呂敷包に入れたまま江戸に行き、帰りにまた同じ峠の宿屋に泊まって、ぜひとも家のお婆さんに会わせてくれと言って、しいて寝間に行って会った（というのは何か心あたりがあったのであろうが、そのことは話の中にはない）。それからどうしても手を出さぬのをむりに出させてみると、片手はなくて自分の包みの中の手とぴたりと合う。そこで即座に婆を切り殺すと猫の正体をあらわした。三年以前にこの茶屋の婆を食い殺して、自分が婆に化けていたのであった。このことあって以来、その旅人のよじ登った松の木を、可部峠の七つぎ松と呼ぶようになった。安佐《あんさ》・山県《やまがた》二郡の境にある峠である。親方も子分も全部猫であった例が、こうして奥州以外にも存していたのであった。越後弥彦《やひこ》の弥三郎が母の話なども、通例は空から襲撃をしたことになっているのだが、それにもまた狼と結託したものがあった。『加無波良《かんばら》夜譚』第四八話などは、その点を除くと、他はまったく今までの弥三郎婆のとおりである。弥三郎は綱使い、すなわち田圃に出て鳥を捕るを業とする者であった。ある日四頭の狼《おいぬ》に襲われて松の木に逃げ上ると、狼はおいぬつなぎをして、次々に肩の上に乗ってきたが、一番下の狼が腰が弱くて、何度でもおいぬつなぎがくずれるので、今日はだめだ、弥三郎婆さんを頼もうと、一匹の狼が走っていく。はて弥三郎婆さんといったら、うちの婆さだがと思っているうちに、にわかに西の空が大荒れして黒い雲がおおいかかり、その雲の中から大きな手を出して、弥三郎の首筋をつかむ。やけになってその手を押さえて、腰の鉈《なた》を出して力まかせにぶったぎると、血がだらだらと流れる。おいぬはそれを見てかなわんかなわんと逃げていく。そして大荒れもやんだので、弥三郎は切り落とした腕をかかえて家に帰ってきた。婆さ今帰ったで、今日は鬼の腕を取ってきたというと、奥の間でうんうんうなっていた婆が、どれどれはよう持ってきて見せろというから、その針金のような毛のはえた腕を、婆さんの寝ているところへ持っていくと、婆さんはたちまち鬼婆の姿になり、いきなりその腕をひったくって、これは俺の腕にちがいないと言いながら、それを血がだらだら流れている自分の腕の切り口にくっつけて逃げていった。鬼婆が弥三郎の婆さを食って化けていたのであった。床の下をめくってみると、鳥獣や人間の骨が積み重ねてあった。『今昔物語』巻二七の猟師母成鬼擬噉子語においては、難に会うたのは兄と弟の二人、母の手は雁俣《かりまた》をもって射切ったことになっているだけで、母の寝所にその手を投げ込み、これは御手かと言ったとある点まで似ているが、ただ狼の群れのみは参加していない。そうして話のつなぎ目もこの「おいぬつなぎ」のように、まだ満足にはつながっていないのである。

私のいわゆる話の種の複合は、昔話全盛の世には決して珍しいことでなかった。ただそれがある職業者の作為でなく、普通家庭内の自然の変化であった場合に、そこに興味ある前代人心理の史料を見いだすのである。津村正恭《つむらまさやす》の『譚海』という随筆は、かれが天明八年（一七八八）の秋田旅行の後に成ったものと思われるが、その中にはかなり珍しいあの地方の見聞が録せられている。同書巻九にある次の一節などは、また一つのやや意外なる暗示であった。

仙北郡の人、薪を伐りて山より帰るとき、夕になり雨降り出でたれば、辻堂の縁に雨やどりせしが、堂の中に人声きこえて賑はしく、暫しありて太郎婆未だ来らず、こたびの踊出来難からんなどいふ声せしに、又暫しありて婆来れるとて踊りはじめんといふ。婆のいふやう、暫し待ちたまへ人やあるとて、堂の格子の穴より尾を出しかきまはしたるを、此男尾をとらへて外より引きたるに、内には引入れんとこずむに合せて、尾を引切りてもたりければ、怖ろしくなりて雨の霽るゝをば待たず、家に還りて此尾をば深く蔵し置きたり。其後隣家の太郎平なる者の母、痔起りたりとて打臥してある由、此男見舞ひに行きて見れば、誠に心わろく見えける。如何にといへば痔の痛む由をいふ。怪しくて夕に又件の尾を懐に匿して見舞ひに行きてければ、尚心あしとて居たりしかば、それは此様なことの煩ひにては無きやと、尾を引出して見せければ、此母尾をかなぐり取りて、母屋《もや》を蹴破りてうせぬ。猫の化けたるにてぞありける。その母の骨は年経たるさまにて天井にありけるとぞ。

以上の話を聞いてすぐに思い出すのは、今も不思議に全国に行き渡っている「古屋の漏り」という寓話めいた一篇である。私の『日本昔話集』にもその例を載せておいたが、これが土地によって詳略の二種になっている。雨の降る晩に虎狼という獣が、人を食おうと思って、とある古屋の軒に立ち聞きすると、内では老二人が寝もやらず話をしている。

「虎狼よりは、モリ殿こそこわけれ」というのを聞いて、さてはこの世の中には、自分よりも強いモリという者がいるのかと、にわかに恐ろしくなって逃げ去ったという話。私などが幼年のころに聞いていたのは、もうこれだけをもって終わっていた。ところが九州でも、また奥羽の遠い田舎でも、話はさらにその後段があって、このほうに小児は心をひかれていたのである。ちょうどその晩に馬盗人があって、たった一匹あるこの家のやせ馬を盗もうとして忍び込んでいた。それが狼の足音を聞いて、馬が離れたと思って、いきなり狼の背に飛び乗る。狼のほうではそれを「古屋の漏り」という怪物だと心得て、足を限りに逃げ去っていく。そうして空井戸に落ち、または路傍の辻堂の前で乗り手を落として、そのまま辻堂の中に飛び込む。そのあとが話はまた二とおりにわかれていて、狼が尻尾を盗人にとらえられ、恐ろしさに夢中になって尾をひっ切って逃げたというものが一つ、いま一つはその場へ猿が来合わせて、狼々そこで何をしている。いやモリという天下一恐ろしい獣が、今おれに乗りかかってきて、この中に飛び込んでいるという。何がそのようなものがこの世にはあろうぞ。どれ私が見てやろうとこざかしい猿は、長い長い尻尾をその中に差し入れて探ってみる。空井戸の盗人は上りたいために、また辻堂の中の盗人なら恐ろしさのあまりに、格子の目から入った尻尾をしかとつかんで放さない。猿は苦しがって強く引くうちに、その尾が根元からぷつりと切れて、今のような形の尾になってしまった。すなわちまた猿の尻尾はなぜ短いかの、いわゆる「なぜ話」の一つの形になっているのである。

いわゆる「古屋の漏り」が狼よりもおっかない話などは、禅家か心学の説教にでもありそうな話で、その思い付きから見て少しも古いものではない。ことに小児輩には貧窮の味などはわからぬから、そんな皮肉な寓意に悦喜するはずはなかった。それで是非なく後段のおろかしい葛藤は付け添えられたものと思うが、しかも昔話らしく語るためには、やはり古来の格調を踏襲しなければならなかったのである。猿の尾はなぜ短いの本筋の話というのは、誰でも知っているように狐にあざむかれて、寒中氷の底で魚を釣ろうとした話である。これも猿の少ない北の方の田舎に行くと、狐が川獺《かわうそ》にだまされて尻尾を水に垂らし、氷に閉じられて抜けなかったことになっているのだが、狐は現在あのとおり太い尾があるのだから、話は単なるある一個の冒険談になって、これを聞く者の胸にそのおもしろさが映らない。そこでどうしても猿とか猫とかのような、実際に尾のない者の古い歴史としたほうが、感動を与える力が大きかったのである。猿と氷とを一つ話に取り合わせた国は、たぶん日本ばかりだろうということは、かつて私が説いた（昔話号七九頁）。北欧の諸国の動物説話中には、尻尾で魚を釣ろうとした話は最も著名であるが、だましたのは例のとおり必ず狐、だまされて尾を失った者は熊より他にはなかった。アイヌの類話においてもまた当然に熊であり、どうやら跡をつけたらこの両所の連絡は知れそうである。しかもわが国に入ってから猿の尾の釣りとなり、古屋の漏りの結末となり、さらに秋田県の仙北郡のごとく、踊ってしゃべって、身元を露顕した猫の話とも複合しているのである。これを尾が切れたという一点の一致によって、たちまち輸入と説くのが在来の比較神話学なるものであった。結果はあたっておろうとも、なおでたらめの責は免れない。それが「古屋の漏り」などという近世寓話を、発生せしめたのでないからである。

右の津村氏の『譚海』より、わずか二、三十年後にできたかと思う『江戸愚俗徒然噺』を読んでみると、江戸でも古猫が踊ったという話が、もう飽きられてもよいほどに古くさいものになっていたらしい。

我前かたの事、或家に行きければ、其時に前にいふ鍛冶屋の婆様といふ猫の踊ををどるを、武者修行の者退治せし咄をして居る所へ行合せ共に聞き居たる時、猫を殺す人の名を忘れて、はて何とか申す修行者でござつたがと考へるとき、聞き居たる主人の申す様、それは毎度聞いたことが有りました。たしか古木花四郎といふ名の人では無きやと謂ひければ、いえ左様の名ではござりませんと考へて居たるは、全く自分誠と一図に咄すのと見えたり。主人の言ひたるは古き咄だらうとの名也。慎むべし。

と記している。猫の踊るという話に、もう鍛冶屋の姥を引き合いに出していたとすると、彼女が産婆であり、狼の話の管理者であったろうという、私の想像説は少し弱くなるが、一方に「何屋の婆さを呼んでこい」という狼群の人語が、かの「虎子どのが来ないば踊にならねア」という類の、猫の踊りの話からの借り物であることだけは、やや明らかになった。すなわちこの家畜の夜出て踊るという話があまり古くなって、おいおいとその兇悪の相を変化あらしめたものが、末にはむしろ狼の話に似つかわしくもなったので、甲斐の犬梯や越後のおいぬつなぎのもとの形は、すなわち芸州可部峠の猫のつぎつぎであった。猫の爪の構造が木に昇るに適するか否かの動物学上の問題ではなかったのである。猫が夜分に古辻堂の前などに集まって、踊りを踊ったからとて、退治するまでの必要はない。それに堂々たる武者修行までが参与したということは、もうこの話の内容が少しずつものすごくなってきかかっていたことを反映する。狼はもとより踊りは不調法で、ただそのいちだんと殺伐の舞台にしか、代わって現れることはできなかった。だから猫の話のほうが古かろうと思うのである。しかもこちらにも何かこれと近い言い伝えがなかったら、突如として二話の混同してしまうことはなかったこともまた明らかで、これにも私は猫の話と同様に、かつてはいま少し無害平和なる昔話が、久しく流布していてこの複合の素地をなしたことを考えているのである。

狼と鏡と火

狼が血に飽こうとする獣でありながら、不思議にそのけがれを忌むという口碑は方々にある。伊予の北宇和《きたうわ》郡から土佐へ越える杖立《つえたて》峠の頂上に、月のさわりのある若い女が狼に襲われ、高い木に登ったけれども、ついにその害を免れなかったと伝えて、今も山中の神として祀られている話は、以前長山源雄君の報告があったが（『民族』一巻六号）、土佐のがわにも半ば以上これと似たものがある。場所は幡多《はた》郡大正《たいしょう》村大字折合《おれあい》字上源見山で、前の杖立峠と同じ路であるか否かは知らぬが、とにかくに佐喜浜村野根峠とは、この大きな国の西東の両端であった。『山林公報』の古い号に、この国有林中のお磯杉の伝説を採録している。今あるお磯杉は百年余の二度生いで、伐株の上に成育しているとあるから、口碑の年輪はかえって産の杉より多いかもしれない。しかも今からわずか百六、七十年前にあったことだといっている。お磯という孕み女がここを通っていて狼の群れに会い、この杉の木の上によじ昇って、鏡を出してその光で近よる狼を追っ払っていたが、一時にこれを退散せしめようとしてその鏡を投げ付けたために（伊予のほうでは、狼が一時逃げのいたのを見て、やれうれしやとその鏡を捨てたゆえにという）、狼はかえって怪光の消えたのに力を得て、木に登ってきて磯女を食い殺した。時の人これを憐れんで樹下に祠を建て、鏡を安置して磯の霊を祀り、神の名を春日姫と号した。後にその杉は切られて根株となったが、世人はこれをお磯の杉といって、今なお安産の祈願に効験があると信じているという。食われてしまった女の軽率な挙動などは、誰が見ていたという者もないのに、こうしてわかっているのはおかしいようなものだが、この時代には死人の霊に身を貸して、口《くち》を寄せ身の上話をさせてやる職業の女がおり、またその言を聞く者が疑わなかったのである。口寄巫《よせみこ》の無意識の言説に、再現せられてくる知識には限界があり、また一定の傾向があった。

したごうてほんの少部分しか違っていない同種の悲話が、二処以上の土地に記憶せられ、信ぜられていたとしても不思議はないのである。冷静にいうならば、この山中の古木のあたりに、古びた一つの鏡が落ち散っていただけであった。それを手に取り上げて、ある種の女性が昼の夢を見たのであった。それを山中の民が大きな感動をもって聞いたのである。

不思議はむしろその自由なる空想が、なお何ものかに約束せられずにはいなかったことである。これが猟人を襲うたその家の古猫などの、かねてかぞえておいた矢玉の数を打ちつくさせ、今は安心と湯釜の蓋を投げ捨てたために、別に用意のあった最後の一発で射殺されたという話と、下に似通うていたのも偶然ではなかったと思える。これはもちろん主客を顚倒した話ではあるが、そういう矛盾の指摘しえられるのは、文字のまんべんなき記録ができてからのことで、早朝の聴衆には印象の特に強かった部分、たとえば金属の器のからんと地に落ちたという類の光景が、いつまでも保存せられて、時あって再現する傾きを持っていたのかと思う。鏡の光で怪物を追い退けたということは、他にもあるかと思うが狼については聞いたことがない。ただ普通よくいうのは、これを防ぐがために火をたいていると、夜ふけに谷川の水に身を浸してきて、身ぶるいをして火を消そうとしたというような話と、いま一つは狐狸のあやかしがあると感ずると、まず燧《ひうち》を打って煙草を吸い付け、心をしずめるがよいという話などである。ところが自分は狼の話を集めはじめて、近ごろ奇妙に思うのは、数多くの世間話の一致であった。その一つとして誰にでも気づかれるのは、ある人が夜中に野路をあるくと、路傍に腰かけて煙草を吸うている者がある。自分も一服しようと思って、近づいて火を貸して下されというと、それが狼の目であったとも、またはウオーとうなったので、びっくりして逃げたともいう話。これなどは私も父から聞き、またどの山村にもたいていは聞くことで、いずれもいう人は実際あったことのように話すが、たった一度や二度ならばとにかく、そう何回もそんなことがあるはずはない。それほどまた狼の目玉も、煙草の火とは似てもいないのである。察するにこれも狼の連想として、始終人の胸に描かれるきらりとした光であって、後に煙草の普及とともに、この形のみが特に有名になったのであろう。だから鍋釜をかぶって刃を防いだという猫の話なども、今ある例証の多さは必ずしも由来の古きゆえでなく、かえって鏡を出して狼を追うたというほうが、前からあったものかもしれぬのである。猫の踊りに常連が一人おそいので、「鍛冶屋のおばばはどうしたろう」というなども、踊りと鍛冶屋とはあまりにも縁がないから、あるいはまたすでにこの金物を取り落とした話に、かぶれていたことを示すものかもしれない。もしそうだとすると、土佐の佐喜浜の鍛冶の姥の話が、近世変化を受けて、自身人を害する化け狼であったと説かれるようになったのにも、また一つの新たなる誘因が見つかったことになるのである。なんにもせよ狼と安産の祈願との関係のほうが、いわゆる犬梯や鍋かぶりの挿話よりも、前から土佐の東境の山に、あったことだけはまず確かだといってよい。

和泉式部の足袋

一　熊の子鹿の娘

鷲《わし》や狼が赤子を持ってきてくれたという話は、日本でも古くから各地に語り伝えられているが、それはそのような事実がかつて一度でもあって、その経験を不精確に、または誇張して記憶しているのではなく、むしろいまいちだんと荒唐無稽なる昔の信仰、すなわち偉人というものが尋常一様の産屋《うぶや》の中からは生まれず、往々にして異類の姿を借りて世に出たものだという神話の、ただ少しばかり合理化して保存せられたものであったことは、今まで集めてみた若干の類例だけでも、おおよそは推論することができるかと思う。このほかにも形はまったく人間の子のとおりであっても、父とか母とかが霊ある動物であったという伝説は、やはりこの過程の中間から、わかれて出たものと私などは見ている。いわゆる「狐女房」の話は有名なる安倍晴明《あべのせいめい》以前、美濃《みの》の狐という大力の家の元祖の事蹟というものが、すでに『日本霊異記』の中に載せられているのみならず、つい近ごろまで同じような家筋が、諸国に十箇処以上もあった。これらはいずれも一様に、後日何かの拍子に正体をあらわして、子供を残しとどめて退去したことになっているのだが、化けて女房になって住み込んでいた場合のほか、他の動物が母であると、当然にその子を送り届けてきたように話されていた例がある。たとえば信州の小谷《おたり》においては、昔、中土村《なかつち》大草蓮《おおぞうれ》の猟人、山中に迷うて熊に誘われ、しばらくその穴に滞留して帰ってきた。そうすると翌年熊は一人の赤子をつれてきて、その猟師の家の軒下に置いていった。その子を熊太郎と名づけ養育すると、成人の後胸一ぱいの毛がはえた男になったというが（『北安曇郡郷土誌稿』二）、これも疑いなく昔話の半ば土着したものであった。

鹿に子をもらった話は、奥州にも一つあったらしいが、この分はすでに鹿の子ではなくなっている。他日完形のものが採集せられるまで、かりに今知られている記憶の破片を引用すると、昔ある奥方が山の奥で産をして死んだ。その子を鹿に托して鹿の角にくりつけると、鹿は山を下ってある爺さま婆さまのところへ、その赤子を連れてくる。これを鹿娘または鹿姫と名づけて養育し、大きくなってから長者の家の火焚女《ひたきおんな》となっている。それを長者の和子《わこ》が見そめて、見いだされて出世をすることは、姥皮《うばかわ》の話ともよく似ていた。それすなわち梅の枝を雀のとまったまま手折り、引綿の上を新しい草履であるき、または水の上をあるくことのできたりした者がこの娘であったので、ついに引き上げられて長者の花嫁となるというので、これから想像すると、豊後に行なわれる月界長者の乙娘のごとく、これもこの地方では純然たる一つの昔話であった（『老媼夜譚』一五二頁）。

ところがこれと発端のよく似た話で、もう半ば以上伝説に化している例もほかにはある。まさか今日ではそのようなことがかつてあったろうと思わぬまでも、それがまるまるの作りことだったら、説明しえなかったろうと思う信仰が、今も残っている土地があるのである。山岡俊明《やまおかまつあきら》の『類聚名物考』（巻四十）に和泉式部《いずみしきぶ》の事蹟というものを詳しく記して、終わりに次のような一節がある。

此頃肥前国の僧来りて語りしは、その国長崎のほとりに白石といふ所あり。此辺の杵島郡に和泉村といふ所ありて、そこに福泉寺（済家）と云ふあり。和泉式部は此後の山にて生れしが、鹿の子にてありきとぞ。この産神の縁起に其事誌したりといへり。浮きたることながら人の云ふに随ひて記し付けぬ。

とある。『鎮西要略』という書にもこのことは書いてあるそうだが、その本はまだ見たことがない。『太宰管内志』肥前の部（巻七）に注記しているのは、たぶんこの寺の所伝によったものと思うが、こればかりは鹿を猪としているのは、聞きそこないではなかったろうか。

昔此寺に猪一つ来て、常に仏の茶湯《さたう》を捨つるを飲みけり。後には人に馴れて猪よと云ひて茶湯を捨つれば、やがて駆け来りて飲みなどしけり。或時仏殿の後にて赤子の啼く声す。衆徒不思議の思ひをなし、此声を尋ねて見るに、かの猪人の子を生みて乳を呑ませて居たり。衆徒等肝を消して、是必ず此山の法師など、誤りて畜生道に堕ちけるならんと云ひて、先づ是を顕はさんとて、各彼堂に集まりつゝ僉議まち〳〵なる中に、或僧火石《くわせき》を取りて廻さんと云ひ、既に其場に臨む。其暁に藤津郡塩田庄大黒丸と云ふ夫婦に同夢の告げあり。即ち老僧顕はれて云はく、汝年頃子を祈れり。今汝が子福泉寺の堂の後に有り。行きて取るべしと云ふと見て夢醒めぬ。彼夫婦この寺に来りて見るに、衆徒等火石を取らんとす。大黒丸夢の仔細を語りてかの女子を所望しけり。衆徒等争ひを止めて彼子を大黒丸に与ふ。是を和泉式部と名付く。九歳の時都に登りて宮仕へして終に帰らず。里人の語り伝へに、かの式部錦の浦を思ひ出でて、都より歌をよみて送れり。其歌に、

古郷にかへる衣の色くちてにしきのうらやきしまなるらん

大正年間に編纂せられた『寺院総覧』を見ると、この寺の所在は佐賀県杵島《きしま》郡錦江《にしきえ》村大字田野上《たのうえ》字泉、本尊は薬師如来、長者大黒丸が信心によって一子を得たこと、および和泉式部の自筆の短冊を伝えることを記して、やはり和泉は白鹿の子であったといっている。獣類を一般にシシといった古語の痕跡は、今でも九州の田舎には、まだ時々見いだされる。町にいた学者が耳でこの話を聞いたとすれば、猪とまちがえたのもありそうなことだが、前の一文をよく読んでみると、鹿ならその挙動が目に浮かぶが、猪としてはよほど恰好がおかしい。しかしそれはいずれであっても、私の意見には変わりはないので、むしろ猪の異例もあったほうがおもしろいくらいだから、こんな点では別に論証の必要を認めないの

である。

二　浄瑠璃御前の生い立ち

それよりもぜひ知りたいと思っていたのは、現在かの地方民間の口碑が、はたして『類聚名物考』の時のごとく、またこの福泉寺縁起のとおりであるか否かということであったが、これにも幸いにして一つの実例を接手することができた。もとはあの地方一帯にかなりひろく知られていた話であるらしい。捜したらなお比較の資料の見つからぬこともあるまいと思う。馬場武彦氏の若いころに書き留めておかれたものによると、昔この隣郡藤津《ふじつ》郡五町田《ごちようだ》村に、老いたる夫婦の者、子のないことを悲しんで、村の観音堂に祈願をこめると、杵島《きしま》山の中腹にある福泉寺の薬師如来に参詣して、寺の和尚にもらえとのお告げであった。さっそく行って頼んでみたが、和尚様もいっこう心あたりがない。その夜お寺に一泊していると、ふけて赤子の泣く声が聞こえる。その声を尋ねてみれば、一頭の牡鹿が小さな子に乳を呑ませていたという。よろこんでその子を乞い受けて家に帰り、育ててみると玉のような美女になった。ただ足の指のみが二つにわかれて人間のようでなかったが、読み書きにすぐれ、歌に巧みであったゆえに、六歳にしてその名都に聞こえ、はるばる召し出されて後に和泉式部となった。和泉式部はその足のゆびを隠すために、常に足袋というものをはいていたそうである。この福泉寺は前には真言宗であったが、再興以後は臨済禅宗となり、今でも山上には女人を住せしめない。それにもかかわらず寺の後には産の神の社があって、安産の願掛けに多くの孕み女が、方々の村から参詣してくるというのは、少しばかり土佐の野根山の産の杉とも似通うている。

鹿が和泉式部を生んだというなどは、思いきって奇抜なる話ではあるが、ここに一条の足袋の挿話があったために、われわれはほぼその年久しい流転の路を跡づけることができる。ということは、これだけ具体的な因果譚、鹿の子なるがゆえに足の指二つにわかれ、それを包むがためにわれわれの五本の指を、二つに分けてはく足袋というものを考え出したという類の順序だった話を、各地無関係に独立して説きはじめたとは言いがたいからである。早川孝太郎君の『猪・鹿・狸』（一一三頁）に、今から三、四十年前まで、東三河の村々にうたわれていた「浄瑠璃御前」の一代記というものがあった。その節《ふし》はすでに絶えて、話の内容だけが切れ切れに記憶せられている。昔矢作《やはぎ》の兼高長者、子なきを憂えて鳳来寺《ほうらいじ》の峰の薬師に願掛けして、一七日の参籠を企てたところ、満願の夜の夢に薬師如来、大いなる白鹿となってあらわれたまい、汝に授くべき子種とてはなけれども、願いの切なるゆえにこれを与うとあって、一顆の球を賜わると見て身ごもるといい、あるいはまた薬師が白髪の翁と現じて、汝に鹿の子を授くべしと仰せられたともいっている。やがて月満ちて生まれたのが浄瑠璃姫であった。容顔花のごとく光りかがやく美女なれども、一つの欠点は、足の指が二つしかないことであった。親の長者は深くこれを悲しんで、それを隠すために布をもって足をまとうておいた。これがわが国の足袋というもののはじめだと言っていたそうである。三河と肥前の杵島とは、中間に二百数十里（一里は約四キロ）の山川がある。そうして双方ともに他の一方に、同じこの話のあることを知らなかったらしいのである。

足袋は本来が皮製の軽い靴であった。これを木綿で作り、またはその前に麻布でこしらえた時代は、文献のほうからでも明らかにしうるであろうが、とにかくにそう古いことでない。したごうてこの一挿話の新たに付加せられたのも、おおよそいつのころからということが推定しえられる。すなわちそういう足袋の常人にもやや知られてきた時代に、この話は三河のほうから旅をしてきたのであった。いやいや肥前国から三河へ出かけたのかもしれぬじゃないかと、揚げ足をとろうとする人がもしあったら、その仁はたぶん失敗するであろう。三河の鳳来山にはこれよりもずっと前から、鹿がすぐれた上﨟《じょうろう》を生んだという伝説があって、浄瑠璃御前などは実はその伝説の、一つの派生にすぎなかったからである。古くから伝わった口碑は、一般に感覚が粗笨《そほん》で聞き苦しかった。峰の薬師の寺でも、はやくからその潤色と合理化とを心がけたようであるが、それでもあまりに有名で世にひろまったものは包みえなかった。記録の中にもいくつとなくすでに現れている。昔利修仙人がこの鳳来寺の山で修行をしていた際に、岩窟の外に出ておりおり小便をしたのが、かたわらの薄の葉にかかって、鹿が来てこれをなめ、そうしてはらんでしまって美しい女の子を生んだ。それを仙人は故郷の奈良に送って、ある貴人の門の外に捨てさせた。その子が拾われて成長して後に光明皇后という御方になったなどと、とんでもない無茶なことがちゃんと寺記の中に書いてあったのである。鹿の胎内に宿りたまいしゆえに、生まれながらにして足の指二つに裂け、あたかも鹿の爪のようであった。皇后これを嘆きたまい、宿業消滅のためにその鳳来寺に祈願をこめ、親筆に寺の扁額を書いてお納めなされたとも伝えている。

この種の乱暴な寺伝がいつのころに起こったかを私は知らないが、少なくとも浄瑠璃御前の語りものより、前であったことだけは想像してよかろう。これをもしある一人の寺所属の者が、虚構したのであったらもとよりにくむべきいたずら者であるが、私たちはこれもまた伝説の普通の法則に随うて、粗より精に入り、空な話がおいおいに具体的になって、固有名詞などは後にいつとなく、取り付けることになったものと思っている。そうしてその背後には、やはり一種の説話の、かかる謬信の種を供したものはあったのである。説話がある時代に入って新たに輸入せられ、または翻案製作せられるようになって後まで、一方にはなお古来の習癖にとらわれて、これを事実として受け入れようとする者の多かったことが、この種の伝説の土着するに至った主たる原因であった。縁起の記録のごときはむしろその昔からあるものを、無意味にすまいとする手加減とも見られるので、人は直接にこれによってだまされるほど、最初から無関心ではなかったものと思う。私が近ごろの文献派なるものに対して容易に許さない理由は、主としてこの日本の常民をでくの坊のごとく、なんにでも欺かれる者と見ようとする速断の点にあるのである。

三　鹿母夫人

鳳来寺の利修仙人の伝記というものが、かの『今昔物語』巻五の国王入山狩鹿見鹿母夫人為后語の、もとになっている説話を知っていた人の、言いはじめたものであることは疑う余地がない。鹿が山奥に行をする聖者の子をはらんだ因縁だけは、かれとこれとまったく一つであって、確かに一方の天竺の所伝を知らなかったならば、日本で単独にはかような空想は浮かばなかったに違いない。故芳賀博士の『攷証《こうしょう》今昔物語集』に、この話の出所として指示せられた『雑宝蔵経』の説話は、ただに東三河の人々によって読まれていただけでなく、さらに十分に利用せられていたことも証拠があるのである。同じ早川君の大著『花祭』の後篇一二頁以下に、北設楽《したら》の村々の神楽の歌、「若子のしめ」という長篇の数種を掲げてあるが、いずれも右の鹿母夫人《ろくもぶにん》の終わりのほうの一節、すなわち天竺の国王長者の北の御前が、蓮華のつぼみを産み落としたことを語っている。これが鳳来寺山僧の学問によって、導かれて里に行なわれたとまでは断定しえないだろうが、必ずしも『今昔物語』の和訳を仲介とせずに、すでに原書についてかかる山村には似つかわしからぬ空想を、歌にうたう程度に受けついでいたことは事実である。しかもそれが単純なる受け売りではなくして、かれには五百人の王子が、五百の蓮の葉毎に出現したとあるのを改めて、これには蓮のつぼみを池の上に投げ入れると、次の日は茎立ち八つの花弁開いて、その中から五人の神楽男が生まれたとあって、これをわが土地の神祭りの由来に、結びつけようとしているのみか、一方にはその異常生誕の原因として、きわめて日本風なる申し子の夢を叙しているのである。

七日の夜半の頃なるに
紀の国熊野三社権現
枕がみに立たせたまひて
六尺二寸の鉄の杖の三尺二寸になる程
三尺二寸の鉄の足駄の一尺二寸になる程
唐土天竺日本吾朝
国を尋ね巡り候ひけるに
汝に与ふるみたまは無きとて
はちすの花の蕾みしところを
左の袂へ移させ候ひければ

其時こくわう長者も夢さめ

かつぱと起きふし七度の礼拝めされて云々

ここにミタマといっているのは、後々の説話に子種というのと同じもので、これは申し子の語りの最も普通な型であったが、こういう部分はもちろん『雑宝蔵経』には出ていないのである。

私たちが問題としているのは、いわゆる利修仙人の小便の話が、天竺を水上としているか否かではない。その点はもうとうに決している。明らかにしなければならぬのは、この外国の智識が到着する以前、三河の山間には鹿母の説話なり、また伝説なりがまったくなかったかどうかである。別の語でいうと異種民族の文芸なるものは、一つの触角も出さず、なんらの沃地を求めずとも、いきなり放題にどこにでも根をさして、花咲くことのできたものか否かである。この海外から無数にはいってきたものが稀に残り、広い国土の間にある境にのみこれを保存しているのを見れば、よもやしかりと答えうる人はなかろうと思うが、当世の伝播論者の説を聞いていると、とんとみなそう思っているようなことを平気で言うのである。私だけははばかりながらそうでない。もちろん前にどういう話があったから、それにからんで次のこれこれの新話が参加したと、片っぱしから立証することは容易でないが、時と場合によってはずいぶんと無造作に、今ある口碑の蔭からでも、かつてその背後にあったものをうかがい知ることができる。肥前福泉寺の和泉式部などもそれであるが、たとえその原型は文献の上から、光明皇后以上にはさかのぼりえずとも、それがはじめの形だとは考えることができない。これと同様にインドの仏説を採ったことが明らかであっても、それだけでは峯の薬師の霊山に、このような話の珍重せられた動機は、少しでも説明せられてはいない。疑ってなお探ってみるのが当然である。

私は何よりもまず異常誕生の説話が、古今わが国には数豊かに、その中でも最初身を鳥獣の姿に托していたという例の、いろいろと変化して伝わっていることを考え、さらに家々がその古伝を尊重して、緒形氏の尾の形や三つの鱗という類の特徴を、注意するのが普通であったことからおし進めて、光明皇后ないし浄瑠璃御前の伝承にも、なお若干の日本分子の残留があることを認めるのだが、それよりもいっそう看過しがたいのは、布の足袋が世に行なわれると、すぐにその形によって足の指が二わかれになっていたという挿話を付け加え、それをまたおもしろがってどこででも喜び聞こうとした、わが同胞の敏活なる文芸技能である。『義経記』以来の語り草であった矢矧《やはぎ》長者申し子の話が、後に鹿母の奇譚と継ぎ合わされたものとして、これもまた一つの適切なる例証たることを失わぬが、一方に神様から田螺《たにし》の子を賜わり、もしくは蛇の子を産んだという昔話も伝わっているのを見ると、あるいはずっと古くからわが国にも、そういう話し方ができていたものとも考えられる。鹿の子が和泉式部になったという肥前五町田の村などは、前にも述べておいたごとく、同時に蛇の申し子の話のある村でもあった。足袋のはじめということは後に輸入せられたものだが、その前にすでに異類誕生の話だけはあったのである。三州奥設楽の山村で、五人の神楽男の由来を語るのに、蓮華のつぼみという経典の所説を利用したのも、同じく古人の気ばたらきを示している。要するにわれわれはただ口移しに、よその説話を受け売りするようなへぼな国民ではなかったのである。『今昔物語』はもともとその編纂の目的が、珍しい説話を存録するというよりも、むしろ専門の説話業者に、種を供給するを主としたように思われるが、それすらもなおインドの原型を取捨して、自由に興味の中心をこちらの好むところに移した形跡は随所に見られる。これを要するに上古以来、説話には話者の空想の活躍しうる部分があって、その部分には時々の補充と改訂とが要求せられ、それが職業化し技芸化するとともに、大規模に外来の資料を採択する風も起こり、しかもこれを弟子門流の間に、踏襲する傾向も生じたのである。だから現在の説話の目に立つ特徴の一、二によって、ただちにその全部の伝来を推論しようとするのは誤っている。十数世紀の間の民間文芸の展開過程と、説話そのものの起源とは歴史が別である。後者もその悠遠なる発端においては、あるいは伝播であり、いわゆる文化接触の所産であったかもしれぬ。ただしそれを尋ねる用意はまだ整うていないのである。なんでもかでも説話といえば天竺から運ばれ、欽明天皇の十三年以前は、日本人は黙ってただ顔を見合っている人民であったか、もししからずんばいっさいの古い話を忘れて、珍奇に走ったモダンボーイであったかのごとく、考えてしまうにはまだ少し早いのである。今日はこの源頭をきわめるに先だって、一応その中流以下にきたり合したものを、見分けていくべき時代である。

四　南無薬師

私は最初海の神を少童と書いていた思想が、日本の田舎ではおおよそいつのころまで残り伝わっていたろうかを考えてみるために、「桃太郎」の桃や「瓜子姫」の瓜が流れ下ってきた川上の方に思いをはせていた。この国の固有信仰の中には、すぐれた小子《ちいさご》を神より賜わって、それをたいせつに守り育てて、下界の生活を美しくしようという希望の強かったことだけは、変転零落したいろいろの説話をつらぬいて、今もなおこれをうかがい知ることができるのである。第二の仕事としては、そのわずかに保存せられている古代人の心意と、これに影響した後世の文芸生活の種々相が、はたしてどういうふうに骨折ったなら、一つ一つ引き離して観測することができようかを説いてみる気であったのである。和泉式部の足袋はちょうどその練習の、最も簡易なる一つの機会であった。こういう話になると、大昔からそのままとはいえぬと同様に、かりに三百里（約一二〇〇キロ）を隔てても、独立して二処に偶発したものとは何びとにも考えられない。もし偶発でないとすれば、運送した人があるのである。誰がそういうご苦労なことをしたか。説話の成長ということを明らかにするには、これは実際手ごろな初歩の問題であった。

肥前と三河と、二個所の足袋の由来を比べてみて、誰にも気のつくのは双方ともに、御本尊が薬師如来であったことである。これがわれわれにはなんらかの手がかりを与えはしないだろうか。和泉式部が生まれたという土地は、肥前の杵島郡を西のはしにして、他の一端は陸中の和賀《わが》郡まで、京を除いても全国に七個所、注意をしていたらなおこれ以上にもあらわれてくるかもしれない。伝説の和泉式部は若狭の八百比丘尼《はっぴゃくびくに》、または大磯の虎などと同様に、たいそうもない旅行家であった。その足跡は決して熊野や播州書写山《しょしゃざん》だけに限られてはいなかった。記念の念仏塔などを墓じるしと誤り伝えただけならば、あるいは死んだという土地の多いのは説明しえられようが、この地で生まれたというところがこう多くては、ただごとではなかったのである。しかし研究者にとって一つ都合のよかったのは、肥前の福泉寺に彼女自筆の歌と称して、「錦のうらやきしま（杵島・黄縞）なるらん」という一首が伝わっていたように、奥州にもまた因幡の湖山池《こやまいけ》にも、それぞれの歌が記憶せられていた。信州の諏訪でも和泉が立身の糸口に、詠んで賞められたという名歌が残っていたらしい。それらの名歌がいつの代のものであったか。はたしてこの式部の才藻に成ると言いうるか否か。これを決するくらいは、今日までの日本文学史でもできそうなものである。そうするとこれがまた第二の目標にもなるわけであった。

和泉式部の葬処と伝えるものは、有名な京の誓願寺の誠心院をはじめにして、今わかっているだけが日本に十五個所ある。中にはよっぽど頼りのないのもあるが、九州のほとんど行き止まりの日向法華嶽寺の麓の里にあるものなどは、この山が性空上人《しょうくう》留錫《りゅうしゃく》の霊地であっただけに、土地の学者はこぞってその史実なることを認め、われわれの敬慕する山田清安翁などにも『和泉式部事蹟考』の一著があったそうである。ところがこの寺の御本尊も、三河の鳳来山、越後の米山と共に、日本の三薬師と称せられる瑠璃光如来であった。そうしてここにもまた珍しい二首の歌が伝わって、その伝説の真を証明しようとしているのである。『三国名勝図会』（巻五十五）の文を抄出すると、

上東門院の女房和泉式部、癩病を患へしが、種々の医療験無き故に、京都清水の観音に参籠しけるに、米山鳳来寺法華巌寺、三所の薬師に祈るべき夢告を受く。於是米山鳳来寺に至つて参籠せしかども其験無し。因つて遥かに日州に下り、法華嶽の薬師へ参籠すと雖其応験を得ざりければ、此世の業縁は是までなりと思ひて、身を墜して死せんと志を定め、辞世に、

南無薬師諸病悉除の願立てゝ身より仏の名こそ惜しけれ

と詠じ、既に合掌閉目して千尋の崖より墜ちけるに、不思議に救ひ助けられ、一異人式部の眼中に現じ、其手を取りしと覚えて、

村雨はたゞひと時のものぞかしおのが蓑笠そこにぬぎおけ

といふ声の下に、数年の宿痾忽然として平癒し、玉貌瓊姿に復し再び京都に帰る。

こうは記してあるが、その帰り途に、もしくは後年再びやってきて、この国に歿したと

いって鹿野田《かのた》という村に墳墓がある。そうして法華巖寺には、和泉式部の琵琶と髪掛け柱、式部谷・腰掛け松・身投げ岡・杖取り阪等の故跡を存するのである。

この薬師如来との贈答の歌なるものは、かなり近代式な誹諧であったが、その代わりこれを聞いた人には、心持ちはよくわかったろう。つまりは蓑笠《みのかさ》を身の瘡《かさ》に掛けたのが趣向で、少々ばかり薬師様のご人体に、似つかわしからぬ口合いであった。和泉式部のほうならば、夙《はや》くからかような秀句も即吟しかねぬ才女と目せられていた。『金葉集』*に出ている鴨神主忠頼《ただより》との贈答、「千早ふるかみをも足に纏《ま》くものか、是をぞ下の社とはいふ」をはじめとし、いずれ家々の聞書類から転載したもので、実際この女史の即吟であったか否かはおぼつかないまでも、とにかくに歴代の選集に和泉の作として録せられたものは多く、近代になるほどずつその数はいよいよ加わっているのである。したごうて彼女が信心の恍惚の間において、そういう返歌を感得したというならば、それでもあるいは通用したかもしれぬ。ところがこの薬師如来との歌問答を、和泉式部の逸話としている例は、私の知っている限りでは、日向の法華巖寺ばかりで、その他はすべてみな別の人の歌になっているのである。それがたまたま九州のある霊場に移されて、鹿野田の村にいたこの女性に、託せられることになったのは、私には意味のあることのように思える。三河の鳳来山下においては、浄瑠璃御前の足袋であったものが、肥前で和泉式部に代わっている事情も、ことによるとこれから類推しえられるかもしれぬ。

五　雨乞い小町など

上臈が悪疾に悩んで、都を離れ旅に流寓したという話は、いかなる理由からかわが国には最も例が多かった。法然上人の伝記の片はしを占める松虫・鈴虫なども、もとはそういう形に語り伝えられたものがあり、その他にも特殊の部落の根源を、これに結び付けたものがいろいろあったようだが、この南無薬師の歌物語ばかりは、不思議に小野小町に託したものが普及している。きわめて簡単に今わかっている例を列挙して見ると、まずやや近いところでは伊予温泉《おんせん》郡小野《おの》村に小野薬師、この話は『伊予温故録』、久米《くめ》郡北梅本《きたうめもと》村正観寺の条に見えている。昔小野小町が住吉の神の教えに従い、ここに参詣して病をいのり、一百日の参籠をしたところ、満願の日に歌のお告げがあった。

　春雨の降ると見えしが霽《は》れにけりそのみのかさをそこにぬぎおく

とあって、その病たちまち癒えた。よって三年の間この地に寓居し、新たに薬師仏を刻して、歌を御像の中に納めて、ここに安置したとしるしてある。

次には備中都窪《つくぼ》郡清音《きよね》村大字黒田《くろた》の昼間薬師、これは『備陽記』巻九、『備中巡礼略記』、その他の書に述べている。これも日本の三体薬師の一つで、東国には朝間の薬師、今は峰の薬師という。夕間の薬師は九州のいずれかの地にあり、これはその中央の昼間の薬師だといっている。歌は記録によって少しずつの相異があるが、趣向だけはみな一致している。昔小野小町瘡疾を発し、この御仏に立願していのれども験なく、恨みのあまりに、

　南無薬師衆生悉除《しゅじゃうしつぢょ》の願立てて身より仏の名こそ惜しけれ

と詠みければ、すなわち御堂鳴動して薬師の返歌、

　村雨はただ一ときのものぞかしそこに脱ぎおけおのがみのかさ

そうしてまたたちまちに平癒したというのである。

次には美濃山県郡厳美《いずみ》村大字岩井の薬師堂、本尊を盥《たらい》薬師と称し、因幡の岩井山の湯の薬師、ここに飛来したまうと縁起に見え、現在は国宝に編せられている。一名を俗に瘡神といい、小町夢のお告げを受けて、堂の東三町ばかりにある名水に浴して瘡の疾を治したと伝え、今なお婦人の疾をいのり、またこの泉に汲む者が多い。しかも小町が祈願中に、不平を訴えた歌として、

　南無薬師衆病悉除の願しめて仏を祈る身こそつらけれ

これに対して、如来の御返歌、

　村雨はしばしばかりのものなるにおのがみのかさそこに脱ぎおけ

という二首を伝えている。

　次にいま一つ、上州北甘楽《きたかんら》郡小野村大字後賀《ごか》の塩薬師堂、小野小町この地に居住し、塩を奉納したと言い伝え、その他小町にちなみのある口碑がいろいろとある。文政十三年

（一八三〇）の二月、この村の住人塚本忠右衛門、これを再興して記念の石碑を建てた。そうしてその石の面に次のような二首を刻んでいる。

南無薬師先づは諸願の叶はずば身より仏の名こそ惜しけれ

むらさめは只一時のものぞかしおのがみのかさここにぬぎおけ

同じ話は他の地誌にもあったように思うが、私はこれを『北甘楽郡史』から抄録した。五国五個所の薬師のうちで、四つまでが小野小町ということになっているが、それは単にこの二人の女詩人が紛れやすく、かつ小町の方がより多く有名であったためかもしらぬ。少なくともそれだから実は小町の逸話だったということもできぬようである。江戸には其角《き》《かく》の「田を三囲りの神ならば」の句もあって、小町の雨乞いの歌はよく人に知られているが、これがまた以前は和泉式部の名吟として語られたこともあった。たとえば安楽菴策伝《あんらくあんさくでん》の『醒睡笑』巻八に、

勅によって和泉式部雨請

日の本の名に合ふとてや照すらん降らざらば又あめが下かは

日の本というから照るのであろうが、そんならまたあめが下というのだから降るのがあたりまえだという意味で、滑稽としても下品であることは同じだが、これを一方の「さりとては又あめが下とは」に比べると、いわゆる文法の誤っていないだけでもまさっている。しかも尋常の聴衆には前のほうの歌は意味がとりにくく、後の「ことわりや」のほうがよ

くわかったという時代もあったらしいのである。説話の人物の固有名詞のごときは、決してそう固有のものではなかった。単に昔々ある歌の上手な上﨟があってと、話していたもののひき続きにすぎなかったのが、何か因縁があって小野村なら小野小町、泉という部落なら和泉式部と、いったん具体化してしまうともう変えられなかった。そうしてわれわれのようにそれを昔話だという者をにくんでみたり、もしくは伝説とは歴史のことだと、考えたりするようにもなったのである。

実際こういう場合でないと誰にも心づかぬ一事は、記録文字というものが持っている本当の意義である。私たちにとっては、金石文の存在という現前の事実は、ただ単にそれがこの世に出現したある時点に、それに書き表わしたようなことを信じている者が、若干あったということだけしか意味していないのであるが、今までの学者はこれにその何倍かのものを認めようとしていた。上州小野村の文政十三年の石碑なども、あれがもう三、四百年も古く、かつ他に法華嶽寺などの類例が見つからなかったならば、石に刻して世に伝えるくらいだから、南無薬師の歌は小町の作に違いないという者が、決して群馬県の考古家だけではなかったろう。まことにあぶない話であった。熊野本宮路の伏拝《ふしおがみ》の石塔なども、路傍ではあり、苔深く古びていたから、ほとんど信じない者の通行を許さぬくらいであったが、式部が「月の障り」の歌を詠み、権現が「塵にまじはる」の御返歌をなされたということが、はじめて記録せられたのは元応三年（一三二一）の『続千載集』である。彼女が世盛りであったろうと思うころから、もう三百年の月日は経過している。江戸では大田蜀山人《しょくさんじん》在世のうちから、あの有名な「蚊ほどうるさきものは無し」の狂歌を、この翁の作だと信じていた人が多かった。なんぼ中世の無事な社会でも、三百年の間にはいかなるうわさだって発生しうる。ましてや歌を中心にしたいろいろの説話、説話を語りやすくまた記憶しやすくした和歌の、あのとおり流行した時代である。古いからとて片っぱしから、記録を丸呑みにすることはとうていできない。しかるにこういうものばかりを資料にして、和泉式部の伝を書いた文人がついこのごろもあったのである。おついでにこの南無薬師などども、よろしく願いたいものである。また御伽草紙という一つの記録には、「昔和泉式部と申してやさしき遊女ありけり」と、書いてあることも知らせてやりたいものだ。

六　誓願寺と鳳来寺

今ある謡曲《ようきょく》末百番《まつひゃくばん》は、元禄十一年（一六九八）の江戸開板《かいはん》であるが、その行なわれていたのはむろんそれよりもよほど古かろう。その終わりのほうにある歌薬師の一曲は、やはりまた同一の昔話を潤色したものであった。シテは比叡山の鎮守薬師如来、ワキはこの寺の住侶であって、子方には菊光殿という喝食《かっしき》の児《ちご》が、重病に臥してあまりの苦しさにとりあえず、「南無薬師衆病悉除の願なれば、身より仏の名こそ惜しけれ」と書き列ねて、これを寝床の下に敷いて寝たところが、後に見ればその歌の文字は消えて、その紙に秘文あらたに見えたまうとあって、瘡《かさ》の病ではなかったゆえに「みのかさ」の御返歌は脱しているけれども、やはりたちまちに本復したと叙《の》べている。「身より仏の名」というのは、自分はどうあってもよいが、それよりも薬師如来の御名声にかかわりましょうというので、こういうくねった歌を案じ出すのは、むしろ若道《にゃくどう》の児たちに多かったようである。如来こそよいご迷惑であった。

次に寛文十二年（一六七二）に出た『一休関東話』、これは著述だから、そう古いものの採録ではなかったろう。外題には「峰の薬師へ狂歌を遣はさるゝ事」とあって、

三河峯薬師、霊験あらたか也。矢矧《やはぎ》に瘡を病む者、七々日の願を立て、既に四十余日詣づれども其しるし無し。如来を恨み奉り散々に悪口す。一休狂歌一首遊ばし、今晩まうでて之を読むべしとのたまひければ、頃しも五月中の二日参る人多し。深更を待ちて之を読上げる。なむやくし衆病悉除の願なればと、読みも果てぬに内院震動して、村雨はたゞ一ときのものぞかしおのがみのかささそこに脱ぎおけ。起きあがりて見れば身の瘡無し。骨髄に徹ってすぐに発心して諸国を廻る。

とある。これは関東咄《かんとうばなし》だから、三河鳳来寺の有名な薬師の名を借りたとも見られるが、ただなんでもなく矢矧の里の住人といったのを考えると、前からこのあたりに行なわれていた話を採り上げたもののようである。発心して諸国をめぐるのもありふれた型ではあるが、

旅の僧尼がまず語るのは発心の因縁ときまっていたから、この歌一つを暗《そら》んじてさえおれば、薬師の霊場は巡拝しやすかったわけであり、それにはまた全国に名の知られた峯の薬師と、矢矧の里の住人とを説くことが、便宜も効果もともに多かったろうと思われる。ただしそれなれば叡山の児の話と、式部小町の女性の瘡の疾と、いずれが前からあったとするかというと、これは今だけの材料からでは決しがたい問題であるが、この歌はこれでも文字であって、一休なり誰なり都の人を頼まなければ、田舎者にはややむつかしい芸であった。あるいは現代の文化何々といった商品と同様に、都で改良を加えて再び原産地へ、逆輸出したものかもしれない。

とにかくに足袋の由来といい、みのかさの歌といい、三河の鳳来寺を一つの起点としているらしいのは、私には意味のあることに考えられる。そうしてその二つがともに和泉式部の逸話として伝えられている理由も、いま少しく心がけていたら、やがて明らかになるような気がする。南無薬師の説話の最も古い記録は、前にも雨乞いの歌に引用した『醒睡笑』の巻六であった。これには元和九年（一六二三）の自序があるから、『一休関東咄』より五十年古い。ただ文筆に表われる以前、どのくらい久しく行なわれていたかが不明だが、これはこの老僧が少僧の時からの話を、聞いて覚えていて書き集めたものだといっている。

山門北谷に児《ちご》あり。悪瘡の至りに根本中堂へ参籠す。七日済すれども敢て効無し。うち恨みて下向に、短冊を内陣に投入れ参らせたり。

南無薬師衆病悉除の願ならば身より仏の名こそ惜しけれ

即ち内に御声ありて、

村雨の降るとは見えて晴れにけりそのみのかさをそこにぬぎおけ

本坊に還れば瘡みな痕無し。

この説話集は編者が僧であっただけに、ほとんどその半分近くが児《ちご》と法師との話であり、かつその大部分が叡山での出来事になっている。だから謡曲の歌薬師と半分ばかり似ていても、かれがこれを採り、もしくはこちらがかれを焼き直したとはいえないことは、あちらには「みのかさ」の返歌のないのを見ても明らかである。文献上の証拠として認めうることは、今から三百何十年の前に、すでに京都にもこの話があったというだけで、これが九州・四国等の各処の薬師に、女歌人の伝説として存するものの、もとの形であったとすらも言いきれないのである。三河では鳳来寺の峯の薬師を中心にして、一群の説話業の久しく繁栄していたらしきことは、このごろ早川君などの骨折りによって、おいおいに判明しようとしている。かつて浄瑠璃の名をもって全国を席巻した語りものの、ここが最初の発祥地であったのみならず、その薬師如来の申し子なる姫の伝記は、記録以後さらに幾段かの展開をとげて、今もこの地方にいろいろの断片となって伝わり、またそのあるものは伝説に化して土着している。海道往還の便宜を利用して、これが東西に分散したことも想像しえられるが、一方この霊山の南麓の村々には、あるいはその家筋の者ではないかと思う旧家が少しずつ残っているようである。だから『醒睡笑』などの存在をまるで知らなかった人たちが、別に独立してこの方面から、南無薬師の説話を持って国々をめぐっていたとも考えられぬことはないのである。

ところがここにただ一つだけ、京と三河との連絡を認めさせずにはおかぬ史料は、九州の和泉式部であった。和泉式部と京の誓願寺との関係は古い。新旧二つの縁起をはじめとして、謡曲にもこのことを主題としたものがあって、後に誠心院がなんらかの事情のために、本寺と分立してしまってからも、なお誓願寺は和泉式部の寺であった。そうして『醒睡笑』が右の薬師の歌以外に、いくつかの和泉式部の話を載せているのも、偶然ではなかったのである。という理由はその編者の安楽菴策伝こそは、実はこの誓願寺の前住であった。策伝七十に及んで、この八巻の草紙を浄記したころには、寺の乾《いぬい》の隅に在る竹林院というに隠居していたが、「小僧の時より耳に触れて面白くをかしかりつることを反古の端に留置きたり」というのも、また六十二、三のころに板倉周防守《いたくらすおうのかみ》父子のためにその話をして聞かせたというのも、ともにこの寺の住侶であった時のことらしく、それというのが元来誓願寺が、説話を業とする法師・比丘尼の、出入りする寺であったからと思う。これはこの寺のみずから伝える歴史なり、諸国の同名の寺との交通なりを調べていけば、しだいに明瞭になることであるが、このたびはまだその詳述の用意が整わぬゆえに、単に仮定としてこれだけのことを言っておく。少なくとも和泉式部に関する近代の雑説だけは、すべて誓願寺が本元であった。そうして歌薬師の物語も、すでにこの寺には知られていた。だから日向の法華嶽寺の伝説は、いったん京都を通ってきたことが推測せられるのみならず、肥前の福泉寺のそれも、ことによると、直接に三州鳳来寺から持ってきたものではなかった。諸国の薬師如来の霊場に一貫する歌物語が、学び習うことなくして自然に相同じきこと能わずとすれば、もとはおそらくは誓願寺のいわゆる和泉式部塚、および花の枝を手に持った美しい尼の木像と、なんらかの関係をもっていたのである。そんなら何ゆえに遠国では小町・和泉の話のみ多く、ひとり本山の『醒睡笑』だけが、叡山北谷の児《ちご》の瘡となっているかというと、それはただ話者の安楽菴策伝が、比丘尼でなかったゆえに男の話のほうを知っていたと、解説するのほかはあるまいと思う。

七　清少納言の亡霊

同じ一つの趣向になる昔話を、男女二群の旅人が持ち運んでいたことは、こういう種類の目に立つ一致がないと、めったに推論することが許されない。だから土地の人が章句を忘れてしまわぬうちに、できるだけこの比較を進めておく必要もあるのである。東北ではイタコの夫が、往々にして浄瑠璃座頭であったけれども、かれらはいつも別々の物語を語っていた。夫婦の語らいはしても、互いの伝承には加担しなかった。それが南無薬師においては、僧も説き、比丘尼も話しまわっている。誓願寺か安居院《あぐい》か、まだ確かに突き留められないが、何かよくよく有力なる話の問屋が、中央に一つあったらしいのである。このことをほぼ暗示しているのは、京都で元禄のころに刊行せられた『人倫訓蒙図彙《じんりんきんもうずい》』などであろう。この時代には人があまってきたか、いわゆる職人の種類はたちまち前代に数十倍し、門付《かどづ》けの歌念仏にも法師がまた携わっている。一方にはまた理のつんだ話などと称して、御伽の子供噺以外にやや方面の変わったもの、ことに若干の文学的暗記をまじえた語りごとを、珍重する風がおいおいに普及して、明治の代になるまで、これを情操教育の一つにかぞえるありさまであったことは、いきおい諸国修業の徒をして時の好尚を追い、同じ一つの口碑の分布に、男女の力を集注せしめたのではなかろうか。婦人はあるいは先駆者であったかもしれぬが、これを到るところにおいて伝説に化せしめたのは、かれらばかりの活躍ではなかったように思われる。

というわけは、伝説は一つの主張であり、公けに外部の人に向かって、少しも恥じらわずにこれを説く者を要したからである。それでなくては少なくとも記念碑などは建たない。そうして今日は多くの有形無形の記念碑が建っているのである。なるほど伝説の解釈は普通にはまちがっている。しかし地方が各自の歴史を求め、史書が存せずんば、いわゆる野人の語にも聞こうとしただけは進歩であった。とにかくにこの気風を誘致して、今日の新国学の素地を点定したことは、一言に要約すれば太平の化、すなわち男に弓矢と兵糧《ひょうろう》の煩《はん》累《るい》がなくなって、昔話をもてはやす心の余裕のできたことである。伝説は確かにこの機運に乗って、日本では近世第二次の発展をとげている。そうしてこの方面にもまた男女の協力があったのである。その例を一つここにあげて、もう「和泉式部」の一篇をとじめようと思う。阿波の撫養浦《むやうら》を中心にした清少納言《せいしょうなごん》の伝説は、あまりにも奇抜で、また粗野であるために、かえっておもしろがってこれを評判する者が今でもあるが、その起こりはまた一団の念仏比丘尼から出ていた。故三宅博士の発見せられた『以文会筆記』(巻五)に、寺居菊居という人がまじめにこの問題を取り扱っている。里浦の漁村にある尼塚と称する塚を、清女落魄して、ここに来て世を終わった墓であるという。上﨟が浦人に苦しめられたという話は『太平記』以来であるが、ここではその祟りで悪疾を煩う者が多く、その霊を慰めんがために塚の前に祭をするが例となり、尼念仏というものが久しく伝わっていたという。蛤の貝に穴をあけたもの七、八つを糸に貫いて、これを塚に掛けて祈る習いもあった。かの貽貝《いのかい》の由来などというお話にもならぬ話が、これと無関係に発生したものでないことは想像しうる。そうして同じ女性の遺跡というものは、さらに傍近の地にまでひろまっているのである。

宝永年間のことともいい、あるいは享保中の事実であったともいう。讃岐の金比羅《こんぴら》山の麓の寺で、鐘楼を築くために、昔から清少納言の墓だという土地に工事をしようとしたところ、和尚の夜の夢に美しい官女が現れて歌を詠んだ。

うつつなき跡のしるしを誰にかは問はれんなれど有りてしもがな

意味はおおよそ知れるようだが、言葉はなんだか変で、清少納言のためには冤罪《えんざい》のはなはだしきものであったが、それでも感歎してこれを後に伝えている。この記事は『笈埃《きゅうあい》随筆』『閑田耕筆』『提醒紀談』等の各書争い載せ、すでに動かすべからざるものになっているかと思うと、現在は夢を見た人が、某という町の商家の主人で、そのゆえに今もこの家を告げの茶屋と称すとも伝えられる。そうして同じ話がまた遠方の土地にもあったのである。たとえば『一話一言』（巻四八）に、近江国にも清塚という古墳があって、これを掘り移そうとしたら、また村民が夢を見たとある。都の女房とおぼしき美女、紅の衣しどけなく着なして、短冊を前に置いていった。夢の中にその歌を記憶していて人に告げたというのが、

　うつつなき跡のしるしを誰にかも問はれしもがな忘られもせず

　これもよほどのかた言だと思うが、京都ではこれは清少納言の墓のよし、公卿衆議あってそのままにさし置かしめたと、土地の医者らしき人の筆記に残っていたという。それから東に向かうと、話はいまいちだんと突拍子になっている。『宮川舎漫筆』（巻一）に、甲州韮崎《にらさき》付近の某寺に古墓があった。それを取り払おうとしたところが、寺僧の夢に一人の貴女現れ、歌の短冊を残し去った。後に古筆家の鑑定したところでは、赤染衛門《あかぞめえもん》の筆蹟のよし云々とあるから、この短冊は実物であったらしいのである。

　なき跡のしるしとなれば其ままに問はれずとても有りてしもがな

これなどは琴平のほうの歌を知らなかったら、あるいは趣意をさとることもむつかしい

くらいだが、さりとてわざわざ拙《つたな》くまねるということもなかったろう。それに移植にしては、少しばかり距離が遠過ぎる。これもたぶんはまたこれを一本の花の枝として携えあいた者と、植えて根づかせた者とは別人であったことと思う。夢に上臈が来て歌を詠んだという話の、最も古くかつ弘く行なわれていたのは、かの阿曽沼《あそぬま》の鴛鴦《おし》の哀話である。これは『著聞集』と『沙石集』との二つを比べてみても、*すでに話し方のいちじるしい差を認めるが、今日では野州・奥州以外に、十数個処の何沼の歴史になりかけている。それを一方の沼の伝説として聞いた者が、うらやんでわが土地へ横取りしてきたと考えることは、いかに人間を不正直なものと見る人にも、本当はできない話である。ただ藪から棒にそんなことを言い出しても、周囲が承知するはずはなかったからである。たとえやや漠然とでもかねてその話の存在を知る大衆があって、はじめて伝説はもっともらしく作り上げられうるのであった。すなわち清少・赤染のごときは、最初からそう固定していたものでもなかったのである。

八　横山の禰宜

享保七年（一七二二）に版になった伊沢長秀の『広益俗説弁残篇』（巻四）に、「俗説云、むかし阿波の鳴門甚だしく鳴りけるに、和泉式部一首の歌を詠ず。其歌に、

えのこ草おのが種となるものをあはのなるとは誰かいふらん

それよりして再び鳴ること無し」とある。この歌は別にまた清少納言が作だという説もある。それから何に出ていたかちょっと失念したが、和泉の作というのがいま一つあって、そのほうが意味はまだ解しやすい。

えのこ草種はおのれと有るものをあはのなるとは誰かいふらん

すなわちエノコグサと粟とは穂がよく似ているが別物で、「あはのなると」というのはまちがいだというので、これも「おのがみのかさ」同然のはなはだしいこじつけ歌ながら、いわゆる誹諧の秀句時代には、喝采せられそうな即興体であった。それを奥州宮古《みやこ》の横山《よこやま》八幡宮などでは、またよっぽどまちがえて伝えていたのである。南部領の旧地誌、『邦内郷村志』（巻三）に「此社火災に遭って縁起喪失す」とあって、しかもこの事を記したものが広略二本あり、前者は漢文で延享三年（一七五〇）に高橋半左衛門という人が書いている。その大要は昔阿波の鳴門が天地もとどろくように鳴って、朝廷これを患えてさまざまの祈禱をなされた時、この奥州横山の神官が夢に神様から一首の歌を授けられ、これを唱えるならば、鳴門の音はたちまち止むだろうということであった。

山畑に作りあらしのえのこ草あはのなるとと誰かいふらん

さっそくその歌を携えて現場に行き向こうたところ、女官の和泉式部がまた勅命を奉じて鳴門の音をしずめにやってきていた。そうして一夜旅館に横山の神主を訪ねて、だましてその神歌を聞き取ってしまった。次の朝、早天に和泉はかれに先だって洲先《すさき》に進み出で、昨夜盗み聞いた歌を改作して、「種はおのれと」云々の歌を詠じ、つづいて横山も出てきて、「山畑に」の歌を唱えたので、どちらの歌の徳で海の響きがやんだのかを決しがたかった。それで京都ではかれを嘲弄して、

歌つくるのみとかんなをねとられてむなしく帰る横山の禰宜《ねぎ》

という歌も行なわれた。けれども結局は御神徳が認められて、横山の禰宜は宮古という地名を頂戴して奥州にもどり、その折阿州から杖についてきた銀杏も、地に刺して成長して神木となって栄えている。だから今でも阿波の船がこの港へくると、わが国の鎮守様だとこの御社を尊敬するのだとある。

この記録は同じ延享三年に、土地の人が京都に持参して、社格昇進の運動をした証拠材料であった。それから十五年後の宝暦十年（一七六〇）には、江戸の学者井上蘭台《いのうえらんだい》は、これにもとづいて『重修横山八幡宮記』を書き、さらに五十年後には駒井常爾《こまいじょうじ》という人が、その「山畑に」の神歌を石に刻して、境内に記念碑を立てた（『旅と伝説』二巻二号）。すなわち由来は年久しいけれども、根源はただこの二首の歌の暗記にすぎない。そうしてわれわれにゆかしく思われるのは、主としてこの言い伝えの奥南部に入ってきた事情のみであった。むろん阿波船などの載せてきた話ではなかったろう。この横山の禰宜は旧家で、猿丸太夫の子孫だという伝えもあった。奥州の猿丸太夫は会津でも小野氏であり、横山と

いう神官はどこへ行っても小野氏であった。小野氏は絶代の歌人小町を出し、また浄瑠璃十二段の作者と伝えられる小野於通《おつう》をも出している。南無薬師の歌が東国では小町の作であったごとく、和泉・清少の「えのこ草」の歌にも、小野氏はまた参与していたのである。歌を中心とした物語に長じた者が、この一門の流れを汲む女性の中からも輩出し、また巡国していたらしい形跡はかなりいちじるしいのである。現在知られている足袋の発明者は、和泉式部と矢矧の長者の女とのほかにはまだないが、これがそうなってしまった事情はほんの偶然であって、その他に多くの非凡なる童女が、人間の婦人を母とせず、異常の誕生をもって世に現れた話は、竹の中の赫奕《かくや》姫以来久しくつづいている。その異常の童女を有名ならしめた理由、すなわち男の武勇に対立して、女を高名優越ならしめたものは、美貌の他には「さかしい言葉」であった。しかるに小野氏の両女は、今日の俗伝によれば、ともにこの条件を具足している。ゆえにその子孫のこれを永く世に伝えんとするものが、行く先々でまたどのような珍しい語りごとを作り、かつおもしろくこれを流布しているかははかり知りがたいのである。だから採訪は今後の事業であり、比較はなおいくつかの材料の出現に待たなければならぬ。私などの研究は実はただ不安全なる予言にすぎぬ。いかなる達見博識の士でも、目下の乏しい実例によって断定をしようとする者は、なんと名乗ろうとも決してわれわれの同志ではないのである。

米倉法師

一　盲と文芸

盲がわが国の民間文芸の展開に、よかれあしかれ、すこしでも関係をもっていたろうということは、もし証拠がなかったならば、今はもうこれを想像する者もあるまい。文学はすでによくよく上品なものになりきっている。そうしてこのいたって謙遜なる以前の参加者は、最初より他人の剽窃《ひょうせつ》を予期して、署名をもつてその著作権を確保しようとはしなかったのである。かれらの遺産の片はしがなお伝わっているのは、一つには盲人の趣味気質の一くねりくねっていて、容易に門外漢の占有に向かなかったため、いま一つは人に幼き日の悦楽を保存する念慮があって、なんでも古い形のままで記憶することを心がけたために、自然にいくぶんか現代と調和せぬものが、残って目に立つことになったのではないかと思う。

私がこのごろ問題にしているのは、何ゆえに盲が日本の中世において、かようにまで活潑に文芸に働きかけることになったかという点が一つ、これに瞽女《ごぜ》と座頭《ざとう》との智能・境涯の相異を区分して考えてみなければならぬが、大体に信仰はかれらの最初の庇護者であったのみならず、またかれらを支援し激励して、その隠れたる才分を発揮させたようである。第二には、こういう並みでない人たちの影響が、はたして一国文芸の主流を変化せしめることなく、たとえば水に木の葉などの散り浮くがごとく、痕形もなく過ぎ去ってしまうものかどうかも問題であるが、これはどうやらその反対の事実が認められるようである。いちばんに気になるのは笑いの文学のように、言葉の自然の力と群れ共同の作用とによって、効果を思慮のほかにおいて収めんとするものが、盲のごとき自分は笑い能わざる不幸なる傭兵から、代を払って笑いを買い取っていたことであった。これでわれわれの滑稽が時勢にもおくれず、また人情の要求にももとることなしに、すらすらと成長してきたろうということは、なんとしても楽観することがむつかしいのである。

しかしこの点を深く考えてみようとすると、あらかじめまず人間のむやみに笑いたがる習性とか、それが民族によって濃淡の差等あり、われわれ日本人はことにその願が切であるために、いくぶんか安物の笑いを高く購おうとした癖のあったことなどを説かなければならぬが、そんな堅苦しい議論はまだ私には準備が足りない。それでさしあたりは過去の盲の事業の中で、今日まだ埋もれずに伝わっているものを拾い上げて、少しずつその発生の源を尋ね、またその感化の及ぶところを、考えてみる資料に供したいと思うのである。おことわりをするまでもないことかは知らぬが、かりに現代流行の大衆文芸なるものに、以前盲が設定した窮屈なる約束の、なお若干は残っているものがあろうとも、私には近世の史論家のある人々のように、その発頭人ばかりを責める気はまったくない。かれらの追随者が無意識に、ただ文芸とはこんなものと心得ていたと同じく、盲人もまたこの途しかあるいていくことができなかったのである。かれらの杖としたものは生存であった。島国の文芸が盲などを手引きと頼んだために、ついついこんな方角に深入りをしていたという事実は、ただわれわれに向かって別にいくつかの異なる道の、今なお開かれずにあるということを教えるまでであって、企ててはとうていできなかったこの珍しいわが国の実験のごときは、悔いる理由もなければ、またその利益もないのであった。

二　笑話の分布

盲の道化というものは、全体にいつもやや技巧に過ぎていた。かれら自身は鏡というものを知らず、人の笑い顔を見て参考にすることができぬためであろうか、今でもかれらの愛嬌笑いには努力の痕が見え、なにか一抹の苦味とも名づくべきもののただようているのが感じられる。それと同様に笑いの手ごたえを、常に聴衆の声だけから探り出そうとした結果、自然にその手段のいくぶんかていねいに過ぎるきらいがあるのであった。目の見えぬ者から笑わせてもらおうとしたわれわれの失策は、かなりよくできているという作り話の中からでも、なおこれをさとることができるのである。桃太郎童話の一つの傍系として、私の集めてみた「米倉法師」の話なども、やはりよく見ているとただの人の趣向には浮かんでこぬものであった。昔々ある一人の心素直なる親爺、水の神の御意にかのうて、霊妙不可思議のみどり子を授かり、または黄金を降下する小さな動物、もしくは打出の小槌の類の宝物を拝領してもどってくる。それを欲深な隣家の爺がうらやんでまねそこない、あるいはわが女房が心得ちがいをして、まことに飛んでもないことになってしまったという話。これらはいずれも遠い昔の世から、その後段の失敗がわれわれの笑いの種であった。純なる敬虔の情をもって謹んで前半の奇瑞に耳を傾けようとした人々も、なおこの禍福、幸不幸のあまりに顕著なる対照に触れて、われ知らず高笑いをせずにはおられなかったかと思われる。これがわれわれの想像しうる上代の俳諧であった。ところが神話を支持していた国人の信仰ははやくこわれ、人はただこの種の語りごとを目して、敵を設けざる嬉笑の具とするにいたったのである。中世の平和時代は、それほどにも笑いの乏しい期間であった。それゆえにつとめて話法を平易かつ珍奇にし、特に笑いの動機に関しては、競うて新意匠を出陳しようとしていたのである。われわれの昔話が笑話に化していった事情はここに存し、かの人生の最も笑いがたき部分を歩む者が、やとわれてこの技芸を錬磨することになったのも、起こりはまたこれにあることは想像しえられる。

熊本県では北の境の南関《なんかん》の町に、古風なハナタレ小僧様の一話が今も行なわれているに対して、他の一方の端に近い八代《やつしろ》郡松求麻《まつくま》村のあたりに、これと前半分を同じゅうする米倉の話が、すでに発達していたことは前にも述べておいた。一方が海老《えび》の膾《なます》の日供を怠ったがために、海の神に賜わった幸運を取り失うたというに反して、こちらは単なる言葉の誤謬から揚げ足を取られたことになっているのも、もうはや盲人の所為らしい考えすぎた改作である。なるだけ手短かにその話の筋を述べると、

昔ある処に一人の爺があって、師走の町に門松を売りにいったが、一つも売れぬのでその帰り路に、橋の上からその松をみな水の中へ投げ入れた。そうすると川の中から人が出てきて礼を述べ、竜宮へ案内してくれて、そこでたいそうな御馳走になった。そうしてお土産に頂戴してきたのが、打出の小槌という一つの宝物であった。米というてその槌を打つと米が現われ、それを入れるために倉というて打つと、また忽然として倉が建った。隣の悪い爺が聞いてこれをうらやみ、しいて小槌を借りて帰って、わずかな間に成るべく多くの米と倉とを出そうとして、急いでつづけさまにコメクラ・コメクラといって打ったら、米と倉とは出ないで、たくさんの小盲が現われ、ついにその欲深爺を責め殺したという話になっている（『旅と伝説』四巻四号昔話号、浜田隆一君）。

肥後の松求麻村は知っている人も多いであろうが、久しく肥後検校《けんぎょう》という琵琶弾きの徒の住んでいた土地である。そこに小盲の笑話の伝わっていたのは偶然でないが、さりとて

私はこれをこの一話の発源地とまでは推断することをあえてしない。近年われわれの同志が採集しただけでも、同じ民譚の分布はかなり広い。岡山県では『岡山文化資料』（二巻六号）に、遠江浜松付近のものは『土の香』（五巻四号）に、いずれもやや異なる形をもって伝わっており、さらに甲州の富士山麓と、奥州ではまた八戸市の付近に、明らかにその破片と思われるものが、半ば伝説に化して伝承せられていた。そうしてその以外にも私たちと同様に、いかにもその話ならば自分も聞いたことがあると、思い出す諸君は必ず多いであろう。一個処の師の坊が運搬してあるいたにしては、この区域は少しばかり広きに過ぎる。作者があったとすればもう少し中央に近く、かつよっぽど融通のきく本元があったのでなければ、これだけの地方的変化は望みがたかったろう。『豊前民話集』に採録せられた次の一例などは、形もよく調い、おかしさもずっと加わっている。これを肥後から輸入したものの焼き直しとは考えることがかたい。

昔々ある一人の男が、子供のいじめている亀を助けてやる。そうすると亀は美しい女になってきて、やはり宝物の小槌を一つくれた。その槌で地面をたたいて欲しい物の名をよべば、なんでも三度だけは望みどおりのものが出るということであった。持って帰って女房に相談すると、その女房は欲ばかり深くして、知恵の足りない女であったゆえに、まずさっそくに雑炊《ぞうすい》千杯というて打つと、すなわち千杯の雑炊が出た。それから足半草履《あしなかぞうり》を千足というて地をたたくと、ちょうどまた千足の草履が現われる。

さあたいへんだ残りはもう一度しかない。是で米も出し、倉を出さねばならぬと、大急ぎでコメクラ千・コメクラ千と唱えたところが、たちまち小さな盲が千人出てきて、夫婦のあきれている間にその千杯の雑炊を食い、その千足の足半草履をはいて、さっさとどこへやら行ってしまったという話になっている（梅林新市君採集）。

岡山に行なわれている「小盲」の童話などでも、千人の小盲が「まま食はせ三味線弾こ」といって、隣りの欲ばり爺をいじめ通したという風に話されていた。あるいは考えすぎであるかもしらぬが、これが私には端的にその作者の声であったような感じがする。そうではないまでも、聴衆はこれを話説する当人が小盲であったゆえに、思わずどっと笑い、永くそのおかしさを忘れなかった。それをまた盲のほうでもあてにしていたのである。次の代の子供たちが年とった祖父母から、いたって鮮明にこの滑稽を伝授してもらったのも、すでに盲の文芸家の計画のうちであった。

三　蚯蚓の歌

前代の笑いは、通例はそこに居合わす誰人かを傷つけるものであった。しいて一座の中から笑われる人を見いだそうとして、ひどい闘争におちいったことは、ひとり戦国殺伐の時代だけの歴史ではなかった。だからその間にある一人のみずから嘲る者がまかりいでて、甘んじて人に笑われようとする場合に、笑いははじめて価値のある商品となりえたのである。盲人の生計などはまことにたよりないものであって、こうでもしなければ奉公のできぬ場合が、以前は気の毒にも相応に多かった。そうして大名が必ずしもそういう専門家を召しかかえておく必要を認めなくなって、かれらは四散して市坊にその芸をひさぐことになったのである。今から百五十年ほども前に、出羽と越後との境である旅人の採集した三味線唄が一つある。採集者はこれをくどき唄と呼んでいるから、すなわちまた語りものの新たなる変形であったのであろう。ちっと読みにくいから振り仮名のままで次に転載する。

越後国ぶりくどき唄
新発田《しばた》御領内の戸頭組《とがしらぐみ》の
名主《なぬし》助市の高田の内の
一枚田《まいだ》二枚田三枚田四枚田
五枚目の三角田《かくだ》の一本真菰《ひともとかつぼ》に
しかとくっついたる小蝦《つのがら》どのゝ願ひ事聞《き》きやれ
米が七八合《しっぱちご》に銭が四五十欲しや
温海《あつみ》湯治《たうぢ》して腰を伸《の》そに。
なした小蝦《つのがら》どのゝ無理な事言《い》やる
孫子《まごこ》伝はるその腰が伸《の》るなら

わしも願ひ事がござる
銭が七八文《もん》米が四五合ほしや
蚯蚓《はし》も湯治して目を明けよ。

あるいは今日でもまだこの歌は伝わっているかもしらぬが、自分はこの蚯蚓の二字に「はし」と傍訓してあるのを、蚯蚓《みみず》がみずから語ろうとする「私」の意味に解し、昔からよくある二種の動物の、問答体の歌と見ているのである。以前はたぶん湯温海《ゆあつみ》の湯治場のつれづれに、村の人々を相手に座頭の歌っていた唄であろう。農民は通例田植えの後の腰の痛さを治するために、僅かな米銭を工面して温泉地に来て寝ころぶのが、何よりも大きな慰安であった。ゆえにこのやや皮肉なる小海老の腰曲りをかこつ歌は、境涯の最も接近したかれら無学の農夫の理解するところであったのみならず、歌者は同時にまた自分の目というものをもたぬ歎息を、田に住む第二の動物の言に託して、相憐れましめんとしていたのである。

蚯蚓に目がないということは、かなり古くからの民間の語り草であった。どうして蚯蚓はあのように声がよくて、それでまた盲であるかということは、いわゆるなぜ話の有名なる一つであって、おそらくこれもまた作者は座頭であった。夏の夕方の庭へ縁台などを持ち出して静かに涼んでいると、どこからともなく蚯蚓の清い音が聞こえてくる。あれは螻《け》蛄《ら》であって、蚯蚓は鳴くものでないと、今では誰かが言い出すことになっているが、以前はこういう場合に必ずこの話が出たものであった。記録になっているのは『民族』（二巻四号）に、林魁一《はやしかいち》氏の東部美濃の例がある。昔蛇は歌が巧みであって目を持たなかった。その蛇のところへ蚯蚓が歌を教えてもらいにいくと、その目とならば取り替えてやろうと答えたといって、かつては蚯蚓が今の蛇のごとく、美しい目を持っていたように話すのがおかしかったのである。栃木県南部の一例は箕和田良弥君が、その九十歳の祖母から聞いてこれを採録している。『相州内郷村話』にも著者の老母の知っていた話が載せてある。むかし蚯蚓には目があって声が出ず、蛇は目がなくて歌が上手であった。目はなくてもよいから美しい声をと思って、蛇に所望してその声とわが目とを交易したというのである。それが同情に値するやせ我慢であったやら、ただしはまた心からそう思っていたのやらは問わずとよい。少なくともその作者が声清く歌に巧みにして、目をもたぬ人であったことだけは想像しえられるのである。

座頭の座の取り持ちが主として音曲であった時代にも、琵琶や三味線の手を休めると、必ずこういう話が出たことであろう。誰しも半ばは愛想に、どうしてそなたはそのようなよい声が出るかなどと、尋ねる人は多かったに違いない。それにいちいちまじめくさって、卑下した会釈《えしやく》ばかりもしてはおられなかったのである。それにつけて思い出すのは、お貞子という奥州八戸《はちのへ》の盲巫子《いたこ》は、かつて私の家に来てオシラ神を遊ばせ申してくれた時に、ほとんど手を休める間もなく、煙草を吸いつづけていた。これもどうしてそのように煙草が好きになったかを尋ねてみると、私は十三で目を病み出したころには、もう米の飯よりも煙草が好きでありました。煙草を断って心願を掛けるならば、その目はなおしてやろうと法印様は言ってくれましたが、いいえ目は見えなくとも煙草は止めませんといって、今でもこうしてのんでおりますと答えた。これが後々考え直しても取り返しのつかぬものだけに、その言うことが私には悲しく聞きなされた。しかし煙草のほうは最初から吸われるためのものだからよいが、蚯蚓などはこうした説明の昔話ができたばっかりに、今でもまだ声の薬だなどと言って、捕って煎じて飲む者が絶えないのである。座頭は蚯蚓《みみず》にとっては、実はありがたい知音《ちいん》ではなかった。

それからこのついでにもう一つ言ってみたいことがある。ジェデオン・ユエの『民間説話論』を読んでみると、このわが国の蚯蚓の由来と、半分以上似た昔話がフランスにもあった。orvet と称する一種の小さな蛇は、やはり日本の蚯蚓と同じように、目をもたぬ蛇だと伝えられている。それがわれわれの鶯と訳しているロッシニオールと、やはり目と声との交換を約したのだそうである。ところがこの話では相手方が不正直なやつで、目を取ってしまってよい声は渡さなかった。それゆえに両者は今もはなはだ仲が悪く、盲のオルベは黙って憤っているというのである。何か奥深い理由のあることと私は思うが、世界の多くの民族を通じて、動物の説話というものはその大部分が、譎詐《けっさ》と背約との逸事をもって組み立てられているのである。日本でも「猿の尻尾はなぜ短い」のように、ヨーロッパの獣界奇譚とまったく共通のものもあれば、あるいはまた「百舌《もず》の沓作り」や「雲雀《ひばり》の借金」「梟《ふくろう》紺屋」だの「鳶《とび》酒屋」だののごとく、この国において格別の発達をとげたかと思われるものもあるが、その大部分が前生の不義理を、今でも覚えていて怒ったりわびたりしているというのは、珍しい事実であると思う。

蛇と鷲とが取引をしたという説話なども、はたして中間になおいくつかの類例が分布していて、かれからこれに伝播した経路を示し、単なる偶然の一致ではなかったことを、証拠だてうるか否かは未定であるが、かりにヨーロッパのものが移ってここにきたり、またはどこかの第三の起点から、東西に別れて出たものと決しても、まだ日本の蛞蝓の昔話が、盲の考案になったという私の想像は動かぬのである。以前だまされて目を奪われたという古い説話があったのを、改めて交易が平和のうちに完了し、蛞蝓も歌とよい声とを受け取って満足しているという形に、話しはじめたのは日本の座頭であったとも見られるからである。実際この昔話の空想は、空から作り出したにしては、ややとっぴに過ぎていた。そうして御伽の役の盲人などというものは、通例は旧話の作り替えをもって能事《のうじ》とし、その聴衆もまた実はまるっきりの新作は好まなかったのである。文芸の純乎として作者の創案に成るものを、つい近ごろまでの俗人は「舁《か》いて除《の》けるようなうそ」と呼んでいやしんでいた。たいていは今まで聞いていた話をもっと詳しく知りたいために、作り替えや後日譚の出るのを予期していたのである。いわゆる演義や踏襲でない作品というものは、沙翁《さおう》にだってほとんどないというではないか。盲ばかりが剽窃《ひょうせつ》していたわけではないのである。

四　盲をからかう話

古人は古い趣向の一端を採用することを、別段に悪いこととはしていなかった。それを気がとがめるのは良心の洗練みたようであるが、実はその部分までも自分の手柄にしようというやしい心が、隠せるだけはそれを隠していたのである。近代の都府の作者たちが、どの程度にまで淡泊に、種の出処を打ち明けていたかは私は知らないが、種を古書の中から捜して用いていたことのみは事実である。たとえば目の不自由な者をいじめたり、からかったりしたという滑稽、これはその作者が盲人みずからであり、いわゆる自嘲の文学である点に意義があったのだが、そんなことはいっこうお構いなしに、目のちゃんとある人生の鶯どもが模倣した。その中でも三馬《さんば》の『浮世風呂』の柚《ゆず》の都《いち》・柿の都《いち》などは、舞台を銭湯とし、相手を生酔《なまえい》にしたところにまだ若干の働きはあるといえるが、それだけにまた読者が能の狂言の「猿勾当」を、知らずにいてくれることを祈願した情がよくうかがわれる。ことに一九《いっく》の『膝栗毛』の塩井川、犬市・猿市の川越しの一条に至っては、あまりにもその叙述が狂言の「どぶかっちり」とよく似ていて、これを古文学の焼き直しということすらもかたいのである。名をしるした記録の文芸においてまで、こんなことをするようになって、剽窃ははじめて悪事であった。

しかし考えてみると、かれらの粉本となっている『狂言記』の二篇とても、うぶなる新作書きおろしと見ることはとうていできない。単にそうした滑稽の話柄が、何度でも夜話の席にくり返されていたというにとどまらず、おりおりはあのころ流行のものまねとして、当の盲目らのいまいっそう如実なる実演さえあったのかもしれず、それをほぼ順序だてて狂言の番組の中へ、さし加えることになったというに過ぎぬようである。人もあろうにこんないたいけな片輪者の所業を、三百年も四百年も連綿として、目のあるわれわれが模倣をしてきたなどということは、知恵のない話のいきどまりであった。こんな重苦しいまた不人情な道化話よりは、むしろこれに盲従していた文人の意気地なさのほうが、よっぽどおかしみに富んでいるように、私たちには感じられるのである。

その上にわれわれはまた時としてまねそこないをしていたと思われる。たとえば豊後の吉右衛門咄《きっちょむばなし》というのは、ある一人の吉右衛門咄というおどけ者をフレエムにして、やたらに古今の笑話を寄せ集めた無記録の説話集であるが、その中にも吉右が按摩をからかったという話があり、これとよく似たものは、他の地方にもおりおりは伝わっているらしい。その趣向というのは向こうから多勢の盲が並んでくるのを見かけて、並木の松の枝に棒をぶら下げておくと、それが一人一人の頭を打って、かれらは仲間の者の所為と誤解し、怒って互いに喧嘩をするというだけの筋であるが、これなどももとはこのような簡単なものでなかった。人がその滑稽の真の味を解しがたくなってから、ただその中の最も下品な騒々しい部分だけを取り伝えたのである。万治元年に刊行せられた『百物語』（巻下）には、次のような一章がある。

或人座頭を好きて、毎夜五人十人呼寄せ長遊びをしけるに、下部ども腹を立て、何とぞ座頭どもに当りて、来ぬ様にと巧みて、門の口に横槌をつりて頭を打たする様にからくみ置きしに、案の如く座頭来て頭をしたゝかに打つ。めいよ意地悪しき者なれば、又あとに来る座頭に斯くと言はず、座頭八人来て八人ながら物言はず、皆かしらの割れる程打ちける。おのれ一人打ちては口をしと思ひける心何れもあり。さるほどに例の長遊びして還る時、下部ども言ひけるは、さても夜更けて候。座頭の坊なん時ぞと言へば、我等来たりし時八つがしらを打ちしまひたり。はや明け候はんと言ひける。すね者なりとぞ。

すなわちこの書はすでに伝聞の形を保存しているのであって、これも最初の話し手はまた座頭であったろうと思う。座頭は生得意地悪しき者、またはすね者だということも、おそらくはかれら自身の言い立てたことで、こういうまことに微弱なる反抗を試みつつも、なおあらかじめそれを相手にことわっておかねばならなかったところに、考えてみれば心細いかれらの職業意識があった。心の底からの楽しい笑いをもって、自然に聞く人を同化せしめえず、かれらの滑稽譚がいつでも念の入りすぎたややあくどい洒落《しやれ》に落ちていったのもむりはないと思う。右の『百物語』の一話なども、いわば座頭の自身に対する残忍性であって、下人らの巧みを知りつつも、わざと腹を立てず、ただ頓狂なる口答えをもって、暗々裡に復讐をしたという点に、一種のおかしみはあるけれども、その笑いたるや純粋ではなかった。「八つのかしら」の口合いの意味が、もう不可解になって後まで、久しくこんな話をむし返していた者は論外であるが、それを合点しつつもなおげらげらと笑って聞いていたのは、これもまたよいほどの馬鹿大名らであった。

それでこの座頭の坊のお得意とした人々が、大部分が今のわれわれのようなエリットでなかったことも考えてみねばならぬ。ことに何の話でも信じようとする田舎の人に、前もってこれは戯《ざ》れ言だということを承知させるためには、まわりくどいことは絶対に禁物といってよかった。しかもどの辺がちょうどよい加減かということを、毎回測量してかかるのも容易でなく、かつまたできるならば満座の者が、一度にどっと笑うことを心がけていたゆえに、どうしても話は聴衆の最も鈍感なる者の、理解を目標にとるような傾きがあった。これと同じ事情は、現代でもやはり笑いの文学の発達を阻害している。よもや自身はこんなことを、おかしいとは思っておるまいと思う作者が、売れる本のためには実に下らぬことを言って笑わせている。当人はおかしくないのに、聞く者だけを笑わせようとすれば、当然に言語の正しい機能を殺して、面をかぶせお化粧をさせなければならぬ。そうしてまた少しばかりは下がかったことを説く必要さえあったのである。歴代の盲は技芸としてその術を弟子に伝えた。その盲の文芸が今もなお大いに学ばれている。助からないわけである。

五　餅と座頭

この座頭の口伝の中で、今日の人々があまり珍重しなくなったものが一つある。それは歌言葉を挿んで談話の効果をあげ、同時にその内容が現世の実事でないから、信用するに足らぬことを暗示する方法であった。こうした話術の起原はもちろん古いが、これを踏襲して最もよく利用し、ことに無害なる多くの笑話を、作り出した者は盲であったように思う。これは一つにはかれらに観察の機会が恵まれず、自身の経験の中から話題を見つけ出すことがかたかったために、つとめて言葉のあやによってその弱点を補強すべく、やや濫用の程度にまでもこの古来の様式を使役したためであろう。それにはまた周囲の俗衆が、雅語と律語とに対しては完全に無抵抗で、いかに凡庸陳腐なる思想でも、これを三十一文字にして見せると感心するという、宿命的なる習癖も便宜を供していた。たとえば、かの西行法師*が吟と伝える野糞の歌のようなものから、宗祇が閉口して逃げてもどったという童子老女の問答の類まで、われわれの家庭の昔話の中には、歌を中心とした説話が無数に発達しているのは、よその民族には見られない奇現象であった。この種の昔話はその中心をなす歌がつたなければ、話にならぬのはあたりまえのことだが、正直なところ十中の九まで、その歌はあきれ返るほどまずいものである。だから少しばかりその方面の鑑賞が進むと、人が相手にしなくなるのもいたし方はないので、不幸なるわが国の前代の盲たちは、こんな未来のない仕事に、文字どおりうき身をやつしていたのである。目の明いた人々ならば、他にもまだいろいろの笑話の種を見つけることができたはずである。だからいわゆる狂歌咄の大多数は、座頭の原作であろうと私は思っているのであるが、これにはまだ証拠とてもないゆえに、しいて水かけ論を主張しようとはしない。さしあたりは明白にかれらでなければ考え出せそうに思われぬものだけを、もう少しここに拾ってみようとするのである。

餅と座頭との交渉は、だいぶん久しい前から、笑話の有力なる題材の一つとなっていた。私はこれをもって、餅の日が座頭のくる日、餅を食うべき宵がまたかれらのおどけ話を、集まって聞こうとした機会であったことを、意味するものと解している。安楽菴策伝の『醒睡笑』（巻二）には、かなりこの系統中の優秀なる一例が載せられている。

　座頭の出居《でゐ》に宿を借りていねたるを打忘れ、呼びも出さず、搗きたる餅のあたゝかなるを、家内の人ばかり食ふ座敷へ、

　　餅つくと目にはさやかに見えねども杵の音にぞ驚かれぬる＊

これなどはどうやら歌がまずできて、後に小話のほうは取って付けたようにも思われる

が、とにかくに作者は盲人であり、また教養のある盲でもあったことがわかる。風雅なる京都の社交界に出入りして、本歌の取り沙汰をもっぱらとした人々と接していたればこそ、こういう話を出しても高笑いせられたであろうが、これがもし『古今集』も知らない百姓の家であったならば、聴衆は黙ってただまじまじとかれの顔を見守ったことであろう。だからそういう田舎の用途に対しては、別にまたいろいろのもっと安直なるものができていた。昭和の今日でも東北地方などに行くと、実におかしいほど、この系統の笑話が流布している。佐々木君の筆に残した『紫波郡昔話』や『老媼夜譚』、山形県では最上郡の『豊里村誌』、越後で近ごろ集めた『加無波良夜譚』にも、おおよそ同じ型の話があるのだから、決してある土地限りのボサマの即興の作でなく、師資相承して久しく持ち伝えているものであった。しかもその話の話法として、物おしみの夫婦がなにとぞして餅を座頭の坊にくれまいと思って、いろいろと問答をした文句には地方的の変化があった。それから亭主の足の指に細紐を結んでおいて、夜中にそっと引いて、二人きりで餅を食おうとすると、それをまた盲がかんづいて紐を自分の足に結びかえ、引かれてのこのこ起き出して女房とともに餅を食う。そうして夜の明けぬうちにその家を飛び出し、どぶんと横槌を井戸に投げ込んで、身投げと見せかけたというなどはどこでもたいてい同じだが、一方にはまた亭主に名前国所を尋ねられて、「嚢にかい餅くるみの郡」だの、「瓶の底ぬく一坊でござる」だのと答える点は、一個処ごとにそのでたらめが区々《まちまち》になっていて、誰もかれも自分が子供のころに聞いていた話し方が、最もおもしろくまた正しいように思っているのである。まことにはや小さなことばかり穿鑿《せんさく》しているようであるが、私の興味をいだくのはこの盲人の機転が、相手次第によって変えてもよい文句は改造し、しかもなお一貫して既定の教理、平たく言うならば座頭には餅を食わすべきものなりという要点のみは、どこまでも保存していこうとしたことである。もしもかれらをして今日の世にあらしめば、必ずこれを名づけてイデオロギーといったに相異ない。少なくとも作者みずからの生活に忠実であった点にかけては盲の文芸は他の多くの受け売り小説よりも、はるかに花が自分のために匂い、鳥が自分のために歌うに近かった。

ただし一方にはそういう隠れたる趣意を挿んだ文芸を、聞いて無心にうれしがっていた者は、善人であったと言ってよい。盲はこれに乗じて、始終少しずつその地歩を進めようとしていたのである。私の知っている座頭の餅話の中では、特に大胆なるものが秋田県に一つあった。今では土地の人も忘れてしまったかもしらぬが、以前北秋田の十二所《じゅうにしょ》という町に座頭の神社があり、そこにまた座頭桜という名木の桜もあって、花都《はないち》という旅の琵琶法師の霊を祀ると伝えられていた。昔この土地の人々の集会の席で、餅と酒といずれかまさるという論があった時に、この花都《はないち》坊がおり合わせて、ふと一斗搗きの餅なら食ってみせるという賭《かけ》をした。もしも食いつくしえなかったら首を取るという約束で、さっそく餅搗きの支度にかかったが、その家の女房がいたずらに、相手の目が見えぬを幸いとして、そっと一升だけ余分の糯米《もちごめ》をさし加えて餅にした。もうはや一斗分の餅は食ってしまったと思うが、まだ少しばかり残っていたのは案外だ。しかしこれ以上はなんとしても咽《のど》を通らぬ。残念ながらこの賭には私が負けた。さあ切って下されといって、首をさし伸べる。なんの御坊の首などを切ってなんにしようぞ。あれは戯れだから気にかけずにいるがよいというと、意地っ張りの花都座頭はいきり立って、さても笑止な土地がらよ。いったん取ろうと言った盲の首も切りえないとは、よっぽど腰抜けな話だとさんざんに悪口する。座中の若侍が短気を起こして、にっくい盲めがと抜き打ちにその首を切り放すと、驚くべし咽の切り口の際まで、今食った餅が盛り上がっていたという話である。一升の糯米をはかり添えた女房は、これを見て慚愧《ざんき》の念に責められ、かつは亡霊の祟りを恐れて、塚を築き桜の木をその上に植えて、そこに花都座頭を神として祀ったというのは、いかにしても耳新しい御社の縁起であった。

これが実際そのとおりのことがあったという歴史であるならば、もう別に何も言うべきことはない。ただもしそれが作り話であったとすれば、誰がその作者であったろうかが、またしても問題になるのである。とにかくに話はよほど古い時代のことのように、土地の人たちには考えられていたと見えるが、そう古いころならば、酒と餅との論もなく、また花都などという旅の琵琶法師がこの辺にくることもなかったはずである。『筆のまにまに』という随筆にはこの口碑を載録して、その後にこういうことを付加している。ちょうど最初のいわゆる座頭桜が枯れたころに、その地面の持ち主がわけのわからぬ病気をした。うかがいを立てて見ると、花都の祟りであったとあるから、話はすなわちその際にはじめて明らかになったのである。ところがその地主の息子というのがこれを安からぬことに思っていると、ある年の冬の雪の日に犬がその祠《ほこら》の上に来て糞をした。これを見てあのようなことをされても、黙っているような神なら、祀るねうちがないといって、祠をこわして捨ててしまったけれども、これには何のさわりもなかった。そうして縁もゆかりもない隣某という者に、また花都の霊がついて悩ましたので、今度は祠だけは桜の木とは別に、隣地面に再建して祀ることになったのだとある。すなわちその当時からすでに座頭の言を信ずる者と信じない者とがあって、完全に一個の伝説となりきることはできなかったのであるが、話が珍しいために聞いた者だけはみな記憶していた。そうしてさもありぬべしと思った者だけが、再び気病みをしたり、信心をしたりしたのであった。こういう事実を語った者は、普通の女の口寄せではなかったろう。これもまた盲が片意地で、かつ目は見えずともあざむくことのできぬ者だということを、常から主張していた坊様の所業かと考えられる。

六　狐と座頭

座頭は元来が笑話ばかりをもって、渡世の途を立てている者ではなかった。西国のほうではつい近ごろまで、音曲も療治も二の次として、もっぱら竈祓《かまどはら》いの土用経をもって、衆人の帰依《きえ》をつないでいた盲僧が多かった。その信仰がやや衰えて、はじめて薩摩と筑前との琵琶は起こったのである。平家となんの交渉もない越後などの田舎でも、おいおいと上方の文化が浸潤してきて、後には正月ごとにこの物語を語りつつ、御大家の門を廻礼する座頭が多くなり、古風なテンポガタリという早口の滑稽は、弟子の小盲をして型ばかり演ぜしめるまでになっていた。だから北秋田の「花都最期」のような悲劇でも、段物としてこれを持ち伝えていたものと考えられぬことはないのだが、幸か不幸かかれら永年の癖ともいうべき餅食い話をともなうているばかりに、これもまた一種の当意即妙、人を見て法を説いた偶然の改作であることが露顕したのである。すなわちよくよく相手を甘く見るか、またはここでは道化の需要がないと見切った時には、再び持ち合わせの笑話を変じて、こんな大時代なローマンスと化するまでの、技倆をさえかれらは持っていたのである。人間に洒落気がだんだんと強くなり、いわゆる遊び坊主の商売が繁昌するとともに、古いまじめな説話は片っぱしから、笑話になっていく傾向を示しているが、そんな中でもいま一ぺん逆もどりに、男盲が考察した悲劇というものがいくつかあった。それが北方の郷土の花都座頭の餅のように、いずれも趣向を今までの笑話と共通にしているらしいのは、考えてみるとおかしなことで、もとよりかれらのうそをつく技能が、非凡に習練せられていたことを語るものであろうが、同時にまたわれわれ大衆が、泣くにも笑うにも自分と共同でありえない者を頼んで、泣かせてもらい笑わせてもらおうとした気楽さが、はからずもこういう渋いすっぱい果実を結ぶことになったので、この点ばかりは歴史とはいいながらも、なお将来の参考にならぬことはないと思う。

しかしそういう理窟をこねることなどは、私の最初からの目的ではなかった。それにまだ少しばかり、列記してみたい事実が残っている。盲の文芸でもまじめな悲劇もののほうは、笑話ほどには後の人たちが、まねたり焼き直しをしたりしようとはしなかった。それはお互いの批判が滑稽に対するほど寛大でなく、おまけに普通の奇事珍聞は、その後もあり余るほど発生して、笑いに飢えたる人々のごとく、がつがつと食い付くにも及ばなかったためと思われるが、なお一方には狭い土地限りで、住民がたいせつにこれを信じ伝え、それをある時代の座頭の作り話であったと聞くと、失望するかもしれない人が多い。すなわちこの方面の文芸は後の複製を許さなかった代わりに、原版として古い文化の痕を保存しようとしていたのである。佐久間《さくま》洞巌《どうがん》の『奥羽観迹聞老志《おううかんせきぶんろうし》』（巻四）に、牡鹿《おしか》郡柳目《やなぎのめ》村にある一つの塚が、一時非常に繁昌して持ち主大利を得、後にそれが妖僧の虚構に出でたことが露顕したという事実を録しているが、しかもその塚というのは、もと盲人と狐とをともに埋めたという伝説をもっている塚であった。昔この村の路傍に悪い狐が住んでいて、通行人のたぶらかされるものが多かった。ある時一人の座頭の坊がこの田圃路を通っていると、例のごとく狐が出てきていたずらをした。ボサマ大いに憤って、その尻尾をとらえて放さず、夜どおし格闘して翌朝は盲も狐も、ともに戦い疲れて田の中に死んでいた。それを埋葬したのがこの塚だというように伝えられていたが、これもまた記憶以上の史実であって、狐が座頭にいたずらをしたこと、座頭がそれを憤って反撃したことなどは、そばにいて実見し、または報告を聞いた者などは一人だってないはずである。その上に盲が狐の尾を牢《かた》くとらえて、ともに斃れているのを見たであろう人とても、別に記録を作ってこれを伝えたわけでもないのである。後年それがまさしき出来事として認められるにいたったのは、すなわちまた亡霊の言を信じたからであった。問題は誰がそのような奇抜な託宣に参与したかということに帰着するが、意識的にもせよ、また無意識にもせよ、これだけの予備知識をそなえて、そんな口寄せの言をなしえた者は、座頭以外にはありそうにも思われぬのである。

今日われわれがほぼ忘れかかっている笑いの一種に、きわめて原始的なる勝者の誇り笑いというものがあった。自身直接にその事業には参与せずとも、悪者が討伐せられ、妖魔が退治せられて、もうかなわぬ、ゆるせゆるせという光景を見ては、子供でない者も思わず笑った。そういう心地よさには一般的の需要があった。われわれの父老はこれを訓育と勇気の養成にさえ利用していた。そうして盲人の笑話には、いつもこの需要を目ざしたものが多かったのである。その中でいちばん有名なのは、狐が片目の爺に化けてきて、目の右左を取り違えていた話。本尊の阿弥陀様がいつの間にか二体になっていたのを、賢い小僧にすかされて、ににたと笑ったので、たちまち狐の化けたのが露顕したという話。それからまた、うちの師匠は酔うと袋の中に入って寝ようというので困るというと、狐がついだまされて和尚を気どり、今夜も袋を出せといってその中へのこのことはいってしまう。それを袋の上からうんとどやしつけた話。こういうのが何度聞いても高笑いせずにはいられぬ昔話であった。信州北安曇郡の口碑集では、それが犬市という小盲法師の手柄話になっている。また奥州の『聴耳草紙』においては、琵琶の合いの手をもって、そのなぐられて啼く狐の声を模している。すなわちこの類のあまりにも素朴なる冒険譚が、本来かの徒の管轄であり、また十八番であったことを知るのである。これを事実だと思って聞いた者も少ないであろうが、作者の空想は止めどもなく発展していた。あるいは山寺の化物退治の話の中にも、妙にペダンチックな南地《なんち》の鯉魚《りぎょ》だの、西竹林《せいちくりん》の一目鶏《いちもくけい》だのという名があったり、あるいは三味線の糸をきりきりとしめると、急にのどがしまって苦しくなる。さてはこの妖怪は蜘蛛《くも》だなという類の理窟っぽい話もある。あるいはまた行き暮れて野中の一つ家に宿を乞うと、むんずりとした親爺がただ一人いる。家は八畳一間きりでその畳には縁《へり》がなく、のっぺりとした渋紙のようなもので、柔らかで、少し暖かいので、さては狸というような、悪謔《あくぎゃく》に過ぎたるものもあった。つまりは諺にもなっている盲蛇におじず、盲人はかえって化物などには平気だという一種の功名談であって、たまたまそのたった一つが奥州の柳目村において、狐と盲人とともに死すという悲劇に転用せられていただけである。もとがあったのだから、即席にだって作り上げられぬことはない。それが伝説に化して、ある地の住民だけには信ぜられようとした経過こそは、さらにもう一段の興味をもって推究せらるべきものだと思う。

七　狼と座頭

前にも述べたように、全体に盲の文芸は重苦しかった。自分は実験が少なく、耳学問を主とする結果、いつも言葉の外形に拘泥する傾きがあった。国語の活用を裏面から考察しようとする者には、参考になることが少なくない。たとえば佐々木君の採集した一話に、心願をこめて観音堂の縁から飛びおりた男が、目玉が抜け出したのをあわてて拾って、けえっちゃくれに押し込んだために、腹の中の五臓六腑が見えるようになって名医となる。それをうらやましがった隣の爺がまた飛び下りて見ると目は抜けたが、今度はまちがって栃《とち》の実を拾って、目にはめたから座頭の坊になったというなどは、その座頭の坊でなければ、なんとしても言われぬことであった。人はよく悪口に、かれらの目をとちまなこなどとはいったが、この比較などは格別あたってもいなかったのである。鈴木正三の『驢鞍《ろあん》橋《きょう》』に載せられた昔話で、私が『日本昔話集』の上巻に採録したものなどもこれと近い。それをもう一度略述すると、

昔一人の盲法師が、山中に迷うて山の神の木の下に野宿し、夜すがら琵琶をひいて、山神に供養をした。そうするといろいろの御馳走が出る。朝になると猟人が一人現われて、里まで送って進ぜるからこの靭《うつぼ》に取り付きたまえという。そこでその毛靭をしかととらえて、案内せられて麓まで来ると、それを里の童が見つけて口々に、あれあれ、あの坊様は狼の尻尾を持って、ひっぱられてくるとわめいたので、狼は急いで逃げていき、自分は里の金持の家に行って、昨夜からの奇瑞を語り合うた。山の神が座頭の琵琶を賞翫したあまりに、眷族の狼に命じて送らせたのであった。

とあるが、これもまたわれわれならば思い付かぬ趣向であった。座頭は稀に毛の靭を手に取って見たことはあるか知らぬが、狼の尻尾だけは触れたこともなかったろう。それを人からまず靭のようなものだと聞かされて、さっそくにこんな一話を考え出したものかと思われる。しかもこの話などには捨てられないユーモアがあった。どうせわれわれは盲が正しくあったことのみを語るとは思わぬから、かれの話によって狼と盲人とが、尻尾でつながって山から下りてくるほほえましい光景を、胸に描いてみたことを感謝したのである。ゆえにもしこれが靭と狼の尻尾との類似という知識にもとづいて、新たにこの一話を考

え出したものであったならば、盲人の創意はよほど高く評価してよかったのであるが、いかんせんそれはただほんのこの部分だけの改作であって、前から同系統の説話はかなりひろく流布していたのだった。その最初の形も尋ねていたら、今にわかろうと思うが、まず手近にもこれと似通うたものが『因伯童話』には出ている。因幡国《いなばのくに》八頭《やつかみ》郡池田村の盲人都《いち》、京に上ろうとして若桜《わかさ》の豹山《ひょうのせん》にさしかかり、山中の芝原に野宿して琵琶をひいていると、向こうの山に声あってこれをほめ、また一曲と高野の巻を所望した。それから一人の老翁が現れてきて、馬をひかせて播州の方へ送らせてくれる。播州の戸倉という村で夜が明けると、路傍の子供が集まってきて、あれを見よ、盲が狼に乗ってきた。狐が口を取っていると大声に騒ぐ。それを聞いて馬は国都を振り落とし、口取りもろともに大急ぎで逃げ去ったというのは、これもまた誰が聞いても笑わずにはおられないおもしろい絵物語であった。すなわち話は狼の尻尾のみについて生まれたものではなかったのである。

それからもう一つ、これは全国によく行き渡っている話だが、やはり中古の改作にすぎなかったと思うのは、これも牡鹿郡の狐退治のように、それに携わった座頭がその場で命を失ったという悲壮なる結末を告げているからである。越後岩船《いわふね》郡の関谷から、羽前の小国《おぐに》へ越える織峠というのが、その中でも最も著名であったが、同じ峠の裏と表とで、話がはやすでに異なるのみか、越後で近ごろ出た二つの伝説集にも、また別々の言い伝えを載せ、その一方は話の主人公を瞽女《ごぜ》だと記している。『越後野志』巻九に見えているのが古いからこれを引くと、昔一人の座頭、この峠の頂上に宿して、深山の寂寞にたえず、ひとり琵琶を弾じて心を慰めている所柄、忽然として美しい女性現れきたって、しきりに感歎しかつ曰く、御坊麓の里に下るとも必ず長居するなかれ。われはこの山に年久しく住む大蛇なるが、時至って近々に海に入るので、行きがけにこの下の一谷を淵にする。今宵一曲のよしみによってそなたにのみは告げるが、人にこれを言うならば即座に命を取るぞと言った。座頭はこれを聞いて急いで村里に下り、身命を無きものにして村人にその危険を教え、術を構えて大蛇は退治したが、かれもまた立ちどころに死んでしまった。それを神に祀ったのが大倉権現、大蛇も大利《おおり》大明神と称え、今にその祠が頂上にある。あるいは神宝としてその折の琵琶が置いてあるというかと思うと、出羽のほうの伝えでは、これを三味線堂といい、峠の名も座頭峠、また蛇骨峠と称ぶともあって（『行脚随筆』巻上）、その大蛇がもとは人間の女性であったことまで、双方でこれを説くが、その話はちっとも一致していない。つまり次々の演義が際限もなく展開していっただけで、単に蛇骨だと称する一種の鉱物が、この山上から採取せられることのみが事実であったらしい。

八　水の神に仕うる者

ところがこれと同様の口碑は、同じ越後でも小千谷《おぢや》の町はずれの茄子崎の地蔵堂を中心として行なわれていたほかに、山形県のほうでも大石田越の森明神の社にも伝わっていたことが、『黒甜瑣語《こくてんさご》』巻二に見えている。福島県においては相馬《そうま》郡の耳谷角落《みみがやつのおち》などという土地にからんで、これとよく似た口碑がまた一つあった。堂房《だいぼ》の薬師堂に参籠して、目明きを祈願していた若い男が、日頃修練の笛を吹いていると、やはり美人が現れて、このあたりを泥海とする秘密の企てを語ったので、それを城中に注進して鉄の杭を打ち込んでその大蛇を殺させたが、男もまた帰り途に黒雲おおいかかって行方知れずになったといい、いま一人の採集者の報告では、男は琵琶一という盲であって、その芸の上達を祈るために薬師堂にこもり、蛇女に行き会うたのだといっている。内田邦彦氏の『津軽口碑集』によれば津軽にもこれと近い話があったというが、いずれの峠であるかを伝えず、また少しばかり要点がこわれている。しかしちょっと珍しいのは、その三味線ひきの盲が峠で会った女性が、われはこの山中に住むタコというものだといっていることである。座頭は峠を下って麓の村の酒屋に来て、その話をするとすぐに死んでしまった。そこへまたその女が出てきて顛末を語ったというのはおかしいようだが、座頭が秘密を漏らせば即座に命を失う約束であったゆえに、そう詳しい事情までを説明する暇がなかったろうという心づかいからであろう。とにかくに村人は大急ぎで鉄の棒を立てめぐらしたので、タコは帰ることをえずして、蛇体となって死んだ。そのタコと盲人とを合わせ祀ったのが、今のオシラ神であるというのはいよいよもって珍しい伝承であった。タコという名の起こりはぜひ考えてみなければならぬ。魚を食って水の神になったという田沢湖の女性も、その名が「たつ子」であったことは、これと関係があるかもしれない。

それから西日本では、備後《びんご》双三《ふたみ》郡作木《さくぎ》村にも同じような話はあるが、これは座頭ではなく山臥《やまぶし》だというから、少しく連絡を見いだすのにめんどうである。三重県では河芸《かわげ》郡上野《うえの》村、霊現堂の森というところに伝わっているのは、これも主人公が琵琶一という盲で、話は最も福島県のものと近いが、さらにいちだんと人を感動せしめる個条は、ちょうど祈願がかのうて両眼の明を得た晩に、村を湖水にしようという神霊の秘密を聞いて、なおかつ一命を捨ててこれを里人に教えたというところにあった。この裏切られたる大蛇こそは、すなわち琵琶一の祈っていた霊現堂の神であったというのである。単に一夜の宿行きずりの友ではなくして、現にわが目を開けて下された守り神であったのに、それをしもなお農民の危難を免れしめんがために、鉄の材を打ち込んで殺戮せしめたという点に、この一種の説話の神秘なる歴史はひそんでいるかと思う。東京の近くでは箱根の木賀温泉のあたりに、また一つの蛇骨山の話があった。石井研堂氏の『国民童話』に、昔伊豆三島の宿の按摩の家へ、毎夜遊びにくる小僧があって、しまいに秘密を告げたというのがその近世の変化であったが、もう少し古い形は松崎慊堂《まつざきこうどう》の『日歴』、天保五年（一八三四）三月二十九日の条にも出ていて、先生も木賀の湯の滞在中、親しく行ってみたことがあるとさえいっている。これなども大蛇の秘密を聞いたのは、笛の上手な盲人であったといい、琵琶とも三味線ともいっていないのである。「竜宮女房」その他、多くの日本の昔話において、蛇体に愛せられて特別の庇護を受けたという人間は、たいていは笛吹きの名人となっている。そうしてこのほうが私にはより自然であるように思える。笛で長虫を調御することは、今でもインド人の蛇使いなどがやっている。わが国にも『古今著聞集』に伶人助元《れいじんすけもと》、笛を吹いて恐ろしい大蛇を退けたという話がある。また夜分に笛を吹くと蛇がくるという俗信は、現在もなお各地に行なわれている。これが中世以後の盲人の常の所業でないだけに、あるいはかれらと水の神との関係を説く説話の、古い形の痕跡でないかと思われるのである。今日盲目の輩の祀り仕えている弁天様は、御自身もまた琵琶を弾きたまう美しい女性であるが、琵琶がこの国に渡ってこぬ以前にも、やはり盲という不幸な者はわれわれの間にあり、それが何かの方法で生を営み、もしくは因縁ある守護神にすがっていたに違いない。だからもし今日の按摩の笛がなんの意味もないただ偶然の残存でないならば、かつては笛を吹いて水底の神霊に仕えていた時代が、かれらにはあったのかもしれぬのである。かりに固有の水の神との関係が、今ある妙音天女の信仰の基であったとすれば、かれらもまた竜の都の消息を語りうる資格があり、したごうて米倉の笑話も横取りではなかった。ただ単にあのような滑稽に語り改めたという点が、時勢に強いられたる悲しむべき冒瀆であったと言いうるのみである。

九　信仰から文芸へ

全体にわれわれの祖先が水の神に対して、かつていだいていた信頼と感謝の念は、かなり早くから薄れまた衰えつつあったのである。農民はただ雨乞いの日にばかり大騒ぎをするだけで、常には淵の主は人を取るとか、風雨を起こすとかいって、これを恐れはばかるの習いのみが時とともに増長していたことは、いわゆる三輪式神話の末の流れ、大蛇が美しい娘の聟になって通うたという昔話の、変遷の上にもよく表われている。これは人口の増加と生活技術の進歩とにつれて、日本人がしだいに高地から下ってきて、水のやや豊富に過ぎる低湿の平原を、耕作するようになった経済的原因にもとづくものだろうと私などは考えている。それゆえに以前は沼湖の底深く、隠れて人間の幸福を支配する神霊の存在を想像し、これに奉仕しまた外戚の親を結ぶことを、家の誇りとするまでの伝説を生じたものが、後には苧環《おだまき》の糸の末に針を付けて、その鉄気の毒をもって相手の身をそこのうたことを説き、ないしは秘密の立ち聞きにより、または保護者の智謀によって、稀有の婚姻を全然無効のものにしたなどと説くにいたったのである。盲人がこの水神の威望のとみに失墜したに乗じて、むしろ信任を裏切って戟《ほこ》をさかしまにしてこれを排撃せんとしたことは、やかましくいえば生存の必要のために、主義をすてて流俗に迎合したものであった。琵琶法師が大蛇の言を洩らして、命を失うて一村の災厄をすくうたという話などは、ちょうどこの信仰改訂の過渡期を代表している。固有不変の文芸というものを認めないわれわれには、もとよりこれを目して一つの発達としなければならぬが、神話を基礎づけていたある時代の信仰から見るならば、これは明らかに零落のあとというのほかはなかったのである。

なんにもせよ、今ある蛇骨峠の鉄の杭の話などは、いくら分布がひろくとも新しい分布であった。日本はその地形の上から山津浪の多い国であって、これを一般に蛇抜《じゃぬ》けだの蛇崩れだのというようになったことは事実であるが、それをかくのごとき手段をもって防ぐということは、他には聞かぬのみならず、そのたびごとに一人ずつ座頭が死なねばならぬのではたまったものでない。つまりなんらか形跡のややこれに近い事件があって、それにもとづいて発生した語りごとではなく、これもまた出羽の花都盲目《はないちもうもく》の霊託と同様に、由あって次の代の座頭の空想に、浮かびいでたる上代以来の夢であった。そんならいま一つ以前の盲の文芸は、いかなる形のものであったろうかというと、もちろんうぶな姿のままでは伝わってもいまいが、捜していたならば少しずつはその破片が拾い集められるかもしれぬ。陸前柳目村で死んだ盲と狐と合葬して一つの塚を築き、または大利峠の頂上に大蛇と座頭とをもとに祀っているなどというのが、あるいはまたその昔のフォクロアの残留ではなかったかと私は思うが、その点はなお若干の資料を積み重ねた上で断定したほうがよい。九州のほうでは佐賀県の黒髪山の麓に、かつて梅野の座頭という一部落が住んでいて、その先祖が鎮西八郎為朝とともにこの山の大蛇を退治し、その武功によって、後永く一本の刀をさす格式を認められたように伝えていたことは、前に『山島民譚集』*の中にもこれを説いておいたが、この徒が近国を演述してあるいた『黒髪山大蛇物語』というものは、りっぱな読み本になってそのいくとおりかが今も伝わっている。かれらにとってはこれもまた、小規模なる一種の平家物語であった。私の触目した一系統の写本においては、処々に不細工な道化話、またはわれわれが大話《おおばなし》と名づけている誇張の滑稽などを挿入してあるのが特徴であるが、その叙述の要部には他の地方と共通のものが多く、すこぶるその由来を思いあたらしめる節がある。たとえば物語の主人公海正坊という座頭の生母が、わが子に立身をさせてやりたい一心から、化けて大蛇になって切り殺されるという一条のごときは、伊予の上浮穴《かみうけな》郡に行なわれていた頼政と鵺《ぬえ》の話と同工異曲であった。頼政の母もまたわが子の射芸を朝廷から認められしめんがために、死んで化鳥になって大内山に飛んでいってあばれたというのである。それはまことにとんでもない作りごとではあるが、おそらくはこれもまた盲人の趣向になるものであった。それからいま一つは松尾弾正之助の忘れがたみ、万寿と小太郎との姉弟が登場して、妹の万寿の前は、水の神の牲《いけにえ》となって沈められたというなども、この土地ばかりに語り伝えていた話ではなかった。宇佐の神宮を中心とした大分県の各地に、今でもよく知られている鶴市母子の人柱の伝説においても、これと関係の深い父とか主人とかの人名に、必ず何の弾正という名があり、またその人柱の親子の名も、母が鶴女で子供は市太郎、もしくは小市郎さまとなっている。そうしてこれがまた古い八幡神話の残りのもの、すなわち神が人間の女を娶ってたった一人の、たいせつな男の子を生ましめられたと言い伝えの、末々変化してこうなったものらしいのである。それを詳しく説くことは他日の仕事として今はただ肥前の梅野座頭なども、わが国に数多い母一人子一人の物語、すなわち神を父とし人間の処女を母として、生まれた霊童を第二の神と崇め、その仲立ちととりなしとによって、天の大神の御恵みを得ようとした信仰に、片はしは参与していたというだけを説くにとどめる。越後大利峠の大蛇と座頭なども、本来はいまいちだんと親密な関係があって、後者が人類のために現世の生命を絶って、水の神の怒りをやわらげたという風に語っていた時代が、かつてはあったろうという私の想像も、後にこの比較を進めていけば、そう無茶なものでなかったということがわかってくると思う。

それから最後にただ一言、最も簡単に言い添えておきたいのは、ごぜすなわち女盲の管轄した文芸にも、やはり座頭と同様の自己宣伝があったことと、それがおいおいに男女相異なる方向に分立していったけれども、古くさかのぼれば唯一の信仰の表裏二つの側面を、撫摩していたものに過ぎなかったこととである。大体に男盲が笑いの文学に進出したに対して、瞽女《ごぜ》は聞く人を泣かせる算段ばかりしていたと言いうるが、それもこれも世間がただ単なる奇瑞譚のみは聞きたがらず、何かこう身につまされるという類の話を、好むようになった趣味の変遷に、順応したものにすぎなかった。だからかの『朝顔日記』の娘深雪《みゆき》でも、さては安寿《あんじゅ》姫都志《つし》王《おう》丸の母親でも、気をつけて見るといずれも典型があり、これを悲しくしただけが御前《ごぜ》たちの手柄であった。昔話の方面においては、継母にいじめられたお銀小銀の父親が、盲になって二人の子を尋ねあるいている。またお銀女も目を泣きつぶして、後に不思議に光を取り返したことは、「手無し娘」なども同じである。あるいはいわゆる豊玉姫神話の系統かと考えられる「竜宮女房」の一話においては、母が故郷の水の国に帰っていく別れに、目の珠をくり抜いて生みの児に残していく条がある。それを無慈悲な殿様にまき上げられて、さらにいま一つの目を惜しげもなく取って与え、これでもう夜と昼との境もわからなくなった。どうぞ明け六つ、暮れ六つの鐘を鳴らして、時刻を教えてくれるようになどと語るに及んで、子を持つ満座の母嫗はみな一様に、はらはらと涙をおとしたのであった。こういう昔話の数多い国は、日本ならずしてそもそもどこにあるか。これでも伝播論者はなお外国の説話集から、大きなヒントとやらを得ておれば安心であろうか。われわれの盲女が見えぬ顔をふり上げて、さも悲しげにこんな話をしたのは、なるほど師匠譲りの技芸ではあったろうが、これにもまた人と綿津見《わたつみ》の神の宮居との、何千年来の隠れたる交通というものが、凡人の理解を下染めしていたことは争われないのである。ただしかしながら、それを聞く者がなんと受け入れようかには頓着せず、学んで覚えたとおりをそのままに語って、それでもよろしかった時代が永く続いて、神の中居《なかおり》の尊敬を支持した信仰は衰えてしまったのである。かれら盲人がさらにいちだんと饒舌になり、また新工夫にあせって、最初にはまずわが家の由緒と名声とを説き立て、なお進んでは一身の功績から、盲は賢《さか》しいものだ、粗末にしてはいけないということまでを、露骨にいわねばならぬことになったのも世の中である。遠い昔の代から拝んでいた水の神を裏切って、人に神秘を洩らしたのを恩に着せるのはにくいようであるが、これとてもまた生存の必要からであった。誰が職業文芸の時とともに利己的になっていくことを、罵倒する権利をもっているであろうか。

（昭和七年七月、『中央公論』）

注釈

29 五大御伽噺 「桃太郎」「猿蟹合戦」「舌切雀」「花咲爺」「かちかち山」の五話のこと。

30 『宇治拾遺物語』と『醒睡笑』 『宇治拾遺物語』は十三世紀初めごろ成立の説話集で、その第三話「鬼に瘻とらるる事」。『醒睡笑』は寛永年間刊の安楽庵策伝作の噺本で、その巻之一「謂へば謂はるる物の由来」第二十一話、巻之六「推はちがうた」第三十五話参照。

35 ペロールの「赤頭巾」 Charles Perrault（一六二八―一七〇三）。フランスの詩人・童話作家。「赤ずきん」等の民間説話を集めた『おとぎ話集』その他の著がある。

36 賀茂の……、出雲の…… 丹塗矢については『山城国風土記』逸文や『古事記』中巻の神武天皇に関する条参照。黄金の箭については、『出雲国風土記』の「島根郡 加賀郷」参照。

44 舞の本 幸若《こうわか》舞の詞章を集めたもの。幸若舞は室町時代に桃井幸若丸直詮《もものいこうわかまるなおあき》がはじめたといわれる舞曲。

49 『旅と伝説』の…… 観光・趣味の雑誌ではあるが、民俗学の研究や調査報告が多く掲載されている。昭和三年から十九年までに一九三冊を刊行。三元社刊。「昔話号」はそのうちの四巻四号（昭和六年四月）。

49 佐々木喜善 明治十九―昭和八年。岩手県の生まれ。文学に志すとともに、柳田国男の影響で昔話の採集をすすめ、『江刺郡昔話』『紫波郡昔話』『老媼夜譚』『聴耳草紙』等をあらわした。

57 高木敏雄 民俗学の専門雑誌『郷土研究』（後述）を、大正二年に筆者との協力によって出した人。

58　金田一氏　言語学者・国語学者金田一京助（明治十五―昭和四十七年）。岩手県の生まれ。アイヌ語およびアイヌの口承文芸の研究をはじめ、国語学・民俗学の研究で多くの業績を残した。

67　自分の旧著『雪国の春』　昭和三年、岡書院刊。論考「東北文学の研究」や東北旅行の紀行文・随筆が収められている。本文庫および『定本柳田国男集』第二巻に収録されている。

83　『神を助けた話』　大正九年、玄文社刊（炉辺叢書の一冊として）。木地屋の問題や山の神の信仰等について論じたもの。『定本柳田国男集』第十二巻所収。

86　丹波の比治山の……　『丹波国風土記』逸文の「比治の里」にある話。一種の羽衣説話で、家に連れ帰った天女から幸を得た老夫が、家富み栄えたのち、天女を追い出したというもの。

112　『郷土研究』　民俗学研究の最初の月刊雑誌といわれる。著者と高木敏雄との共同刊行であったが、第二巻から休刊までは著者の単独編集となった。大正二年三月創刊、同六年三月休刊。のち昭和六年三月に復刊して同九年四月廃刊。

118　ダナエ神話　ギリシア神話。アルゴス王アクリシオスの娘が、ふりそそぐ黄金の雨によって妊娠するというモチーフをもっている。

124　武州熊谷の……　昭和四年、朝日新聞社の民衆講座夏期特別講演会で講演した「熊谷弥惣左衛門の話」のこと。のち『一目小僧その他』に収録された。

159　『嬉遊笑覧』　庶民生活全般にわたってその来歴・意義を解説した一種の民俗事典。喜多《きた》村信《むらのぶ》節《よ》著。文政十三年（一八三〇）の序がある。

179　「久高の屁」　この一文は『海南小記』に収録されている。

183　赤本　江戸時代によく読まれた子供向けの草双紙。「桃太郎」などの昔話に題材をとったものが多い。

211　大話　あるはずのないことを語り、その誇張と空想を楽しむもの。

227　私の住所　著者は昭和二年八月から東京府北多摩《きたたま》郡砧《きぬた》村（現・東京都世田谷区成城町）に住んでいた。

256　筒井順慶　安土桃山時代の武将。明智光秀と羽柴秀吉との山崎の戦いの際、洞ヶ峠で戦況を観望し、形勢有利な方へつこうとしたという話が伝えられている。

273　ペンタメローネ　イタリアの詩人ジョヴァンニ・バティスタ・バジーレ（一五七五―一六三二）の著したおとぎばなし集。

286　「白米城」の例について……　昭和四年三月の『旅と伝説』二巻三号に発表した「木思石語㈤」において、著者はこのことに言及している。のち『木思石語』（昭和十七年、三元社刊）、さらに『定本柳田国男集』第五巻に収録されている。

288　『海南小記』　大正十四年、大岡山書店刊。大正九年の沖縄紀行をまとめたもの。『定本柳田国男集』第一巻および本文庫に収録されている。

302　『遊牧記』という……　「はて無し話」（「遊牧記」一、昭和四年十二月）のこと。のち『昔話と文学』に所収。『定本柳田国男集』第六巻および本文庫に収録されている。

354　『山の人生』　大正十五年十一月、郷土研究社刊。のち『定本柳田国男集』第四巻所収。

367　夜啼石　夜ごと泣いたりうなったりするといわれている石。著者には大正四年に発表した「夜啼石の話」（『定本柳田国男集』第五巻所収）がある。

368　「炭焼小五郎」の研究において……　「炭焼小五郎が事」（『海南小記』所収）のこと。

373 テオドル・ベンファイ Theodor Benfey（一八〇九―一八八一）。ドイツの言語学者。すべての昔話はインドで成立して各国に伝播したと主張し、十九世紀後半の昔話研究に大きな影響を与えた。

402 『金葉集』に…… 『金葉和歌集』巻第十参照。

416 『著聞集』と『沙石集』との…… 『古今著聞集』巻二十「馬允某陸奥国赤沼の鴛鴦を射て出家の事」と『沙石集』巻第七「鴛殺事」参照。

436 西行法師が…… 「西行と女」という昔話参照。この話は、関敬吾著『日本昔話集成』第三部笑話2（昭和三十三年、角川書店刊）所収。

437 餅つくと目にはさやかに…… これは、『古今和歌集』巻第四の「あききぬとめにはさやかに見えねども風のおとにぞおどろかれぬる」をもじったもの。

455 『山島民譚集』大正三年、甲寅叢書刊行所刊。『定本柳田国男集』第二十七巻所収。河童の問題、白馬についての信仰、馬蹄石の伝説等について述べたもの。

（田中宣一）

※本注釈は改版（昭和48年）当時のものです（編集部）

解説

昔話の採集　『竹取物語』をはじめ、お伽草子の類には昔話を潤色したものが多い。九世紀以降の宗教的目的をもって編纂された説話集のなかにも、昔話の範疇に属する物語が多くふくまれている。これらは昔話研究の貴重な資料ではあるが、現在の民俗学的意味での昔話採集の嚆矢《こうし》は、資料の科学的価値を問わなければ、おそらく明治四十年代に遡るだろう。この大戦の直前、『福岡県童話』という半紙に書かれた一冊の稿本を、柳田先生に見せていただいたことがある。聞くところによると、信州のある古本屋で見つかったものであるとのことであった。このなかには、二一九の昔話が採録されている。語り手の記載はないが、採集した小学校名が誌《しる》されていたので、その伝承の場所ははっきりしている。十分に資料価値はもっている。このなかに、こういう話がある。父が二人の娘に〈金の文庫〉と〈金の車〉を約束して戦争に行って帰ると、継母に託した娘がいない。小鳥が〈金の文庫も金の車もいりません〉と鳴いている。継子と小鳥の名で知られている昔話である。この戦争が日清か日露の役かわからない。もしわかれば採集の時期も推定できると秘かに考えていた。最近、たまたま高木敏雄の『童話の研究』（大正五年）を手に入れた。そのなかに、日露戦争終結後まもなく文部省が全国府県に依頼して管下町村小学校に「童話」を蒐集せしめた。その約四分の一は全く無視するか、あるいはわが郷里には「桃太郎」をのぞいては、全く童話というものはないという報告もあったと述べ、これは報告者の怠慢ではなく、童話なるものの正しい観念をもたなかったためだと、著者は指摘している。著者はまた島根県の如きは見事な成績をあげていたと述べているが、いまその資料はどうなっているのか。この『福岡県童話』もおそらくその報告の一つであったに違いない。ここで戦争といったのは三十七、八年の戦役であり、私自身も、このころすでに昔話の語り方の近代化がはじまっていることを併せて知った。当時民謡の調査も行なわれ現在貴重な資料となっている。おそらくこれと並行して行なわれたのであろうが、国家機関が行なったことは珍しい。

第二は石井民司《たみじ》（研堂）の『日本全国国民童話』（明治四四年）である。これは前者とことなり、個人の調査である。一国一話を原則とし、編者自らの聞き書きか文書による報告を基礎として編まれたもので、山城から琉球にいたる七四篇、それに台湾、北海道、樺太《からふと》、朝鮮の七篇、記紀神話が八篇収録されている。

福岡童話は官庁の依嘱のせいもあったろうが、比較的忠実に伝承に従っているようである。後者はこれに反してやや自由に表現されている。記録の方法ものちには速記を応用するようになり、現在の科学的民俗学はいずれの国でも、テープレコーダーが開発されて以来、これによって伝承を忠実に再現することを要求している。もちろんこれらの記録に科学的意図を求めることはできないが、後者は『桃太郎の誕生』にもしばしば引用されている。しかし、福岡童話は発見が遅かったために、まだ十分に利用されるにいたっていない。

本論とはいささかそれるが、ここに解説者の注意を惹くのは、国を賭けた大戦争の直後に昔話、文化財の蒐集が、しかも国家機関の手によって行なわれたということである。ここに想起されるのは、世界的な科学的昔話研究の創始者グリム兄弟の昔話集の刊行が、その祖国ドイツのもっとも深刻な政治的窮乏と結びついていることである。第一巻が世に問われたのは一八一二年である。その初版の序文には十月十八日と誌されている。その同じ年に、「不敗のコルシカ人」がモスコーにおいて、冬将軍の前にもろくも跪坐《きざ》し、退敗している。その帰途、翌年のライプチヒの戦闘は、その王座から降《くだ》らなければならないほどの敗北を喫した一戦であった。兄ヤーコプものちに認めたように、第一巻の刊行はライプチヒ戦の一年前である。この祖国窮乏のなかで、二年後に第二巻を、さらに二巻の『ドイツ伝説集』を公刊している。彼らが昔話をゲルマン神話の残滓《ざんし》、ゲルマン神話の遺産と主張したのも、あながち理論的推理のみではなく、祖国愛がその背後に潜んでいたのではなかろうか。さらにドイツ昔話の遺産は、二度の大戦後も新たな機能をもって、病床に呻吟する傷病者、打ちひしがれた民衆の前に現われ、彼らを鼓舞した。その理由は知らないが、われわれの周辺でも敗戦後のいわゆる進歩的文化人による民話運動、それにつづく昔話採集の異常な高揚、資料としての昔話、通俗的な民話、民俗誌の刊行はまさに空前である。東西ドイツを先頭に欧米諸国にも、文明民族の民話だけではなく、アジア、アフリカその他の資料が相ついで公刊されている。一方、これらの資料を基礎として科学的研究も躍進しつつある。とくにヨーロッパ諸国は一つの研究共同体として相互に研究を押し進めている。つねに孤立的枠内で行なわれた日本の昔話研究が、この世界的趨勢に対応して発展するか、興味ある問題である。

この秋、柳田国男先生が四〇年前にとぼしい資料にもとづいて、広い知識と鋭敏な観察眼とをもって打ち立てられたこの記念すべき科学的名著『桃太郎の誕生』をいかに読むか。昔話研究者は、おそらくは二万に垂《なんな》んとするわが昔話資料を駆使して、いかに柳田理論を展開せしむるか、日本の民俗学のさらに一つの大きな課題でもあろう。

科学的昔話研究の擡頭　柳田先生は昔話の蒐集がはじまったころ、すでに『遠野物語』（明治四十二年）を公刊されている。これには二一つの昔話がある。先生は、このときまではまだ「昔話とは何かということは考へても見なかつた」と述べておられる。ついで、雑誌「郷土研究」（大正三年）が創刊された。河童、馬蹄石の伝説を主題とした『山島民譚集』が同じ年に出ている。大正十一年には佐々木喜善の『江刺郡昔話』、佐喜真興英の沖縄の『南島説話』、つづいて小池直太郎の信州の『小谷口碑集』などが、相ついで「炉辺叢書」として上梓され、昔話研究の基礎資料は「郷土研究」の報告などと併せて、しだいに集積されていった。

当時は、民譚、昔話、民間説話などの言葉がほとんど同意語として使われ、そのなかには伝説も昔話もふくまれていた。昔話研究にとっては伝説の知識は必要かくべからざるものである。昔話、伝説の概念規定は、グリム兄弟、とくに兄ヤーコブが二つを対比し、昔話については一八一二〜一五年に、伝記については一八一六年に、それぞれの集録の序文で行なっている。日本にグリムの昔話の一部が英訳から移入されたのは明治二十年である。その理論が紹介されたのは大正の初めであるらしいことは、ゲルマニスト高木敏雄の論文などからも推定される。

現行の昔話、伝説の概念規定は、ほとんど前述のグリムの古典的規定によっている。この抽象的な規定を暗記することは容易である。昔話研究の入門書には、いずれも門前の小僧式に、自己の発見であるかのごとくグリム説をならべてあるが、呪術的意味しかなく、実際の研究にはほとんど役に立たない。柳田先生の研究は伝説研究にはじまったようで、『山島民譚集』につづいて『一つ目小僧その他』などに見られるように、多くの日本伝説の基礎的研究がなされている。その後の昔話研究もこの基礎を背景としてなされたものであろう。こうして他の追随を許さない昔話研究に到達されたものであろう。

柳田先生の伝説研究の理論的帰結は、昭和三年以降の『木思石語』のなかに集約されている。それによって見ると、伝説の三つの主要な特徴が、昔話と対比して論じられている。

伝説　まず第一に伝説は無形式であること。ここにいう形式をフォルム（Form）、タイプ（Type）と混合してはならない。昔話でいうごとき語り方、フォルミューラ（Formula）、きまり文句がないということであろう。これを様式（Style）という学者もある。『伝説名彙』にあげた伝説には適用しがたいが、複合形式の伝説、伝説を主とする語り物にはこれがある。さらに伝説と縁起の関係、ドイツ語では伝説（Sage）と宗教伝説（Legende）とに使い分けているが、むしろ縁起は後者に近い。先生は縁起を管理者を失った伝説と思えばたいした誤りはないといわれたが、けだし至言であろう。非キリスト教国の日本にはこの意味のレゲンデはない。ドイツ以外ではリヂャンドという語をつかって、ドイツ語の意味する二つの概念を入りくませている。

第二に、伝説は話に物があり、記憶に具体的な足場があること。これはつぎの第三の特徴を外面から述べたものである。話が事物、場所、人物と結合しているから伝説ではなく、伝説が真実を伝えるために、信憑性をうるために、具体的な足場を必要とするもので、これもまた昔話と正反対である。

第三に、伝説は信じられることを自ら要求する。信憑性をうることが目的であるがゆえに、事実と結びついて語られる。これもまさしく昔話の特徴と異なる。伝説の意味する信憑性は時代、場所、文化の相違、教養の程度と関係する。西欧人と東洋人とのあいだにおいても大きな相違のあることを、西欧の研究者はすでに早くから指摘している。さらに伝説と関連して神話を問題にされた。先生に従うと、神話は神祭の日のごとくもっとも改まった機会に、必ずこれを信ぜんとするものの耳に、厳粛に語り伝えられ、あらゆる方法をもってその忘失を防いだものである。神話と伝説と異なる重要な点は、いずれの説話にも見られないほどの窮屈な方式のあったことである。これを語る人と機会とが限定され、みだりにこれを口にすることを戒められていたのである〈昔話の起源〉。

昔話　昔話の特徴の一つは形式、語り方である。まず三つの重要点がある。第一は「昔々」の発語である。定まった発語とともに導入部分がある。主人公の誕生、主人公としての爺婆など。伝説と異なり、場所、時、人物の規定がない。移行の形式。事件から事件へ移るとき使われる言葉、「話は早いもんで息子は十五になった」「行かい行くと、町の長者どののところに出た」というごとき決まった文句で、事件は新たに展開する。さらに、叙述の形式、「とさ、といな、げな」など、昔話に固有の語り方がある。三人兄弟、三日三晩、三年三月など、伝統的な物語に使われるが、昔話も例外ではない。結末の法則というが、最後に「そればっかり、どんとはらい、これで一期栄えた」の結語がある。これは本格昔話に多いが、主人公の幸福な結婚、富の獲得などほぼ一定した結果の事実が語られる。話の種類によるようであるが、動植物の発生的理由を最後にともなうものもある。

第二に、昔話は伝説と異なり、固有名詞の省略がある。昔話にはしかし、固有の命名法がある。太郎、二郎、三郎のごときいずれもそれである。これは固有名ではなく出生の順序を示すものである。桃太郎、瓜姫は誕生の形式、ちから太郎はその力倆、姥皮は呪衣の名であるとともに、ある境遇におかれた女児の名。灰坊、灰娘は家族内における仕事と結びついた処遇を象徴する名である。糠福米福なども家族内における待遇を意味する名である。主人公の名も本格昔話と笑話とでは異なる。

第三に、伝説と昔話の異なる点は信憑性の有無である。語る内容の真疑は問題ではない。事件は語り手の経験したことのないような理想的な場所で理想的な人物によって行なわれる。昔話は真実の報告ではなく、娯楽のために語られるものである。そうかといって現実を無視したものではない。現にわれわれが求めているように配偶者を求め、生活に必要な物資、富の獲得が中心課題である。この真実は伝説のそれと違い、むしろ人間的、普遍的なことを語る。したがって伝説が伝えようとする真実とは異なる真実を語るものである。

柳田先生の意味における昔話は「伝記の性質を帯び、時としては呱々の生い立ちから、一期栄えて孫子の繁昌するまでを説かうとしている。ことに数多く繰返される幸福なる婚姻、美しい長者の姫に聟入し、あるいは霊界の仙女が押かけ女房にやって来て、家を十分に富ませてから還って行く話などを聴いていると、目的は必ずしも一個の異常人物の生活を伝えるに止まらず、かつてそういう傑出した人を元祖として永くつづいていた一門の存在を、胸に描いていたことが想像せられる」(『口承文芸史考』)。これを柳田先生は本格説話と呼んだ。この言葉はフィンランドの学者アアルネがはじめて用いた言葉で、ヨーロッパの学者はもっぱら魔術譚（Tale of magic）と呼んでいる昔話の範疇である。先にあげた昔話ないし伝説の規定の大部分はグリムの見解と一致するが、そうだからといって『桃太郎の誕生』の価値をゆるがすものではない。今後の研究者は少なくとも、本書を出発点とし、その後の論文を通じて、柳田先生がいかに昔話を規定したかを考えるべきである。

前述の昔話の構造的規定は記紀神代の巻のなかにその先駆形式をいくつか発見することができる。豊玉姫説話、八岐大蛇、三輪山伝説はともに先の規定と一致する。わが国には英雄伝説はきわめて少ないが、神武東征伝説も長短の相違はあっても、現在の昔話との一致がある。

完形説話と派生説話　柳田先生は昔話の根本範疇を完形説話と派生説話とに分けた。後者は動物話と笑話の二つとし、前者から派生し、独立したものとした。完形説話が、主人公の呱々《ここ》の生立ちから婚姻までの生涯を説くに反して、後者は大部分はある日の遭遇、ある一つの事件を問題して逸話風に語ったものだとされた。この意味で完形説話というのは個人の生涯を語るという意味と、短い話を派生せしめた複合説話という二つの意味をもつようである。もちろん一つの話から分離独立したと推定されるものもあるが、笑話も動物説話も完形説話と相生いではなかったろうか。

昔話の起源　柳田先生は昔話、伝説の起源を神話に求める。現在、笑って童児に語っているおどけ話のなかにもかつて謹慎して傾聴した古伝が必ずまぎれ込んでいることは疑いない。昔話は太古民族を結集させた神話のひこばえであった。神話はもともと神聖なものである。定まった日に、定まった人が、定まった方式をもってこれを語り、聴く者がことごとくとこれを信じ、信ぜざるものの聴くことを許されぬ説話で、あらゆる方法をもってその忘失を防いだものである。この信じられた説話から脱脚して成長した、⑴真実または確心をつたえようとする伝説、⑵信仰はなくなってもほぼ以前の型を追おうとする歌物語、⑶面白さを語ろうとする昔話、に分裂して、今日の口碑が成立した。この三筋の路を辿って行くことができると説かれた（『木思石語』三八―四〇）。

この説は昔話、伝説などの研究によって、神話、固有信仰に到達することができるということを提示したものである。いいかえれば、現在の昔話、伝説は神話もしくはある種の固有信仰の残存であるということを言ったものである。この説は柳田先生独自の意見ではなく、十九世紀の初期にすでにグリム兄弟によって提唱され、多くの人々に支持されたインドゲルマン説の系統をひくもので、これがわが国の昔話、伝説の起源の研究に代置されたものというべく、この限りではグリム・柳田説といっても決して不当ではあるまい。グリムは、塔のなかで百年の深い眠りに陥った「茨姫」を、王子が目覚めさせ結婚したのを、北欧神話のオーディンとブリュンヒルデとの関係に比較した。柳田先生は『桃太郎の誕生』のなかの多くの論文その他で、カガミの皮で作った舟に乗って漂流して来った小男神神話と昔話のなかの少童との比較を試みられた。これはまた『山島民譚集』における河童伝説ともつながるものである。さらに先生が「流れ物」の伝承に深い関心をもたれたのもこれと無関係ではあるまい。この着想はグリム説とは別に三河伊良湖崎に流れついた椰子の実に始まり、そうして晩年の『海上の道』につながる。

グリム兄弟の昔話・伝説の神話起源説の支持者は今も少なくないが、また一方では昔話が神話に先行するという説、さらに両者の相生説を主張し、神話、昔話、伝説の一致もしくは類似はモティーフの相互借用であるという説も並び行なわれていることを言えばここでは足りる。

神話と昔話　『桃太郎の誕生』のなかには、九篇の論文が収録されている。最初の四篇はいま述べた昔話の神話起源の先生の仮設を前提として述べられたものである。本書はさらに、伝説と昔話との関係、笑話と昔話に関する論述から構成されている。これらの諸論考は一貫して昔話の日本的特徴が強調されている。これは柳田先生における民俗学の中心課題でもある。ここに問題にされた昔話は、それぞれ分布の広狭はあるが、すべて国際的昔話の範疇に入るものばかりである。先生がそうした昔話のみをとりあげて論究されたか、はたまた先生の広い視野のもとに選ばれた昔話が当然の帰結として世界的に拡がる昔話であったか、もちろん、私はそれを知らない。しかし先生はつねに日本文化の探究ということを念頭におかれ、それを追求するための比較方法は日本国内にとどまらず、真の意味の世界的比較へ進むべきことを無言のうちに示されたものではなかったのか。民俗学の他の領域についてはここではいわないが、柳田先生によって築かれた日本昔話の研究を発展させる道の一つがここにもあるのではなかろうか。

桃太郎の誕生　桃太郎昔話の現在の伝承は変化に乏しく一律化し、児童すらこれを拒否するような形式となっている。この昔話の歴史を考えるのには、周辺のこれと関係ある昔話と比較しなければならない。ここにこの昔話研究の出発点があり、他の論文についてもあてはまる。桃太郎昔話は、(1)川上から流れて来た桃が老婆の手に入る。それから生まれた男児が主人公である。これが主題である。(2)少童は長じて鬼が島征伐に行く。主要目的は脱落しているが、先生も指摘されたように、妻覓《つまま》ぎである。(3)途中、三匹の動物が随行する。これらの動物はそれぞれ異なった機能をもつ。動物の援助はおそらくこの昔話より古い。この動物の解釈のいかんによって結論は変わる。(4)桃太郎らは島に渡っているが、舟は欠けている。これも脱落であろう。ただ、宝物を運ぶ車があるが、他の民族の伝承に見られる水陸両用の車であったかもしれない。ただ婚姻についてはふれていないが、岩手の一例だけに誘かいされた娘を助けて来る挿話がある。八岐大蛇でも、主人公は解放した娘と結婚している。真の昔話は主人公の幸福な結婚をもって終わるのが共通した形式である。真の昔話を「妻覓ぎ説話」といって、この形式が本来の昔話と主張する研究者も少なくない。

柳田先生がこれらの昔話と神話との関係を強調されるのは、主人公は人間の腹から生まれず、川上から流れて来て川にのぞむ老女の手に達した桃から生まれた、最初はきわめて小さい〈小さ子〉であったことである。このモティーフはわが古伝承の小男神スクナヒコナ神話と結びつくことである。貴い一族の祖は小蛇の姿に変じた神あるいは海神の女が人間と通じて生まれたという記紀の神話とも結びつく。これらと同一の説話は、現在の昔話、伝説のなかにもいくつとなく見出される。先生はここに昔話の根源を見られる。この伝承はアジアにも漂流神伝説は「うつぼ舟」問題として、すでに述べられている。この伝承はアジアにも広く分布し、古くはディオニソス、ペルセウス、ロムールース、モーゼスなどヨーロッパにも多い。この論文が書かれたのちに加賀、越前に採集された「桃太郎異伝」を媒介とすれば、主として東北地方に伝承する「ちから太郎」の昔話に結びつく。力太郎も異常誕生児で、ときとしては桃から生まれている。主人公は急速に成長し旅に出る。途中で、動物に変わる異常な能力をもつ仲間を従者として、協力して化物に誘かいされた娘を解放し結婚している。グリムでは「六人組」「六人の家来」といい、あるいは「ふしぎな援助者」(AT513ABC)*などの名で広く分布するアジア・ヨーロッパ型と同系統の話である。日本で欠けている「水陸両用の舟」(AT513B)も広く分布する。桃太郎は極東島国におけるこの系統の昔話の派生型である。

＊AT = Aarne, A. + Thompson, Sti The Types of the Folk Tale. Helsinki, 1961 の略号。

海神少童　『桃太郎の誕生』のなかでもとくに独創性にとんだ論文だと思う。桃太郎昔話の研究は、今日の著名な五つのお伽噺は相互に関係し成育したものだという前提から出発される。海神少童もこれと関係する。記紀にはじまる海神宮の信仰もまたこれらの一連の昔話と歴史的につながる。魚を助けるか薪を淵に供えると、若い上臈《じょうろう》が、汚い、黄金を生む小児を抱いて現われ、老翁に托する。一定の条件を守らなければ、この少童は黄金を生まない。これには海神信仰とともにその背後には道徳観が介在する。(1)少童はハナタレ小僧、ヨケナイ、ウントクなどという名前をもった醜い小僧である。これがまたしばしば問題とされる小男神と関係する。(2)小僧に代って小犬、黒猫などの小動物が出現することがある。これを飼育するのに、同じく定まった条件を守らなければならない。(3)福徳小槌のこともある。これも富を生み出す呪宝である。これらは所有者が定められた規範を守ることによって本来の機能を発揮する。規範を守らず、より以上のものを慾し、かつ満心を起こすときは、少童が去り呪宝は機能を失うばかりでなく、それまでに貯積された富も喪失する。

柳田先生はこれらの昔話の発生を日本の自然条件に求められたようである。すなわち、小児の誕生を水の神の霊威に托するというだけの信仰ならば、偶合であれ、伝播であれ、多くの異民族にも共通であろう。日本は海の国、山川のたぎち流るる国であったゆえに、海には「うつぼ舟」が漂著し、川には瓜子姫、桃太郎の話などが、他には類のないほど発達したのである。この一章で発見したようにかなり著しい国民的特徴を示しているのである。これがまた昔話研究の目的であり、また先生によって樹立された日本民俗学にも適用される理念でもあったろう。これらの実例を記録することによって、今日の神話学は改められなければならないと、主張されている。

この昔話もまた広く分布する、いわゆるユーラシア型の昔話である。日本でもよく知られているグリムの「漁夫とその妻」(GM19)＊＊はこの系統の昔話であり、道徳的な面が強調されている。

貧乏漁夫が魚を捕えるがにがしてやる。魚は恩を感じ、その女房の一切の願いをかなえてやる。女房の願望は途方もなく増大する。究極は王、法王、神になることを望み、一切を失う。これを「神になろうとする女房」(AT555)と呼んでいる(『日本昔話集成・II』一〇〇三)。柳田先生の論文はこの昔話の前半が強調されている。私もかつてこの昔話について述べたことがある。

この昔話はトルコ以東ではカンボジア、インドネシア、マレイなどに見られ、古くはインドの古典『パンチャラントラ』、『ジヤタカ』にも見られる。

田螺の長者　この昔話もまた桃太郎昔話と共通するモティーフをもつ。児のない夫婦が神に祈願し、蛙、蛇、田螺、小男など授けられる。腹から生まれたものではなく、指がはれてそこから生まれる。あるいは路傍で田螺を拾って育てる。長じて嫁探しに行く。長者の家に泊り、たずさえた餅、粢を食ったものは女房にすると親に約束させる。夜、秘かに三人娘の末の美女の口にくわえさせる。翌朝、約束に従って嫁にする。このモティーフは旧約聖書の士師記にならって、エフタモティーフと広く呼んでいる。途中で娘はきらって叩く、短刀で殻をわる、あるいは風呂に入れて箒でかきまぜる。これらは成年式の儀礼とも一致する。かくして、田螺は若者に転化し、娘と結婚するというのである。

柳田先生によると、(1)貴い童児が信心ある者の希望に応じて与えられること。(2)その貴い童児の事業、これは誇張されることがある。(3)童児は成長後、最善の結婚をして名家の始祖となること。この三つの要点が強調される。この三つの基本的要件は最初にも述べたように、本格昔話の基本構造とも一致し、かつ日本神話に淵源をもつ小男神信仰とも一致するものである。解説者の私見をさしはさむことが許されるなら、誕生、成年式、結婚にいたる過程において、とくに成年式の儀礼。小槌で叩きあるいは殻を斬り割るのは、成年式儀礼における、広く見られる峰打の儀式と一致するという解釈は成り立たないか。

この昔話の前半もまたグリム昔話の「蛙の王子」(AT440)であり、後半は蛇が人間の姿をとって結婚する蛇聟型とは異なるが、人間がなんらかの契機によって動物に転化し、人間と婚を通ずることによって、再び人間に還ることを主題とした異類婚姻譚(AT425B)である。

瓜子織姫　柳田先生がこの昔話の分析に実際に利用された資料はわずか一一、あとで一〇例ほど追加されている。それから四〇年、現在二五〇に近い話が採集されている。先生はこのわずか一例で、この昔話の基本的問題はほとんど述べられたものではなかろうか。

瓜子姫昔話と桃太郎とを比較するとほとんど対照的である。主人公は男児と女児であること。いずれも岸にのぞむ老女のもとに達した桃もしくは瓜から生まれた児が主人公であること。水の流れを下って来たということは、とくに欠くべからざる要件であったことを、先生は主張される。

第一に、桃太郎、瓜子姫の老婆は、いずれも児がなく、しかも善人である。いずれも児のないことを、唯一の苦労としている。ここに桃もしくは瓜が流れて来て拾われ、そのなかから児が生まれ、老夫婦に育てられる。これは申し児の霊験であり、この種民譚の最初の要件であったと想像される。瓜または桃が流れて来たというのは、念願と応験との関係にあり、高僧の出現形式と比較される。桃太郎の桃が瓜よりあとのことであることは、容易に認められる。瓜類はなかがうつろにして自然に水の上に浮かぶということは、うつぼ舟の前提となったものだとされる。その成長の過程も同一である。

第二、事業。男性の鬼が島征伐という武勇に対して、女性の事業は技芸であり、機織である。この瓜子姫の機織ということは、神を祀るに清浄なる飲食を調理するのを要件としたように秀れた美女を忌みこもらせて神の衣を織らしめたのと比較し、わが国だけの特徴であったかと思われる重要な慣習であった。織姫というのは神に仕える少女であり、のちに祀られて従神の一つに列すべき巫女に比較された。それが桃太郎の鬼が島征伐に匹敵すべき女性の大事業であることは疑いないと主張された。最後に、二つの昔話における類似点を動物の援助とされる。鬼が島征伐に対する動物の援助は、瓜子姫においては、天邪鬼が姫を殺して身代りとなって嫁入りするとき、小鳥が天邪鬼の正体を暴露し、姫を助けることである。

柳田先生は爺婆が町に駕籠を買いに行くのを、織姫が祭の式に参与することを具体化したものと解し、姫の嫁入りは神の衣を織りなした処女が神の御妻となると解釈されたのはけだし卓見であろう。もしそうだとすれば、天邪鬼の妨害はみずから神の御妻となるための謀略であったろう。

小鳥の援助は、しかし桃太郎における動物の援助とは自ら異なる。瓜子姫説話は東日本と西日本とではやや異なる。柳田先生が利用された資料は少数ではあったが、東西の特徴をほぼ示していた。東日本では多くは瓜子姫は惨酷な仕方で殺され、顔の皮ははぎとり、天邪鬼はそれをかぶって姫に化ける。この天邪鬼の懲罰は追放ぐらいである。これに対して、西日本では天邪鬼は瓜子姫の着物をはぎとり裸で木に縛りつけその着物を着て瓜に化ける程度である。ところが天邪鬼の懲罰は残酷をきわめ、両足を牛と馬に結えつけ股さきにする。いずれが先行形態であるか決しがたいが、東日本では小鳥はおそらく姫自身の魂であろう。西日本では、姫は生きているので、小鳥は援助動物であったかもしれない。したがってこれら小鳥の援助をただちに桃太郎の動物と比較することは無理であり、桃太郎の動物は特殊能力者を動物化したものではなかったろうか。

瓜子姫昔話の分布は多少濃淡はあるにしてもほとんど全国的で、鹿児島まで及んでいる。それにもかかわらず、なぜか南西諸島にはまだ一例も発見されていない。瓜子姫昔話のいま一つ前の天邪鬼のごとく、偽の花嫁を主題とした昔話がわずかながら分布している。「鬼聟」昔話と結合した話がある。母親の軽率な約束によって三人の末娘が鬼と結婚する（AT433B）。鬼が死んで娘は若者と幸福な結婚をする。ところがこれを知った姉は妹の里帰りの帰途、泉につっこんで、自ら偽の花嫁となる。末娘は鰻または小鳥に化して夫に真実を伝える。姉は殺され、妹は復活してもとの幸福な結婚に還る（AT408）。

桃太郎昔話は国際的昔話（AT513A）変化型といったが、瓜子姫昔話もまた同じく国際的昔話の変化型である「偽の花嫁」型の昔話である。そのまとまった形式は「三つのシトロン」（AT408）とよばれ、ユーラシア型の昔話である。その梗概を簡単につぎにあげる。

若者が王女を探しに出かける。老婆が三つのシトロン（オレンヂ）をくれる。瓜と同じく水分の多い果物である。その三つ目のシトロンから絵のように美しい娘が生まれる。池のほとりの木の上で待っているように王女に頼んでほかに出かける。そのあいだにジプシー女（天邪鬼のように）がやって来る。ジプシー女は王女を泉のなかに投げこむ。若者は王女の代わりにジプシー女をつれて行く。シトロン娘は泉に投げこまれたとき魚または鳥に転化する（瓜子姫は殺されて小鳥になるが、南西諸島では鰻または鳥になる）。魚（鳥）

は若者に捕えられる。鱗または羽根から一本の木が生える。娘は若者のもとに帰り、ジプシー女は処罰される。

瓜子娘ははなはだ単純化しており、南西諸島のこの例は少ないが、これらを複合するとほぼ国際型に近くなり、同じ系統の昔話であることはあきらかである。

伝説と昔話　ここに問題にされていることは、先生が規定される呱々の生い立ちから一期栄え孫子の繁昌を説く物語とは異なり、その存在形態から見れば事件の場所、参加した人物を述べる伝説と近い。現在の説話分類からすれば、明確に伝説とも昔話とも規定できない説話を分類する項目として世間という項目が最近とくに昔話集のなかに見られる。先生はここではそうした説話がいかにして伝説となり昔話、となるか、あるいは逆に伝説、昔話が崩壊し世間話化するか、さらにこれが習俗といかに関係するかを述べられる。

狼と鍛冶屋の姥　この問題は土佐野根山の産杉伝説からはじまる。ところがこの一連の伝説もしくは昔話もまた他の民族の伝承とつながり、多くの問題を提起している。この論文は未完成のようでもあるが、これまで述べられた諸論文以上に発展性のある問題のように、私には思われる。最近、ヨーロッパの昔話・伝説学界では「動物の主」「森の主」を問題にした論文がしばしば目につく。

産杉伝説には共通する三つの条件がある。(1)大杉の梢で産をした婦人のあったこと。(2)群狼の危難に遭うて辛うじて助けられたこと。(3)狼の巨魁は鍛冶屋の姥であったこと。この説話は伝説または昔話として東北地方から南西諸島にまで分布しているが、その一つの被害者たる産婦が平産したこと、とくにその大杉の根と称するものが残ったといって、それを削って安産の護符とする習俗と結合、さらに鍛冶屋の家跡が残っているということによって伝説化している。先生はこの伝説化の過程をつぎのように推論された。この伝説は説話として諸国を流転し、いくたびか複合変化し、偶然に野根山の産杉と癒着したものである。他に狼の子育ての話、大木の梢にのぼって難をのがれたという個条があるところから、山の峠路の畸形の木に付着して、いくぶんか伝説化しやすい傾きをもっていた。

この説話のなかにはいくつかの挿話がある。柳田先生があげられた米子の伝説を見ると、山伏が狼の群れに襲われる。大木にのぼってその難をさけると、二、三十匹の狼が背継ぎしてのぼって来る（1）。だがもう一匹足りない。五郎太夫姥（鍛冶屋の姥）を呼びにやれというと、やがてやって来て先頭に立つ（2）。その山伏は脇差を抜いて、その大狼を斬ると、一同は退散する（3）。翌朝、五郎太夫の家に行ってみると、婆が木から堕ちて怪我をしたと称する。人がうたがいをかけていると行方知れずになる（4）。

いまあげた短い挿話のなかに、いくつかの国際的に共通する挿話がある。(1)千匹狼の大梯子である（AT121）。柳田先生は狼の群れが梯子を作って、樹上の旅人を攻めるという話には二つの系統があることを指摘される。歴史的には猫の婆の方が先であったと仮定し、消極的には山中分娩は土佐以外にはなかったこと、積極的には鎧をかぶって刃を防いだことが土佐にはあったとされる。この伝承も国際的にも広い。⑵化物の正体をその言葉で知ること、しかもそれが特定の家と結びついていること。これがまた伝説化の一つの有力な契機であるが、たんに立ち聴きすることによってその正体を知るのは蛇聟の立聴型と呼んでいるのがそうである。悪魔の名をいいあてて相手を征服する形式も広く世界的に分布する。「悪魔の謎」（AT812）がそれである。⑶茶釜の蓋をかぶって人間の攻撃をふせぐモティーフも同様である。すなわち、旅人が山中で猫の寄合いを秘かに見ていると、前の挿話と同じく某の頭が来ないという。その某は自分のことである。そこに家の三毛猫がついて来て仲間を指図して隠れて待ち伏せしている。そこに来合わせた侍が猫と闘い、頭分の古猫を斬る。二人で家に帰ると家の婆が眉間を割ったというので殺すと古猫である。古狼ともよぶが、ときとしては鍋を被って木にのぼって来る。斬りつけると鉄の音がする。家の鍋もしくは茶釜の蓋が紛失したとも、あるいは狩人が茶釜の蓋で弾丸（矢）を丸めていると、猫がそれを見ていて十二回頭を下げるので、ひそかに十三番の弾丸（矢）を作って、これを退治したともいう。十三番目がサッ矢、シャチ玉である。これは独立した物語としても語られている。この形式の昔話を「狩人」（AT304）といい、同じく国際的昔話で、このサッ矢、シャチ玉に比較されるのがいわゆる応法の鉄砲（magic gun）のモティーフである。

始祖としての狼　野根山の鍛冶屋の婆の屋敷跡だけはあるというのに、子孫には代々背中に毛が生えていると伝えられている。これと同様の伝承は越前にもある。但馬の加門塚の伝説はやや複雑に変化しているが、加門の妻は山路で罠にかかった狼を助けたともいい、狼の肩車の伝説では加門殿のかみ様が狼の頭となり、斬殺されたのは古狼であった。駿河の朝比奈の先祖も同じく狼にさずけられた児であった。中納言兼輔、八幡宮に祈り、狼が赤児を咥えて来る。その児の肩に狼の歯形があるという。この児、成長して吉泰と名のり、武勇俊傑であったという。狼を祀り狼明神といった。この家の家督の男児には背に犬の歯痕が三つあったというのは、豊後緒形氏の蛇の鱗と同一である（AT425）。この系統の昔話はたんに蛇だけではなく熊、狼、犬などがあるが、昔話では始祖問題にまで発展しないのが普通である。猛獣とのあいだに生まれた児は朝比奈伝説に見られるように武勇俊傑が多いのは、他の民族の伝説にも多い。

狼報恩　狼が人を助けるに到った原因の一つとしてあげられるのは、喉に骨を立てたのを取ってやったことである（AT156）。これがまた子孫の繁昌と結びつき、狼を神に祀る伝説ともなっている。出羽荘内では同じく朝比奈の先祖が骨をとってやり、そのお礼に赤児を蘆の葉にくるんで来たことになっている。飛騨にも同じ伝説がある。その返礼は轡であり、鉄の鎖であったと伝え、柳田先生はこれを鍛冶屋と関係するものだと説かれている。動物報恩の昔話（AT554）と古くかつ分布も広い。ユーラシア型の昔話で紀元前数千年まで遡る。

神に祈願して狼が子供をつれて来たということは述べたが、これとともに負っていた背の子供を狼の穴に落とすと、赤子を夜間にくわえて門のところにおいたという伝承もある。甲州では、子供が狼にもって行かれ、のちにこれを発見して家につれ帰ると全身に毛が生えており、里の食物になれず、再び山に帰ったという伝承もある。狼が加門の妻に助けられ、狼はそれを徳とし、その女の死後、継母を食いころしてその姿をかりて先妻の子を愛撫したという話がある。こうした伝承は他の民族にも少なくない。狼を乳母、産婆という(Die Amme. Mot. J. 2066.5)。***

柳田先生は「鍛冶の母なるものが、今日の産婆の前身、すなわちなかば信仰の助けを借りて、婦女産褥の悩み憂いを軽くする役目をもっていたのではないかと考えている」と推定されている。このことはまさに「狼と乳母もしくは産婆」と関係するものであろう。先生の該博な知識と明敏な洞察力は驚嘆に価する。あまりに長くなったが、いま一つ重要な問題をあげよう。

狼が子を咥えて来たという話は、狼に拾われてその乳で育ったという話とともに、どうしても今一つ以前の形がなくてはならぬような奇瑞であると前提して、良弁杉の伝説を問題とされる。詳しく述べるまでもなく、これは赤児が鷲に抓まれて東大寺の境内の杉の梢で育てられ、後に高僧になったという伝説である。これと同系統の話はしばしば報告されている。良弁僧正の伝説と同じ系統の昔話はスウェーデンにも報告されている。

子供が一羽の鷲につれさられ、その雛とともに巣のなかで育てられる。巨人のために奪われ、ある城のなかに監禁されている姫を救い出そうというその子供を、鷲が助ける。その城は広い堀と永遠に燃えつづける火によって囲まれている。鷲はその堀と火をもとび越えて行く。良弁杉伝説の子供はのちに母子再会するという日本的な展開をしているが、スウェーデンの伝承は昔話である。ここに文化の相違による変化がある。良弁杉の伝承は日本では霊異記にまで遡るが、この物語はきわめて古い歴史をもつ。日本でもわずかに伝承する鳥と獣との争い、鷲と蛇との葛藤を主題とした「鴻の卵」などと結合した形式の物語は、紀元前三〇〇〇年のスメール・バビロニア出土の粘土版で解説された物語と一致する。少年が鷲の背に乗って、永遠の生命を育む草を探しに行くらしい。これをエタナ（Etana）神話、エタナ昔話といっているが、両者の相関関係の証明はけだし困難であろう(AT313B, 537)。

柳田先生の諸論文、わけてもこの「鍛冶屋の姥」が他の民族の伝承ときわめて密接に結びつき、他の民族の伝承との比較研究なしには解決は困難であるということを、ここでは言えば足りる。

和泉式部の足袋　狼や鷲が赤児を運ぶ説話は古くかつその分布も広い。鹿の子の伝説はほとんど歴史上の女性と結びつく。第一は鹿娘もしくは鹿姫という。岩手では昔話として皿々山の求婚譚と結合している。伝説としては、和泉式部、浄瑠璃御前、光明皇后などと結合している。柳田先生がここでとりあげられた問題は『桃太郎の誕生』の主題となっている主人公の異常誕生と関係する。その淵源をここでも〈小さ子神〉に求められる。それが変転零落したいろいろの説話をつらぬいており、なお依然としてこれを窺い知ることができる。それを解きほぐしてその因果を観測しようと試みられたものである。

その一つの実例として和泉式部の足袋がとりあげられたものである。鹿が和泉式部を生んだということは、具体的な因果譚として、鹿の子なるがゆえに足の趾が二つに岐れ、それを包むために五本の指を二つに分けてはく足袋というものを案出したのだと推定される。

これは、矢作の兼高長者、子無きを憂えて鳳来寺の峰の薬師に願掛けして、満願の夜に夢に薬師如来が大きい白鹿となって現われ、一つの球を賜わると身ごもったといい、あるいは鹿の子を授けられたという。これが浄瑠璃姫である。美女なれども足の指が二つしかないというのである。足袋の由来は肥前と三河にあり、和泉式部の生地葬地も全国に比較的多く分布している。これは歌比久尼《うたびくに》、薬師信仰者が運んだものだとされている。

人と鹿との婚姻モティーフは『今昔』の天竺篇（五―一）にも見られる。人と鹿とが結婚するというよりは、狼におけるように、牡鹿が小児に乳をのませているのをもらいうけて、子供として育てあげるのに神に授けられている。

絵姿女房　この研究はこれまでのテーマとやや異なり、小男神とも直接結びつかない。この昔話の主題は、下賤の男が美女でしかも超自然的な女性と結婚する。あまりに美しいのでそのそばから離れることができず、似顔絵を描き、それを携えて働いている。たまたまその絵が風に飛ばされ、権力者の掌中に入る。これから事件が始まる。端的にフェティシズムの信仰を背景として強制結婚にまで発展する。この昔話は後半は二つに岐れている。⑴殿様がその絵の主を女房にしたく、女房との交換条件に三つの課題を夫に課するが、女房がその問題を解決することによって、問題は解決する。この形式は概して西日本に分布する。⑵女房が殿様のところにつれられて行くとき、女房が桃を振売りに来いといいつける。夫が御殿のまわりをふれて歩く声を聞いて笑わなかった女がはじめて笑う。殿様は女の歓心を買うために、桃売りと着物を交換し、桃売りになってふれ歩く。殿様の桃売りは追い払われる。この形式は東日本に多い。

この論文では国内的な問題として論じられている。最後のところで、国内における説話の変化を無視してただちに輸入や国際的伝播の穿鑿にとりかかることは、これら興味ある一切の地方的変化に、わざと目をつぶっておられるだけの度胸のある学者でないと、到底企てられない難事業であると、かなり強い語調をもって述べておられる。これらによって見ても、先生の研究が主として日本の伝承だけに向けられていたことは明らかである。これに関連して、スウェーデンのジィドウの如きは、昔話の国際的な拡がりのなかにも「オイコティユプ」(Oicotype) といって、国民的、地域的および教区的な相違のあることを主張している。いまいった西日本型、東日本型はこのオイコティユプの範疇に入るものである。

柳田先生も『奈良県風俗志料』の資料などから唐渡来の疑問をもたれていたようだが、伊藤清司氏などの「中国の絵姿女房の研究」になお多くの例があげられている。広く世界に分布する昔話でトルコ以東、インド、中国、日本までつづいている。絵姿は中国、日本が多いようで、これを「絵姿女房」といっているが、「帝王求婚」におきかえると、日本では「竹取物語」までさかのぼることができる。国際的名称では「美女妻なるが故に姑まれる男」（AT465）といわれ、これも同じくアジア・ヨーロッパ型の昔話である。

笑話　柳田先生の昔話研究ではいわゆる本格昔話が圧倒的に多い。つぎの二つは笑話の範疇に属する研究である。

隣の寝太郎　この昔話は『宇治拾遺物語』の「博打聟入の事」によって知られるように、稀代のならず者が、長者の娘聟を探していることを知って、自分を聟にしないと家がつぶれると叫び、鳩に提灯をつけて放つ。愚かな長者はそれを神託と思い、このならず者を聟にする笑話である。

柳田先生が桃太郎などで述べられた昔話の基本的テーマは、大事業の遂行、花嫁をもらって家を興すことであった。寝太郎は長州では治水拓工の功績のために祀られた寝太郎荒神の由来譚となり、寝太郎餅と結びついている。この研究はここから始まる。先生は笑話は派生説話で、ある日の一つの事件を問題とした逸話風の説話と規定された。これなどはそれから逸脱するが、ドイツの学者など、こうした種類を「昔話笑話」などと呼んでいるものもある。

先生はこの話の主人公を豊後の吉四六などと同じく見ておられる。確かにそのとおりであろう。この笑話の主題は奸策による婚姻である。この寝太郎は昔話において成功の一つの要因となる怠け者である。奸智にたけた男である。「あめのしたのかほよし」との触れこみであったが、舅姑対面のときには「目鼻ひとつ所にとりすへた」ような顔であった。多くの「求婚冒険談では、小さいか貧しいか醜いか惰け者か、何れか一つでも美人の妻を得たことを奇跡としていたのに、この若者は三つとも兼備していた。それでも福分あり智慧があれば、優に成功するということを、ここでは長者の愚鈍を価にして実現させているのである」と、先生は笑話の本質を指摘された。笑話は決して内容がおかしいから笑話ではない。昔話では神の恩恵をかたり、神の恩愛をうけているものだけが成功すると説かれているが、笑話の世界では神は信ずべきものではなく、生活の手段として利用すべきものである。これが神観念の変遷であるかどうかは知らないが、昔話と笑話とのあいだには神に対する大きな差異がある。

この系統の笑話もわが国だけにあるものではない。「不承不承の求婚者、樹上から助言する」（AT1462）というモティーフを主題とした笑話がある。分布はそれほど広くはないようだが、インド、中国などにもある。この笑話のなかの「鳩提灯」のモティーフと一致するものは、婚姻とは結びつかないが、墓場に捨てられた生きた蟹の背にローソクを立てておくと、これを見た牧師と寺守とが死者の魂だと誤認する笑話（AT1740）もある。これはヨーロッパには比較的広く分布している。

米倉法師　これらの笑話のほかに、先生には「笑われ聟」「俵薬師」などの研究がある。米倉法師は数少ない笑話研究の一つである。ここでも「笑話とは何ぞや」と真正面から説かれているのではない。日本の盲坊主に類する遊行僧が、ヨーロッパその他にいたかどうか知らないが、この論文の主旨は笑話の発達に盲僧が参与したことを説く点にあったようである。このなかで『桃太郎の誕生』の主題と関連するものの一つは、米倉法師である。先生はまた桃太郎童話の一つの傍系として、これに興味をもって述べておられる。というのは、正直な親爺が水神から黄金を生む少童、小動物をさずかる話は、すでに「海神少童」において述べられた。この米倉法師も水神の贈物としての打出小槌から打出されたものである。ここにいう「米倉」は「小盲」に通ずるもので、これが盲坊主が参与し、昔話を笑話の方に引きずって行くことに積極的に参与している。この問題は道徳観念と結びつき、「すべてを望むものはすべてを失う」ことを説明する昔話となっている。日本の伝承は簡略化されかつ笑話となっているものが多いが、巡行する神や僧を泊め、そのお礼に三つの願いを叶える呪宝をもらう。多くは女房が慾ばりで多くのものを望んで失敗し、あるいは満心して一切を失う話である。「三つの願い」（AT750）、さらに如意の宝としてグリムの「お膳」(GM36)(AT563/564)などがこの系統である。

わたしは解説からしばしば逸脱し私見を述べたが、柳田先生は昔話を日本の伝統的文化研究の一環として研究され、昔話を移入として説くことにはかなり批判的であった。だが、先生が打ち立てられた昔話研究をさらに発展させるためには、広い意味における比較研究に進まなければならないことは、これらの諸研究からあきらかである。

関　敬吾

* AT＋…… Aarne, A. & Thompson, S., The Types of the Folk-Tale, FFC 184. Helsinki, 1961.

** GM＋…… Grimm, J. & W. Kinder-u. Hausmärchen.

*** Mot. A. B. C. etc＋…… Thompson, S. Motif-Index of Folk-Literature. 6v. 1955-58.

新版解説

赤坂　憲雄

いま、この『桃太郎の誕生』という著書をどのように読むことができるのか、いささか途方に暮れて立ちすくんでいる。昭和七（一九三二）年の初版刊行から、すでに八十年あまりの歳月が過ぎているが、この柳田国男の昔話論は「古典」にはなりきれずに、足掻いているのかもしれない。そもそも、そのとき、昔話の採集はいまだ緒に着いたばかりで、柳田の手元に論証を支えてくれるだけの質量ともに十分な昔話が集まっていたわけではない。柳田の多くの著書がそうであったように、これもまた、「将来際限もなく成長していかねばならぬ学問」（「自序」）としての昔話研究の誕生を促すための礎石、ないしは踏み台として執筆・刊行されたのである。

この角川ソフィア文庫版に収められている、関敬吾による「解説」は、まさに柳田以後に大きな展開をみた昔話研究の成果に立ってのすぐれた解説である。それはしかも、先駆者である柳田への厳しい批判に貫かれている。いや、みずからの批判に自縄自縛されているようにも見える。奇妙な感慨を覚えずにはいられない。関による「解説」は以下のように結ばれていた、――「柳田先生は昔話を日本の伝統的文化研究の一環として研究され、昔話を移入として説くことにはかなり批判的であった。だが、先生が打ち立てられた昔話研究をさらに発展させるためには、広い意味における比較研究に進まなければならないことは、これらの諸研究からあきらかである。関の批判には共感できる部分が少なからずある。それは、柳田の昔話研究が「一国民俗学」的な枠組みのなかに展開していることに向けての批判であり、そのかぎりでまっとうなものだ。たしかに、柳田の取りあげていた昔話はほぼ例外なしに、昔話の国際標準のいずれかに該当しており、「一国民俗学」の枠組みを超えた比較研究の有効性を疑うことはできない。

しかし、それにもかかわらず、わたしは『桃太郎の誕生』のなかに見え隠れしている、柳田のある方法的な試みに魅力を感じているのである。「民間説話の二千年間の成長変化」（「自序」）といい、昔話の採集が進んで「地方の隅々から、千年を持ち伝えた家々の語りごとが発見せられ」（「改版に際して」）ようとしているといい、「日本の昔話は、何千年かの昔から引きつづいて成長していた」（「海神少童」）という。こうして、ある昔話の日本列島のなかでの起源や成長過程を明らかにすることと、その昔話を国際的な分布地図のなかに位置付けることとは、研究の方位はまるで異なっている。しかし、そのどちらかが優位であるといえるわけではない。

柳田はくりかえし、日本の昔話が外国からの伝播や移入であると説く研究者にたいして、批判を投げかけていた。関敬吾はその批判をわきに置いて、解説を書くわけにはいかなかったのである。とはいえ、柳田の方法的な立場はそれほど単純ではない。たとえば、柳田はこう述べていた。

外来の話の種が歓迎せられ、新たなる複合のつぎつぎに起こった事情は、おそらくこの方面から尋ねられると思う。いかに簡単であり、また粗野であろうとも、前からなんの伝えごともなかったところへ、外国の話がはいってきて無意識に採用せられるなどということは、たとえ百人が説こうとも私には信ずることができない。今は発見せられていないというだけで、伝播にはまず引力があり、次には新旧のものを結び合わすだけの、紐なりセメントなりが必ずあったのである。（「絵姿女房」）

伝播や移入そのものを否定しているわけではない。柳田はいわば、伝播の前提条件として、伝播にはこちら側にそれを引きつける力があること、古くからの地《じ》の文化と新たに移入された外来の文化とが結び合わされるためには、紐やセメントのような何かが必要であることを指摘していたのである。たとえ外国からの伝播であるとしても、それはこちら側にそれを受容するための母胎がなければ定着そのものがありえない、ということか。これはおそらく、とても大切な指摘であり、いわゆる伝播論にたいする有効な批判でもありえている。形式的な比較をもって、伝播や移入を言い立てることには、柳田ならずとも留保をしたい気がする。

柳田はまた、こんなふうに述べていた。

すなわち民間説話の信仰的背景には、往々にして各民族ごとに独立したものがあったこと、それが外部からの刺衝の少なかった日本の田舎などでは、存外に近いころまでその痕跡を保存していたということは、外国にはまだ知らぬ人も多いのである。場処や時刻や話し手の条件を完備せぬゆえに、これを純然たる神話とは区別せねばなるまいが、少なくとも説話が一種の宗教力をもって、支持し伝承せられていた時代は新しかった。（「海神少童」）

柳田はあきらかに、昔話や伝説の起源を神話に求めていた。いま・そこにある昔話や伝説は、神話または、ある種の固有信仰の残存と見なされていたのである。民間説話にはそれぞれの民族ごとに独立した信仰的な背景があり、そうした一種の宗教力をもって伝承されてきた、と柳田はいう。別のところでは、昔話には「隠れたる人生との交渉」があって、それは新たに忽然《こつぜん》と中世から発生したものではなく、それよりも古い時代からの影響の痕跡を留めている（「田螺の長者」）と述べていた。海の向こうから渡ってきた昔話が受容されるための、文化的な母胎として、柳田が見定めていたものが示唆されている。「われわれの祖先がかつて竜蛇の幻を友としなかった人種であったならば、こういう昔話の種は、おそらく国内には萌芽しえなかったろう」（「絵姿女房」）といった言葉など、まさしくそれを語ろうとしていたはずだ。

こうして柳田は、日本の昔話が何千年かの昔から引きつづいて成長・変化を遂げてきたことに、深い関心を寄せたのである。とりわけ、わたしが心惹かれてきたのは、以下のような一節である。

いわゆる三輪式神話の末の流れ、大蛇が美しい娘の聟になって通うたという昔話の、変遷の上にもよく表われている。これは人口の増加と生活技術の進歩とにつれて、日本人がしだいに高地から下ってきて、水のやや豊富に過ぎる低湿の平原を、耕作するようになった経済的原因にもとづくものだろうと私などは考えている。それゆえに以前は沼湖の底深く、隠れて人間の幸福を支配する神霊の存在を想像し、これに奉仕しまた外戚の親を結ぶことを、家の誇りとするまでの伝説を生じたものが、後には苧環《おだまき》の糸の末に針を付けて、その鉄気の毒をもって相手の身をそこのうたことを説き、ないしは秘密の立ち聞きにより、または保護者の智謀によって、稀有の婚姻を全然無効のものにしたなどと説くにいたったのである。（「米倉法師」）

いわゆる三輪山型の説話が神話から昔話へと変容・零落してゆくプロセスについて、ここでの柳田は、縄文から弥生へと移りゆく時代相のもとで、稲作農耕・人口増加・生活技術の進歩などの歴史と重ね合わせにしていたように見える。とても関心をそそられる。これを、たんに異類婚姻譚と言ってみたところで、何かが見えるわけではない。

それにしても、『桃太郎の誕生』はやはり、いかにも柳田らしい知的なアクロバットの所産ではあった。方法的な問題として、「記録の古さと話の古さ」（「絵姿女房」）にかかわり、興味深いことが指摘されていた。つまり、文字の記録が古いというのは、たんに、その時代からこういう形の伝え方もあったということを意味するだけであり、その後に書き留められた別種の口碑が、以前はなかった、新しいものだとする証拠としては十分でない、という（「狼と鍛冶屋の姥」）。年号が刻まれていない口頭伝承に拠るかぎり、この問いから無縁ではありえない。いま・そこで採集された昔話のなかに、たとえば中世の説話集よりも古風な神話のかけらが含まれていることだってありえる、ということだ。柳田民俗学の方法的な立場の表明であった。

『桃太郎の誕生』ばかりではない。柳田の著作は依然として、「古典」になるための揺らぎの季節のなかにあるのかもしれない。わたしはいまも、その読み方を試行錯誤のなかに探している。

（民俗学者）

わ 行

や　行

ら　行

ま 行

は 行

な　行

た 行

さ　行

索引

あ行

編集付記

・新版にあたり、本文の文字表記については、次のように方針を定めた。

一、漢字表記のうち、代名詞、副詞、接続詞、助詞、助動詞などの多くは、読みやすさを考慮し平仮名に改めた（例／而も→しかも、其の→その）。

二、難読と思われる語には、引用文も含め、改めて現代仮名遣いによる振り仮名を付した。また、送り仮名が過不足の字句については適宜正した。

三、書名、雑誌名等には、すべて『　』を付した。

四、尺、寸、貫目などの度量衡に関する表記は、（　）で現在の国際単位を補った。

・本文中には、今日の人権擁護の見地に照らして、不適切と思われる語句や表現があるが、作品発表当時の社会的背景を鑑み、底本のままとした。

桃《もも》太《た》郎《ろう》の誕《たん》生《じょう》

柳《やなぎ》田《た》国《くに》男《お》

昭和48年 11月30日　改版初版発行
平成25年 8月25日　新版初版発行
令和7年 3月10日　新版9版発行

発行者●山下直久

発行●株式会社KADOKAWA
〒102-8177　東京都千代田区富士見2-13-3
電話　0570-002-301(ナビダイヤル)

角川文庫 18121

印刷所●株式会社KADOKAWA
製本所●株式会社KADOKAWA

表紙画●和田三造

Printed in Japan
ISBN978-4-04-408318-2　C0139

◆◆◇